1903年的鲁迅

有谁从小康人家而坠入困顿的么，我以为在这途路中，大概可以看见世人的真面目。

——鲁迅《〈呐喊〉自序》

图书在版编目（CIP）数据

鲁迅全传：苦魂三部曲之一．会稽耻／张梦阳著．
——北京：华文出版社，2016.7（2016.10重印）
ISBN 978-7-5075-4550-0

Ⅰ．①鲁⋯ Ⅱ．①张⋯ Ⅲ．①鲁迅（1881-1936）-传记 Ⅳ．①K825.6

中国版本图书馆CIP数据核字（2016）第152131号

鲁迅全传：苦魂三部曲之一·会稽耻

著　　者：	张梦阳
出版策划：	李红强
责任编辑：	张明华
出版发行：	华文出版社
社　　址：	北京市西城区广外大街305号8区2号楼
邮政编码：	100055
网　　址：	http://www.hwcbs.com.cn
电　　话：	总 编 室 010-58336239　发 行 部 010-58336253 58336267
	责任编辑 010-58336211
经　　销：	新华书店
印　　刷：	北京楠海印刷厂
开　　本：	710×1000　1/16
印　　张：	22
字　　数：	325千字
版　　次：	2016年8月第1版
印　　次：	2016年10月第2次印刷
标准书号：	978-7-5075-4550-0
定　　价：	38.00元

版权所有 侵权必究

国家出版基金项目

吴俊阳作品

鲁迅全传

苦魂三部曲之

会稽耻

增订版

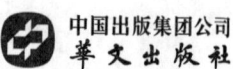
中国出版集团公司
华文出版社

前　言

《鲁迅全传·苦魂三部曲》，选择鲁迅一生的早、中、晚三个点，分为《会稽耻》《野草梦》《怀霜夜》三部曲。是力图全景式地再现鲁迅和他那个时代的长篇文学传记，旨在刻画鲁迅作为中国二十世纪最痛苦的灵魂的心灵史，以及他周围各色人物的社会众生相，展现二十世纪中国知识分子的精神史。

《会稽耻》，以绍兴鲁迅青少年时代从小康到没落的坎坷经历为主线，展现晚清中国社会的腐朽、没落与少年鲁迅——樟寿的精神成长。

《野草梦》，以北京鲁迅中年写作《野草》《彷徨》时期与女师大学潮、三一八惨案、许广平爱情的纠葛为主线，展现二十世纪二十年代的中国社会与文人心态。

《怀霜夜》，以上海鲁迅晚年与瞿秋白等的友情为主线，展现二十世纪三十年代的社会历史画面和围绕在鲁迅身边的各色人物的社会众生相，以及当时革命者复杂的内心世界。

不同时期，鲁迅生活的环境不同，三部曲表现的风格亦不同，《会稽耻》突出绍味，《野草梦》突出京味，《怀霜夜》突出海味。三部曲近一百万字，三部之间既互相联系，又各自独立成书。

《会稽耻》是《鲁迅全传·苦魂三部曲》的第一部，以醇厚、精细、凄美的笔法，全景式地艺术再现了晚清的社会世相、绍兴的民俗乡风和鲁迅故家的败落，以及少年鲁迅在从小康人家坠入困顿的途路中的精神成长；深刻揭示了鲁迅作为民族"苦魂"形成的时代与个人原因。本书二〇一二年一月曾经出过试水版，这次写作全部书稿时，做了很多补充、修订与文字润色。

鲁迅研究虽然持续近百年，但是仍然有许多史实存有疑难，由于年代久远，很多已经无法验证。例如鲁迅少年时代与表妹琴姑的初恋，纵有周建人的回忆和不少专家的阐释，但详情实难细究，所以鲁研界一直存有多种意见。因为本书文学诗化的性质，并欲求写出鲁迅富有才情、倾重感情的活生生的一面，笔者倾向其有，而又有所节制和隐含，没有过于渲染，在修订中也没有删节或改写，但是对于认为无有而进行批评者的意见，表示尊重。学术问题的意见纷纭本是正常的，应该允许不同意见共存。

本书是在广泛搜集、校核鲁迅回忆录和有关史实基础上辅以笔者的文学想象与学术评议综合、融汇、"炼化"而成的。文中使用了大量回忆文章，所有资料标题都附在书后的参考书目中，有些在文中加了注释或变换为引文字体。但有些部分，为了行文的流畅和保持历史现场原汁原味的原生态，没有这样做。特向回忆文章作者与读者说明，并请鉴谅。

主要人物表

樟　寿　姓周，本名樟寿，初字豫山，入学时改字豫才，小名阿张，后改名周树人。一九一八年五月发表第一篇白话小说《狂人日记》时开始用鲁迅作笔名。
櫆　寿　樟寿二弟，名櫆寿，字星杓，小名阿櫆，后改名周作人。
松　寿　樟寿三弟，名松寿，字乔峰，小名阿松，后改名周建人。
椿　寿　樟寿四弟，小名阿椿，六岁即早逝。
端　姑　樟寿之妹，早夭。

周福清　樟寿祖父，原名致福，后改为福清，字震生，又字介孚，号梅仙。
蒋　氏　樟寿继祖母。
潘大凤　周福清的妾，称潘姨太或潘庶祖母。
周凤仪　周福清的长子，樟寿父亲，名凤仪，字伯宜，进学时改名文郁，考中秀才后，改名仪炳，又改名用吉。
鲁　瑞　樟寿姆娘，绍兴会稽东北乡安桥头人，清举人鲁希曾的三女。
周伯升　周福清的次子，樟寿父亲周凤仪的同父异母弟弟。

长妈妈　樟寿四兄弟的保姆，绍兴东浦大门楼人。
章福庆　周家的忙月，人称"庆叔"。绍兴杜浦乡四村人。
章运水　章福庆的儿子。
宝　姑　周家丫鬟。
阮　标　章福庆的内侄，周福清在杭州时的男仆。
宋　妈　周福清在杭州狱府时花牌楼的台州老妈子。

何　氏　樟寿外婆，会稽县皋埠镇人，父亲何元杰为翰林院编修。
鲁怡堂　樟寿大舅父。
鲁佩绅　樟寿舅表兄，大舅父鲁怡堂的儿子。
鲁珠姑　樟寿舅表姐，大舅父鲁怡堂的女儿。
鲁寄湘　樟寿小舅父。
鲁琴姑　樟寿舅表妹，小舅父鲁寄湘的女儿，称为"琴表妹"。

鲁意姑　樟寿舅表妹，小舅父鲁寄湘的女儿，琴姑的大妹妹。
鲁林姑　樟寿舅表妹，小舅父鲁寄湘的女儿，琴姑的二妹妹。
鲁招官　樟寿舅表妹，小舅父鲁寄湘的女儿，琴姑的小妹妹。
鲁佩紫　樟寿堂舅，即二舅舅鲁季山的长子，樟寿堂兄。
郦永平　樟寿姨表妹，二姨父郦拜卿的女儿，鲁瑞的干女儿，櫆寿称她为"平表姊"。

周四七　樟寿礼房族伯，大烟鬼兼酒鬼。
周六四　樟寿礼房族伯，周四七的哥哥。育婴堂司事。
周利宾　周六四长子，绰号"雨濯鬼王"。
周子衡　樟寿礼房族叔，谱名秉权，字衡廷，乳名惠，樟寿兄弟称"惠叔"。因长年泡茶馆，人称"街楦"。
周子传　樟寿诚房族祖父。
子传奶奶　周子传之妻，樟寿后称其为"衍太太"。
周子京　樟寿立房族祖父，字子京，号敏甫。樟寿童年塾师。
周玉田　樟寿义房族祖父，开蒙塾师，称为"蓝爷爷"。夫人朱氏，人称蓝太太。
周伯扬　谱名凤珂，小名谦，字伯扬，又字岐律，周玉田长子。其夫人称谦婶或谦少奶奶。
周仲阳　周玉田次子。
周锡璋　樟寿慎房祖父，字子明，号芹侯。博学多才，擅长书画、治印。族中排行二十八，故樟寿辈称廿八公公。
周庆蕃　樟寿义房族祖父，入江南水师学堂引荐人。字椒生，号杏林，又号虞臣，小名"庆"。因在族中排行十八，故称"十八叔祖"。
周伯文　谱名凤藻，字伯鸾，族中大排行十九，周庆蕃的长子。
周仲翔　谱名凤苞，字仲翔，族中大排行二十三，周庆蕃的次子。
周五十　樟寿礼房族伯，幼名五十，谱名秉榕，字衍生，号荣生。子传奶奶的姘夫。
周慰农　樟寿裕房族伯，谱名鸣凤，号巢梧，族中大排行五。樟寿三味书屋同窗周寿恒、周寿升的父亲。
周桐生　樟寿诚房族叔，周子玲之子，周子传之侄，谱名凤桐。

寿镜吾　名怀鉴，号镜湖。三味书屋主人，樟寿受业师。
寿洙邻　名鹏飞，谱名祖泗，字洙邻。寿镜吾次子，三味书屋助师。樟寿、櫆寿的受业师。
吴书绅　樟寿在三味书屋的同窗，绰号"小头鬼"。
周寿恒　樟寿在三味书屋的同窗，小名泰，俗呼阿泰。
周寿升　樟寿在三味书屋的同窗，寿恒的弟弟。

周寿颐　樟寿在三味书屋的同窗，小名兰星。
胡昌训　樟寿在三味书屋的同窗，商人子弟。
章翔耀　樟寿在三味书屋的同窗，商人子弟。
周梅卿　樟寿的笛房族叔，曾是三味书屋同窗。
高幼文　樟寿在三味书屋的同窗。

范啸风　榜名寅，字啸风，又字虎臣，别号扁舟子。《越谚》编者，绍兴著名文人和书法家。
秦少渔　小名友。娱园主人秦秋渔的儿子，樟寿兄弟称他"友舅舅"。
云　儿　秦少渔的侍妾。

春　荣　东昌坊口地保。
孟夫子　老童生，酒店常客。
阿　桂　东昌坊口闲汉。
阿　有　阿桂之兄，正经劳动者。
水果连生　东昌坊口的水果摊主。
连生嫂　水果连生妻子。
阿　如　衙门口轿夫。
单妈妈　周家台门门房，阿如的姘妇。
阿　和　单妈妈的儿子。
阿　运　阿和的童养媳。
阿祥嫂　和房女佣。
连四嫂子　寡妇，丈夫死后，孩子又病亡，因而发疯。
屠宝林太娘　屠正泰老板娘。
宝姑娘　屠宝林太娘的女儿。
荣　生　轿行师傅，人称"做不杀的荣生"。
"矮癞胡"　本名司徒泉，风水先生，泰山堂药店店主，私塾广思堂堂主。

光绪皇帝
陈　璚　杭州知府。
崧　骏　浙江巡抚。
邹　玉　杭州府狱禁卒。

白胡子老头　谢德兴酒店闲客，旁观者。
黑瘦汉子　高大英武的饥民的领头。

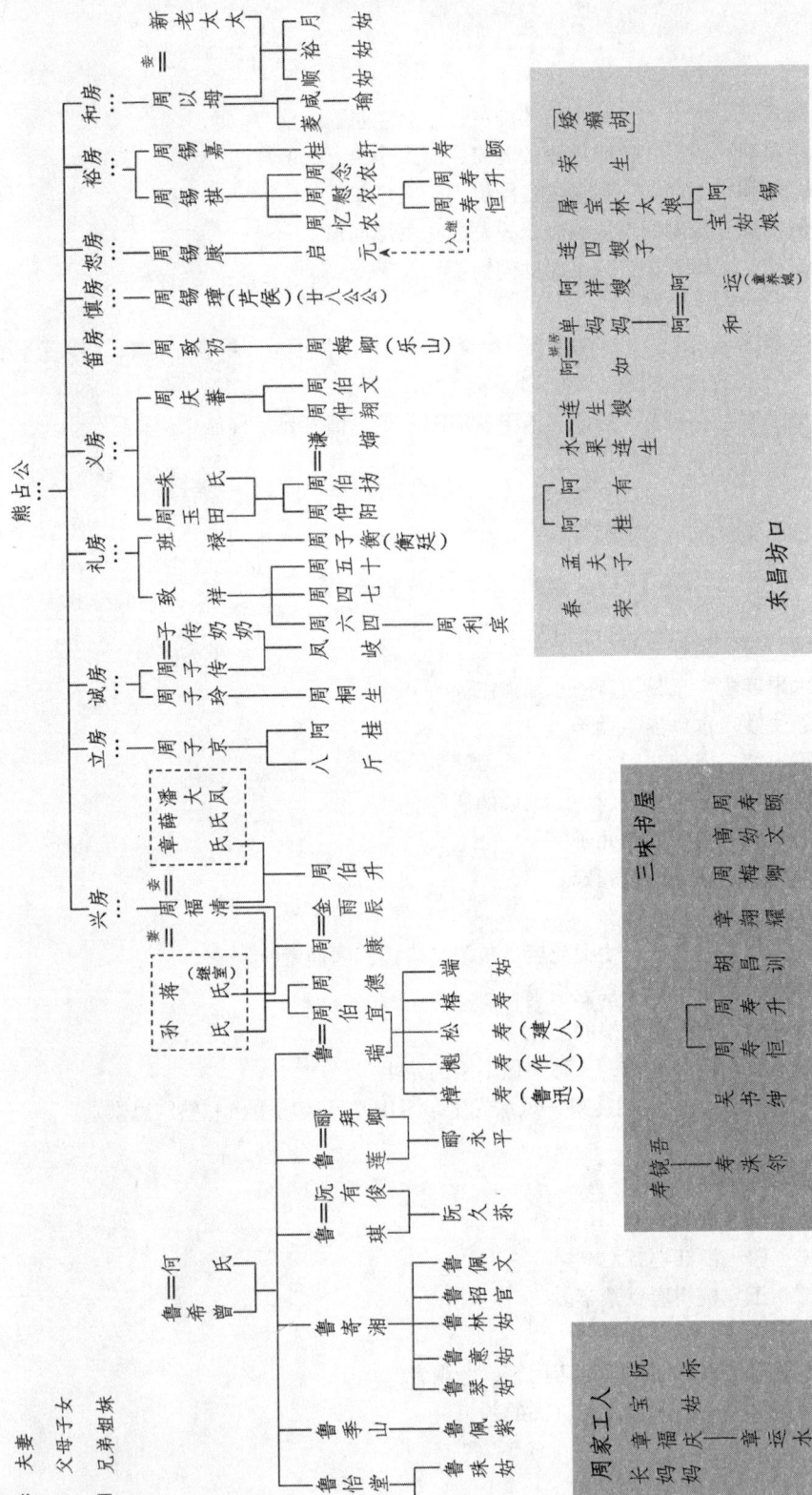

目　录

序　幕　　绍兴古街

　　　　　　古　街　/1
　　　　　　酒　店　/4
　　　　　　惊天大事　/6

第一章　　三味书屋

　　　　　　书　屋　/10
　　　　　　后　园　/14
　　　　　　老寿先生　/16

第二章　　败落的肇始

　　　　　　异样的目光　/20
　　　　　　"三味"的来历　/22
　　　　　　杀头！杀头！！杀头！！！　/24

第三章　　乌篷船

　　船上行　/27
　　忆童年　/29
　　"老和尚转世"　/36
　　姆　娘　/38

第四章　　皇甫庄

　　偏要吃给你们看！　/43
　　琴表妹　/46
　　"一定要报这恶狗的仇！"　/51
　　复　仇　/54
　　影写绣像　/56
　　范啸风　/61
　　女　吊　/64

第五章　　周福清

　　杭州狱府　/66
　　过　堂　/76
　　巡抚崧骏　/78

第六章　　娱　园

　　冬　雨　/80
　　读《红楼梦》　/82
　　春　雪　/90
　　女　衫　/95
　　雪罗汉　/96

第七章　圣旨压魂

光绪皇帝　/99
周伯宜　/102
送　别　/106
慰　藉　/108

第八章　归　家

梅　雨　/114
酒　客　/122
街　市　/125
"早"　/127
《花镜》　/132
阿　云　/136

第九章　从夏熬到秋

苦　夏　/139
"红蝙蝠"　/141
长庆寺　/144
"四个儿子"　/148
秋　雨　/151
花牌楼　/152
秋　决　/154

第十章　过　年

祭　灶　/157

　　　　　从祝福到除夕　/160
　　　　　新　年　/161
　　　　　《海仙画谱》　/166
　　　　　父亲吐血了！　/173

第十一章　　春　寒

　　　　　清明上坟　/176
　　　　　坟邻的儿子　/181
　　　　　回家船上　/182
　　　　　安桥头　/184
　　　　　广思堂与武秀才　/192

第十二章　　又是从夏熬到秋

　　　　　夏　殇　/194
　　　　　宝　姑　/197
　　　　　"白　光"　/198
　　　　　说　戏　/203
　　　　　颤　栗　/204
　　　　　萧瑟秋风今又是　/207

第十三章　　父亲病了

　　　　　转喜为忧　/212
　　　　　家有长子　/215
　　　　　从当铺到药店　/219
　　　　　情在书屋　/226

第十四章　　父亲的死

　　　　　　辞　世　/231
　　　　　　葬　仪　/233
　　　　　　无　言　/239
　　　　　　寂　静　/241
　　　　　　博　览　/246

第十五章　　櫆寿陪侍祖父

　　　　　　夜航船　/248
　　　　　　西兴渡江　/251
　　　　　　清波门　/253
　　　　　　祖　父　/256
　　　　　　可怜的人间　/258
　　　　　　幻　想　/261

第十六章　　世相百态

　　　　　　夜　梦　/262
　　　　　　台门内　/264
　　　　　　台门外　/265
　　　　　　酒店逸闻　/272

第十七章　　故家败相

　　　　　　周四七死了　/279
　　　　　　周桐生回来了　/280
　　　　　　读李贺　/286
　　　　　　分房会议　/290

郁　闷　/292

第十八章　　绍兴乱了

饥　民　/294
流　言　/295
骚　乱　/297
镇　压　/298
"救中国！"　/302
"戛剑生"　/305
大清音　/308

第十九章　　走异路，逃异地

阿如死了　/310
人言可畏　/312
被迫逃离　/314
杭州行　/318
"穷出山"　/324
别诸弟　/327
周树人　/331

尾　声　/333

参考书目　/336

序　幕　绍兴古街

古　街

公元一八九三年，即清光绪十九年阴历九月的一天凌晨，江南古城绍兴东昌坊西口的石板路，在晨曦的折射下泛着灰青色的暗光。地保春荣，干瘦驼背，一副鸦片鬼相，懒洋洋从他的破屋走出来，吱扭一声，打开了路口的栅门。

春荣在薄暮中四下望望自己再熟悉不过的东昌坊，往西端是十字路口；过路往西是秋官第和店市热闹的大云桥，街角是绍兴大名人徐渭的故居青藤书屋；往东是一家家的商铺和街中的小船埠头，直到周家台门、覆盆桥和三味书屋；往北是塔子桥，直通城北，会稽县衙门和杀人的轩亭口就在北边的县前街上，由此往西是与塔山对峙的府山；从十字路口往南是都亭桥和南街的洋教堂。

东西路口各有个栅门，夜里关上，清晨打开。夜里，百姓只能从栅门的小门进出。但是，官府来检查，春荣就要赶紧大开栅门，还要跪接，低声下气地说："东昌坊地总跪接大老爷。"有时，唯恐老爷听不见，总是接连地喊，忙中出错，错喊成"大老爷跪接地总！"就得挨骂："混账，王八蛋，拉倒打屁股！"于是被衙役拉倒打一通屁股。即使喊对了，也要等官轿抬过去才能起立，回去休息。所以，他夜里总睡不稳，一早起来昏沉沉的。

今早栅门开处，第一个进来的，是个黑瘦、健壮的汉子，短衣衫，破裢子泛出股难闻的汗臭味，脸微圆，颇有乐天气象，头上歪扣着一顶乌黑的破毡帽，帽上粘着几根鸡毛和草屑，帽下溜出一条稀疏灰乌的辫子，沾着泥土。身上乌龊龊，脏兮兮的，发出似黑似青的颜色。手里抱着的一只大公鸡，却红冠金羽，洁净光亮，不住咕咕叫着，红黄羽毛的脖颈一探一探的，瞪着金黄的圆眼睛向四围察看。

春荣瞠怒道："阿桂，偌个偷鸡贼，又去拈啥西？[①]"

阿桂朝春荣龇龇黄牙，笑道："哪格话，这是红鼻子老五托我卖的。"说着，挤挤小眼睛傻笑。

春荣挥挥拳吓唬道："到时不给酒钱，当心鞭子哉！"

甬看地保在老爷面前畏畏葸葸，在百姓那里却威风凛凛，居民有吵嘴打架的事，得先请地保来解决，这叫"地保官司"。对弱势的人，不管拿得出拿不出，他总得找由头勒索，少说也要扒出二十五文"老酒钿"[②]。真是老鹰飞过拔撮毛——恶要。邻里都说，地保好比一口钟，一碰着就要响（饷）。

阿桂一缩脖，答应一声，溜了。春荣回他的破屋补觉去了。

绍兴地处长江三角洲南翼，钱塘江附近，是著名的水城，境内河道纵横，以河为巷，以船为车。河上又架有各式各样的小桥，有的像笔架，有的如题扇，有的似廊厢。天一放亮，东昌坊街中间的小船埠头上传来了摇船的水流声，飘来些微鱼腥味儿。有人从船舱钻出，自船头上了岸。石板路上的行人逐渐多起来，挑担的，挎篮的，空手的，忙忙碌碌地行走。男人多戴着乌黑的毡帽，女人则穿着蓝印花布的衣衫，腰间扎着条蓝色的带子。好不容易挨过了春天的黄梅雨和夏天的炎热，赶上了深秋的响晴天，渐渐显亮的蓝天上只飘着几丝白云彩，青石板路干干净净，人们都兴致勃勃地出来赶生活了。

东昌坊沿路的店铺，一家挨一家，薄薄的黑瓦片翘起一个个尖角。黑黄的门板紧闭着，散发出一种浸透了几十年甚至上百年黄酒、糟毛豆和绍兴红

[①] 绍兴乡间方言，意为：你这个偷鸡贼，又去干什么？
[②] 老酒钿：买老酒的银钱。

东昌坊沿路的店铺,一家挨一家,薄薄的黑瓦片翘起一个个尖角。

乳汁混合的气味。加上盛开的桂花的香气，更加沁人心脾。各家店铺的旗幡在晨风中翻动，五光十色，花丽斑斓。

青石板路上投下一抹霞光，西北角的门板掀动了。这是一家水果摊，似摊而有屋，似店而无牌号，撤去排门，西南两面都开放了。店主是一个精干的黑瘦男人，人称"水果连生"，三十多岁。他撤了门板，就进屋里收拾一个水果担子。他的女人，年近三十，眉清目秀，人称连生嫂，到屋外摆摊，在一块木板上摆些水果、炒花生、炒栗子，用竹圈围住，免得滚下来。今天摆的水果是特意进山采选的山里红，又大又圆，鲜莹红亮，可人喜爱。连生嫂又拿喷壶洒上些清水，更是引人。他们夫妇俩一边在店里当"坐山老虎"，做门市生意，一边挑了水果担，送到各台门去卖，生意很是不错。

街市的其他店铺也陆续开了张，水果连生东边紧邻坐北朝南的范小大的麻花摊、四一剃头店、王锦昌扎肉店，隔着梁家台门的摇船头脑丁六十的小屋，新台门西北角的张永兴游龙寿坊，斜对面坐南朝北外号"猪头肉念捌"的肉店、高盛全油烛店、箍桶店、"做不杀的荣生"的小轿行，以及小船埠头东边的小鞋店、傅澄记米店、咸亨酒店、王咬脐锡箔店等小店小铺小摊，也一个接一个地开了门，摆出摊。最后，"水果连生"正对面、东昌坊口西南角的寿芝堂药店和谢德兴酒店，就像戏台上的主角要在后面压轴一样，也颇为傲慢地开了业。但是，一开门就有几个等着买药的急客和天天来喝酒的常客分别进了药店和酒店。

酒 店

最热火的是谢德兴酒店，一间门面，门口有一个曲尺形柜台，靠墙放着玫瑰烧、五加皮等酒瓶，直柜台下面放酒坛，横柜台临街，台上有半截栅栏，栅栏里放着茴香豆、鸡肫豆、盐煮笋、炒花生、豆腐干、咸螺蛳等下酒坯。柜台里面是黑胖的老板，总眯着眼笑，见客人就点头哈腰，身边还有一个十二三岁的男孩儿，看来是小伙计，怯生生地躲在柜台后面，专给人温酒。顺柜台往里是雅座，放着几个长板桌和条凳，可以坐十来个人，一面呷酒，一面高谈阔论。也有只要一碗酒，一盘豆，站着在柜台边喝的。这多是卖苦力的短衣帮。

一进门就会发现，门槛里的地面上，买主鞋底带进去的泥，堆得几乎跟烫酒炉的底座一样高，酒店掌柜从来舍不得铲掉。据说这是"龙骨"，踏进去的泥就是财宝。今天是大晴天，带进去的泥少，掌柜还有点遗憾。

里面靠墙一个雅座上有一个汉子。衣衫虽旧，但还齐整，胖胖的圆脸上一副悠然自得相。他坐在长凳上，长方板桌上放着斟满黄酒的高脚的浅酒碗，旁边两盏黄沙粗碟上摆着茴香豆和咸螺蛳，还没来得及吃。他就是周家新台门礼房的衡廷，整天不是泡茶馆，就是坐酒店，听到些街谈巷议，就回台门传播，大家都叫他"街楦"①。他年轻时在县衙门里当过朱墨师爷，字写得极好，文理也通顺，很会写状子。有人求他写信写状子，送他几个钱，他就这么生活。如果没人求他写，他也无所谓，不去找事做，仍旧饮茶吃酒。绍兴有句乡谚："嘬螺蛳，过老酒，强盗来了勿肯走。"这衡廷就是天摇地动也改不了坐店吃酒的脾性，慢悠悠地一点点嘬螺蛳，一口口嚼茴香豆，过老酒，泡上一天，能过上一斤多老黄酒。

这时，只听店外街上传来一个声音：

"……远远望去，东方有一片紫气，不同寻常，我掐指一算，再排天干地支，果然非同小可。不由得我一喜，喜的是东昌坊口又要出举人了！"

衡廷跟对面一个穿马褂的白胡子老头儿说道："你听，'矮癞胡'又在算命了。听说，今年为祝慈禧'万寿'，皇上颁旨在全国各省举行一次恩科乡试，这东昌坊说不定又要出举人。"

街上又传来人们的问声："司徒，倷说的到底是哪家要中举啊？"所称的司徒，名叫司徒泉，生得特别矮，头上有点癞头疮疤，胡子又多，人们给他个绰号"矮癞胡"。他住家就在这里，与谢德兴酒店隔着个高盛全油烛店。以看风水起家，在十字路口西南开了一家泰山堂药店，但仍给人看风水。他倒很重教育，在东昌坊口开了家私塾广思堂。

"天机不可泄漏！""矮癞胡"神秘兮兮地说，又往东边新台门周家一指，

---

① 街楦：指经常在街上传播消息的人。

"不过，现在说说也无妨！"

"快说呀！"闲人有些不耐烦。

"还不明白？！老鼠的儿子会打洞，举人还不生举人？""矮癫胡"终于道出天机。

人群中一阵骚动，有惊叹的，有开心的，有怀疑的，有嫉妒的，各有各的表情。

老头儿看来有点忧国忧民，听到街上的议论，摇摇头说："这管个鸟用！能挡得住洋鬼子瓜分中国吗？"

忽然进来个秀才模样的汉子，要了碗老酒，一盘盐煮笋，一盘炒花生，坐在旁边长凳上插嘴道："就这个'昏太后''呆皇帝'，能救得了中国吗？大清朝要完啦！"

衡廷叹口气道："就不能'死马当作活马医'，试它一试？"

老头儿抿了口酒道："我看难！"

秀才道："'呆皇帝'亲自执政快五年了，说是独立了，其实还不是瞅着那'昏太后'的眼色办事。这次乡试，就是为讨太后欢喜！"

老头儿伸出右手四根指头，低声补充道："慈禧太后修颐和园，据传就挪用海军军费四万万两。"

衡廷惊骇道："那要是与小日本海战，还不注定大败！？"

秀才伸出右手三根指头，朝桌上一抓道："那还用说吗？三个指头拾田螺——笃定了！"

正说着，突然间外边一阵喧哗，人们都跑出去看。

雷打不动、照旧吃酒的衡廷，隐隐觉得似乎与周家有关，坐不住了，跟着出来看……

惊天大事

原来日头偏高时分，从北面县前街的县衙门里走出两个衙役，去马圈牵出两匹高头大马，一跃而上，威风凛凛地朝着东昌坊口走来。

马蹄踏踏，直奔熙熙攘攘的街市。卖麻花的范小大眼尖，刚好货已卖完，赶紧收摊急躲，没被撞上。水果连生无法躲，摆在屋外的木板被躲闪的人们碰倒，水果、花生、栗子撒了一地。一颗颗又大又圆、鲜莹红亮的山里红，让人踩了个稀烂。连生嫂大哭起来，要在地上捡拾，但被人挤进屋里去了。

街道本来就窄，衙役为了显威风，竟然并排而行，更挤得人仰摊翻。谢德兴酒店里的白胡子老头和那秀才，以及刚跟出来的衡廷等酒客都站到门口惊看，只见马前的人们纷纷逃离。街边阿六炸臭豆腐的担挑、火炉、铁锅、另一头的生豆腐和其他杂物一起被掀翻；黑锅里冒着烟泡的油，尖头黑黄的长竹筷子，正在油里炸着的臭豆腐，以及铁罩、竹签，红色的辣酱，滚撒了一地。街市上更加充溢着炸臭豆腐味。两边乡下人摆的菜摊也翻了，原本青葱红润、水淋淋的苋菜、萝卜，满地滚撒，任人践踏，成了一堆青红黄黑搅拌混杂的菜酱。原来活蹦乱跳的金翅大鲤鱼，早就跳出筐，在地上乱蹦。活虾也爬出了倾倒的竹篓，舞着钳子一般的前脚，四处逃窜。街市上又在炸臭豆腐味道中掺和了鱼腥味。

阿桂手中的大红公鸡乘机扑棱棱呼扇着翅膀飞了，阿桂扑上去追，让逃窜的人们撞了个狗啃屎，险些被马踩踏了。一时间鸡飞狗跳，女哭男叫，乱作一团。正在演讲的"矮癞胡"倒是机警，没等马到，就闪到一边。马过后，又跟在后面去看热闹。

地保春荣闻讯赶来，冲衙役卑怯地笑笑，问到哪里去。衙役指指前方，说了句"周家新台门"。两匹大马的步子也放缓下来，往周家台门走去。

两个衙役，一个高瘦细长，另一个矮胖短粗，天气还不很冷，但都穿着深蓝色的皮袍子，大襟以下都没有扣上，腰间系了一根很阔的腰带，袍里的皮毛有一溜翻出，露在外面，是雪白的上等羊皮，头上戴的是红缨帽，各人手里拿着一支长长的旱烟管。骑的大马也都很阔气，瘦子骑的是棕色的，胖子骑的是黑色的，毛皮都泛着光泽，连马鞍、脚镫也都锃光瓦亮，新簇簇的。

到了周家新台门，两个衙役都下了马。春荣赶忙替他们把马拴在对面空地的大树干上。刚一落脚，衙役们就冲着台门大喊："捉拿犯官周福清①！""捉拿犯官周福清！"

一时间吓得门斗里坐在两条长石凳上等荐头②的乡下妇女，像炸了窝的母鸡般，一哄而散。住在周家新台门门房，专给人做荐头的单妈妈也赶紧躲进屋里，关严了门。

两个衙役径直进了大门，横着身子往里走去。春荣紧赶两步引他们进了仪门，过了大厅，入白板门，来到过廊，李楚才③住的兰花间也房门紧闭。又从过廊空隙拐进了桂花明堂，桂花香气并没有令衙役陶醉，反倒使他们更发了疯，破了嗓子大喊："捉拿犯官周福清！""捉拿犯官周福清！"春荣引衙役进了黄门，就退回来，大瞪着惊呆了的布满红丝的眼睛，往里傻看一眼，旋即到门口替他们看马。

这时，周福清的次孙櫆寿、三孙松寿，连同周福清妾生的儿子周伯升，虽然比櫆寿只大一点儿，也称为升叔，都在家里。

松寿的姆娘④和长妈妈听到有人在桂花明堂大喊"捉拿犯官周福清"，不禁大惊失色，连忙拉着松寿顺楼梯上到小堂前楼上。周福清的小妾，潘庶祖母吓得钻进自己屋里的床底下。櫆寿和升叔本来整天托词读书，关上厅房的门，终日在明堂里玩。正在自娱中，听见衙役的喊声，二人吓得又跑回厅房，藏进了厅堂的桌案底下。顶东头的子传奶奶和子传公公也闭紧了房门。奶妈抱着四弟小椿寿躲进屋里床帐内。

松寿从楼窗口往外偷看，只见两个一瘦一胖的衙役站在楼前大喊："捉拿犯官周福清！""捉拿犯官周福清！"

还是祖母镇静，在楼下招呼，请他们到小堂前坐下了。

松寿伏在楼板上，从缝隙里向下张望，见衙役坐在太师椅上，一边吸着长长的旱烟管，一边稍歇一会儿就大喊一声："捉拿犯官周福清！"还不住地抚弄着皮袍翻露在外面的一溜雪白羊皮，像是自己找乐，又像是小孩过年穿

---

① 周福清：生于清道光十七年农历十二月二十七日，按照公历算，该是一八三八年一月二十二日，原名致福，后改名福清，字震生，又字介孚，号梅仙。在周家致房行八。绍兴城著名翰林，樟寿的祖父。
② 荐头：旧时以介绍佣工为业的人。
③ 李楚才：绍兴晚清著名文人李慈铭的堂兄弟，租住在此。此屋原是樟寿曾祖父种兰花的兰花间。
④ 姆娘：绍兴一带对"母亲"的称呼。

上新衣想让别人跟着观赏。

这两个衙役坐了小半天工夫,总是这个姿势,也总是这么叫喊。除了他们的声音,台门里死一般的静寂。

祖母进自己的房子,拿了两袋钱,捧到小堂前,送给两个衙役。不知过了多长时间,声音消停了,衙役走了。祖母在楼前发愣。

姆娘和长妈妈带着松寿从楼上下来,迎向站在楼下的祖母。

潘庶祖母也出来了。眼泪汪汪地望着祖母,不知所措。

藏在厅房里的升叔和櫆寿也从黄门进来,扑到祖母跟前。

子传奶奶和子传公公开了门,远远望着这一家人,目瞪口呆。

过了一会儿,在前边大厅看书、下棋的胖胖的玉田公公也来了,连在外边泡酒馆的"街楦"衡廷,四处闲逛的"破脚骨"①周四七都来了。

大家面面相觑,像木偶一样一动不动,说不出一句话。

台门里一片死寂……

---

① 破脚骨:绍兴乡间方言,指地痞、无赖。

第一章 三味书屋

书　屋

　　古街出现惊天大事的时候，东昌坊东头的三味书屋依然在静静地上课。

　　东昌坊东头，是周家新台门。再往东，是老台门。老台门斜对面，有一座奇特的桥，桥上有讲究的板壁，有玻璃窗。天花板是排列得很整齐的椽子，椽子上搁着像瓷器一样的长方砖，外层是瓦，北塊还有一扇门。这不像桥，而像一所房子，只是不住人，作为走路用的。这座桥叫覆盆桥。据说这里是西汉会稽太守朱买臣和他的前妻相遇的地方。朱买臣贫穷的时候，妻子抛弃了他，富贵以后，前妻又要求和他破镜重圆。朱买臣从张马河里舀了一盆水，倒在马前，说，如果你能把水重新收回盆里，我就和你恢复夫妻关系。泼在地上的水，如何收得回来？他的老婆十分羞惭，回去就自杀了。这座桥因此得名"覆盆桥"。

　　覆盆桥南塊靠西，是过桥台门，居住着周家中房派下的慎房和裕房。东邻有几间房子，屋虽不多，却有花木、假山、鱼池，很是别致。这是老台门和房十五太爷夏天避暑的别墅，被称为新过桥台门。

　　再东邻就是寿家台门。原是寿镜吾祖父寿峰岚靠酿酒、卖酒积钱购置的，占地六亩，前临小河，后有竹园，修竹千竿，与周家老台门隔河相望。到父辈寿韵樵,即云巢公时,寿家已不靠酿酒为业,成了一户书香人家。经济上也江河日下,把正屋典给了财主李月舫,由寿镜吾在东配房开设了三味书屋。

从东边斜对石桥的寿家台门双扇正门进去,左拐往东进入一扇黑油的竹门,就闻到浓郁的桂花香气,听见三间东配房里传来一群孩子的读书声,有念"仁远乎哉我欲仁斯仁至矣"的,有念"笑人齿缺曰狗窦大开"的,有念"上九潜龙勿用"的,有念"厥土下上上错厥贡苞茅橘柚"的……真是人声鼎沸。

东配房前面,靠墙有一石条横案,上面放着一个石盆,盆里种着一簇簇红红绿绿的小花草,旁边放着一口棕黑色的圆口大水缸,供学生洗笔砚用的。缸底部生满青苍苍的绿苔。

视线上移,透过东配房正中一间的棱形窗格,朝里望去,就见正中墙上挂着一块匾,上书:三味书屋。据说所谓"三味",即读经味如稻粱,读史味如肴馔,读诸子百家味如醯醢。匾额下是蓝地洒金屏门四扇,刻着一副对联:

此处正安吟榻好,不如且入醉乡来。

草书奇浑,没有署作书人名姓。联中央是一幅画,画中一只肥大的梅花鹿伏在古树下。画前摆着一张炕床,炕床的前沿放着一张八仙桌和一把大圆椅,桌子的两旁是茶几和椅子。再往前的左右间楹柱上,刻着一对联语:

花前屡泛罗浮酒,架上常存宛委书。

周围摆着七八副桌椅,坐着七八个不同模样的孩子。正中大圈椅上,坐着一位高而瘦的老人,须发都花白了,还戴着大眼镜。这就是塾师寿镜吾,绍兴城中方正、质朴、博学的人。他自己也念书。不一会儿,学生的声音低下去,静下去了,只有先生还大声朗读着:

"铁如意,指挥倜傥,一座皆惊呢~~;金叵罗,颠倒淋漓噫,千杯未醉嗬~~……"

先生一边读,一边微笑起来,而且将头仰起,摇着,向后面拗过去,拗过去。

先生读书入神的时候，学生开始自由活动。西窗下，身长头小绰号"小头鬼"的吴书绅，弓起身用纸糊的盔甲套在指甲上做戏。旁边的两个孩子，也跟着学。南墙下一个显得特别聪颖、英俊的细长男孩儿，是周家中房的周寿恒，小名泰，俗呼阿泰，站起身，拔发接长，悬挂梁上，系一纸条，向同窗牵引[①]。孩子们见条上写："去后园，送信笺"，不禁轰动。一个个朝东墙靠南的小门溜去。

紧靠小门坐着一个男孩儿，十三岁光景，穿着一件深蓝色的竹布长衫，寸多长的一把锁匙挂在大衫大襟的扣里，辫子编成三股而又垂得最长。头发又黑又硬，前额的几根头发向上梗挺着，眉毛很浓，眉宇之间透出一股英气。厚厚的单眼皮掩着一双不大的眼睛，眸子黑亮有神，内敛着沉毅的光，像总在观察着什么，思索着什么，令人生出一种莫名的敬畏感。但这孩子又让人觉得和悦可亲，在他紧抿的嘴角上挂着一丝淡淡的微笑，像是在嘲弄这个世界，又要与这个世界亲近，鼻翼翕张间还露出一股天真烂漫的气息。他就是绍兴城著名翰林周福清的长孙，周家兴房第四世的长男，本名樟寿，初字豫山，入学时因为有人戏称他为"雨伞"，经祖父同意，才改字豫才，小名阿张。

樟寿把家藏的《唐诗叩弹集》方正地摆在桌角，铺开"荆川纸"，用"金不换"小字笔，在抽屉内的一方铜墨盒里抿笔尖，准备抄写百花诗，就被正从小门钻进后园的"小头鬼"撞了一下，毛笔抿歪了。

樟寿拧起浓黑的眉毛，瞪了"小头鬼"一下，连忙捂住了桌上的锡制茶壶。"小头鬼"专爱搞恶作剧，不是用锥子钻破别人茶壶的锡皮，又用黄蜡封好，待别人到家用热水沏茶时壶就漏出水来，就是捉了蟑螂从锁孔放进抽屉，咬坏别人的纸盔甲。

"小头鬼"刚过去，樟寿肩头又挨了另一位同窗轻轻一拍，回头一看，见是机灵鬼寿恒，站在身后的是他的堂兄弟兰星。寿恒的聪明，樟寿也是佩服的。同样的书，樟寿读几遍能背出四十行，他却能背出八十行。但私下里，樟寿却觉得他的聪明没有用在正处。

[①] 当时绍兴初设电报，街道上竖杆挂线，学生见了效法，拔自己的头发，一根根接长，悬挂梁上，系信件于上，循环牵引，往来通信。

紧靠小门坐着一个男孩儿,十三岁光景,穿着一件深蓝色的竹布长衫,寸多长的一把锁匙挂在大衫大襟的扣里,辫子编成三股而又垂得最长。

寿恒冲樟寿做个鬼脸，看着樟寿桌案上的书说："光看书有什么意思，到后园玩去。我送你印花信笺。"

樟寿笑笑，没有答话。寿恒早就和兰星一起出去了。

身着绸缎衣裤的商人子弟胡昌训和章翔耀挨到樟寿身边，很想看他描绣像。樟寿没有描，倒是不慌不忙地拿出一个红纸条，用铜制镇纸圈压好，换了只"十里红"大字笔捺了墨，工工整整地写了四个字："君子自重"，把字条端端正正地放在桌案右角。俩人见了，吐了吐舌头，知趣地溜进后园了。

笛房族叔周梅卿过来了，在樟寿身边看了看，就到后园去了。他与樟寿最好，铜墨盒就是他借给樟寿用的。一时间，书房只剩樟寿一人。时令正值九月，桂花飘香，草长莺飞，到底耐不住诱惑，小樟寿也出了教室，直奔园子而去。

后　园

一进入后园，就如堕入了桂花酒坛，心都醉了。这个小园，南北长两丈多，东西宽一丈多，园虽小，但花木繁茂，布景紧凑。东北隅有一小亭，悬匾"自怡"二字，下署"子昂"书。其实，这乃康熙年间绍兴著名书法家雪岩山人金炳所书，并非元代书画家赵子昂的真迹。亭壁上有四言诗一首，据说是寿镜吾父亲云巢公手题：

　　栽花一年，看花十日。
　　珠璧春光，岂容轻失。
　　彼伯兴师，煞景太烈。
　　愿上绿章，飙霖屏绝。

据说是云巢公在一阵暴雨之后，看到落花满地，感慨万千，挥笔而写的一首感叹诗。

小亭两旁，长着两株树龄在百年以上的大桂花树，荫蔽全园，开花时金粟漫天，香闻数里。

桂花树旁又有砖砌花坛一个，种着高出屋上的百年蜡梅十余本，一到寒冬腊月就迎风开放。

东南隅又有百年以上大天竹一丛，高与屋齐，自为一坞。秋冬垂垂结实如红豆，如火珠，至为美观。正中为牡丹花坞，叶绿花红。旁边有两个大石墩，上置花瓷缸，各种有翠柏一株。南墙下又有藤萝一本，也是百年之物。

寿恒正在园中分发信笺，裕房的寿颐，又名兰星的，在一边帮着分发。见樟寿来了，兰星连忙递给他一封。信笺上印着精美的花卉，很漂亮。樟寿一向喜欢收集信笺，尤其是这种精雅秀美的，然而他想了想，却推开了。蹲到桂花树下从湿湿的泥土孔里寻蝉蜕。

寿恒见樟寿推开信笺不要，不禁纳闷。正在一边折蜡梅的"小头鬼"，歪头看见，一手举着刚得到的信笺摇着说："嗨，这么好的信笺居然不要！"又一手舞着蜡梅干枝跳下花坛，玩别的去了。

樟寿不理他们，只从泥孔里掏出一枚蝉蜕，细心地观赏着。看着蝉蜕半透明的黄色硬壳和带齿的前腿，觉得很有趣。接着，他举手一扇，捉了只苍蝇，摔在地上，又用小树枝压死了，拨到一个蚂蚁窝旁边，静悄悄地看着蚂蚁们围吃死苍蝇。小小蚂蚁们很勤劳，也很团结，一起搬动苍蝇，忙着往窝里运。还排成一长队……

正看得入神，一个叫高幼文的小个子同窗，从小门里悄悄出来，走到樟寿身边，蹲下小声对他说："阿张，我知道先生一会儿对课的题了。"

"什么题？"樟寿也好奇地问。

"独角兽。你看怎么对？"高幼文神秘兮兮地说。

樟寿顺嘴答道："四眼狗。"

高幼文似乎放下心来，高兴地一边玩去了。

樟寿看蚂蚁吃苍蝇正看得出神，眼前忽然出现了两个纸盔甲，一晃晃地在互相掐架。

樟寿抬起头，原来又是"小头鬼"恶作剧，在两根拇指上各套了一个纸盔甲，在他眼前做戏。

樟寿毫不示弱，从衣襟里掏出自制的纸盔甲，挑出两个套在自己的拇指上，与"小头鬼"对打起来。

一对阵,就显出高低了。"小头鬼"的纸盔甲做得很简易,不过是用白纸折叠粘上罢了。樟寿的可不然,用红、绿、黄、蓝、黑几种颜色纸剪裁糊成,样式很多。还有各种兵器,用竹丝做柄,制成长矛、画戟、钺斧等,应有尽有,都做得非常精致。并用墨笔在盔甲正面画出了人脸的眉眼、胡须,涂了彩色;都是参考各种绣像小说书上的画像来做,煞是好看;样式多,剪得也精巧。盔的大小正好适合戴在大拇指上,以大拇指的下节做项颈,甲可以披在拳上;四指是屈着的,如果二、三指间夹了刀枪等兵器,还可装作武将打仗的姿势。两人一一对打,一时间把周围的孩子都吸引过来了。大家睁大了眼看,像在观赏一出好戏。

"人都到哪里去了?"先生在书房大叫起来了。

孩子们惊住了。"小头鬼"和两三个孩子一窝蜂往小门挤,樟寿和寿恒连忙拉住,说:"别忙。一个一个地进去。"

孩子们一个一个陆续地回书房了。

老寿先生

老寿先生有一条戒尺,但是不常用,也有罚跪的规则,但也不常用,普通总不过瞪几眼,大声道:

"读书!"

于是大家又放开喉咙读一阵书。

读了一阵,老寿先生又沉醉于自己的朗读,学生们又开始做自己的事了。"小头鬼"站起身,也学寿恒的样子,拔发接长,悬挂梁上,系一纸条,向同窗牵引。孩子们见条上写着:"信笺为盗品。勿收。"原来"小头鬼"在后园见樟寿拒收信笺就犯疑惑,后来细想想,觉得似乎在哪里见过。回书房后,猛然想起是在擅长书画的周家裕房芹侯爷爷[①],樟寿他们叫廿八公公的家里见过,

---

[①] 芹侯爷爷:即周锡璋,字子明,号芹侯。是樟寿祖辈中最小的一个,族中大排行二十八,人称廿八公公,只比樟寿大三四岁,善书法,会篆刻,多才多艺。

怪不得樟寿不要呢！原来是偷来的。要赶紧戳穿，不然人家追究起来，可不好说。于是就发起了"土电报"。

同窗一见，纷纷拿出寿恒给的信笺，疑惑着，要还给他。

寿恒不觉大怒，也系一纸条，上写"污人清白"四字。

这时，老寿先生的儿子寿洙邻到课堂上来了。三味书屋南邻有耳房一间，上悬"谈余小憩"小匾一块，也为雪岩山人金炳所书，由小寿先生在此设帐教两个学生，称为"启蒙班"。不过，有时小寿先生也来做父亲的助教，到大堂一起上课。

老寿先生近视，对空中纸条毫无察觉，小寿先生身板挺直，两眼炯炯有神，精明得很。他一眼就看见了纸条，立即问道："是谁在传纸条？"

机灵鬼寿恒手疾眼快，一把抓住纸条，揉碎了，放入衣襟。"小头鬼"笨，不及收回，就被小寿先生将纸条抓在手里。

小寿先生铺开纸条一看，见写着"信笺为盗品。勿收。"忙问："什么信笺，怎么是盗品？"

寿恒吓坏了，忙缩在角落，一语不发。兰星也跟着垂下头。

"小头鬼"指着寿恒说："是他，送给大家信笺，其实是从芹侯爷爷那儿偷来的。"

寿恒忙大声自辩："胡说！是我家的。"

老寿先生见此状，也不读书了，要拍案发火。小寿先生害怕父亲深究信笺，把事情闹大了，连忙转移话题，问道："是谁传纸条的？"

"小头鬼"又指着寿恒说："还是他！"

寿恒像受了天大冤枉，忙站起说："不是我，是、是……"说了两声"是"，又把话吞回去了。

这两人互相抵赖，各不相让。别的孩子却都往樟寿那里看。樟寿自是正襟危坐，在那里专心看书，不参与这些嬉戏谑浪之事。当时绍兴初设电报，街道上竖杆挂线，学生见了效法，拔自己的头发，一根根接长，悬挂梁上，系信件于上，循环牵引，往来通信。老寿先生近视，没有发觉。后来小寿先生看见空中纸条移动，才发现其中诡秘，责问学生，却互相抵赖，但人们多疑是樟寿所发明。小寿先生也心知乃樟寿所首为，但见他自恃甚高，风度矜贵，父亲执教甚严，对他从未呵责，每每还称其聪颖过人，品格高贵，自是读书人家子弟，深为爱惜，所以也不便深问。转移话题道："别闹啦！上正课。"又看看父亲，见父亲点了下头，就说，"今天提前对课。"

平时都是下午对课，今天忽然提前，孩子们不禁紧张，睁大眼睛望着，竖起耳朵听着。

小寿先生说出了课题："独角兽。"

小个子高幼文闻听大喜，举手要求答对。小寿先生指指他，叫他答。他猛起身，大声说道："四眼狗。"

一时间，逗得满书房哄堂大笑。樟寿用书遮着脸，也笑得要死。

小寿先生发火了，呵问道："'独角兽'是麒麟，是天下珍宝，'四眼狗'算什么东西。怎么能与之对课？"

学生们七嘴八舌，有对"二头蛇"的，有对"三脚蟾"的，有对"八脚虫"的，有对"九头鸟"的。

樟寿却翻着刚读过的《尔雅》说："我对比目鱼。"

小寿先生闻听，马上赞道："'独'不是数字，但有'单'的意思；'比'也不是数字，但有'双'的意思，可见是用心对出来的。"

老寿先生一边捋着胡须，一边望着樟寿微笑。刚入学时，他看着这孩子怯生生地对着三味书屋的扁和梅花鹿行礼跪拜，又对着他行礼，就觉得怪可人心疼的。可是，这孩子不知从哪里听来，说东方朔认识一种名曰"怪哉"的虫，为冤气所化，用酒一浇，就消释了。竟瞪着眼睛问道："先生，'怪哉'这虫，是怎么一回事？"惹得他很不高兴，脸上显出了怒色，回道："不知道。"于是就对这孩子严厉了几天。但是没过多长时间，又见樟寿确实聪明可爱，虽然有时调皮，跑到庙会里扮小鬼，脸上的油彩没洗干净就跑回书房，躲在门口不敢进来，也让人喜欢。樟寿纵然并不是最聪明的，同样的书，樟寿读几遍能背出四十行，寿恒却能背出八十行，但寿恒有点儿嬉皮相，不像樟寿那样既聪明又正派，仍对樟寿和气起来了。

樟寿见自己对课使老小两位先生都满意，就悄悄对小寿先生说："四哥，我这里靠门口透风,能不能调一下位子,到东北隅僻静处去?"

小寿先生心知樟寿是因喜阅小说杂书,藏抽屉中,靠门口不便偷读,托词以寻找僻静,但他也喜读杂书,对樟寿这种喜好,不仅不反对,还暗中支持,就到老寿先生身边问了问。回来对樟寿说:"好吧,偌就搬吧。"

樟寿乐得直蹦高,连忙挪桌子。一边的高幼文也过来帮忙,小声嘟囔道:"偌怎么唬我?说对'四眼狗'?"

樟寿凑到他耳旁道:"你太呆了。我跟你开玩笑呢。不过,按照《水浒》里人物的诨名,对'四眼狗'也可以的。"

桌凳搬好了,樟寿在窗下的墙角坐了下来,感到舒服极了。这样,低头看抽屉里的小说杂书,别人不易发现,自己又得到了光亮。

下面该写大字了,樟寿一本正经地铺好了纸,用铜制镇纸圈压好,用"十里红"的大字笔捺了捺墨,工工整整地写起来。

学生们写大字,老寿先生又看自己的书。看了会儿,累了,眯眼养神。忽然大叫起来:"屋里一只鸟,屋里一只鸟!"大家都吃惊,以为先生着了魔。小寿先生连忙跑出来查看,并没有发现什么鸟。但仔细一看,才知道有一只死笨的蚊子叮在老先生近视眼镜的玻璃外边哩!这蚊子是被小寿先生赶跑还是捉住,不得而知。总之学生大笑起来,老寿先生自己也忍不住笑了。

写完大字,学生们都送到老寿先生那里去。先生为了对自己刚才的笑剧表示歉意,给大家多画了几个"红鸡蛋",樟寿的尤其多。放学时,又把孩子们送出大门。

临过桥时,樟寿让大家把信笺交还寿恒,又对寿恒说:"泰兄,还给廿八公公,就说拿来给大家看看,大家都很赞赏。"

寿恒冲樟寿感激地笑笑,不好意思地把信笺叠好收起,和兰星一起转身向过桥台门的家里走去。

樟寿说声"下午会",就快步过了桥。待到了桥北,抬头往自己家门口望望,忽觉情景异样……

第二章　败落的肇始

异样的目光

　　樟寿放学回到家门口时，衙役已经走了。空地上的大树下留有一堆马粪，还冒着热气。"矮癞胡"和几个闲人围在自家门口张望、议论。阿有[①]和常在谢德兴酒店闲泡的白胡子老头也在外围站着。

　　"矮癞胡"的嗓门最高："我早就看出周家要出事了！"

　　樟寿悄悄对同学说："再会！下午会！"

　　一种异样的目光，盯在樟寿的背上。他抬头一望，见是"矮癞胡"投来的，嘴角还带着一丝得意的嘲笑。这目光和嘲笑混杂在一起，似乎要从他人身上攫取出一丝带血的骨髓来咀嚼一番，既享受一下欺凌弱者的威严滋味，又反衬出自己的强势。樟寿平生第一次领教这种目光，他感到惊异，浑身起鸡皮疙瘩，恨不能一拳击碎这阴毒的眼睛，但是他没有这样做，而勇敢地回了他一眼，那毒眼刹时无光了。

　　樟寿紧抿嘴角，往坟墓一般死寂的家门走去。

　　身后传来人们斥责"矮癞胡"的声音，好像阿有在说："你刚才不是还说什么东方有一片紫气，周家要出新举人吗？这会儿又这样说……"又像是白

[①] 阿有：东昌坊口的一个正经劳力，有一弟称为"阿桂"。

胡子老头在说:"嗨,经过这变故,说不定周家后人会有出息呢!"

门洞里的房门紧闭着,死一样的沉寂。

绍兴人们的衣、食、住、行之中从古至今流行着"尚乌"的风情。乌毡帽、乌干菜、乌篷船,为绍兴的"三乌文化"。此外还有乌台门,这是古城最深幽的一道风景,里面隐藏着江南的精致文化与迷人风情。樟寿就在这乌色中往里走着。

出了仪门,进了大厅。樟寿下意识地看了一眼厅柱上抱对的上下联:

品节详明德性坚定,事理通达心气和平。

看着这副对联,樟寿似乎更沉住了气。

穿过桂花明堂,进入黄门,忽看到家人和亲戚都呆立着,一语不发。

猛然间,姆娘扑过来搂住了他。

长妈妈走过来,叫了声:"大阿官!"

祖母也过来了,抚着他的肩膀。

二弟櫆寿,三弟松寿,连同升叔,一起过来了。

亲戚们也都望着他。

年仅十三岁的樟寿,周家兴房的长男,成了这群人的中心。

樟寿还是紧闭嘴角,原来那天真烂漫的神情消失了,只有一种无可名状的坚忍。

姆娘搂着他,带着哭声说:"爷爷犯事了,衙役来捉拿……"

"街樌"衡廷终于开了口:"听街上说,介孚公①是因为在苏州府,代人科场行贿犯事的。"

又圆又胖的玉田公公捋捋唇上的八字胡说:"其实,这种事情现在很常见。介孚还是结怨太多。记得那年陈秋舫跟四七的姑姑结婚以后,住在百草园的三间头里不愿走,介孚挖苦他说:'躲在布裙下,是没有出息的。'被他听到,立即告辞,对人说:'今后如果不出山,就不上周家门。'后来他果然中了进士,

---

① 介孚公:即樟寿的祖父周福清,字震生,号介孚,家人一般称之为"介孚公"。

但没有做官,当了师爷,正好在苏州府。介孚的事捅到他手里,还不乘机报复。"

周四七骂道:"这等小人!介孚公举着八角铜锤追打过我,我就不记仇。"

子传公公推了下周四七道:"哪能都像你。人家都是记仇的。那年介孚兄在江西做知县时,俞凤冈知县曾求过亲,要周德①做他的继室,结果碰了一鼻子灰。介孚兄说他是癞蛤蟆想吃天鹅肉。俞凤冈怀恨在心,这次派衙役来闹,就是报复。"

祖母点了点头道:"是有这回事,嗯……"像是在想什么事,往自家屋里走。

亲戚见此状,就退散了。

家里的人跟着来到祖母屋里,后房里午饭已经摆上桌了,但大家都无心吃。祖母紧皱眉头,想了下说:"先让阿张吃。吃过饭,还得上学堂去,那里比家里安生。"

姆娘忙扶过祖母说:"偌先吃。"祖母不吃,要在一旁吸旱烟。姆娘只好拉樟寿吃饭,又招呼櫆寿、松寿和长妈妈、祖父的小妾潘庶祖母和升叔吃,然后忙给祖母装烟,点上。

祖母的旱烟管,是一支乌木细竿,很长。祖母吸了口烟说:"先让阿张在三味书屋躲几天再说。"

樟寿胡乱吃了几口饭,过来看姆娘。最揪他的心的,就是姆娘了。

姆娘也说:"赶快上学堂去,别惦记家。"

这时,旁边房子传来了四弟椿寿的大哭声,姆娘和长妈妈急忙过去看。奶妈把小椿寿抱出来了,他圆胖的小脸哭得皱成一团,早已不见了蜜桃般的笑容,像知道家里出了大事……

"三味"的来历

三味书屋里。樟寿坐在他新换的座位上发愣。

一个中午,好像经历了两个世界,那个趣味横生的百草园和三味书屋小书童的世界,霍然间离他远去了,逼他进入了另一个截然相反的世界。"矮癞胡"

---

① 周德:周福清和原配孙氏生的女儿。

式的恶毒的目光，始终像蝎子的毒螯，狠狠地咬啮着自己，使自己不寒而栗。当然，在三味书屋里，还有另外一种目光，一种极其怜悯而又无可奈何的目光。老寿先生和小寿先生以及同学们肯定知晓了周家的事，但都佯装毫无所知，分外温存地看着他，用目光抚慰着他，让他坐到自己向往的新座位上做自己爱做的事情。而且老寿先生破例没有带领大家读书，只摆摆手让学生们习字。

同学们除寿恒外都到齐了，不再嬉戏，安安静静地习字，生怕出一点响声，惊动了樟寿。

然而，樟寿最怕的就是大家的这种怜悯而又无奈的目光，他低着头，避开周围的目光。大家都低头习字时，才悄悄扫视了一下。怎么？兰星边上寿恒的位子空着，寿恒没有来。他怎么没来上学？是因为信笺事不好意思来了吗？他把信笺还给廿八公公了吗？……

想着，樟寿还是从上衣襟取下锁匙，打开暗锁，拉开抽屉，拿出笔墨和几张"荆川纸"。这次他没有影描小说上的图画，而是小心翼翼地拿出正在念的一本《诗经》，在桌角摊开《卫风·硕人》一页，铺开纸，开始工工整整地抄写其中的一段：

> 河水洋洋，北流活活。施罛濊濊，鳣鲔发发。葭菼揭揭。庶姜孽孽，庶士有朅。

樟寿坐得笔直，将全身心的气力都凝聚在笔尖上，精心书写着中国特有的汉字。他从汉字的结构和笔画中感到了无穷的乐趣，在书写中又体味着中国古典诗文的深厚内涵。他嗜好抄书，在这看来枯燥的抄写中，把外界的一切苦恼、不幸全搁置了，将忧愤和不平统统注泄在每一笔每一画中，进入别样的世界：春秋时代，由齐国到卫国渡河时，黄河水是那么洋洋浩大，滚滚滔滔由北流入大海。张开渔网，撒入水中，发出嚯嚯的声响。黄鱼和鳝鱼泼泼地扇动着鱼尾，长长的芦苇在风中起伏。随卫庄公夫人嫁来的姜姓少女，身材窈窕，随从的众壮士英武高大。《诗经》所塑造的中国古代美好的人物与美好的世界，深深地吸引着他，使他精神高扬……

老寿先生咳了咳嗓子，开始讲书了。这次他讲的不是指定的课本，而是三味书屋的含义："今天下午讲讲这三味书屋的来历。早在我祖父寿峰岚先生的时候，以酿酒为业，却非常喜爱读书写字。一日，他从别处得到一块匾额，上面写着'三余书屋'四字，为杭州梁同书所书。他如获至宝，非常喜欢。据《三国志》裴松之注，引董遇言，所谓'三余'，就是为学当以三余：冬者岁之余，夜者日之余，阴者晴之余。大概寿峰岚先生喜其字而不喜'三余'的含义，就把'余'挖改成'味'。现在细看，还会看出笔迹的不同。所谓'三味'，有一种说法是'读经味如稻粱，读史味如肴馔，读诸子百家味如醯醢。'还有另一种说法，是在宋朝李淑写的《邯郸书目》的序文里，认为'诗书，味之太羹，史为折俎，子为醯醢，是为书三味'。把经、史、子三类书比作三种烹调不同的肉食。我则有另一种解释，认为应是'布衣暖，菜根香，品尝诗书滋味长。''布衣'就是老百姓，'布衣暖'就是甘当老百姓，不去当官做老爷；'菜根香'就是满足于粗茶淡饭，不羡慕、不响应于山珍海味的享受；'诗书滋味长'就是认真体会诗书的深奥内容，获得深长的滋味。"

老寿先生这时候讲起三味书屋的含义，樟寿知道他的用意。老人传说，祖父介孚公当年点翰林那会儿，曾祖母九老太太当报子敲锣报喜、族人跪满厅堂之际，竟然放声大哭，连说"拆家者，拆家者！"意思是仕途艰险，将来可能败家！这会儿不是应验了吗？！老寿先生是借此申明自己不走仕途的心迹呢！

小寿先生原本从"谈余小憩"里出来静听。听了会儿，见父亲又在老调重弹，就不以为然地摇摇头，回到自己的小天地去了。

杀头！杀头！！杀头！！！

晚上，一家人又在小堂前吃饭。女佣为了安慰一家人，特地做了几个好菜，有干菜焖肉，用猪肉和霉干菜做成，是绍兴典型的风味菜肴。干菜颜色乌黑，香气四溢。焖肉色泽红亮，酥软柔嫩，肥而不腻。还有绍兴特有的香锅风干鱼，是让人越嚼越有味的。另有诱人的炸臭豆腐，这回搁的辣酱尤其多，香味喷鼻。

平时，大家都很爱吃。

这时候，怎能吃得下饭呢？又听人说：祖父科场案可能会判罪很重，说不定会杀头！

杀头！杀头！！杀头！！！

绍兴中心闹市就是专门杀人的轩亭口，常押犯人在那里杀头。

……天还没大亮，在朦胧的夜色中，咯吱吱走过一辆捆着死刑犯的笼车，扛着闪亮大刀的刽子手，穿着红衣，敞开毛茸茸的胸膛，恶狠狠地大步押着车走。后边又是背着洋枪的兵和团丁。围观者挤满两旁。

那犯人忽然一声大喊："过了二十年又是一条好汉！"

"好！"两边的看客一阵骚动。

到了轩亭口，犯人被押下车，按在地上跪下。这时，年小个矮的樟寿只能看到一堆人的后背：脖颈都伸得很长，仿佛许多鸭，被无形的手捏住了的，向上提着。静了一会儿，忽然间，地动山摇，人们潮水般退下来，一直退到樟寿立着的地方，几乎将他挤倒了。

从人堆的缝隙中，看到空地上犯人的尸体，已经身首分离，头在一旁可怕地仰着，后面趴着无头尸，血流满地。刚才还活灵灵大喊的人，已变成了血中的人头和躯体。然而这时也会有交易。

"喂！一手交钱，一手交货！"刽子手浑身黑色，沾满鲜血，站在一个老者面前，眼光正像两把刀，伸出一只大手，向老者摊着；另一只手却撮着一个鲜红的馒头，那红的还是一点一点地往下滴。

老者慌忙摸出洋钱，抖抖地想交给他，却又不敢去接他的东西。那人便焦急起来，嚷道，"怕什么？怎的不拿！"老者还踌躇着；黑色人便抢过他手里的灯笼，一把扯下纸罩，裹了馒头，塞与老者；一手抓过洋钱，捏一捏，转身去了。嘴里哼着说："这老东西……"

"这给谁治病呀？"有人问老者，老者依然浑身颤抖，刽子手递过来的血馒头，仍旧在滴嗒滴血……

晨曦中，樟寿看见许多人还在观赏着刑场上的血淋淋的人头和无头尸。那目光有些奇异……

这时，樟寿才恍然明白——观赏者的目光和"矮癞胡"何其相似……

姆娘过来，给他夹了块干菜焖肉，放到他碗里。樟寿却还是不吃，大滴大滴的热泪滴落在饭碗里，滴落在乌黑的干菜和红亮的焖肉上。

旁边的潘庶祖母和升叔、松寿也呆呆的，愣着神。长妈妈紧挨着樟寿，不住给他攫菜，催他吃。

櫆寿倒反应不大，仍然慢慢吃着，看来心里是有事，但又无可奈何，只得随遇而安，悠悠然地细嚼风干鱼。

祖母索性不吃了，又到一旁吸乌木细竿的长旱烟。姆娘忙给她装烟，点上。祖母吸了口烟说："我明天要去找俞知县，问问他究竟是为什么这样做。"

所有的人都眼巴巴地望着祖母，盼望祖母能问出好结果。

好不容易，才完结了这顿看来丰盛的晚饭。樟寿本来是要到祖母房的楼上去影描图画的。可是，这时写字画画也不能使他静心了。胡乱在院子里走了会儿，就到东一间父母房后屋里自己的床上睡下了。

一经过父母的大床，就忽然间想起了父亲，听说祖父案发后，他在考场被扣了考卷，解往省里了。一向好强又脆弱的父亲，经得住这样突然的打击吗？

辗转反侧，总睡不着，樟寿已经敏锐地感到自己这个原本还算小康的故家，自此开始败落了。这在他一生中是如此深深铭刻，以致终生抹不去，多少年后还念念不忘。而最挥之不去的，还是杀头。杀头！杀头！！杀头！！！轩亭口看到的杀头场面总在眼前乱转。爷爷会被杀头吗！？这位高大魁梧、爱骂人又有学问的倔老头儿，真会被杀头吗？！霎时间，轩亭口刑场上的犯人变成了爷爷，正被刽子手按倒杀头，刀光一闪，身首分离，血流如注……

第三章　乌篷船

船上行

　　乌篷船随着鉴湖水巷起伏的波浪摇啊摇，好像儿时睡过的摇篮。船底潺潺的水声，船尾庆叔的摇橹声和船首工人的撑篙声，伴和在一起，仿佛儿时姆娘在身边唱起的催眠曲。乌篷船顶一格格用蛤壳磨薄而成的玻璃似的明瓦，透进黄昏的余晖，斑斑点点洒落在船舱里，也催人入眠。对面的二弟，偎在姆娘给盖好的蓝底白花的棉被中早已进入梦乡，发出细微的鼾声，而樟寿却无论如何也睡不着。

　　世事难料。原本平静的小康生活像如镜的鉴湖水，平稳地汪漾着，没有丝毫波澜，可是猛然间一声晴天霹雳，雷雨闪电突兀而下，湖水震荡着，几乎倾泄，生活完全变了样。樟寿实在难以承受。

　　那天晚饭以后，祖母对姆娘说，她要去找俞知县。第二天，祖母就租了一乘轿，穿戴整齐，在台门口上了轿。似乎过了很长时间，祖母回来了，对一家人说："我对俞知县说，周介孚是读书人，是知书达理的，他做的事，一定自己来了结，决不会连累别人。现在家里只剩下女人和孩子，全不知情。请差役以后不要再来了。"

　　祖母又拿起那支很长的乌木细竿旱烟，姆娘给她装好烟，点着。祖母深吸了一口，接着说："俞知县倒还客气，说他是奉命办事，既这么说，就不再派差役来了。但又说，希望周福清早日投案，要不然他也不好交差。"

以后，衙门里的差役果真不来了。

然而，祖母和姆娘依然担心樟寿在家危险更大，让他坚持到三味书屋上学，中午也不回家，由庆叔给他把饭送去。

庆叔真是位好人。祖父的科场案事发，许多人都像"矮癞胡"那样，连眼光都变了。庆叔却相反，对周家人更是忠厚、勤谨了。他本名章福庆，是绍兴乡下杜浦乡四村人。原来是一位竹作工人，竹作手艺很高，除了补竹箩、竹篓之类的粗活，还会竹作的细活。如编提花盒，做考篮①之类。能在考篮上编出"福禄"的字样。村里人都叫他竹作阿福，到东昌坊口做竹工的时候，被周家看中，成了这家的忙月。他长方脸，直而削的鼻子，眉毛浓黑，目光有神，给人以威严感。但他待人特好，受到周家的尊敬。周氏三台门的工人们也很敬重他，尊称他为"班长"。因为与周福清同名而犯了"福"字的忌，所以小孩们都叫他"庆叔"，祖母则叫他"老庆"。年节祭祀忙时，庆叔又把他的儿子运水叫来看管祭器。樟寿和运水成了好朋友，和庆叔一起在雪地里捉麻雀。晚上，樟寿三兄弟就跟庆叔走棋，听他们父子讲海边的故事。过年时，庆叔还会做庙会上买不到的竹制土货玩具，引得孩子们欢呼雀跃。

庆叔亲切地看着樟寿吃饭，眼光热乎乎的。在这样的眼光注视下，樟寿无论如何也要把饭吃下去了。等樟寿把饭吃干净了，庆叔才收拾起碗筷、提篮起身告辞。樟寿望着他的背影，眼泪夺眶而出。老寿先生和小寿先生看见了，也不住地点头。

这样的日子持续了几天，"捉拿犯官周福清！"的风声又紧了。按照以往的情况，犯官捉不着，是要拿家里的长男或长孙问罪的。祖母和姆娘考虑再三，觉得为避免株连，还是让樟寿和櫆寿到皇甫庄舅父家躲避为好。于是，这天黄昏前，让庆叔雇了条小船，姆娘把樟寿、櫆寿两兄弟叫到跟前说："现今到外婆家住几时，便即动身。"怕孩子不肯去，又安慰说："好在时间不会很长，姆娘会接你们回家来的。"然后他们就悄悄上了船。祖母送到仪门就止步了，

---

① 考篮：科举考生用以盛文具、食物的提篮。

长妈妈送到埠头,看着小船划远了,才赶紧回去照看三弟松寿和四弟椿寿。小船划到了西郭门外,又换了只三明瓦的乌篷船。

天一黑就要关城门,必须赶在天黑前出去。往常,船上都要点写着"汝南周"的大灯笼,这次却免了。乘夕阳西下时出了城,沿着鉴湖水巷向东驶去。

忆童年

樟寿实在睡不着,又觉得船坞里太闷,就撩开船窗的帘子,朝船外瞭望。

这时,正值乌篷船向北拐弯,窗口正对着西沉的残阳,砖红色的,蒙着一层昏黄的晕,呆呆地滞留在乌黑的兽脊似的会稽山脉上,向鉴湖水映射着一道红黄的光,使层层涟漪泛着黄红色。晚霞中,浮游着点点船影,用烟煤和桐油漆成黑色的乌篷船,是载文人墨客的酒船,慢慢地驶着,显深黑色;没有漆色的白篷船,是运货的航船,行得稍快,泛着灰乌的淡色;用手划楫、以脚蹬桨的小划船,箭也似的划过,激起一串浪花;还有打鱼的小船,渔夫在黄昏中张撒出黑色的渔网,仿佛渔舟唱晚的画幅。

看着这优美的景色,樟寿的心情平和了一些,晚霞映红的鉴湖水波一漾漾地,回照出他那金色的童年……

十二年前,一八八一年九月二十五日,也是秋天,周家台门热火起来了。从西往东数第二间房的楼下,周凤仪和鲁瑞住的房子里传来一个男孩的啼哭声。周家兴房的长孙诞生了。

好消息报给了正在北京当"京官"的祖父介孚公,接到家信的那一日,适值一位姓张的官员来做客。为求吉利,用客人的姓氏取名,把长孙的小名定为阿张,随后再找同音异义的字取作"书名",乃是"樟寿"二字,号曰"豫山",取义于豫章。因为出身翰林的祖父周福清曾任江西南昌下属的豫章郡金溪县令,历史上会稽郡与豫章郡同属扬州。江西多产樟木,地名多有"樟树""樟坪""樟村"等,江西简称"赣(贛)",为"章"与"贡"的组合,意思就是向朝廷进贡樟木。后来樟寿上书房去,同学们取笑他,叫他作"雨伞",他听

　　看着这优美的景色,樟寿的心情平和了一些,晚霞映红的鉴湖水波一漾漾地,回照出他那金色的童年……

了不喜欢，请祖父改定，介孚公乃将山字去掉，改为"豫才"。将"豫章"一语分别置于原名"樟寿"与"豫才"之中，含有双重意思：一是期待孩子将来能成为樟树那样的栋梁之材，二是纪念自己曾在江西做官。

依照绍兴的习俗，在孩子吃奶之前，先让他尝五种滋味，第一是吃醋，尝酸味；第二是吃盐，尝咸味；第三是吃黄连，尝苦味；第四是吃钩藤，既尝苦，又挨刺；第五是吃糖，尝甜味。尝遍了这五种人生况味以后，才将乳汁放到嘴里，使他壮大起来，去迎接人世的酸苦辣咸，艰苦磨难，争取最后的甘甜。小樟寿当然也遍尝了这五种滋味，这或许预示着他以后的人生也将遍尝这些人生况味，用笔把这些滋味写出来。

姆娘生下樟寿不久，乳房上长了一个硬块，怕是望心痨，据说烂穿可以看到心脏，就想找一位奶娘。正好庆叔的老婆生了一个女儿，奶水很多，愿意来做奶娘，曾祖母便叫她来看看。庆叔的老婆那时二十六岁，生得身材高大，体格健壮，性情也很开朗，就把她雇用下来了。大家叫她庆太娘。因为高大，叫她阿长，孩子们称为长妈妈。后来庆太娘家里有事回去了，又请了一位黄胖而矮的什么姑娘来补她的缺，由于大家叫惯了，没有再改口，还叫她长妈妈，奶奶则叫她阿长。

樟寿的生日，阴历是闰年八月初三，与"灶司菩萨"同生日，出生时衣包又是"蓑衣包"，胎包质地薄，像蓑衣的样子。按照绍兴的老说法，生于闰年，是"蓑衣包"，又和菩萨同生日的孩子，是很少的。这样的孩子，将来一定有出息；不过，难以养大。于是周家全家人，上自爷爷，下至父母，都忙了起来，想方设法使他能顺利长大。因为他是周家兴房的长子、长孙，"物以稀为贵"，要想法子避鬼，保佑。

一是除了通行的"满月"和"得周"的各样祭祀之外，还要向神佛去"记名"。这就是把小孩的名字记在神或佛的账上，表示他已经出了家，不再是人家的娇儿，免得鬼神妒忌，要想抢夺了去。樟寿首先是向大桶盘湖畔寺庙的女神记名。这女神不知是什么神道，好像是九天玄女吧！记了名的义务是每年有一次，要去祭祀"还愿"，备了小三牲去礼拜。

二是要拜一个和尚为师父。从东昌坊口西边往北走,不远的塔子桥头有座长庆寺。寺里的住持,人称"龙师父",樟寿不到一岁,就被领到长庆寺去拜他为师父了。师父瘦长的身子,瘦长的脸,高颧细眼,和尚是不留须的,他却有两绺下垂的小胡子。对人很和气,对小阿张也很和气,给他取了个法名叫作"长根"。还给了件百家衣,就是"衲衣",论理,是应该用各种破布拼成的,但阿张的却是橄榄形的各色小绸片缝就,大概是模仿袈裟的做法吧,一件从好些人家拼凑出来的东西似乎有一种什么神力,非喜庆大事不给穿;还有一条在绍兴称为"牛绳"的物事,原义自然是牵牛的绳索,作为小孩的装饰乃是用红丝线编成,有小指那么粗,长约二尺许,两头打结,套在脖子上,平常未必用,若是要出门去的时候,那是必须戴上的。牛绳本身只是一根索子而已,而这种"牛绳"上却挂着一些零星小件,都是有避邪能力的法物。譬如有小铜镜,有叫作"鬼见怕"的一种贝壳,还有一寸多长的小本"黄历",用红丝线结了网装着。最珍贵的是银筛,那筛子圆径不过寸余,中央一个太极图,上面一本书,下面一卷画,左右缀着极小的尺、剪刀、算盘、天平之类。这是因为中国的邪鬼,是怕斩钉截铁,不能含糊的东西的。"龙师父"是位特别的和尚,不教小樟寿念一句经,也不教他一点佛门规矩;他自己呢,穿起袈裟来做大和尚,或者戴上毗卢帽放焰口,"无祀孤魂,来受甘露味"的时候,是庄严透顶的,平常也不念经,因为是住持,只管着寺里的琐事。在小樟寿看来,他不过是一个剃光了头发的俗人。是俗人的主要标志是和尚是不应该有老婆的,然而他有。听说他年轻时,是一个很漂亮而能干的和尚,交际很广,认识各种人。有一天,乡下做社戏了,他和戏子相识,便上台替他们去敲锣,精光的头皮,簇新的海青,真是风头十足。乡下人大抵有些顽固,以为和尚是只应该念经拜忏的,台下有人骂了起来。师父不甘示弱,也给他们一个回骂。于是战争开幕,甘蔗梢头雨点似的飞上来,有些勇士,还有进攻之势,"彼众我寡",他只好退走,一面退,一面一定追,逼得他又只好慌张地躲进一家人家去。而这人家,又只有一位年轻的寡妇。而这寡妇正是后来的师母,阿张见她的时候,她大约有四十岁了,胖胖的,穿着玄色纱衫裤,在自己家的院子里纳凉,她的孩子们就来和阿张玩耍。有时还有水果和点心吃,所以小樟

第三章 乌篷船

寿很爱她。

两三岁时，要种痘了。这一天，就举行了种痘的仪式，堂屋中央摆了一张桌子，系上红桌帏，还点了香和蜡烛，父亲抱了小樟寿，坐在桌旁。一位医官过来，穿的什么服饰，樟寿记不得影子了，记得的只是他的脸：胖而圆，红红的，还带着一副墨晶的大眼镜。说着难懂的"官话"。至于动刀，点浆，也是一点记忆都没有。后来自看臂膊上的疮痕，才知道种了六粒，四粒是出的。当时，樟寿并没有感觉痛，也没有哭，那医官还笑着摸摸他的头顶，说道："乖呀，乖呀！"父亲翻译给他说："是在称赞偌呢！"就送了他两样可爱的玩具。一样是朱熹所谓"持其柄而摇之，则两耳还自击"的鼗鼓，也就是拨浪鼓。樟寿不觉得稀罕，因为过去玩过。最可爱的是另外一样，叫作"万花筒"，是一个小小的长圆筒，外糊花纸，两端嵌着玻璃，从孔子较小的一端向明一望，那可真是猗欤休哉，里面竟有许多五颜六色，稀奇古怪的花朵，而这些花朵的模样，都是非常整齐巧妙，为实际的花朵丛中所看不见的。况且奇迹还没有完，如果看得厌了，只要将手一摇，那里面就又变了另外的花样，随摇随变，不会雷同，真是"层出不穷"。然而，小樟寿要探检这奇境了。他于是背着大人，在僻远之地，剥去外面的花纸，使它露出难看的纸版来；又挖掉两端的玻璃，就有一些五色的通草丝和小片落下；最后是撕破圆筒，发现了用三片玻璃条合成的空心的三角。花也没有，什么也没有，想做它复原，也没有成功，这就完结了。他真不知道惋惜了多少年……

三四岁，能够听故事了。那是一个夏夜，小樟寿躺在一株大桂树下的板桌上乘凉，祖母摇着芭蕉扇坐在桌旁，给他猜谜，讲故事。忽然，桂树上沙沙地有趾爪的爬搔声，一对闪闪的眼睛在暗中随声而下，使他吃惊，也将祖母的话打断，另讲猫的故事了——

"你知道吗？猫是老虎的先生。"祖母说，"老虎本来是什么也不会的，就投到猫的门下来。猫就教给它扑的方法，捉的方法，吃的方法，像自己捉老鼠一样。这些教完了；老虎想，本领都学到了，谁也比不过它了，只有老师的猫还比自己强,要是杀掉猫,自己便是最强的角色了。它打定主意,就上前去扑猫。猫是早知道它的来意的,一跳,便上了树,老虎却只能眼睁睁地在树下蹲着。它还没有将一切本领传授完,还没有教给它上树。"

这是侥幸的,樟寿想,幸而老虎很性急,否则从桂树上就会爬下一匹老虎来,究竟很怕人。他要进屋子里睡觉去了。

祖母还讲了白蛇娘娘的故事。有个叫作许仙的救过两条蛇,一青一白,后来白蛇化作女人来报恩,嫁给了许仙;青蛇化作丫鬟,也跟着。一个和尚,法海禅师,得道的禅师,看见许仙脸上有妖气——凡讨妖怪做老婆的人,脸上就有妖气的,但只有非凡的人才看得出——便将他藏在金山寺的法座后,白蛇娘娘来寻夫,于是就"水漫金山"。但是白蛇娘娘终于中了法海的计策,被装在一个小小的钵盂里了。钵盂埋在地里,上面还造起一座镇压的塔来,这就是雷峰塔。此后似乎事情还很多,如"白状元祭塔"之类。那时,小樟寿唯一的希望,就在这雷峰塔的倒掉。当时,家里有一部弹词《白蛇传》,大家都同情"白娘娘",看不起许仙,而尤其怨恨法海。看到绣像上有法海时,小樟寿就用指甲掐他的眼睛,结果这一页上的法海形象就特别破烂了。

樟寿还从画上看到了民间的故事。他的床前贴着两张花纸,一是"八戒招赘",满纸长嘴大耳,他以为不甚雅观;别的一张"老鼠成亲",却可爱,自新郎新妇以至傧相,宾客,执事,没有一个不是尖腮细腿,像煞读书人的,但穿的都是红衫绿裤。他想,能举办这样大仪式的,一定只有他所喜欢的隐鼠[①]。

而最激起樟寿对图画书兴趣的还是玉田公公。这位公公谱名兆蓝,又作梦蓝,字肖云,号玉田,小名"蓝"。族中大排行十二,系周家仁房下的义房周之谆的儿子,原有兄弟九人,他是老六,与樟寿祖父周福清是同曾祖的堂兄弟。周福清中了翰林,新台门周家觉得无上光荣,他便更名瀚清,"玉田"也改了一个字为玉泉,别号琴逸。但樟寿一辈仍然叫他"蓝爷爷"。樟寿七岁时,家里让他到"蓝爷爷"处开蒙读书。读的第一本书是《鉴略》,这是樟寿

[①] 隐鼠:是鼠类最小的一种,只有拇指那么大,不很畏惧人。

祖父的主张，认为孩子读书不应从千字文、百家姓开始，而应从《鉴略》读起。这样一边认字，一边可以先懂得一点历史知识。樟寿在这里读了三个月书，就得到"蓝爷爷"的青睐，夸他才思敏捷，一次上三字课对，课题是"汤婆子"①，樟寿即对"竹夫人"②，不但对仗工整，而且意思恰当。

"蓝爷爷"是一个胖胖的、和蔼的老人，唇上留着八字胡。住在新台门的中部第四进，正好和樟寿曾祖母、祖母的住房相对，中间是一个不大的明堂，用曲尺形的高墙隔开，南面只剩了一条狭长的天井，北面的小明堂也就不宽大。从白板门出去，走过大堂前，弯到他那里很有一段路。如果没有那高墙，就只有一个明堂之隔，不过十步左右而已。樟寿兄弟常到他家去，吸引他们的是特别有趣的藏书和花草虫鱼。樟寿和"蓝爷爷"谈书，松寿则观看明堂花架上放着的珠兰、建兰、茉莉，还有一种据说是从北方带来的马樱花，很好看，松寿家没有的。"蓝爷爷"对花草很爱惜，对松寿说："你看不要紧，不要用手去摸呀！"于是松寿就反背了两只手看，"蓝爷爷"也就放心了。可是玉田奶奶呢，却什么也不管，把晒衣服的竹竿搁在珠兰的枝条上，枝折断了，竹竿落在地上，湿衣服又脏了，她心痛她的衣服，愤愤地咒骂珠兰："死尸！"玉田公公也心痛得什么似的，他心痛他的珠兰。玉田公公还养着金鱼和油蛉一类的虫，松寿也喜欢。

这老人是个寂寞者，因为无人可谈，就很爱和孩子们往来，有时简直称樟寿兄弟为"小友"。他最爱跟樟寿谈书，樟寿也特别爱看他的书。在他的书斋里看见过陆玑的《毛诗草木鸟兽虫鱼疏》，还有很多名目很生的书籍。樟寿那时最爱看的是《花镜》，上面有许多花的图案。"蓝爷爷"还捋捋唇上的八字胡说给他听，曾经有过一部绘图的《山海经》，画着人面的兽，九头的蛇，三脚的鸟，生着翅膀的人，没有头而以两乳当作眼睛的怪物……可惜现在不知道放在哪里了。樟寿很愿意看看这样的图画，但不好意思力逼他去寻找，他是很疏懒的。问别人呢，谁也不肯真实地回答他。压岁钱还有几百文，买罢，又没有好机会。有书买的大街离他家远得很，他一年中只能在正月间去玩一

---

① 汤婆子：绍兴冬天睡觉时用以取暖的容器，类似现在的热水袋。
② 竹夫人：一种用竹篾编制的空心长枕形器物，长一米左右，炎夏睡觉时抱在身边，使人感觉凉爽。

趟,那时候,两家书店都紧紧地关着门。玩的时候倒是没有什么的,但一坐下,樟寿就记得绘图的《山海经》。大概是太过于念念不忘了,连长妈妈也来问《山海经》是怎么一回事。……

"老和尚转世"

夕阳西沉了。船坞里黑下来,樟寿有些困倦,对面的二弟櫆寿却醒来了。坐起身,端起茶几上的锡制茶壶喝茶。他不过才九岁,就爱饮酽酽的苦茶。

櫆寿比樟寿小三岁多,生于光绪十年甲申十二月初一,阳历是一八八五年一月十六日的夜里,一个堂叔出去夜游,半夜里回来,走进内堂的门时,仿佛看见一个白须老人站在那里,但转瞬却不见了。到下半夜,姆娘生下来第二个男孩。许多老人便议论纷纷,说这男孩是老和尚投胎转世,不是头世人。头世人是初次做人,不大懂人情世故,一般都把不懂事的傻瓜叫作头世人。而老和尚转世的孩子,都少年老成,早通世故。所以老和尚转生,也是很高兴的事。把老二降生的家书送到在北京候补的祖父那里时,正好一位姓魁的官员来访,祖父就给孩子起名櫆寿,号"星杓"。

但是櫆寿虽然老成,却有些顽梗,命运不大顺畅。本来绍兴纵然偏僻,也有医官来给种牛痘的。樟寿两三岁时就种过。然而以后两三年内医官不曾光临,家里也就淡然处之。直待痘神给櫆寿种上了"天然痘",家里才着急起来。

那时,櫆寿有个叫端姑的妹子,长得十分可喜。有一回櫆寿看她脚上的大拇趾,太是可爱,不禁咬了一口,她大声哭了起来,大人急忙走来,才知道是櫆寿的顽劣行为。当天花初起时,櫆寿的病状十分险恶,妹子却很顺当,大家很放心,把两个孩子放在一间房里睡。有一天两人都在睡觉,忽然听见"呀"的叫了一声。大人惊起看时,妹子的痘便都陷入①,櫆寿却显是好转了。急忙去请天花寺门的王医师来看,已经来不及挽回,结果妹子终于死去。后来葬在龟山,父亲亲笔写了"亡女端姑之墓"五个字,凿一小石碑立于坟前。至今也不知道当时那叫声,是谁发出的。櫆寿已经好转,没有叫唤的必要,

---

① 意指病痘陷入,已经病危了。

妹子太小,也不会叫。就有人推测这是天花鬼的叫声,准是从樾寿这边出来,钻到妹子那里去了。

于是祖母和姆娘日夜轮流照看樾寿,这样才顺利渡过了回浆、脱痂期,安全脱险。不仅保住了性命,脸上也没有落下麻子,只是从此体弱多病。姆娘又不能喂奶,只好又雇了个奶娘。而这奶娘原来也是没有什么奶的,为了骗得小孩不闹,便在门口买种种东西给他吃,结果自然消化不良,瘦弱得要死,好像害了馋痨病似的,看见什么东西都要吃。为的对症服药,大人便什么都不给吃,只准吃饭和腌鸭蛋——这是法定的养病的唯一副食品。这在馋痨病的小孩一定是很苦痛的。

"二阿官那时吃饭是很可怜相的,每回一茶盅饭,一小牙的腌鸭子,到我们窗口来吃。"爱哄孩子们比赛吃冰、打旋子的子传奶奶这样说道。不知是同情,还是隐藏着什么恶意,因为她是挑拨离间的好手。而自家人都因可怜樾寿的病弱,对他事事放松要求。

也可能是自小对吃食敏感的缘故,樾寿对食物的味道有特殊的感觉。他和大哥樟寿同样喜欢到百草园去玩,感受却很异样。看到木莲藤缠绕上树,长得很高,结的莲房似的果实,就想到可以用井水揉搓,做成凉粉一类的东西,叫作木莲豆腐。看到何首乌,就想到可以救荒,以竹刀切作片,来泔浸经宿,换水煮去苦味,大抵也可当土豆来吃。他特别爱过节,尤其爱过清明节,对扫墓郊游中的"野食""野趣"念念不忘,清楚地记得扫墓会餐里的菜肴,如白切肉、扣鸡、醋熘鱼、小炒、细炒、香菇鳝、金钩之类。最爱品尝的是熏鹅,以醋和酱油蘸食,别有风味。在野外三明瓦的乌篷船中啖之,就更有趣味。扫墓时的悲凉气氛,早被春游的自由欢乐和"野食"的趣味一扫而空了。

而樾寿对周围的亲人又抱着同情心。他注意到祖母"受苦"的形象——她的瘦长的虔敬的脸上丝丝刻着苦痛的痕迹,从祖父的怒骂的话里令他想见祖母前半生的不幸,在有妾的专制家庭中,自有其别的苦境。从祖母"苦忍守礼"的痛苦中,樾寿小小年纪就感受到了妇女的受压抑的悲惨命运与人性的善恶……

樾寿又抿了一口苦茶,闭上眼昏昏欲睡,眼前浮现出自小熟悉的东昌坊口的石板路，雨后水汪汪的，常传出"橐橐"的声响，那是深夜里仍在街上的行人，穿旧钉鞋行走在石板路上的声音……谢德兴酒店里，正在后边雅座和远房堂伯喝老酒的父亲，称赞他能干，分下酒的鸡肫豆给他吃。那滋味真耐得细品，至今还回味得出来……他从小就是十字街头的人。虽不能称为道地的"街之子"，但总是与街有缘，并不是非戴上耳朵套不能出门的人物。所以祖父总骂他下贱之相，缺少绅士态度。而街头的空气，市民阶层的市民文化和民间文化总在他心中浸润着……一想到此，父亲和祖父就在眼前走出来了。他们现在怎样呢？嗨，担心也没有用，随缘吧……

姆 娘

旁边的姆娘看大儿子要睡去，二儿子却醒了，昏昏的，又要睡去。忙过去给老大盖上薄被，给老二披上衣服，看着两个心肝宝贝，心里又惦记着家里的老三和老四。特别是四阿官椿寿，还不到一岁，虽有奶娘和长妈妈照顾，也令姆娘不放心。想到这儿不禁眼里泪花花的，掏出手帕擦眼泪。抬泪眼望望前方，又想起自己的娘家。

鲁瑞母家安桥头。这是绍兴昌安门外东北三十五里外的一个小村庄。村里也是汊、港、湖、荡、溇密布。村里可以行走的道路，是狭窄的石板路，路的两旁，还放了不少的粪缸。可耕种的田地不多，粮食不够吃；打鱼，收获也很少；生活没有着落。农闲的时候，小村人到杭州和绍兴城里给人做酒。时间一长，就练成一手绝技，只要用耳朵一听，就知道酒熟够了没有。这叫酒头工，可以赚几个手工钱，买些粮食回来糊口。这个贫穷的小村，只有一家很小的名叫正大的杂货店，卖一些生活必需品；另外，还有一只白篷航船，作为往来的唯一的交通工具。

村里的人几乎都姓鲁。鲁瑞的祖父鲁世卿是位杰出的人物。世卿家穷，幼年丧父，仅母子二人相依为命。姆娘在月光下纺花，世卿在月光下看书。有一年，家里只养得一只鸡，是准备过年的，但是，地主来收租了。那时，种租田的除了交租米外，还要交鸡的，地主一定要把这只鸡捉去，姆娘向地主讨情,地主不理,硬是把鸡捉去了。世卿小小年纪,看到这种情景,一言不发,只是一副坚忍的表情。

那年冬至时分,世卿对姆娘说:"我字也写得这样好了,书也看不少了,我要出去了。"

姆娘说:"我只有你一个儿子,偌怎么好出去?"

世卿说:"冬至日,我先到城隍庙里去求一个梦,梦好我就去。"

姆娘听了,给他一件布衫,到对面当店里当了三百铜钿,一百由姆娘作家用,姆娘买了两个铜钿的豆腐当菜吃,三个铜钿的香油,作为点灯的油。二百铜钿给世卿作盘费。

结果,世卿得了一个梦:梦里,城隍菩萨给他一个算盘一支笔。圆梦的人说,这是皇帝叫你去管账。

姆娘听了很欢喜,又把家里的火囱当掉,让世卿出门应考。一考就考得很好,皇帝果然叫他到木料仓库去管账。世卿把姆娘接到北京去,又在家乡买了七百亩田和城里昌安街的房子,还酬谢圆梦的人十来亩田。世卿的姆娘说,我们以后收租,不要收人家的租鸡。鲁家由此开始发迹了。

安桥头至今流传这样一句话:"若要官司赢,去找鲁世卿。"据说安桥头的农民到城里换料,也就是换大粪,料船歇在河上,附近台门里的少爷说臭,要他们赶快摇开。但因为大粪没有出完,农民不肯把船摇走,少爷大怒,叫人把料船揉破。农民也不含糊,告到鲁世卿那里。结果是少爷赔偿损失。

鲁世卿在安桥头建造了一座朝北的台门。这台门并不伟岸,与村里的房子齐平。进大门是门斗,两边杂屋,好像堆放农具或柴草的;中间一道狭长的天井,东西两侧有房间,东为客房,西为厨房,南为中堂,中堂下去是退堂,两侧各有两间卧室,都相当小。大门虽朝北,卧室在最里面,倒是朝南了,卧室前面还有一块园地,可以种蔬菜。这样的房子,叫它台门,实在不相称。

后来鲁世卿的儿子、鲁瑞的父亲鲁希曾青出于蓝而胜于蓝,中了举人,娶了翰林院编修、绍兴人何元杰的女儿为妻。鲁希曾中举后任户部主事,住绍兴昌安街三脚桥。后来因患哮喘病从户部退隐归乡,安桥头朝北台门太小住不下,大门口又连挂块文魁匾额的地方都没有,就搬到皇甫庄,典了绍兴著名文人、书法家范啸风旗杆台门西面的半个台门,住了下来。

鲁希曾同何氏育有二子三女。长女鲁琪嫁到啸唫阮家,丈夫阮士升是秀才;次女鲁莲嫁到城里广宁桥郦家,丈夫郦拜卿也是秀才。长子鲁怡堂同是秀才,娶的原配是小皋阜秦氏,亲家秦秋渔是个举人,善于诗画,是皋社的主要诗人之一。幼子鲁寄湘,也考中秀才,和皇甫庄沈氏定亲结婚,育有四女。在皇甫庄,范、沈二姓居多,沈氏是道台沈墨庄的孙女,书香气很浓。

鲁瑞是鲁希曾的幼女,和绍兴东昌坊口周家台门的周凤仪结了婚。婚后不久,周凤仪就中了秀才,合家欢喜。然后陆续生了四男一女,除小女端姑夭折外,四个男孩都长得很好。

尤其是大阿官特别聪明伶俐。他幼小的时候,长得很体面,也很活泼,那时绍兴爱给很小的孩子穿红衣服。小阿张穿着红棉袄,手里拿着一位和尚木匠给他做的大关刀,表演了一个关公要杀人的动作,举起刀在大人面前高声说:"给偌看看!"逗得人们大笑。

鲁瑞记得,这孩子讨人喜欢。那年正月,几位本家长辈在家里玩牌。阿张五岁,在牌桌间玩玩看看,大概想弄点东西吃。忽然一位长辈逗趣地问他,喜欢哪个人打赢?他出人意外地回答:"我喜欢大家都赢!"一句话引得大家都笑起来了。连连称赞他聪明。从此,小阿张也笑起来,得了"胡羊尾巴"的外号。这是绍兴话,含有聪明、伶俐、调皮等对孩子喜爱和称赞的意思。

阿张一直很快乐,但是端姑死时,却在屋隅暗泣,姆娘询问他何故,答说:"为妹妹啦。"知儿莫若母,姆娘深知儿子心地善良,不光是妹妹,就是朋友,甚至不认识的人,以至鸽子、小鼠这些动物,如遭惨死,他也会心疼的。阿张最喜欢的就是妹妹了,常看着不满一岁的小妹不停地笑。小妹也跟着大哥笑,小圆脸上显出两个小酒窝……嗨,多可爱的囡子啊,怎么这样小就死了呢?

阿张还爱跟曾祖母逗笑。曾祖父苓年公行九,曾祖母通称九老太太。她以严正称,平常总是端正地坐在房门口那把石硬的太师椅上。那椅子可能是花梨紫檀木做的也说不定,但石硬总不成问题,加上一个棉垫子也毫无用处,可是她一直坐着,通年如此。阿张兄弟有时跑进她的房里,叫她一声"太娘娘",她就眉开眼笑,说:"阿宝来啦!"叫她的丫鬟宝姑道:"拿点东西来给阿宝吃!"

兄弟三人，她分不清，一律叫"阿宝"。于是便有一个十六岁的姑娘应声而出，从描花彩瓶里，拿出零食给孙子吃，曾祖母连连说："阿宝，乖，吃咚，吃咚！"小阿张有时去和曾祖母开玩笑，假装跌跟斗倒在地上，曾祖母便说："啊呀，阿宝呀，衣裳弄脏了呀！"小阿张赶紧爬了起来，过一会又假装跌了，要等曾祖母再说那两句话逗趣。

小阿张聪颖、诡谲，一上学就很快学会了对课，因此名声在外，都知道他才思敏捷，出口不凡。鲁瑞的大姐夫阮士升，是有名的才人，就想借鲁瑞带外甥阿张到自家做客的机会考他一考。当时，阮士升的四个儿子和本地贡生阮廷藩都在场。

阮士升对小阿张说："阿张，我开个头，给你对个课，大家热闹热闹。"阿张自然应命。说罢，阮士升指着桌上的一碗猪肉说："红炖肉！"这个课题是容易的，阿张看到桌上放着一碗鸡肉，便对道："白斩鸡。"因能同时就桌取材，席间响起一阵称赞声。

贡生阮廷藩觉得考题太易，要出更难的，扫视四周，发现石墙上有幅《鸳鸯戏水图》，便接口说："我也出个对子，'擎荷底下戏鸳鸯'。你能对吗？"

阿张一眼瞟见左面墙上有幅《春燕图》，顺口答道："垂柳枝头闹春燕。"众人皆称"妙对，妙对！"

客散之后，阿张和几个表兄弟到庭院放花爆，阮士升见天上的明月，便说："阿张，酒席上你对得不错，现在还有一联，你能对吗？"

阿张听了应道："好，试试看。"

阮士升随即手指天空，出了上联："望日月圆，十五月半，月月月圆称月半。"

这下联阿张也觉得不好对，只得边想边察看四周景色。忽然，他发觉院中树木和盆花上贴着一条条"送除夕，迎初一"的红条子，受到启发，便昂首续联："除夕年尾，初一年头，年年年尾接年头。"

这下联对仗工整，无疵可指，喜得阮士升一步跨前对小阿张称赞不已。

而最高兴的当然是鲁瑞，作为阿张的姆娘，她很是自豪。

老二自小体弱，没有大哥灵活，也许真的是"老和尚转世"，总像小大人似的，很安静。刚出世时，鲁瑞把婴儿抱给丈夫说："这孩子是耐性子，老大像我，他像你。"亲友见了也说:"像他爹,像他爹。"这孩子很爱整齐,抽屉总是整整齐齐的。包的东西,棱角分明,捆扎仔细。性格也和顺,好商量,对人很谦和。那次和叔叔伯升打闹,惹得祖父生气,挨了父亲一阵痛打。这是伯宜公第一次打孩子,老二当时哭得很厉害,可是过后又跟没这事一样,照样跟叔叔一起玩,对祖父和父亲仍然很尊敬。看来这孩子是不记仇的。只是很贪玩,读书不用功。

老三体弱多病,却很乖。老四阿椿,长得圆脸大耳,很壮健,惹人喜爱,大家都说长大后比哥哥们还要好。

孩子们这样好,人们都说鲁瑞给家里带来了福气,立了大功。三台门公认她为有"帮夫运"的多子多福的太太,成了红人,也是忙人。三台门里无论哪家娶媳妇,她都被请去接新妇,鲁瑞也很乐意,她本来就是喜欢热闹、爱活动的人。那年,和房的十五曾叔祖给孙子瑜娶媳妇,和儿子咸精心选择接新妇的人,又选上鲁瑞,还选上樟寿和乐山(周梅卿)做执烛。他俩都是十一岁,高矮相等,生得眉清目秀、聪明俊俏,穿着小袍套,戴着红缨帽,一本正经地执行自己的任务,一直送新郎新娘进洞房。和房最富有,瑜又是独子,大里厅搭了明瓦棚,挂满大红灯彩,喜洋洋的,热闹极了。

鲁瑞也是合家四世同堂,喜气洋洋。哪里知道忽然祸从天降,公公的科场案给全家带来了大灾……

灾难来时何处奔?鲁瑞盼着赶紧到娘家。皇甫庄的旗杆台门里有孩子的外祖母和大舅舅、小舅舅……

第四章　皇甫庄[①]

偏要吃给你们看！

　　后窗由暗转明，窗外的修竹和假山也由朦胧渐显分明。直伸到窗口的竹叶，在白得透明的阳光下，显得格外青翠。樟寿自子夜时分到这间小屋，躺在红木大床上一直愣愣地盯着后窗望，眼睁睁地看着天色，从黑暗到黎明，从晨曦微露到太阳高照。

　　快到午饭时间了，樟寿少有的感到饥肠辘辘。是的，这几天都没有吃好饭。午夜来到皇甫庄旗杆台门舅舅家，在黑暗中从后门埠头进来，外祖母和两个舅舅、舅母起来迎接。草草吃了些点心，安排他住进大舅舅西侧厢楼的西后房，二弟由塘港妈妈领到座楼西部小舅舅家睡觉。安排好后，姆娘就匆匆地回到船上，由庆叔送她回家了。她还惦记着家里的两个幼儿，特别是刚刚四个月的椿寿。

　　樟寿本来是很喜欢修竹的。自家西邻梁家就有一个竹园，百十枝竹子，终日萧萧飒飒，鸟雀也多，叽叽喳喳。父亲常望着墙头翠绿的竹叶，感慨地说：如果能够在竹林中有一间小楼居住，是最快乐也没有了。自己也想跟父亲一块去住。而此时他自己正住在竹林簇拥的小楼中，却没有什么乐趣。

　　二弟现在怎样呢？想起小时候有一回和二弟一起在小床上模仿演戏，两

[①]　有关皇甫庄的环境描写依据裘士雄的《鲁迅避难过的皇甫庄旗杆台门及其主人范啸风》。

个人在床上来回行走，演出兄弟失散，一面沿路寻找着，一面叫着"大哥呀！""贤弟呀！"后来渐渐叫得凄苦了，这才停止。兄弟俩不禁搂抱在一起。那时是演戏，何曾想到今日竟成现实。想到这里，樟寿一阵心酸，差点儿落下泪来。

要是在家里，不等肚饿，姆娘、祖母、长妈妈早就叫自己去吃饭了。看书或影描图画起兴时，还故意拖着不去，要让家人叫几遍。可是，在亲戚家，人家不来让，自己是不敢贸然去吃饭的。刹那间，樟寿有一种从暖房坠入冰窖的感觉。

门外脚步声响了。樟寿以为是二弟来了，连忙站起，迎上去。门开了，原来是大舅父的儿子、表哥鲁佩绅。

佩绅大樟寿四岁，在皇甫庄有名的范氏义塾上学。文静白皙，一看就是书香门第出来的公子。他一放学就跑来找樟寿了。表兄弟一见面，紧紧搂抱在一起。佩绅知道周家出了事，但怕刺激表弟，欲言又止。只说："走，吃饭去。"

这话要在平时，樟寿不觉得怎样。这时一听，却感动得要流泪，仿佛在他乡遇到了故旧。随表哥出了屋。

这是范氏大院的第四进，中间是坐北朝南的正楼，东西两侧各建一座两层厢楼。大舅舅家住西侧厢楼，楼上有一条过道，把房子分成东西两排，每排两间。大舅舅住南前房，大舅母和表姐珠姑住南后房。樟寿寄住北后房，表哥佩绅住北前房，与樟寿对门。楼下中间是客厅，南边是餐室，北边是厨房。大舅舅是抽鸦片烟的，平时不大出眠床。吃点心吃饭就在一张矮桌上面，没有什么特别事情是不穿鞋下来的。这天半夜去接周家母子，累得不轻，就更恋床了。

樟寿和佩绅刚一出门，就听见木制的楼梯咯咯吱吱地响，上来一个瘦小的女人，很寂寞的脸相，端着饭盘。盘里有一碗粥，一碟菜，一块面点，一双筷子。佩绅连忙停下脚步，恭敬地唤她"姆娘"。樟寿也轻声叫"大舅母"。女人冷冰冰地点点头，推门进到南前房。樟寿听人说过：佩绅的生母去世了，现在的是后母，无所出，只是管着家务，服侍着大舅舅，照管两个前房的孩子。所以从来不见笑脸。从空隙中，樟寿看见屋内床帐里的灯一明一灭的，知道是大舅舅在抽鸦片烟。大舅母进去，掀开帐子，把饭菜放在床上一张矮桌上，转身出来。仍然静默不语，兀自下楼去了。佩绅拉一拉樟寿，跟着下楼，来到餐室。

餐室里有一张长桌，三把椅子，一个圆凳。看来圆凳是临时给客人加放的。表姐珠姑正在摆放碗筷，一个位子前一只碗一双筷。见到樟寿，表姐微微笑了一下，待发现后母在瞪她，又急忙收敛了笑容。

佩绅让樟寿入座，樟寿知趣，坐到圆凳上。佩绅拉他坐椅子，他摆摆手谢绝了。佩绅只好由他。

大舅母和珠姑端上了菜，是一盘鲜鱼，一盘鲜虾，一盘霉干菜，一盘辣豆腐，一盆米饭。珠姑给每人碗里盛上饭，等后母拿起筷子开吃，佩绅、珠姑才敢动箸。樟寿看了，也怯生生地拿起筷子。饭菜很香，要是在自己家里，樟寿早就狼吞虎咽了。在这里，腹中饥饿，手中筷子却不听使唤，僵持着不敢搛菜。佩绅看了出来，悄悄给他搛。后母的冷眼睛又瞪过来，佩绅赶忙收了手。樟寿感到后背发冷，饭也难以下咽了。

一个黄胖的矮女人忽然来找。后母忙放下饭碗到客厅去。樟寿见那二人并不坐在椅子上，只是站在门口切切察察，低声絮说些什么事。黄胖的矮女人竖起第二个手指，在空中上下摇动，或者点着对手或自己的鼻尖。这动作有点儿像长妈妈，但是长妈妈做这些指点时虽然也讨人嫌，却觉得并不刻毒，只不过絮叨罢了。这黄胖的矮女人可不然，让人直打寒噤。突然黄胖女人向餐室里瞅了瞅，朝着樟寿扫来一瞥冷眼，像在问那新来的是谁。大舅母不耐烦地说了一下，黄胖的矮女人鼻子一哼。樟寿耳朵里钻进了几句尖利的毒语："讨饭坯""叫化子"……

一时间，他如芒刺在背，坐立不宁，就像小时候看到的，遭遇蛇这可怕屠伯的隐鼠，只能在心中"咋！咋咋咋咋！"地"数钱"，充满绝望的惊恐。但不一会儿，就化为誓必雪耻的复仇。他，浑身颤抖着，想索性不吃了，把碗向这两个女人摔去。然而刚刚端起碗，又改变了主意，凑近饭盆，自己盛了一大碗饭，又搛了一大块鲜鱼，一大撮鲜虾，朝碗里一放，大嚼了起来，泪水早已模糊了他的双眼。惹得佩绅和珠姑都惊异地望着他，他心里则狠狠地说：我偏要吃给你们看！

琴表妹

午饭后，樟寿和佩绅表哥一起到楼上西前房大舅舅床帐前问安。大舅舅在点着烟灯的帐里答应了一声，一边一明一灭地抽着大烟，一边吩咐佩绅好好照顾阿张。这时，珠姑进来了，给父亲烧茶。用的炉子很稀奇，黄铜做的，烧的是纸煤。这是一种用"煤头纸"折成的长条，烧十几根纸煤，一小壶水就开了。珠姑用一只竹节形的紫砂壶给父亲沏了茶，端进帐中。大舅舅熄了烟枪，坐起身，捧起壶一小口一小口地抿茶。抿毕，把壶还给珠姑，又躺下睡去。

珠姑回屋又去折细长条的纸煤，佩绅去上学，樟寿回屋子里休息。

他一个人坐在床上发愣，考虑怎样去看二弟，门忽然一响，櫆寿钻进来了。樟寿惊住，立马从床上弹起，与二弟紧紧搂抱在一起，仿佛离别了几个春秋，比演"兄弟失散"时激动多了。

樟寿急忙问："吃饭了吗？那边怎么样？"

櫆寿答道："挺好。外婆一直护着我。四位表姐妹也很亲热。小舅舅全家和堂舅舅一家住在座楼西边，塘港妈妈带我住在一间又宽又空的阁楼上，睡在一张大眠床里。床上有一个朱红漆的皮制方枕头，上边镂空有一个窟窿，可以安放一只耳朵进去，很有趣儿。"

樟寿一颗悬着的心终于放下了，二弟不但没有受屈，还觉得挺有趣。是的，在外婆身边还能受欺吗！又凑近二弟耳边悄声问："溺床了吗？"

櫆寿不好意思了，红着脸微微点点头，想起褥子上的湿圈。

"人家说你了吗？"

櫆寿摇摇头。

樟寿也摇摇头，心里说：嗨，这二弟，快十岁了，还浑浑噩噩的，不省人事。要是在家，非打他一巴掌不可。嗯，主客各不说破，便自麻糊过去了。小舅舅家待二弟不错。心里想着，小声嘱咐道："以后要当心。"

櫆寿点点头，问道："大哥，你这里怎么样？"

樟寿一时语噎，想把被人掷来的"乞食者"的毒语告诉二弟，但立即止住了。他只会永远埋在心深处，使它化为雪耻的动力，不会告诉自己的亲人的。停了会儿，慢慢说道："也好。午饭吃得很饱！"

櫆寿笑了，从怀里掏出一包茴香豆，递给大哥说："这是外婆让我给你送来的。她知道你爱吃。"

樟寿下意识地叨念："外婆怎么不来？"

櫆寿说："外婆本来说要来看你，可是走到门口又回去了。把东西给我，叫我藏好了，悄悄捎给你，别让大舅母看见。"

樟寿呵地一声惊住了，他全明白了：婆媳不和。外婆不愿与那冷女人接触！但他不愿尚在幼年的二弟知晓这人世的险恶。泪水又涌上来，樟寿打开纸包。兄弟俩互相让着，你往我嘴里递一颗，我朝你口中放一粒……

櫆寿忽然对大哥说："琴姑四姐妹在后花园里呢，她们约我们到那里见面。"

樟寿闻听，喜不胜收，眼前浮现出琴表妹的音容：脸庞圆圆的，两个小酒窝也是圆圆的。刘海儿更像圆形的扇面，盖着圆圆的前额。大大的圆眼睛，黑多白少，像一汪清澈的秋水，滴溜溜一转，灵动可人。一说话，就跟黄莺叫似的，清脆甜美。她也喜欢听他说话，特别是说戏、谈书。听到高兴处，琴表妹爱用右手抚一下自己右额的一绺秀发，微微笑一笑，嘴边显出一个小酒窝。咬着下嘴唇，用乌黑的眼眸深情地望着他，两手不自主地抚弄垂到胸前的发辫。

这时，櫆寿连忙跑到后窗说："看，她们四姐妹正在后花园玩呢！"

樟寿急忙到后窗朝下望去，只见下面假山叠翠，树木掩映，石笋、芭蕉、翠竹，骨格清奇，园中曲水，围有栏杆，筑以小桥，园中路径也用鹅卵石铺成图案。四个穿得红红绿绿的小姑娘，正在山石修竹间嬉戏玩耍，仿佛四只美丽的彩蝶。小舅父鲁寄湘思想开明，坚决反对女孩子缠足，所以四姐妹都是天足。

兄弟二人不自主地出门，朝楼下跑去。

鲁家四姐妹见周氏小兄弟来了，不约而同转过身来笑脸相迎。樟寿朝琴表妹走去，见她穿着一身绿绸衣裙，还是那么圆圆的脸、圆圆的眼睛，但脸庞稍长了些，长成了瓜子脸，更秀气了。尤其是眉毛更显得秀美，眉尖若蹙，似乎总在想什么心事。身材也高了一些，胸微微凸起了，头后梳起了发辫，油黑光亮。才一年多没见，就有点儿大姑娘样了。只是有些弱不禁风的样子，但在翠竹、绿蕉、青石的映衬下，倒显得袅袅婷婷。还是爱用右手抚一下自己右额的一绺秀发，微微笑一笑，嘴边显出一个小酒窝。咬着下嘴唇，用乌黑的眼眸深情地望着对方，两手不自主地抚弄垂到胸前的发辫，但是比以前显得更有韵味儿了。

上次见，俩人还情不自禁拉拉手。这次却都僵住了，怯生生地笑笑，不往前走，两颗心都怦怦地跳。

还是琴姑主动，轻声问道："表哥，别来可好？"

樟寿嗫嚅道："还好。"他不愿跟琴表妹提及自家的祸事，更不愿她知道"乞食者"的毒语。

樾寿打破了僵局，建议像前年那样玩捉迷藏。那时，几个小表兄弟、表姐妹还真在后花园玩过捉迷藏。有藏在假山后的，也有藏在竹林里的，还有藏在小桥下的，就属樟寿别出心裁，蹲在楼墙根不动。结果大家都往花园中找，没注意楼墙，找到最后也没有发现他。

这回樟寿可没有这种心思了，一是年龄大了，不再做这些小孩儿游戏；二是家中出事、心事重重，尤其是"乞食者"的恶毒骂语，始终如大石一样压在他的心头，就对二弟说："你和小表妹去玩吧！我在这里坐坐。"

二表妹意姑，比樾寿略大，也不想玩。但不愿败表弟的兴，就说："好吧！"

三表妹林姑年龄略小，长得最漂亮，这会儿早拉着四表妹招官，笑闹着去了。

只剩下他们两个。一丝愁云浮现在琴表妹脸上，她意识到眼前的表哥似乎心事重重。父母和奶奶半夜起来到后埠头接姑妈和两位表兄弟，也有些蹊跷。过去都是白天到，为什么这回半夜来呢？似乎怕人察觉似的。上午又听见爹爹和奶奶在悄悄嘀咕些什么，八成是周家出事了。她轻轻对樟寿说："走，到园角亭子里坐坐。"

花园一隅有范蠡洲读书亭，琉璃拱顶，两根亭柱上书有一副对联："达则兼济天下，穷则独善其身。"

琴姑在亭中一个石凳上坐下，樟寿坐到她对面的石凳上。一时间，他真恨不能将一腔愤懑全向表妹倾倒出来，痛痛快快地大哭一场。那样，心里会好受些。但是，他越是这样想，表面上却越是冷静，以至冷峻，一言不发，冷得让人害怕。

空气令人窒息，青翠的竹叶似乎也停止了摆动。

琴姑凭着女性天生的敏感，感到表哥家里笃定是有事了，但她没有去触表哥的伤痛，反倒避开来，抚弄着发辫，仰首望望亭柱上的抱对念道："'达则兼济天下，穷则独善其身。'这是范家二十三世祖范蘅洲建这读书亭时的题联。他乾隆甲戌年间中进士时，又在进士第东邻建朝议第，堂名：'深远堂'，取'深栽后进，远继先芬'之义。人，总是要放开眼量啊！"一边说着，一边怀着无限的同情，含情脉脉地望着表哥。

琴表妹的话，有如后花园里潺潺流动的清溪，抚慰着樟寿苦涩的心，使他豁然开朗。他知道：表妹的父亲，自己的小舅舅鲁寄湘是很有文采的秀才，而且颇通医道，姆娘是皇甫庄后范潆道台沈墨庄之孙女，也很有文化。他们都非常重视四个女儿的培养，不能上学堂，就在家里教她们读书。四个女儿都知书达理，特别是琴表妹，还能看懂很深奥的医书，确是难得的知己。

樟寿望望后花园说："这个花园真好！身在其境，大有'无事此静坐，有时还读书'之感。"

料不到一句话却引起了琴表妹的伤感，叹口气说："好景不长了，就要离开了。"

"怎么？"樟寿惊道。

琴表妹抚弄着发辫，缓缓地说："你还不知道吗？这里是我的祖父鲁希曾典的房子。年底典期已到，家里又无力续典，就要搬走了。"

"哦！……"樟寿惊了一声。看看表妹，又望望后花园和前边的楼宇，忽然感到无可名状的留恋。

四下一望，才发现有一个人始终在竹林边盯着自己和琴表妹看。一双眼睛喜盈盈的，都快眯成一条缝了。不是别人，正是外婆。樟寿立马跳起来，嘴里喊着"外婆！外婆！"向竹林边跑去。

琴表妹有些不好意思，朝后一甩发辫，叫了声"娘娘"，也朝竹林走去。

外婆一把抱过两个孩子，抚着他们的头，嘻嘻地笑，眯缝的老眼却滴落下两行热泪。

外孙家里的事，外婆当然清清楚楚。但是她不愿意在樟寿面前提起，只愿像老母鸡护小鸡那样，护着自己的外孙，让他们不受丝毫委屈。然而，她又无可奈何，只能把樟寿放在大儿子家，自己护着年龄小点儿的櫆寿。心里又时时惦记着樟寿，害怕那瘦小的冷女人给他气受。看着大孙女琴姑与樟寿谈得如此亲切，她的心像熨斗熨过一般舒贴，心想：这外孙和孙女莫不是天生的一对？于是乐得眼睛都眯成一条缝了。但一想起自家的难处和周家的祸事，又不禁心酸。

正思念间，花园假山后边，櫆寿和三个表妹嬉闹着出来了。

意姑埋怨櫆寿道："阿櫆耍赖，明明捉住他了，又跑了，不算数了。"

櫆寿争辩道："哪里话？我还没藏好，她就来捉了。"

林姑和招官当然向着姐姐，指责櫆寿道："早就开始了，你让人捉住了，才说没开始的。耍赖！耍赖！！耍赖！！！"三个小姐妹一齐指着櫆寿，一直把他逼到亭子边上，他只有招架之功，没有还手之力。

还是琴表妹大度，劝解道："游戏岂能当真。别伤了兄弟姐妹的和气。算了，算了。"

外婆把孩子们统统揽到怀中说："都是我的好孩子。莫要吵闹。"

三姐妹和櫆寿立即和解了。

正在这时，佩绅和二舅舅的儿子佩紫来了。为了早点陪樟寿、櫆寿玩，跟先生请了假，说家里有事须早回家，就赶紧跑来了。

琴姑见状，就拉着三个小姐妹说："你们玩吧！我们回家了。"

外婆说："琴姑说得在理，跟我一起回家吧！"就带着四姐妹回座楼西边自己家了。

琴姑不自主回眸送过秋波，恋恋不舍地望了表哥一眼。樟寿也舍不得琴表妹，渴望和她一起去，再细细观览一下就要离开的旗杆台门，听听她的讲解。

但又难以启齿，只得跟着佩绅、佩紫，拉着二弟往前走去。

"一定要报这恶狗的仇！"

范家大院，占地甚广。这后花园，算是五进和六进，是准备房屋不够住时再盖房的。往前第四进是座楼，小舅舅和堂舅舅（家人称二舅舅）住在座楼西半部。楼前有石板天井，南首东西两侧各筑有花坛，植有花木，绿树成荫，花香诱人。花坛前各有一排石凳，罗列盆景。天井北首东西两侧各置一只荷花缸，上种荷花，青翠欲滴；下养金鱼，金光闪烁，自由自在地游弋着。东西两边建有侧厢。樟寿大舅舅就住在西侧厢楼里。

过了座楼，第三进就是香火堂，建有神龛，陈放列祖列宗神像和牌位，是祭祀先祖的地方。

再往前入厅，即第二进，建筑高大、雄伟壮丽的大厅正上方高悬一方"深远堂"横匾，字体浑厚，笔力雄健。因为从琴表妹那里得知，不久就要离开，樟寿比往常更仔细地观览起这些富有文化韵味的摆设。见堂匾下挂有一幅山水中堂画，有崇山峻岭、松柏、亭阁等，听范氏后裔中有人说此画系与范姓有姻亲关系的书画金石大师赵之谦的杰作。中堂画两旁联曰：

责己恕人循祖训，先忧后乐传家风。

这是告诫后人要继承先祖范仲淹的传统："先天下之忧而忧，后天下之乐而乐。"大厅柱子和壁间挂有若干楹联、抱对：

山川之间发清响，古今以上多同人；
都将笔下烟霞丽，洒作人间雨露浓。

明湖二月潭潭墨浪掀天，宜少监旧游乡才多绣吊；
稷称两峰矗矗笔光窗户，愿高平聚族地人竞攀龙。

这些楹联、抱对出于范寅和同治状元陆润庠、两江总督张之洞等名家之手。中堂画下是长条画桌，左右排列两行茶几、椅子，整齐有序，几椅后面是矗立的"梅兰竹菊"等屏风。整个大厅布置得气氛肃穆，文化氛围尤为浓重。范氏循俗在此接待重要宾客和举行红白喜事、祭祀等重大活动。如"年终的大典"祝福，都在夜深人静的五更前举行，祭品有五牲福礼等，用来摆放的八仙桌多达八张，可见祭品之丰盛。全台门男女老少都起床，度过这个不眠之夜，但祝福只限男丁参加，他们按辈分行三跪九叩大礼，所有女性和个别忌生肖的男丁都要回避。

出厅是庭院，北首东西两旁植有修竹，两丛修竹中间有一棵挺拔的红梅，寒冬花开，香飘院内外。现在虽没有梅花，但紫红的枝叶也很峻拔。紧依红梅的是石砌荷池，夏季碧绿的荷叶，出污泥而不染的雅洁莲花，散发阵阵清香，沁人心脾。早晨，荷叶上露珠点点，雨后，更显得晶莹剔透。这时正值九月，结出了一株株莲蓬，照样可人喜爱。梅竹荷莲，犹如一幅出自艺术大师之手的国画，赏心悦目，令人陶醉。回眸仪门，"为善高门第，读书须儿时"的楹联即刻映入眼帘。

步入台门斗，即可看见仪门上悬"文魁""副魁"两方匾额。台门斗、仪门，算一进。这样，加上后面临河的埠头。这个范家大院是七进屋宇。

走出台门，见大堂门前竖旗杆若干，植有修竹数丛。这是官宦人家显赫的一种标志。所以，这座后范溇的台门俗称"旗杆台门"。

门前有一与其等长的道地，呈长方形，约三百平方米，由一块块石板铺就。道地前是一块二亩左右的烂田，长年不会干涸，只能种植菱白、蒲草之类的水生植物。寒冬腊月，宛如天然溜冰场，成了孩子们嬉戏玩耍的好去处。

出门就可以展望皇甫庄的景色了。只见四面环水，外出非船即桥，是典型的江南水乡。这皇甫庄隶辖于绍兴县孙端镇，距城约二十五华里，因故有"荷叶地"之称。它的面积较大，约有一点五平方公里，素称"鱼米之乡"。"皇甫庄，大地方，九溇五祠堂；要吃鲜鱼、鲜虾，小库、皇甫庄。"这首民谣就是皇甫庄的真实写照。这九溇分别是：后范溇、学士溇、船舫溇、当溇、西岸溇、经堂溇、讨饭溇、南圩溇和薄刀溇。

皇甫庄拥有三千多住灶,以范、钱、沈三姓居多,所以,范姓、钱姓均各建有大小祠堂一个,沈姓也建有一个祠堂。该村居民多数主业务农,少数务农为主兼营渔业,从政、教书和经商的更少。范氏为皇甫庄大姓,人口最多,至元廿六年,即公元一二八九年,十世祖范绍章携眷定居皇甫庄后,子孙繁衍生息。范氏奉北宋贤臣范仲淹为始祖,在学士溇建有祭祀始祖的大祠堂,堂号"高平氏清白堂",每逢岁尾年首,大堂高悬范文正公画像,族人顶礼膜拜,非常庄重。祠内设有范氏义塾,凡范氏子孙,均可免费入学。鲁家的佩绅和佩紫因为范家的关系,也在此免费上学。义塾有校歌曰:"姑苏派衍贺湖边,清白家风乐管弦;设学输将家子弟,忠贞遗族永绵延。"

九溇中后范溇有"三多":范姓多,做官经商多,府第台门多。较大的台门建筑有:天锡堂、朝北台门、大夫第、贡元第、裕兴台门、进士第和朝议第。二十三世祖范蘅洲系乾隆甲戌进士,官广西柳州知府,他在进士第东邻建朝议第,就是旗杆台门里的"深远堂"。

樟寿和佩绅、佩紫及二弟櫆寿来到庄上,立时心旷神怡。想起过去来时,常和农家孩子友泉、阿牛、阿龙、桂生、阿发一起玩。有时下河摸鱼,河边钓虾;有时一同去放牛,黄牛水牛欺生时,小朋友们不再原谅他会读"秩秩斯干",全都嘲笑起来。然后,又教他如何分清山牛和海牛,如何用"捏三把"的方法评估牛的优劣。初冬,田间的野草开始枯焦的时候,他们一起到村外去玩"弹地毛"游戏。先把坟墩周围的野草割来放在一块,用火点着,围着火堆蹦跳叫闹,欢呼雀跃。深冬,没有草了,就玩"破洋山"的游戏。在野外选择一个较大的坟墩,假设为"洋山"。参加的孩子分成人数相等的两部分,一部分在"山上",另一部分在"山下"。"山下"的人向"山上"进攻,若把"山上"的人都拉下来,"洋山"就算攻破了。如进攻的人被守在"山上"的人拉住,"破洋山"也就失败了。机智勇敢的小樟寿常常被小伙伴推为"破洋山"的领袖。对这些小伙伴,樟寿也很热情,让姆娘把自己多余的旧衣服送给缺衣少穿的阿牛等孩子。想起这些厚道待人的戴乌毡帽的农民的孩子,樟寿心中暖烘烘的,就提出去找友泉、阿牛玩。佩绅一向文质彬彬,不大与农家孩子往来,没有说话。佩紫与樟寿同岁，人长得粗壮憨厚，喜到野外与放牛孩子玩耍，倒挺积极，立马引路。

刚走到庄子边上，见一家高墙大院的红漆大门前站着一个人，正是中午见到的黄胖的矮女人。樟寿立时怒火万丈，他知道这是陈姓富户的家，估计这个矮女人可能是陈家的女管家。过去，连她主人见了樟寿也是一副奴颜婢膝相，点头哈腰的，极力讨好。可是祖父刚一出事，这些人霎时就变了脸，真是可恶。

此时，那个黄胖的矮女人也看见了樟寿，鼻子哼了一声，似乎又冒出一句"讨饭的""叫花子"……

樟寿刚要回骂，女人身后跳出一只黄色的恶狗，直向门外扑来。佩紫赶快拉着樟寿、櫆寿、佩绅往后退去。恶狗并不扑向他们，而是直奔庄外。樟寿等顺狗跑去的方向望去，只见前方有两个衣衫褴褛的男孩，在拼命躲狗。眼看就要追上撕咬了，樟寿急中生智，捡起一块石头朝狗掷去。佩紫也掷去一块石头，恶狗惊住了，往旁边躲。两个男孩趁机跑开了。

这时，富户的主人陈德贵出来了，叫回了他的狗。陈某人是认识樟寿的，过去见了总把眼睛挤成一条缝，笑嘻嘻地讨好。这次却冷冰冰的，装着没看见，扭头带狗回家了。

樟寿也不睬他，朝那两个男孩走去，走近了，见正是友泉和阿龙。两个小朋友见了樟寿，喜不胜收，连忙过来拉手。他们说："这只恶狗经常咬人。阿发前两天就被咬了，正在家养伤。阿牛为了照料他，也没有出门。"

樟寿怒不可遏，牙齿咬得咯咯响，攥着两只拳头说："一定要报这恶狗的仇！"

复　仇

虽然跑了一天，前几天也没有睡好觉，樟寿晚上仍然睡不着。白天的事总在他眼前浮现：黄胖的矮女人和瘦小的冷女人切切察察的絮叨，"乞食者"的毒语，琴表妹的潺潺清溪般的抚慰，她那双脉脉含情的眼睛，外婆眯缝成一条线的老眼，旗杆台门的古字画，修竹，荷叶，莲蓬，陈家的恶狗，阿牛、友泉被恶狗追赶的情状，想象中阿发被狗咬伤的惨相，聪明的友泉会善罢甘休吗？他本来想去看看阿发，可是佩绅表哥嫌路远，也只好与阿牛、友泉约好第二天上午庄外同地会面，请阿牛也来，一块想法报复一下那只恶狗……

第二天一早醒来，佩绅来叫樟寿吃早饭。到餐厅里坐下，瘦小的冷女人竟然比昨天态度好多了。主动给他盛上了粥，还破天荒一改寂寞相，微笑了一下。樟寿心想：做人骨头硬一点，就少有人欺了，也对她颔首应道："谢谢！"

待吃过早饭，佩绅上了学，珠姑回屋又去折细长条的纸煤，樟寿就直奔昨天约好的地方。阿龙、阿牛，还有桂生等好几个孩子，早就簇拥着友泉来了。一见樟寿，立马围拢上来，如见亲人。

樟寿在友泉身边耳语了一番，友泉频频点头。然后跟阿牛说了一下，就和阿龙、桂生等人隐去了。

阿牛让樟寿躲到不远处树荫后，自己走到陈家大院门口。这时，那个黄胖的矮女人开门出来了，恶狗紧随其后。阿牛冲恶狗大吼一声，恶狗一见他，马上追了过来。阿牛立刻快跑，恶狗穷追不舍。阿牛绕着圈子飞奔，人犬追追停停，跑到了远离陈家大院的僻静处。友泉、阿龙、桂生等早已埋伏好的孩子们，一拥而上，棍棒交加，恶狗无处可逃，哀鸣声一点点低下去，竟到没有声息了。

黄胖的矮女人早盯着狗看，开始还洋洋自得，后见孩子们打狗，急得乱跳，赶紧回院告诉了主人陈德贵。陈某人得知爱犬被打，气急败坏，气势汹汹地奔出来。赶到近前，见狗已死，立刻火冒三丈，要找友泉、阿牛、阿龙、桂生算账，说要他们像葬人一样给他的爱犬送葬。躲在树荫下的樟寿这时走了过去，理直气壮地说："倷家这只恶狗，不知咬伤了多少人，倷要伊们赔狗，那倷先得赔人！"

庄里的人们也纷纷围了过来，阿发的父亲等家里有人给咬伤过的农民，自然为打死恶狗叫好，异口同声给樟寿助威："鲁家外甥说得在理，要赔狗倷先得给我们赔人！"

陈某人见众怒难犯，一边痛骂着，一边灰溜溜地回家，让佣人把恶狗的尸体收起埋掉拉倒。

樟寿轻轻吁了口气，几天来压在心头的闷气终于舒缓了一些。

影写绣像

中午，樟寿精神昂扬，毫不客气地吃足了饭菜，回到自己的西后房休息。

睡足了午觉起来，觉得应该看看书了。好几天荒废了读书，实在需要补补。四下张望了一下，见这间北后房虽然不大，布置却很雅致。后窗朝西，后花园的翠竹直伸到窗口，窗下一张红木桌案，案前摆着一把红木椅，案上是文房四宝。案旁书架上放着不少书，架旁还有一堆藏书。于是就在书架上和墙根书堆里乱翻。忽然翻出了一本《荡寇志》，一部《毛诗品物图考》，樟寿粗翻了一下，绣像很好，雕刻甚精，不禁大喜过望。

一看到书，就想起长妈妈来了。樟寿最早不大喜欢她。最讨厌的是她常爱切切察察，向人们低声絮说些什么事，还竖起第二个手指，在空中上下摇动，或者点着对手或自己的鼻尖。家里一有些小风波，就令人疑心和这"切切察察"有些关系。她又不许樟寿走动，拔一株草，翻一块石头，就说樟寿顽皮，要告诉他姆娘去了。一到夏天，睡觉时她又伸开两脚两手，在床中间摆成一个"大"字，挤得樟寿没有翻身余地。推她呢，不动；叫她呢，也不闻。姆娘听到樟寿的诉苦之后，曾经这样问她："长妈妈生得那么胖，一定很怕热罢？晚上的睡相，怕不见得好罢？……"樟寿也知道这意思是要长妈妈多给他一些空席。长妈妈不开口。但到夜里，樟寿热得醒来的时候，却仍然看见满床摆着一个"大"字，一条臂膊还搁在自己的颈上。

但长妈妈懂得许多规矩：比如一年中最高兴的时节，自然要数除夕了。因为辞岁之后，能从长辈得到压岁钱，红纸包着，放在枕边，只要过一宵，便可以随意使用。睡在枕上，看着红包，想着明天买来的小鼓，刀枪，泥人，糖菩萨……沉入甜蜜的睡梦中。

长妈妈进来，又将一个福橘放在床头了。

"哥儿[①]，你牢牢记住！"她极其郑重地说，"'阿妈，恭喜恭喜！'记得么？

[①] 哥儿：绍兴保姆对少爷的称呼。

你要记着,这是一年的运气的事情。不许说别的话!说过之后,还得吃一点福橘。"她又拿起那橘子来在樟寿的眼前摇了两摇,"那么,一年到头,顺顺流流……"

一早醒来,惦记着要买的玩具,樟寿一骨碌就要坐起来。不料长妈妈却立刻伸出臂膊,一把按住。樟寿见她更为焦急地望着自己,赶紧说:

"阿妈,恭喜……"

"恭喜恭喜!大家恭喜!真聪明!恭喜恭喜!"长妈妈笑将起来,同时将一点冰冷的东西,塞在樟寿的嘴里。樟寿大吃一惊之后,也就忽而记得,这就是所谓福橘,可以下床玩耍去了。

长妈妈教给樟寿的道理还很多,比如说人死了,不该说死掉,必须说"老掉了";死了人或者生了孩子的屋子里,不应该走进去;饭粒落在地上,必须捡起来,最好是吃下去;晒裤子用的竹竿底下,是万不可钻过去的……往常真觉得烦琐之至,但在这寂寞的午后,樟寿忽然感到一种特殊的温暖。

长妈妈也曾引起小樟寿许多敬意。她常常对樟寿讲"长毛"。她之所谓"长毛"者,不但洪秀全军,似乎连后来一切土匪强盗都在内。她说得长毛非常可怕,他们的话都听不懂。她说先前长毛进城的时候,她家全都逃到海边去了,只留一个门房和年老的煮饭老妈子看家。后来长毛果然进门来了,那老妈子便叫他们"大王"——据说对长毛就应该这样叫——,诉说自己的饥饿。长毛笑道:"那么,这东西就给你吃了罢!"将一个圆圆的东西掷了过来,还带着一条小辫子,正是那门房的头。煮饭老妈子从此就骇破了胆,后来一提起,还是立刻面如土色,自己轻轻地拍着胸脯道:"啊呀,骇死我了,骇死我了……"

樟寿那时似乎倒并不怕,因为他觉得这些事和他毫不相干的,他不是一个门房。长妈妈大概也即觉到了,说道:"像你似的小孩子,长毛也要掳的,掳去做小长毛。还有好看的姑娘,也要掳。"

"那么,你是不要紧的。"樟寿以为她一定最安全了,既不做门房,又不是小孩子,也生得不好看,况且颈子上还有许多灸疮疤。

"哪里的话?"长妈妈表情立刻严肃起来,说道:"我们就没有用么?我们也要被掳去。城外有兵来攻的时候,长毛就叫我们脱下裤子,一排一排地站在城墙上,外面的大炮就放不出来;再要放,就炸了!"

这实在出于樟寿意想之外,不能不惊异。他一向只以为她满肚子是麻烦的礼节罢了,却不料她还有这样伟大的神力。从此对于她就有了特别的敬意,似乎实在深不可测;夜间的伸开手脚,占领全床,那当然是情有可原的了,倒应该樟寿退让。

这种敬意,虽然也逐渐淡薄起来,但完全消失,大概是在知道长妈妈谋害了他的隐鼠之后。那时,有"老鼠数铜钱"的说法。老鼠自然怕猫,但还不是最可怕的,因为老鼠只要窜进一个小洞去,猫就奈何不得,逃命的机会还很多。独有那可怕的屠伯——蛇,身体细长,圆径和鼠子差不多,凡鼠子能到的地方,蛇也能到,追逐的时间也格外长,老鼠万难幸免。春后,你听到老鼠"咋!咋咋咋咋!"的"数钱"的声音,就知道可怕的屠伯已经到来了。这是老鼠无路可逃时绝望、惊恐的声音。

祖母她们常恨鼠子们啃破了箱柜,偷吃了东西,樟寿却以为这也算不得什么大罪,也和他不相干,况且这类坏事大概是大个子的老鼠做的,绝不能诬陷到他所爱的小鼠身上去。这类小鼠大抵在地上走动,只有拇指那么大,也不很畏惧人,绍兴那里叫它"隐鼠",与专住在屋上的伟大者是两种。他的床前就贴着"八戒招赘"和"老鼠成亲"的两张花纸。

有一次,樟寿听得一间空屋里有着这种"数钱"的声音,推门进去,一条蛇伏在横梁上,看地上,躺着一匹隐鼠,口角流血,但两肋还是一起一落的。取来给躺在一个纸盒子里,大半天,竟醒过来了,渐渐地能够饮食,行走,到第二日,似乎就复了原,但是不逃走。放在地上,也时时跑到人面前来,而且缘腿而上,一直爬到膝髁。给放在饭桌上,便捡吃些菜渣,舐舐碗沿;放在书桌上,则从容地游行,看见砚台便舐吃了研着的墨汁。樟寿非常惊喜。他听父亲说过的,中国有一种墨猴,只有拇指一般大,全身的毛漆黑而且发亮。它睡在笔筒里,一听到磨墨,便跳出来,等着,等到人写完字,套上笔,就舐尽砚上的余墨,仍旧跳进笔筒里去了。樟寿就极愿意有这样一只墨猴,可是得不到;问哪里有,哪里买的呢,谁也不知道。"慰情聊胜无",这隐鼠总可以算是他的墨猴了吧。

与隐鼠相伴有一两月。忽有一天，大半天没有见到隐鼠，大家吃午饭了，也不见它走出来，平时，是一定出现的。他再等着，再等它一半天，然而仍然没有见。

　　长妈妈也许看他等得太苦，轻轻地来告诉他真相。这即刻使樟寿愤怒而且悲哀，决心和猫们为敌。她说：隐鼠昨天晚上被猫吃去了！

　　于是樟寿要向猫报仇。他从家里饲养的一匹花猫起手，逐渐推广至凡所遇见的诸猫。最先不过是追赶，袭击；后来用飞石击中它们的头，或诱入空屋里面，打得它们垂头丧气。但许多天之后，樟寿竟偶然得到一个意外的消息：那隐鼠其实并非被猫所害，倒是它缘着长妈妈的腿要爬上去，被她一脚踏死了。这样，樟寿的仇恨就从猫身上转移到长妈妈身上了，开始当面叫她阿长。他想我又不真做小长毛，不去攻城，也不放炮，更不怕炮炸，我惧惮她什么呢！

　　但当他哀悼隐鼠，给它复仇的时候，一面又在渴慕着绘图的《山海经》了。大概是太过于念念不忘了，连阿长也来问《山海经》是怎么一回事。

　　过了十多天，或者一个月吧，樟寿还很记得，是长妈妈告假回家以后的四五天，她穿着新的蓝布衫回来了，一见面，就将一包书递给樟寿，高兴地说道：

　　"哥儿，有画儿的'三哼经'，我给偺买来了！"

　　樟寿似乎遇着了一个霹雳，全体都震悚起来；赶紧接过来，打开纸包，是四本小小的书，略略一翻，人面的兽，九头的蛇……正是《山海经》。

　　这又使樟寿对长妈妈产生新的敬意了，别人不肯做，或不能做的事，她却能够做成功。她是真懂得自己对《山海经》的热爱的。她确有伟大的神力。谋害隐鼠的怨恨，从此完全消灭了。

　　这四本书，虽然是一部刻印都十分粗拙的本子，纸张很黄；图像也很坏，几乎全用直线凑合，连动物的眼睛也都是长方形的。却是樟寿最初得到、最为心爱的宝书。看起来，确是人面的兽；九头的蛇；一脚的牛；袋子似的帝江；没有头而"以乳为目，以脐为口"，还要"执干戚而舞"的刑天。

　　这小本的《山海经》，使樟寿对长妈妈始终怀着敬意。当长妈妈送自己和姆娘、二弟上船的时候，他望着长妈妈依依难舍，看到长妈妈眼里汪着泪珠。

　　这个午后，想起长妈妈，樟寿唏嘘不已。长妈妈送的四本《山海经》，比起眼前《荡寇志》上的绣像却差得太远了。父亲旧有的两本《尔雅音图》，是广百宋斋的石印小本，一页里有四个图，原版本有一尺来大，看清不成问题，缩小后就不清楚了。此外家里还存有《百美新咏》，全是差不多的女人，看了也觉得单调。还有一部弹词《白蛇传》，上边也有绣像，不过没有多少张，出场的角色也不多。只是为泄气，总掐法海图像上的眼睛，使这一页特别破烂。总之，家里绣像书虽是有过几册，可是没有值得把玩的。大舅舅家里的这部《荡寇志》，是道光年间的木刻原版，书本较大，画像也生动。像赞用篆隶真草各体分书，显得相当精工。《毛诗品物图考》，是石印的，小本两册，原书系日本冈元凤所作，引用《诗经》里的句子，将草木虫鱼分别绘图列说，文字和图画都很精美。

樟寿小时候也随意自画人物，在院子里矮墙上画有尖嘴鸡爪的雷公，荆川纸小册子上也画过"射死八斤"的漫画，这时却真正感到了绘画的兴味。他高兴得几乎跳起来惊呼，下决心影写。一口气跑到庄上的杂货店里，用姆娘留下的零用钱买了俗名"明公纸"的八开毛边纸一百张，又疯跑回去了。拿过书一比，见这种纸比家里的荆川纸稍黄厚而大，刚好影写大本的绣像。乐得什么似的，到屋角的脸盆边，把手洗得干干净净，立马铺纸研墨，决定首先影写《荡寇志》。

这时，门吱的一声开了。二弟櫆寿跑了进来，樟寿正要埋怨他坏了自己的正事。却见櫆寿笑着往门口一指道："你看谁来了？"

樟寿回头一看，见琴姑领着三个小表妹进来了，立时转怒为喜，起身迎接。琴表妹见他是要影写《荡寇志》上的绣像，也很赞同，过来替他研墨。

琴表妹今天穿身鲜绿的长袖绸裙，她撩撩额前的秀发，挽起绿袖，露出雪白的小臂。手腕上还戴着一个翠绿的玉镯，映衬得臂腕愈加白皙了。樟寿忍不住从眼梢望了一眼，又赶忙将精神集中在绣像上面。

琴表妹站在一边，往砚台里滴水，拿起一枚徽墨细细地慢研，墨水由稀淡渐渐转为浓黑，黏稠，油亮亮的。樟寿看见她的手指像葱芯一样白嫩，手心透着红润，好似花瓣。她的身上，从指尖到面颊，通体上下都有一股花一样的清香。樟寿真想多闻一会儿，多看两眼，但他还是更喜欢那绣像上的图画，将纸仔细铺展在第一幅张叔夜图像上,与绣像对正,待墨一研毕,就用"金不换"毛笔在砚台上揿了揿墨,精心精意地描画起来了。樟寿全神贯注地影写时,琴表妹咬着下嘴唇,用乌黑的眼眸深情地看着他。过了会儿,见他描得投入,浑然忘了身边的人,便悄没声儿拉着三个妹妹走了。

佩绅、佩紫此时提前放学回来了。他们看到樟寿影写的画,都很兴奋。佩绅写得一笔好字,自告奋勇代写背面题字。樟寿同意了,站起,让他坐下写。果然写出挺秀、工整的楷书,大家都很称赞。一边的佩紫也不甘寂寞,樟寿描完第二幅后,也要来题写,结果有一两笔很粗笨难看,只得中途停止,由樟寿补写。以后再也不让他写了。

静静的午后,因了这几个孩子忽而宁静忽而欢快的声音,显得活泼盎然起来。

这样,精神完全集中在影写《荡寇志》图像上,几乎忘记其他。不久,就积了一百页,樟寿细心地订成一大册,经常翻看,怡然自乐。

范啸风

一阵秋风一阵寒,不知不觉已到深秋。一日,友泉领着阿龙、桂生、阿发、阿牛等小友来看樟寿了。

阿发伤好了,一见樟寿就说:"阿张哥,谢谢偌替我们出了气!"

樟寿说:"主要是友泉的点子,是阿牛不怕咬,引那恶狗出来。"

友泉说:"是大家齐心合力,又有阿张挑头。"

阿龙说:"是啊!要不是阿张哥,陈家和那只恶狗还不知要横行到几时!"

阿牛说:"别的台门我们是不敢进的。这回是范爷爷请来的。"

原来他们是旗杆台门的主人范寅请来的,范寅正在续编《越谚》,他像过去一样,把庄上善唱民谣和儿歌的孩子请到家里来,记录他们所唱的歌谣,不加改饰地记下,并给以糖果奖励。赶巧这天是范寅的改船试验。范寅提出用"以轮进舟"的方法代替摇橹,友泉的爸爸是庄里的能工巧匠,曾帮助范寅改造了一只船,这天赶上下水试验,他也到范家来参观了。

樟寿、櫆寿兄弟便和他们一起到范寅的厅室里，旁听唱记童谣。

这范寅说来也是奇人。他字啸风，又字虎臣，别署扁舟子，自幼好学。十七岁父母双亡，成为孤儿，因为家里贫困，幕游外地。同治十二年，即一八七三年，中副贡，为候选训导。他博学多才，著作颇富。平生致力于民间歌谣、地方谚语的搜集，常邀孩童至家，叫其唱儿歌念童谣，唱毕奖以糖果。光绪四年，即一八七八年，范寅编成《越谚》，分上中下三卷，"传古之语所口习耳熟者"，并旁及经史子集、唐诗元曲、通俗之编、六代同文、百家稗说等，"收采俗语而不拘泥文雅"，"土音俗字毫不改避"，为研究越地方言之重要著作。另有《玉鉴堂诗》《湖雅》《癸俄尺牍》等集及《论潮汐》《论涨沙》《论古今山海变易》等自然科学论文。范寅又精书法，与同学赵之谦并重于时，融化颜柳真草，皆臻神妙，四方求书者，获尺幅若至宝。

这时的范啸风六十多岁，穿一身棕色绸衣，留着胡子，虽有几根白须，但大多黑亮，显得儒雅、潇洒。他见孩子们来了，一边让友泉等进来，一边拉住了樟寿、櫆寿。他显然知晓周家的祸事，却毫无鄙夷之态，反而对周家兄弟更亲近了，这使樟寿大为感动。

范啸风捋捋胡须说："周氏家族是绍兴有名的书香门第，介孚公和伯宜都为人正直，很有文采，我早就佩服了。你们兄弟二人的才情也无可限量啊！"说完，转身对友泉道，"你又有什么儿歌，唱给我听听。"

友泉清清嗓子唱起来：

　　白篷船，红划楫，
　　摇到对岸歇一歇，
　　点心吃一些，
　　戏文唱一出。

范啸风仔细听了，然后让友泉唱一句，他记一句。记完之后，又念给友泉听，问对不对，细细校核。

记完，友泉又说："前几天，我们又把这首歌改了一下。"

范啸风很感兴趣,说道:"那你把改过的也唱给我听。"
友泉又唱道:

白篷船,对岸歇一歇。
此刻熄,自己熄。
戏文唱一出。
我放火!哈哈哈!
火火火,点心吃一些。
戏文唱一出。

范啸风听了问道:"这是说那要熄长明灯的疯子吧?"
友泉说:"是的。"
阿发、阿龙、阿牛、桂生也七口八嘴地说:"是的。我们前几天去看他了。他还总是喊着:'熄掉他罢!''熄掉他罢!'"
范啸风摆摆手说:"罢了,罢了。其实他是个好人,别伤害他。来,吃糖果吧!"说着,把桌案上的糖果分给孩子们吃。
范啸风又拉樟寿、櫆寿到自己身边说:"你们是读书人,我这里有书签送给你们。"说着,从桌案左角上拿过一张小巧的书签。这是他自制的,两端剪贴着红色的花纹图案,中间用工笔小楷写着一行字,他念道:"读书三到:心到、口到、眼到。记住了吧!"
樟寿恭敬地说:"记住了。"和櫆寿一起,小心收好"三到"书签,放在自己贴身口袋里。
吃过糖果,范寅起身说:"走吧!去看我的革新吧!"
大家一窝蜂跟着他朝后门走去。
这是旗杆台门的第七进,已临河,后台门斗放置大石凳一条,可远眺近望广袤田野,青山绿水。后台门斗内也有一间房子,平时堆放橹、桨等船上用具。后门筑有埠头,范氏外出时即在此上船。樟寿、櫆寿那天夜里就是随姆娘从这里进入舅舅家的。

此时，临河已停着一只大船。本来是首尾有两支橹，由两个人摇橹行驶，现在船上换成了水车一样的踩轮，改成"以轮进舟"的方法代替摇橹，需要六七个壮夫像踩车水似的足踏行进。友泉的父亲冲友泉等孩子笑了笑，带着人上船踏了一番，不料速度还不及两人摇橹快，而且费人费事。范啸风只好摇摇头说："罢了！罢了！"长叹了一声。

看到范啸风叹气，樟寿非常同情，上前叫他一声"爷爷"道："莫灰心。以后会成功的。"

范啸风望着樟寿苦笑了一下说："是的。"又叹口气道，"难啊！"

樟寿和櫆寿不禁对这位范爷爷充满了敬意。

阿发想到樟寿住处看看，懂事的友泉摆摆手说："不去了。"因为他明白樟寿在这里是寄居，不好找外人来的。又悄悄对樟寿说后天包公殿演戏，是《女吊》，让樟寿下午在埠头等他们，他们划船来接他看戏。樟寿很高兴，立马答应了。

女　吊

戏台上响起悲凉的喇叭，少顷，门幕一掀，一个女人出场了。她穿着大红衫子，黑色长背心，长发蓬松，颈挂两条纸锭，垂头，垂手，弯弯曲曲地走一个平台。内行人说，这是走了一个"心"字。她将披着的头发向后一抖，这才看清了脸孔，石灰一样白的圆脸，漆黑的浓眉，乌黑的眼眶，猩红的嘴唇；下嘴角略略向上，使嘴巴成为三角形；两肩微耸，四顾，倾听，似惊，似喜，似怒，终于发出缓慢而悲哀的声音：

　　奴奴本是杨家女，
　　呵呀，苦呀，天哪！……

唱词交代了死因：做童养媳，备受虐待，终于投缳。唱完，舞台远端传出哭声，是一个女人，在衔冤悲泣，准备自杀。"女吊"万分惊喜，要去"讨替代"了,忽然间,跳出一个"男吊"来,主张应该他去讨。他们由争论而至动武,女方当然不敌。危急关头,又一人出场,是阴界的王灵官,一鞭把男吊打死,放女的去了。

樟寿过去也看过鬼戏,还扮过鬼——薄暮中,十几匹马,站在台下了;戏子扮好一个鬼王,蓝面鳞纹,手执钢叉,还得有十几名鬼卒,普通的孩子都可以应募。那时樟寿十余岁,手脚灵活,就爬上台去,说明做义勇鬼的志愿。于是戏子们就给他在脸上涂上几笔彩色,交付一柄钢叉。待到有十多人了,即一拥上马,疾驰到野外的许多无主孤坟之处,环绕三匝,下马大叫,将钢叉用力连连刺在坟墓上,然后拔叉驰回,上了前台,一同大叫一声,将钢叉一掷,钉在台板上。然而,这一次看《女吊》,感觉大不一样,胸膛里心潮汹涌,热血沸腾,竟如此同情那女吊,感到她是一个带复仇性的比别的一切鬼魂更美、更强的鬼魂。伴着"乞食者"的恶语,和祖父出事后所受到的种种耻辱,他站在暗夜中的乌篷船前梢上,简直如一团熊熊烈火,要燃烧起来,化作一团复仇的白烟,与那女吊一起向乌黑的夜空上飞去……

第五章　周福清

杭州狱府

　　杭州的深秋，依然青青苍苍。绵绵秋雨，淋得西子湖畔的松柳宛若秋露沐浴过一样，愈发显得青绿。只是天空乌云密布，西湖的水也变得浓黑如墨。"波漂菰米沉云黑"，这"沉云黑"三字颇传出此时杭州和西子湖的神韵。

　　离西子湖不远的地方，就是杭州府。府署朝南，署门大堂威严庄重，富丽堂皇。司狱司在其右边，是西向的，一片阴森气象。入门则又一重铁栅门，推门进去，门内坐着几个禁卒。拐过一个弯，又是一张普通的门，里面一个小院子，上首朝南是狱神祠，再往东边的小门进去，又是一个小院落。门内是一条长天井，南边是墙，北边是一排白木圆柱的栅栏，栅栏内有狭长的廊，廊下并排一列开着些木门，这就是司狱司一间间专门关押官员的牢房。一排有四间，只有西头一间关着人。隔壁住了一个禁卒，负责贴身看管，其余都空着没有人住。走进西头的房间，见四壁都用白木圆柱做成，向南一面，上半长短圆柱相间，留出空隙以通风日，用代窗牖，房屋宽一丈半，高约二丈半，下铺地板，左边三分之二的地面用厚板铺成榻状，很大的一片，以供坐卧之用。对着门口放了一张板桌和椅子，桌上有纸墨笔砚。板台上靠北安置棕棚，上挂蚊帐，旁边放着衣箱。中间板桌对过的地方是几叠书和零用什物。

第五章 周福清

关着的这个人,正垂头坐在榻状的厚板上。他五十七八岁年纪,身材高大魁梧、雄健结实,穿着藏青色绸缎官服,顶戴已被摘去,脑后垂着一根又粗又长的花白辫子。俗话说人有四种脸形:"同"字形、"田"字形、"贯"字形、"日"字形。"同"字形的脸,是富贵的象征,最好;"田"字形是圆脸或横阔的脸,其次;"贯"字形是上大下小的,再次之;"日"字形是狭长的,是命苦的,最差。而这个人不折不扣是"同"字形脸,显得富贵、威严,但似乎很气恼,就像天气一样沉闷,满脸的"沉云黑",不住把自己右手大拇指的长指甲放在嘴里,咬得嘎嘎作响,嘴里喃喃地骂道:"昏太后""呆皇帝""速死豸""王八蛋"……

此人便是樟寿的祖父周福清,生于清道光十七年阴历十二月二十七日,按照公历算,该是一八三八年一月二十二日,原名致福,后改名福清,字震生,又字介孚,号梅仙。在周家致房行八。

周福清幼年家贫好学,无资延师,经常到三台门房族书塾中旁听。那时,各房族经济充裕者,各延师设塾以课子弟,讲学时间参差先后,本意就是为使各塾就学子弟可以相互听讲,以宏造就。周福清趁机进修,他天资高,易于领会,收获最大。族中人誉之为"收晒凉",意思是乘便得利。

周福清的姆娘,也就是九老太太,是戴家台门出来的。离周家老台门只有四五家门面,是一排朝南的房子,也是深宅大院。周福清小时候常到那里去玩,他看到戴家表兄弟很阔绰,身带银衣袋,大块的银子放在大袋里,小块的银子放在小袋里,花钱满不在乎,买东西要拣上好的,付钱时从银衣袋里抓一把银子出来,往柜台上一掷,不要人找零。听到人说"少爷真好,真爽气",就得意地走了。还常常请客饮酒,谁愿去就去。一次,大家喝得差不多了,不知为什么事,一言不合争吵起来,戴家表兄弟随手拿起一只碗扔过来,正好砸在周福清的嘴上,打歪了一颗门牙。从此,除万不得已的应酬以外,周福清再也不喝酒了。戴家台门因为经济上坐吃山空,渐渐地败落下来了。

然而,仍然有万不得已的应酬。周福清二十二岁那年,到跨湖桥环翠楼孙氏岳父家饮酒,与胞叔周以埍比赛酒量,结果酩酊大醉。回家后不省人事,第二天才醒。父亲周以埏哭着说:"我只有你一个儿子,你醉死了,我怎么办?"

周福清不住把自己右手大拇指的长指甲放在嘴里,咬得嘎嘎作响,嘴里喃喃地骂道:"昏太后""呆皇帝""速死豸""王八蛋"……

周福清听了,后悔了好几个月。一年后,太平军攻进绍兴,周以埏到道墟女婿家避难,两年后回家时病重,临终又嘱咐周福清戒酒。

自此,他一生不吸烟,不喝酒,尤其痛恶鸦片,专心致志攻读,参加科举考试。终于在一八六七年的丁卯科合并浙江乡试中考上第八十六名举人。接着又于次年赴京参加礼部会试,但不幸落第,不过仍考取了方略馆誊录。所谓誊录者,其实是高级缮写人员而已。三年过后,又参加了同治十年即一八七一年的辛未科会试,取得会试中式第一百九十九名、殿试第三甲第十五名、朝考第一等第四十一名的成绩,被钦点翰林院庶吉士,分发庶常馆深造。这在周家是很荣耀的大事,但在周福清中进士、点翰林的"京报"抵绍,厅堂里黑压压跪了一大群人贺喜时,九老太太却大哭起来,连说"拆家者①,拆家者!"此事在绍兴城中广泛流传,老寿先生就常常提起,作为他不进仕途的依据。

按照清政府的制度,庶常馆每三年结业一次,名曰散馆,成绩优秀者,分别授以翰林院编修或检讨,其余分发各部充任主事或委用知县。周福清在庶常馆结业时大约没有取得好成绩,与同事的关系也不融洽。一次,他邀一位王姓同乡到京城有名的饭馆广和居饮酒。这位同乡循城根到前门,又经南大街到骡马市,马匹疲劳,道路泥泞,好不容易才到了广和居。而周福清不等他到,就与其他同乡先饮了。王姓来后,周福清又不解释,只点点头就让人家入席。与同席者略饮一下就开始吃饭,没有抽烟就回家了。周福清饭毕,强请一位同乡坐车回去。这位同乡托词不坐,与王姓一同步行回家。到门口时,对王姓说:介孚境况窘迫,经济不宽裕,所以不让他雇车,但问自己时又不便直讲,只能以他词掩饰。这位王姓同乡,本就对周福清先饮不满,现在又听此言,就认为周福清诡诈,并在日记中记了一笔,予以讥刺。其实,周福清也确实并不富裕,虽然已经做了内阁中书,不仅不能往家里汇钱,还一直要家里为他举债。至今还存有两封他向别人借钱的信,其中一张是儿子周伯宜光绪十三年,即一八八七年,经裕房兄长周慰农,为他向高某借英洋贰佰元的借约:

---

① 拆家者:败家者。

今将已户拱字印契一张,内载坐落廿亩头田五亩正,挽慰农家兄,向高姓押借英洋贰佰元正。面议八对月借洋还洋,利计每月壹分贰厘,起息按月支送。恐后无凭,立此为据。

附拱字田契一纸。

光绪十三年三月十五日立票人周伯宜(画"花押")

中人周慰农(画"花押")

周子传(画"花押")

借约

官至内阁中书却又拮据举债,可想周福清与清朝官场风气并不能契合。此公性格确实奇特,又专爱骂人,上至"昏太后""呆皇帝",下至本家侄辈,无不痛骂。骂法又颇奇特,很有些绍兴师爷的风骨,常常进行反讽。譬如说有人梦见什么坏人反穿马褂来告别,意思是说挨骂的人,死后变成猪羊,还被害人的债。这还是平常的旧想头,不过是说挨骂的人,后来孤独穷困,老了在那里悔恨。这样骂来骂去,把各方面的关系都搞坏了,一八七四年离开朝堂,被外放做官,先是放四川荣昌县当知县,他嫌远不去,后改为江西金溪县任知县。

周福清在江西居官清廉,持正不阿,既不贪赃,又不枉法。处理民刑案件务求真情实事,从不颟顸草率。抑且案无留牍,随到随审,随审随结,不任当事人长期拖累。对胥吏衙役,防范周密,驾驭綦严,不容有少许隙漏为其所乘。对上官辄以无欲则刚的态度做应付,不巧言令色,不谄谀迎合,因之为他顶头上司的抚州知府所深恶痛疾。有一次他上府晋谒,不知为了什么事谈得不投机,周福清并没像一般下属那样,对上官的昭示不问青红皂白一律唯唯诺诺地曲承仰体,竟然直率地顶撞起来,弄得抚州知府下不了台,抬出大帽子压他,说:"这是皇上家的事情。"周福清也毫不迟疑地给了一个反诘:"皇上是什么东西,什么叫作皇上?"抚州知府万想不到会得到这样的回答,只好摊出"王牌",说道:"大不敬!"随即端茶送客,趁此下台。后来周福清横被揭参,这就是主因之一。

周福清对上司常摆出一副神圣不可侵犯的姿态,没有和他接近过的人,不免望而生畏。其实,他却是色严而不厉,词费而不激。从没听过他正式骂过人,也没看到他拍过台子。他性情是温和的,连他骂人的姿态一向也是温和的,不像别人的词严色厉,只限于"王八蛋"一句。只是从来不笑,也从来不说笑话罢了。知县大老爷是何等威风,一呼百应,气焰万丈。衙署里的事情,无不充满了官腔官派。知县大老爷吃饭时,是由一个神气活现的家丁快步跑到签押房,即知县办公室门口,把门帘高高撩起,大喊一声:"请大老爷吃饭啦!"喊完还得撑着门帘恭而敬之地肃立在那里侍候着。而周福清却还是和平常家居一样,绝不要什么官架子。他家有一个老姆娘,是他幼年时雇来的女佣。这时也和家眷一起在金溪县任上。周福清乳名"福",幼小时一般都喊他"福官",到了金溪县任上,似乎应该改换称呼了。但是老姆娘习惯了,每当吃饭的时候,总跑到签押房,高叫"福官吃饭啦!"稍微迟疑,还要再来一声"毫燥",就是绍兴话"赶快"的意思。周福清泰然受用,不以为意。

然而,周福清倒霉的导火索还是在后院。他原配夫人姓孙,生了女儿周德,又生了儿子周伯宜。不久去世了。他又继配了蒋氏,就是樟寿的继祖母蒋老太太,生了女儿周康。太平军攻克绍兴时,社会秩序紊乱,周福清全家逃到乡下避难。蒋老太太中途一度与家人失去联系,事后又团聚了。蒋氏说是被太平军冲散,周福清则怀疑被掳,由此产生隔阂。生气时就毫不客气地破口大骂,有一回竟说出了"长毛嫂嫂",还含糊地说了一句房帏隐语。蒋老太太哭了起来,说"你这成什么话呢?"就走进她的卧房去了。以后周福清又娶了姨太太薛氏和章氏。章氏生了周伯升,裂痕更深了。周福清在江西金溪县知县任上,九老太太迎养在任,蒋老太太和另外一个姨太太也都随在任上。周福清经常在姨太太房内休息,引起蒋老太太不满。一次,蒋氏潜往窗外窃听,尽管蹑手蹑足,还是难免窸窣之声。周福清隔墙有耳,料定是蒋氏行径,不期然随口冲出了一声"王八蛋"。蒋氏听见骂了,当场不好发作,仍蹑手蹑足潜回自己房内,越想越气,想办法报复。第二天晚上在九老太太耳边进了先入之言,九老太太性乖僻而胸无丘壑,一经渲染即随之同往窗下,故意窸窣有声使周福清听到。周福清闻声不加觉察，又照前骂一声"王八蛋"。蒋老太太闻骂即大张其词高声嚷道："娘娘在这里，你连娘娘都骂起来了！"周福清知道闯了祸，赶忙戴起红缨大帽跑出来，跪在姆娘面前认罪，并请责罚！九老太太一切不问，只自顾自地号啕大哭，越哭越有劲，哭得满城风雨，全衙咸知。都说："大老爷骂娘。"这样一传二、二传三地传出去，传到了抚州府衙。顶头上司抚州知府和周福清早有夙嫌，得到这种好材料哪肯放松，忙托出先前的"大不敬"渗入此刻的"大不孝"，再添油加醋加上了不少调味品，就把周福清的前程揭参出去，达成革职处分，因文理尚优，以七品知县的原级休职。自此以后周福清对蒋老太太恶感更深。

回到家里，为重谋复起，就只得卖田捐官。先从陕西赈捐局买了一个比知县高二级的"同知"衔的官。由于光绪皇帝只批了个"著以教职选用"，只得再次买官。这次买的是内阁中书，但也得等候补缺，补缺后还得试俸三年，方得实授。这样，周福清从光绪五年（一八七九年）九月分发到内阁行走，一直候补了九年，才在光绪十四年（一八八八年）四月初十日前后，获得一个以抄写为事的从七品小京官。两个侧室薛氏和章氏都已过世，他又纳潘氏为妾，所以不仅不能往家里汇钱，还得不断要家里变卖田产或代他借贷。

但是，周福清对自己孙子辈的学习却非常关心。孩子入塾时，一般都是从读《三字经》《百家姓》开始，他却主张开蒙先读《鉴略》，除识字外，还能对中国历史有一个总的概念。还认为读经书没啥用场，不如先看看《西游记》，特别是猪八戒的故事。他还爱讲孙行者败逃，化成破庙，尾巴没法安排，变作一枝旗杆，竖在庙后门，立即被敌人识破，以为全是小孩想头，写得很好。读了这些，可以增加孩子们读书的兴趣，把文理弄通，再读别的经书就容易了。这就使樟寿看到了惯常读书人家子弟看不到的中国古典小说。樟寿九岁时，周福清又从京都寄回《诗韵释音》两部。在给儿子周伯宜的信中说，该书"可分与张、樾两孙逐字认解，审音考义，小学入门（吾乡知音韵者甚少，蒙师授读别字连篇），勉之。"他极想把伯宜、伯升两个儿子和长孙樟寿培养成翰林，在台门口悬一"祖孙父子兄弟叔侄翰林"的匾额，以遂他的平生之愿。

然而，世事坎坷难遂人愿。光绪十五年，即一八八九年，周福清从北京写信给儿子周伯宜，询问他参加本科乡试的情况，要求把"场作及题解"详细抄给他。令他遗憾的是，周伯宜落第了。

四年后，他的姆娘九老太太去世，他只好带着潘姨太和次子伯升回乡奔丧，丁忧①在籍。离家多年，一回来就觉得台门已经成了大杂院，周家已每况愈下，周四七等后人一个个成了烟鬼酒徒，只能败家，他着实气恼。而自己呢，补实缺②才五年，如今因为母丧丁忧又去职了。这年已五十七岁，丁忧三年下来，已经六十，如何补得上缺？更是感到丧气！所以愈益性格急躁好骂人。九老太太"五七"那天，家里人连日操劳疲惫不堪，早晨起得晚些。他一早起来，穿好素服，走到桂花明堂，看见各间房子都还关着门，好像没这一回事，就走到樟寿祖母的房里，勃然大怒，用力敲床，祖母赶快起来。他转身出去，嘴里喃喃地咒骂着"速死豸"什么的。吓得全家老小纷纷起床。祖母一边跑去给孙子穿衣，一面说："为啥找小孩子出气呢！"男女老幼都对这位祖父心怀不满。

但他对子孙的学习仍然很上心，对他们很慈祥。他见了松寿，问周伯宜道："阿松认字了吗？"

周伯宜回答："还没开蒙哩！不过随便拿起书来看看，不懂问问他哥哥！"

"我来教他认几个字吧！"周福清兴奋地说。

以后，他就隔一两天教松寿认一两字。没有课本，是他亲笔写在一张纸上，字写得很好，就像字帖里的一样。在纸上，今天写"白菜"，明天要松寿读给他听，后天便写"萝卜"，等松寿会了，又写"芹菜""韭菜""葱"……几乎把所有的蔬菜都写遍了。这些蔬菜天天在吃，容易记，松寿很感兴趣，也学得快，记得住。

这一年，清朝为祝慈禧"万寿"，皇上颁旨在全国各省举行一次恩科乡试，派定已升为四品官的殷如璋为浙江主考，周锡恩为副主考。殷如璋，江苏甘泉人，是周福清的同榜进士，当时叫作"同年"。周福清作为一位太史公丁忧在籍，声望高，又与主考同年，不免要受到周家有关许多人的请托。因为每

---

① 丁忧：指旧时朝廷官员的父母亲如若逝去，无论此人任何官何职，从得知丧事的那一天起，必须回到原籍守制二十七个月。

② 补实缺：补实在的官职缺位，也称补实职。

届秋闱,在浙江应试的秀才多达六七千人,录取的名额仅一百零几名。找门路,通关节,买举人,是清朝科举中的公开秘密。于是周福清道墟的姐夫章介千等人便再三恳请周福清出来帮忙。

起初,周福清觉得不大好办。但因为自己的儿子周伯宜也要应试,出钱人付酬又高,通常买一名举人,得送主考白银一千多两,他们却情愿出两千多两。有人献计说,既然酬金高,就让殷如璋无酬录取你的儿子好了。事后,这些人还会另外有酬谢。这样,周福清磨不过,就替他们写了一封信。把出钱人所开的一万两银子期票塞进信封。于一八九三年八月三十一日带其仆人陶阿顺由绍兴启程去苏州,九月三日路过上海,九月五日晚抵达苏州停泊。九月七日,殷如璋的官船果然也来到苏州,泊阊门码头。周福清即嘱陶阿顺先去投帖拜会,如对方不见,再投信函。

陶阿顺雇船出发,终于设法挨到了官船附近,再由船夫驾小船送他到官船边,将信递交殷如璋的当差,并声言要立等回复。而信送达时,副主考正在船上与殷如璋谈天,殷接信后搁置一旁,谈笑如常,然而副主考久坐不去。陶阿顺系绍兴陶堰人,原为绍兴陈顺泉家佣工,因其能干,周福清特地借来带到苏州办事。然而陶虽帮工能干,对官场人事却一窍不通,他在官船边久等无回音,便急得嚷道:"似此万金干系,怎么不给收条?"内情遂遭泄露。副主考照例拆阅信件,发觉信内有纸两张,一书凭票洋银一万元等语;一书考生五人:马官卷、顾、陈、孙、章,又小儿第八,均用"宸衷""茂育"等字样,还有周福清名片一张,等等。殷如璋觉得事已无可隐瞒,便将陶阿顺发苏州府讯问。

苏州知府王仁堪提审陶阿顺,陶供出自己系受周福清派遣。王仁堪担心案情过大,株连太多,想把案情缩小。想不到苏州府的名法幕友,恰恰是周福清得罪过的周家致房仁派礼系的女婿陈秋舫。果如周家玉田公公等人所料,陈秋舫觉得这正是报复的大好机会。于是来了个执法如山,坚执不允。王仁堪只好一面电告北京吏部,一面把人证、物证押送到杭州,移交浙江臬台衙门处理。这时,浙江巡抚崧骏①正在主持浙江乡试,接案后即饬臬司赵舒翘会

---

① 崧骏:字镇青,满洲镶蓝旗人,咸丰戊午举人,诗人、书法家。

同藩司刘树堂,督饬杭州知府陈璚亲提陶阿顺审问,查出与行贿有关的考生马家坛,即马官卷者。又查出了周福清的儿子周用吉,随即把这两人考卷扣留,捕押解省。

周福清见事情败露,先到上海治病,然后又回到绍兴家中,让周四七住进大书房,自己躲在百草园的三间头里。后来觉得事情挨不过去,又怕县里再来骚扰,牵累家人,他就听从蒋老太太劝说,到会稽县自首投案了。因为周福清还是翰林身份,所以知县亲自登门拜访告知原委,请他坐着预备好的四人轿,抬进会稽衙门,又摆一席酒菜款待,而后派好几个差役护送到杭州。押在杭州府狱司一间专门关押官员的牢房中。

牢房中的周福清,心中鼓囊囊充塞着"怨、悔"二字。一怨姊夫章介千千不该万不该反反复复找他磨贿考信,他一再说:"这件事动不得咯!"可是介千不肯歇,非要他办不可,结果闯下滔天大祸。悔的是当时自己怎么就把握不住,硬是亲笔写了信呢?!"一字入公门,九牛二虎之力拔不出。"嗨!白纸黑字的亲笔信在那里,反正是逃不脱了。何必蜻蜓咬尾巴——自吃自。自己只有这么一个姊夫,大丈夫做事一人承当,自己一人承担了算了!二是怨自己的儿子伯宜不争气,他要是在四年前那场本科乡试上考中了,又何必这次为他操心。说实在的,这次动心参与此事,主要还是为了儿子。这下子,"祖孙父子兄弟叔侄翰林"的匾额是挂不上了。听说家里祠堂的翰林匾额忽然凭空坠落,莫不是鬼神先示机缄?但自己不知儆戒,宜其及祸?后悔自己不早防此祸,当初教子不严,没有督促他早早努力,早早中举。但又想到这次儿子必受牵连,按常规是要当场扣留考卷,被捕解省的。他那样软弱的人,经受得起吗?想到这里,不禁老泪横流,觉得对不住儿子。又联想起次子伯升和潘姨太,禁不住更是心疼。周福清逢人就骂,唯独不骂他父亲周以埏、小儿子伯升以及爱妾潘姨太。想起他们,泪流得更多了。三是怨佣工陶阿顺太颠顸懵懂,不省人事。怎么能在官船边大嚷:"似此万金干系,怎么不给收条?"使得内情尽泄。殷如璋接信后搁置一旁,谈笑如常,其实就是心中默许此事,待副主考离去就会办理。陶阿顺这蠢货是把本来可以办成的事搞糟了。嗨!还是后悔自己不识人,用人不当。怎么就借用了这么一个"败事精"呢?

想着想着，他擦干眼泪，起身走到桌案旁，在椅子上坐定，铺开笔墨纸砚，紧握"金不换"小楷笔，捺了捺墨，在红条十行纸上写日记。他有长年写日记的习惯，无论什么时候都不断的。万一有时写不成，过后也要补记。他是在补前两天的日记，这两天被差役送往杭州，太匆忙，未及写日记。写完后又在几个字上重描了几笔："大丈夫做事一人承当"……

过 堂

看管罪犯的禁卒，对普通人犯蛮横需索无所不为，但对官犯却驯若绵羊转为罪犯服务。周福清系官犯，虽在缧绁，管理上却较普通人犯来得舒适，可免加镣、铐、铁索之类的刑具。隔壁专门看管他的禁卒邹玉，又是个长厚的老头儿，对周福清更是毕恭毕敬，宛若奴仆。翌日清晨，侍候周福清吃过早饭，他就点头哈腰地小声说道："老爷，该过堂了。"

周福清微微点点头，说："知道了。"梳理了一下辫子和衣衫，跟随邹玉出去。别看周福清对上司很傲慢，不苟言笑，但对下属和禁卒之类却一向很客气，常与他们谈天说笑。

出了牢房大门，径直去了署门大堂。门前的一对石狮子，威武地望着周福清。他横扫石狮一眼，比石狮还要威风。知府衙门大堂内外，站着杭州府大大小小近一百五十名衙役和捕快，持杖站列两旁。本应浙江巡抚崧骏亲审，但他有病在身，不能亲临，只得委托杭州知府陈璂代替。陈璂端坐在堂上，头上高顶一块明镜高照的大匾。左边坐着专管刑事的臬司赵舒翘，右边坐着负责民政的藩司刘树堂。衙役持杖肃立案前两侧，礼房端站其后。

两旁衙役持杖往地上一戳，齐声高呼："威——武——"。知府扫了周福清一眼，便高举惊堂木猛地往下一砸，"啪"的一声格外清亮，震得大堂几乎哧哧地响，大声说道："带人犯！"如果胆小，只这阵势，就会当场吓瘫。

周福清却毫无惧色，不用人推，自己大踏步往前一迈，直挺挺昂首站立于堂前。口里似乎还喃喃骂道："王八蛋。"

这下子，知府陈璂倒软下来了，命左右："看座。"

第五章　周福清

　　差役搬过一把高座木椅放在周福清身后,周福清毫不客气地坐下了。腰板挺直,两手扶着两膝,朝堂上怒目而视,仿佛他是主审,知府和臬司、藩司倒成了被审。

　　知府喝道:"开审!"然后宣布:"接旨,犯官周福清的内阁中书职即行革职。犯事经过当从实招来!"

　　原来,苏州事发之后,御史褚成博就上奏此事。光绪皇帝即行下旨令浙江巡抚崧骏严切根究。崧骏上奏折说明事情缘由,请示将周福清革职归案审讯。光绪业已下旨"丁忧内阁中书周福清著即行革职,查拿到案,严行审办,务得确情,按律定拟具奏"。

　　臬司从后边礼部手中接过周福清当初让陶阿顺交给主考殷如璋的贿考信,问道:"此信可是革员所写?"

　　藩司补充道:"文人多会写多种字体,如想以对笔迹辩解,当以大刑侍候。"

　　周福清鼻子哼了一声,道:"此事全系鄙人一时糊涂所致,信件也是鄙人亲笔所写。鄙人乃携仆进京探亲,途经上海,得知本科主考官殷如璋与鄙人是同榜进士,竟起意为子求通关节,并欲为亲友中马、顾、陈、孙、章五姓有子弟应试者嘱托,希图中式,俟主考允诺,再向各亲友告知,择其文理清通诸生列名。由于素知各亲友家道殷实,不患无人承诺,事后必有酬谢之资。于是即由上海雇船开驶,抵达苏州,独自拟写关节一纸,复写洋银一万两空票一纸,然后嘱仆人前往主考官船上投送。"

　　臬司又问道:"送去的是可兑现的钱庄期票吗?"

　　周福清忙回答:"吾家境贫寒,无有余钱。那一万元银票,只不过是一纸空票。系余自开,不能兑现。"

　　臬司拍案道:"谎言。岂有以空票贿人的?!"

　　周福清紧忙解释:"因为那几家家道殷实,事后不愁无人承诺费用。"

　　知府陈璚也曾任翰林院翰林,在堂上望了望这位腰板挺直的"革员",心知他是一人承担事情的全部责任,心中不禁对这位同院翰林涌起一股莫名的同情,犹欲全之,连忙插开话题,说道:"君清华贵客,宁知法犯法,其中岂有诬枉耶?"

周福清摇摇头,表示并没有冤枉,侃侃而谈,说近年浙闱如某科某人,都是以贿赂主考得以中式,这种事情历历可数。

知府担心他数落的人太多,得罪一大片,后果难收。连忙伸出右手食指,责怪道:"偌这个人莫不是有神经病?如此胡言!"

周福清更犟了,脖子一梗道:"我哪里有什么神经病!不过是效法此辈做法罢了,非独异也。"

一时间,闹得知府顿然目瞪口呆,只得退堂了事。

巡抚崧骏

下午,终于降了场秋雨。傍晚,天放晴了,入夜时分,月上中天,皎洁的月光照着西子湖畔的一处清幽的宅院。院里并不豪华,却修竹成林,青葱茂密,在月色中随风摇曳,像江南少女一样婀娜多姿。竹林边上,亭台楼阁,碧水瑶池,池中生着荷莲。时令已入深秋,那荷莲虽开始凋落,仍掩抑不住一派朴质、清朗气象。这就是浙江巡抚崧骏的宅院。

在雅静的书斋里,杭州知府陈璚品着上好的龙井茶,向崧骏禀报白天堂审周福清的情况。

陈璚说起周福清在堂上的言行,崧骏不禁哑然失笑,有时还笑出了声。禀报完毕,陈璚品了口龙井,听崧骏的意见。崧骏也细品了口茶,叹口气说:"这个迂直的呆子!可惜眼下大清国里,这样的呆子太少,聪明人太多!"

说完,陈璚把堂审记录交给崧骏。崧骏仔细收好,说:"不讲这呆子了。散散心,谈谈书画吧。"

这两人都是科举出身,是造诣很深的诗人和书法家[①]。在挂满名人字画的崧骏书房中,就摆放着陈璚赠送的书法四条屏,题写着欧阳修的《秋声赋》。

[①] 崧骏的《题潘绎庼学使同年西园涉趣图》等诗广为流传,并有多幅题刻石碑立于江浙学府。他和当时任布政使的刘树堂筹款,买下葵巷沈氏房屋,重新改建万松书院,更名为"敷文讲学之庐",使之成为近代意义上的学堂。

陈璚,广西贵县人,号六笙、鹿生、摹古斋主人,同光间廪贡生,曾任翰林院翰林。著有《澹园吟草》《陈六笙督部训子书并诗》等,尤长书法。

崧骏望着前面的四条屏赞道："书风得益于碑体确实不虚，通幅骨力劲健，却不囿于碑体，而能出入晋唐，圆熟中有散逸，洒脱豪放，雄浑多姿。真乃传世之作！"

陈璚摆摆手谦虚道："哪里，哪里，大人过奖了。"

说着崧骏咳嗽起来，连连自捶前胸。陈璚知道巡抚近来身体欠佳，连忙问安，嘱咐保重，起身告辞。崧骏定要相送，两人走至院中竹林边，陈璚不禁想起崧骏的《西园涉趣图》题诗来，小声吟道："径竹朝烟润，池莲晓露香……竹树昼沈沈，名园静绿阴。"连说："好诗！好诗！！"

崧骏自认道："确是好诗。"又长叹一声说："只是以后再写不出了。"

陈璚道："大人保重贵体，会有更好的诗问世的。"

送至门口，陈璚上轿与崧骏挥别。轿子抬起走了，陈璚情不自禁掀开轿帘朝外望去，见崧骏仍然站在门口向他招手。一时间，热泪盈眶，忽然感到这可能是最后一面。

崧骏回到书房，着一袭竹绿衣裙的侍妾竹青催他喝药休息。他挥挥手，拿过陈璚送来的堂审记录，缓步走到书案前，铺纸挥毫撰写奏折。他完全认可了周福清的供述，强调周福清是"自行赴县投首"，"认前情不讳，诘无预谋买求中式之人，矢口不移，案无遁饰"。最后请示道："惟查该革员中途求通关节未成，较之交通关节已成未中者，情节似有区别。其所开洋票，系属自写虚赃，与议单文券不同，且财未与人，未便计赃科罪。揆其事后闻拿投首，尚有畏法之心，应否比例量予酌减科断之处，恭候钦定。廪生马家坛、生员周用吉，讯非知情，业已分别斥革，应与讯不知情之家丁陶阿顺，均毋庸议。函内所开顾、陈、孙、章四姓，并无主名，该革员既供先未与各家商谋，应免查提，以省株累。票洋系属自写虚赃，该革员又供家计贫寒，应免著追。关节信函等件，案结附卷，除分咨查照并将供招咨送刑部查核外，所有遵旨审明议拟缘由，谨恭折具陈，伏乞皇上圣鉴训示。谨奏。"

写完奏折，崧骏忽觉身体更为不适，咳嗽得更厉害。侍妾竹青忙过来搀扶，扶他到卧室床上歇息，又叫医官来看，侍候喝药。崧骏自此一病不起……

第六章 娱 园

冬 雨

鲁家在皇甫庄旗杆台门所典的房屋到期了。年底，小舅父一家同外婆回到安桥头老家去。

临走前一天，下了场冬雨，樟寿在屋里朝窗外看着后园萧索的冬雨景象，不觉凄凉。心里惦记着一个人，自己也说不清究竟是谁，只是眼前总浮动着一个倩影——穿着一身绿绸衣裙，眉尖若蹙，似乎总在想什么心事，有些弱不禁风的样子，但在翠竹、绿蕉、青石的映衬下，倒显得袅袅婷婷。噢，是琴表妹。怎么回事？平时总想见到伊，和伊在一起就感到心中有股暖意。一分开就无可名状地思念，总想早点儿再见。这次一听说伊拉全家要走，就愣在那里，一动不动，好半天才醒过闷儿来。说什么也要再见一面，好好说说话。

樟寿鬼使神差地走出屋，下了楼，来到后园，冒着淅淅沥沥的冬雨，来到上次和琴表妹谈心的范蠡洲读书亭，在冰凉的石凳上坐下。这时的后园，已经没有了秋天来时的繁茂景致，满是湿淋淋的枯枝败叶。只有竹林还是绿的，但叶子边缘也显黄了，被冬雨浇得水淋淋的，垂弯了枝头。青松虽然也还绿着，但有些发乌，已没有了往时的翠色。假山没有了绿树红花的陪衬，显得那么孤单。树木失去绿叶的拥簇，光秃秃的铁干似的树枝直刺着乌云密布的天空，很孤独无助。曾经清溪潺潺、假山叠翠、竹绿花红的小园,如今一片萧条冷落。

冬雨夹着寒风溜进亭子里,裹在樟寿的脸上,冷飕飕的。江南的冬雨,最是扰人。雪花落在身上,可以立时掸掉,即使积在衣服上,也不至马上融化湿透,雨点打在身上则不然,可以即刻浸湿衣衫,让人感到透心凉。冬雨从天上落下时,不像夏雨那般痛快如飞箭,也不像春雨那样细腻如花丝,更没有秋雨那种飘洒悠闲的风姿,于微寒中透出清凉,而是乌涂涂地落着,使天地间一片模糊,一片荒寒。

不知过了多长时间,樟寿忽然在混沌的冬雨中看到一个绿色的倩影,一闪一闪地过来了。

琴表妹还穿着那身绿绸衣裙,只是上身加了件绿绸小袄,头上盖了块绿手绢遮雨,但鬓角的头发还是打湿了,黑发贴在白皙的脸颊上,愈加显得灵秀。伊好像很喜欢绿色,这绿色给冬雨中的后园带来了春天的气息。

什么都不用说了。心照不宣,两人都在互相思念着,不约而同地想到这个读书亭,不谋而合地来到这里。

见了面,又似乎无话可说。愣了好久,樟寿嗫嚅道:"偌家就要搬回安桥头老家了?"

琴表妹点点头,用右手抚一下自己右额的一绺秀发,微微苦笑一下,嘴边显出那个小酒窝。樟寿望着她强装的笑,觉得比哭还难受。又见她咬着下嘴唇,乌黑的眼眸反常地朝地下望着,不看樟寿。两手不自主地抚弄垂到胸前的发辫。

樟寿探身望伊的双眼,只见那双大眼睛里汪着泪水,几乎要滴下来。他猛然一惊:过去,琴表妹的眼白青得如夜的晴天,这时怎么布满了阴云,还夹着冬雨似的泪花,好像这时的天气?

樟寿反笑道:"成了雨中'绿蘑菇'了。没关系,到了安桥头照样过生活。"

琴表妹嗔怒地斜了表哥一眼,肩膀剧烈地颤抖起来,猛一转身,向来的方向跑去。在寒彻心骨的冬雨中,似乎传来了伊的恸哭声。

第二天一早,樟寿、櫆寿和大舅父一家去园后埠头为小舅父全家送行。这时冬雨停了,天还阴沉着。樟寿又看见了那绿色的倩影,然而琴表妹故意不睬他，默默地扶着外婆上了乌篷船，进了船舱。冻云黯淡天气，会稽山下，青绿色的鉴湖河道上，一叶扁舟在沉沉的乌云下划动，岸一边的篷侧窗帘掀开来，出现了那双阴郁的大眼睛……

读《红楼梦》

小舅父一家走后，二舅父搬到了鸡头山，大舅父一家移往小皋埠岳丈①家的当台门居住。寄食的樟寿、櫆寿也跟着去了。

秦家和小皋埠前水坝的胡姓共有这座台门。台门前面悬挂着"文魁""孝文文章"匾额，因为开过当铺，门前还有一个很大的"当"字，所以取名"当台门"。这里出过三个举人，门前竖过三对旗杆，因而也称为旗杆台门。风水先生认为：台门不能完全朝南，要歪一点，于是又称为"歪摆台门"。原来的主人沈氏是明代著名谏臣沈炼的后裔，沈姓是小皋埠的望族，但后来衰颓了，台门转由秦、胡两家共有。厅堂以西的厢房属于秦家。这所厢房有七间楼屋，朝北的楼屋有坐起间，樟寿的大舅父一家住楼下。楼上是秦秋渔的卧室和书房，秦氏早已去世，由他的儿子秦少渔住着。

后园还有假山、藕池、洗砚池等，是过去诗人聚会的娱园。现在已为荒园，类似百草园那样的菜园子。园里有一座微云楼，只是普通的楼房罢了。楼前一丈见方的水池边，还有一间单面开着门窗的房子，匾额题曰"潭水山房"，显得很阴郁。园门外，又有一间侧屋，名字很好听，叫作"留鹤庵"。其实也是很普通的房子，不见得留得住鹤。樟寿和櫆寿就寄住在这里。

秦少渔，即大舅父的内弟。小孩们叫他"友舅舅"，倒很是说得来。因此，樟寿也就不再影画绣像，时常跑去找他谈天。秦少渔也是抽鸦片烟的，但是他并不通日在床上，下午也还照常行动。他算传了家法，常给孩子们画花，喜画墨梅。他又喜欢看小说，买的很多，大都是石印铅印的，看过都扔在一间小套房里，任凭樟寿自由取阅；只是乱扔一堆，找得比较费时，譬如六本

---

① 岳丈：樟寿大舅父前妻的父亲，绍兴有名的文人秦秋渔。本名树铦，字秋渔，别号勉钼，中过举，以诗画著称，刊行过四卷《娱园诗存》。

八本一部，往往差了一本，要花好些时光才能找全。这些书对樟寿大为有益，从前在家里所能见到的只是"三国""西游""封神""镜花缘"之类，在这里竟然看到了《红楼梦》。

樟寿捧起这部线装本水印绣像《红楼梦》时，简直欣喜若狂了。

这部《红楼梦》上的绣像，对樟寿的吸引力不算大。他觉得金陵十二钗的绣像有些呆滞，似乎所有的美人都是一个模样，还不及《荡寇志》的绣像来得流动、活泼，没有再去影描。但《红楼梦》文字的旖旎和缠绵却一下子就把他抓摄住了。他日夜不息地浸泡在《红楼梦》里，白天将书一卷，躺在床上看，或跑到娱园的假山后面躲着读，夜里在床前点一盏油灯从被窝里探出头念，或者冒着凉风坐在月光下的石头上默想，简直如醉如痴。别人的冷眼，饭食的好坏，甚至年幼的二弟，全撇到一边了。他完全进入了《红楼梦》的世界，和里面的众多人物生活在了一起，觉得他们跟生活中的真的人物一样，活在自己的心中和身边。

刚一读《红楼梦》的开头，女娲补天、大荒山无稽崖青埂峰下独遗一石的奇幻神话就把他的魂魄夺了。想起了长妈妈送的、已经读得烂熟的《山海经》：人面的兽；九头的蛇；一脚的牛；袋子似的帝江；没有头而"以乳为目，以脐为口"，还要"执干戚而舞"的刑天。那是多么奇特、丰富的想象啊！他常做精卫填海的梦，夸父追日的梦，刑天舞干戚的梦。而这时一读《红楼梦》的开头，《山海经》里《大荒西经》所说的女娲补天的瑰丽景象立即浮现于眼前。他做起了大荒山的大梦，感到自己像"过客"一样匆匆走在无边无际的大荒山上。顿时产生了一种无可名状的荒原感。

从天上的神仙幻境落到地上的人间俗界，不知怎的，樟寿对寄食在大观园的林黛玉，从一开始就抱以异样的同感。是呀，还没有进贾家，就感到自己虽靠着贾母疼爱，然在别人身上，都要"步步留心，时时在意，不要多说一句话，不可多行一步路，恐被人耻笑了去"。终归不是自己的家啊！"寄食"的滋味不好受！樟寿不禁想起自己被称为"乞食者"的经历，对这黛玉怜惜不已。读到二十六回黛玉被晴雯拒之门外、错疑在宝玉身上，气怔地回思："虽说是舅母家如同自己家一样，到底是客边。如今父母双亡，无依无靠，现在他家依栖",不禁为黛玉心疼如刀割。及到八十三回,有人在园子嚷:"你是个什么东西,来这园子里头混搅!"黛玉误以为是说自己,竟大叫一声道:"这里住不得了。"一手指着窗外,两眼反插上去,肝肠崩裂,哭晕过去。樟寿竟至也热泪长流。然而,又觉得她太软弱了。何必这般自戕!该抗争就抗争嘛!但又想到这样一个弱女子,又能要她怎样抗争呢?转而回翻到第三回贾宝玉与黛玉见面,看到宝玉说"妹妹眉尖若蹙"、"莫若'颦颦'二字极妙"时,又觉得这林黛玉似乎像自己见过的一个人。想了半天,才恍然悟出琴表妹恰恰是这样的:"眉尖若蹙",总好像在想什么心事。不由得更觉得黛玉亲近,钦佩她的为人与才华。如宝玉内心所言:"独有黛玉自幼儿不曾劝他去立身扬名,所以深敬黛玉。"樟寿也渴望像宝黛那样在外传野史和诗词歌赋中随心所欲地徜徉,不去读那些乏味的孔孟之书。对不时劝导宝玉走仕途经济之路的薛宝钗,他禁不住和宝玉一样生起气来:"好好的一个清净洁白女子,也学钓名沽誉,入了国贼禄鬼之流!"及读到三十二回,王夫人知道被自己打嘴巴轰出去的金钏儿投井死了、内疚不已时,薛宝钗竟然劝解道:"多半他下去住着,或是在井跟前憨顽,失了脚掉下去的。"樟寿对这世故的名教中人薛宝钗真是厌恶到了极点,恨不能她早早离开大观园。对率真的性情中人林黛玉则更加挚爱,觉得她不仅从不对宝玉做什么仕途经济的劝导,而且极富诗才,乃大观园的第一诗人。潇湘妃子的《咏菊》《问菊》《菊梦》,的确气格不凡,境界高寒,当然要"魁夺菊花诗"。她的悟性也高。第二十二回,宝玉和黛玉论禅,宝玉为"赤条条来去无牵挂"的诗意所动,不禁大哭起来,遂提笔立占一偈:

你证我证,心证意证。
是无有证,斯可云证。
无可云证,是立足境。

黛玉看了,觉得境界不高,便补了八个字:

无立足境,

第六章 娱 园

是方干净。

樟寿读到这里情不自禁拍手叫好,称赞黛玉是第一悟道者。本就是"白茫茫大地真干净"!"万境归空","无无才是至境"。黛玉真是到了至高的境界!夜半在油灯下读到宝玉被骗与宝钗成婚、黛玉独自焚诗与世长辞时,樟寿竟至哭出了声。一时间,把一旁熟睡的二弟惊醒了,大睁着双眼呆望着他,不知出了什么事。

樟寿同情宝黛,更喜欢的却是晴雯。开始,他并未注意这个特别的丫鬟。读到第二十回:晴雯在外边与姐妹耍钱玩,回来取钱时见到宝玉给袭人篦头,冷笑道:"交杯盏儿还没吃,就上了头了!"宝玉笑道:"你来,我也替你篦篦。"晴雯道:"我没这么大造化!"说着,拿了钱,摔了帘子,就出去了。后来宝玉说她磨牙,她又跑进来问道:"我怎么磨牙了?咱们倒得说说!"又说:"你们瞒神弄鬼的,打量我都不知道呢!"晴雯这性情爽利、口角锋芒的丫鬟,就立时活现在樟寿眼前了。及读到三十一回:宝玉正是闷闷不乐之际,晴雯换衣服,不小心跌了扇子,宝玉说了她。按说,宝玉是主子,晴雯是丫鬟,主子说丫鬟,也是很正常的。但是晴雯不能接受这话儿,很出乎意料地说:"二爷近来气大得很,行动就给脸子瞧。前儿连袭人都打了,今儿又来寻我们的不是。要踢要打凭爷去,就是跌了扇子,也是平常的事。先时连那么样的玻璃缸,玛瑙碗不知弄坏了多少,也没见个大气儿,这会子一把扇子就这么着了。何苦来!要嫌我们就打发我们,再挑好的使。好离好散的,倒不好?"倒把宝玉给气得浑身发抖。读到这里,晴雯颇有骨气的形象在樟寿心中站立起来了。本来无论什么样的物品,都没有人珍贵嘛!及读到三十一回晴雯撕扇子一节,樟寿不禁觉得解气:晴雯果然从宝玉手中接过扇子,"嗤"的一声撕了两半,接着又听"嗤""嗤"几声。宝玉在旁笑着说:"撕得好,再撕响些。"正说着,只见麝月走过来,宝玉赶上来,一把将她手里的扇子也夺了递给晴雯。晴雯接了,也撕作几半子,二人都大笑起来。樟寿也情不自禁地大笑起来,特别看重晴雯的全无"媚骨",觉得奴才也是不可欺的。这样,对晴雯病补孔雀裘的义气与技能更加深敬了。及到抄检大观园,晴雯挽着头发闯进来,"豁啷"一声,将箱子掀开,两手提着底子,往地下一倒,将所有之物尽都倒出来。连狗仗人势的王善保家的都给吓唬住了。樟寿忍不住叫好,叹服晴雯的厉害,但又替她捏一把汗。果不其然,七十七回,王夫人硬把"四五日水米不曾沾牙"的重病的晴雯赶出大观园。樟寿气得握紧了拳头,恨不能打死这个可恶的王夫人!和宝玉一样,不知晴雯犯了什么弥天大罪:"虽生得比人强些,也没什么妨碍着谁的去处!"这时,阶下一株海棠花死了,正应验在海棠花一般美丽的晴雯身上。读到这里,方才知晓了晴雯的身世。原来晴雯十岁就被卖给贾府的奴仆赖大家为奴。赖嬷嬷到贾府去时常带着她,贾母见了喜欢,赖嬷嬷就孝敬了贾母。她长得风流灵巧,眉眼儿有点像林黛玉,口齿伶俐,针线活尤好。深得贾母的喜爱,便给了宝玉。这真如判词所言:"霁月难逢,彩云易散。心比天高,身为下贱。风流灵巧招人怨。寿夭多因毁谤生,多情公子空牵念。"多么让人怜惜啊!

深夜,樟寿读到宝玉去看晴雯。晴雯悲愤地对宝玉说:"只是一件,我死了也不甘心的。我虽生得比别人略好些,并没有私情密意勾引你怎样,如何一口死咬定了我是个狐狸精?我太不服。今日既已担了虚名,而且临死,不是我说一句后悔的话,早知如此,当日也另有个道理……"读到这里,樟寿泪如泉涌。害怕哭出声,又吵醒了二弟,连忙一个人披上衣服,举着油灯,来到已经荒芜的娱园中,心中念道:晴雯受冤屈而死,她死不瞑目啊!又借着油灯闪闪的火苗和明洁的月光读到晴雯铰下自己的指甲送给宝玉,穿上了宝玉穿的小袄,而且说:"回去他们看见了,要问,不必撒谎,就说是我的。既担了虚名,越性如此,也不过这样了。"樟寿感到晴雯堂皇正大,敢做敢当,视死如归,这就是晴雯的本色,这就是晴雯的风骨啊!及在月光下读到七十八回,晴雯一死就送往城外化人厂时,樟寿再也抑制不住自己,竟放声大哭起来。

哭得累了,回到屋里倒在床上昏昏睡去。迷蒙中他做了一个梦……

梦见自己来到了大荒山无稽崖青埂峰下,观看缩成扇坠一般鲜莹明洁、甚是可爱的那块顽石。在泛青的绿雾中,跟着那一僧一道,在无边无沿的大荒原上无休止地疾走。又看见顽石在警幻仙子宫中化作了"神瑛侍者",日以

第六章 娱 园

甘露灌溉灵河岸上三生石畔那棵娇娜可爱的"绛珠仙草",使之久延岁月,幻化为一清纯少女。少女终日游于"离恨天"外,饥餐"秘青果",渴饮"灌海愁水"。欲报"神瑛侍者"的灌溉之德,雨露之惠,同"神瑛侍者"一同下世,把一生所有的眼泪还他。于是看到他俩都穿一身绿衣,携手下凡,历尽种种恩恩怨怨,又在粉红清香的芙蓉花下祭拜,念诵什么《芙蓉女儿诔》:"孰料鸠鸩恶其高,鹰鸷翻遭罦罬;薋葹妒其臭,茝兰竟被芟鉏!花原自怯,岂奈狂飙;柳本多愁,何禁骤雨。偶遭蛊虿之谗,遂抱膏肓之疚。……诼谣謑诟,出自屏帏,荆棘蓬榛,蔓延户牖。……既忳幽沉于不尽,复含罔屈于无穷。高标见嫉,闺帏恨比长沙;直烈遭危,巾帼惨于羽野。"

那芙蓉花霍然幻化为一清丽少女,也穿着一身绿衣。真个是"其为质则金玉不足喻其贵;其为性则冰雪不足喻其洁;其为神则星日不足喻其精;其为貌则花月不足喻其色"。"神瑛侍者"和"绛珠仙草"都向少女拥去,"仙草"和"芙蓉"渐渐融为绿色的一体,都眉尖若蹙,美目含情,合成了一株鲜嫩美润的"芙蓉仙草"。又渐渐地化为了樟寿心中的一个人——琴表妹。

刹那间,樟寿和琴表妹携起手来,在大荒山青绿色的长空中飞舞。又突然落入人世间,身处荒废的娱园。樟寿不禁慨然长叹,看看自己周围的荒园,又想到当初的娱园,是"皋社"诗人聚会之处,也曾繁华热闹过一阵。王眉叔的《娱园记》说,是"在水石庄,枕碧湖,带平林,广约顷许。曲构云缭,疏筑花幕。竹高出墙,树古当户。离离蔚蔚,号为胜区"。而今却是遍地都长了荒草,不能想见当时"秋夜联吟"的风趣了。自家和两位舅舅家,也都日渐败落,岂不如《红楼梦》中贾府一样吗?"好一似食尽鸟投林,落了片白茫茫大地真干净。"琴表妹不禁念起了黛玉的《葬花吟》:"天尽头,何处有香丘?"樟寿又忽看见白茫茫一片旷野之中,"神瑛侍者"身上披着一领大红猩猩毡的斗篷,和"芙蓉仙草"一起向荒坟走去,这正是"冷月葬诗魂"!自己和琴表妹也随他们,向着广寒奔……

醒来不禁怅然,樟寿仍如在梦里。他望着身边的《红楼梦》,如见稀世珍宝,倍感文字的力量,更加敬惜字纸了。把手洗干净,仔细地按卷排好,细细地将皱折的页角抚平,理得平平整整的,放入箱盒内。

这时，已近正午，洗漱之后，直接去吃午饭。后舅母，一来是樟寿硬起来，她反倒软了，二来是到了前房的娘家，自己又无所出，到底收敛许多，三是这里没有皇甫庄陈家那种小人的挑唆，对樟寿兄弟较前好多了，也没有计较他早起还是晚来。

饭后睡了个午觉，樟寿就捧着齐整的一箱《红楼梦》，和二弟櫆寿去西厢房楼上找"友舅舅"秦少渔谈天，郑重地把书还他。秦少渔吞云吐雾之后，来了精神，看见樟寿手捧《红楼梦》来，更是高兴。让他把书放在桌案上，就仰坐在一把红木制的躺椅上，如闲云野鹤，神寒气静。他的房间里，摆设虽旧，却质地甚好。雕花的宁式红木床，上有木板顶棚，顶棚和床沿之间有挡板。挡板上装了五彩玻璃的小窗，窗四周木板上雕镂着精美的图画，有飞禽走兽，也有花鸟鱼虫。床沿和地面之间，都上了围板，板上精心雕刻着《西厢记》《牡丹亭》等戏曲故事。床前还有踏板，四周也雕刻着精美的图案。床帐是绛紫色的，很厚重、华丽，用银钩挂起。帐内紫红淡绿的绸缎被子在一方木枕下面乱堆着，没有叠整，铺的是绣边狼皮褥子，不很华丽，但却很温暖、舒适。木枕通体泛着黝黑的木质光泽，没有修饰，只在下侧雕刻着一株倒挂梅花。可以想见主人睡在里面自成一个世界，是多么舒服和惬意。床下有一炭盆，烧着木炭，火不太旺，却很暖和。床前靠墙处，是又大又阔的桌案，案上摆着文房四宝和刚画好的画作。案前一个很阔气的太师椅，像是紫檀木做的，非常稳实。旁边还放着很讲究的躺椅和几把圈椅，中间是一个高腿的紫檀木茶几。四围墙上挂满了名人字画和秦少渔自己的画，画的多是倒挂墨梅。墨梅间隙挂着一只镶白玉垂红穗的紫竹洞箫，惹人注目。屋里充满了文人雅趣和书卷气。

"友舅舅"和他俩坐在茶几周围，使女云儿进来端过一个盘子，放在茶几上。盘子里有个刻有倒挂梅花的扁形紫砂壶，造型流畅灵活，虽不追求工巧雕琢，但匠心独运，朴雅坚致，奇妙脱俗。壶边一个紫砂杯座，放着三盏茶杯。云儿先往茶杯里倒点儿茶水，舒缓优雅地洗杯，把洗过杯的茶水倒在茶座的凹孔里。然后给各自杯子里倒上清黄、醇厚的茶水，悄悄退出。

"友舅舅"端起茶，说道："请品。"随即细品了一口，念了两句梅尧臣的诗：

"小石冷泉留早味,紫泥新品泛春华。"又道,"这茶用紫砂壶烹煮而成,味道不同凡响。如苏东坡诗中所言:'活水还须活火烹,自临钓石取深情。'用鉴湖深水煎茶,味道更加清醇悠远。"

樟寿端起茶杯品了一口,赞道:"果然很美。"

二弟櫆寿也品了一口,只啧啧了两声,就专心看起"友舅舅"坐的躺椅。这是件红木云石躺椅,圆形搭脑,侧面雕花卉纹,靠背向后呈40度弯曲,框镶云石板,下雕卷草纹,扶手间两端向外翻卷,椅面攒框镶云石,无束腰,两侧有罗锅枨加矮老,面下有可抽拉的小几,牙板饰卷云纹,直圆腿,料精、纹美、工细,主要构件干净利落。櫆寿心中羡慕,心想将来自己要有这么个物件坐坐、品品苦茶就好了。

樟寿一心想着《红楼梦》,寒暄了几句就直入正题,问道:"友舅舅,侬怎么看《红楼梦》的'色空'?"

"友舅舅"又品了口茶,思忖了一下说:"看破色相。把物色、财色、官色、美色、器色都看破,从色中看到空,'赤条条来去无牵挂','质本洁来还洁去',从身外之物看到无价值,看到'落了片白茫茫大地真干净',便是大彻大悟。'天尽头,何处是香丘?'人,都不过是往世上走一遭的匆匆过客,前面都是'坟'。'人向广寒奔','无无才是至境',何必要那功名利禄!世上唯有文字是不朽的。黛玉死了,但'冷月葬诗魂'。她的诗文不会死,是不朽的。这便是《红楼》所言的'色空'。"说着,往躺椅上一仰,半闭着眼,魂游天外,几乎要与人间绝缘。

樟寿听着他的话,品了口茶,沉思片刻,又问:"贾宝玉为什么厌恶经济仕途,不爱劝他读孔孟之书、走科举之路的薛宝钗,深敬林妹妹呢?"

"友舅舅"不假思索地言道:"贪图功名利禄,做国贼禄鬼、色鬼名利之徒,其实是'反认他乡是故乡',认陷阱为大道正道。到头来,只能是'机关算尽太聪明,反算了卿卿性命!'还是陶渊明、曹雪芹能享受羁鸟还林、池鱼归渊的大快乐!"

樟寿想到祖父的中举、做翰林,又到今日的科场案问罪,不由得伤感起来。但很快强忍感伤之情,转移话题,追问道:"那你最喜欢的是哪个人物?"

"友舅舅"当即言道:"深敬林黛玉,她孤寒到极点,有一颗孤高冷艳的灵魂。但更喜欢晴雯!她才是'群花之蕊、冰鲛之縠、沁芳之泉、枫露之茗'。"说着,站起身,走到案桌边,伸出两手,用一对食指和拇指轻轻拈起一幅画,提到樟寿和櫆寿面前说,"这是我昨天才画的一幅倒挂的墨梅。晴雯就像这墨梅,'心比天高,身为下贱'!"

樟寿两眼直愣愣地观赏着墨梅,由衷地佩服这位"友舅舅"。觉得他不愧佛老哲学和禅宗经典的深通者,颇有"禅味",是《红楼梦》的知音,也是自己的知己。

自此,宝玉、黛玉、晴雯这些真的人物就一直活在樟寿心中,《红楼梦》文章的旖旎和缠绵倒在其次了。自此樟寿爱上了小说,切实感到了小说的力量。此后的日子里,他总在书堆中锐意穷搜,一旦见到就如饥似渴地阅读,简直成了"小说迷"了。秦少渔小套房里的侠义小说也都读了,但再没有一本书会像《红楼梦》那样令他这般如醉如痴。

春 雪

江南的春天来得早。刚过了年,吹绿了爬草的二月的风,将满山满野染绿了。然而,早春二月的江南,天气就像孩儿面,说变就变。方才还是响晴的天,充满了暖意。忽然间天就阴沉起来,下起了一场春雪。清晨起来,整个小皋埠都成了白雪的世界,屋顶、墙头、娱园、台门外的房屋、小巷、埠头、河岸、田野,都覆盖了一层起伏的白雪。但雪盖不严的去处,却露出一株株的嫩绿的小草,透出春天的信息。

春雪也带来了好消息:外婆和小舅父带着琴姑四姐妹还有二姨父郦拜卿的女儿郦永平、二舅舅的儿子鲁佩紫等表兄妹要到小皋埠来了。大舅父一家和樟寿、櫆寿接到从安桥头探亲回来的同村人的口信,高兴极了。第二天,大舅父破例不吸大烟,早早起身,率领一家人到村边埠头去迎接。

小皋埠没有皇甫庄大,也没有那样阔绰的台门,有些地方还是茅舍和草房,街道也是狭窄的土路,春雪融化后变得泥泞了,很难行走。但是所有的人却走得很快,恨不能马上就到达埠头,迎来小舅父一家的乌篷船。

到了埠头,向四围望去,只见密布的彤云压着白雪的村庄,在白雪的世界中,青绿色的鉴湖河道弯弯曲曲向一片水泊伸去。水天相接处,白雪覆盖的会稽山脉像一条白色的长蛇盘桓在那里。一只黑色的乌篷船像黑点一样缓缓驶来。

船到埠头了。是一只三明瓦的乌篷船。舱帘开处,小舅父和琴表妹扶着外婆出舱。樟寿眼睛一亮,那绿色又闪进他的眼中,她还穿着一身绿,只是青绿的小袄显旧一些,人也清瘦了许多。

樟寿连忙和大舅父一起上前去接扶外婆。但与其说是扶外婆,不如说是为了早些靠近那"绿色"。

他隐约感到,"绿色"也在渴望靠近他,下船时一边把外婆送到他手里,一边深情地望了他一眼。他也紧盯着看了"绿色"。四目相视,没有一句话,甚至连声音都没有。但已经够了,仅这眼神,已令两人心醉。

还是琴表妹乖巧,轻轻叫了声:"大爹",向大舅父行了个礼。又叫了声:"大妈",向大舅母行了个礼。

樟寿也跟着叫外婆。外婆喜盈盈地答应了一声,心疼地摸摸樟寿的头。这时,櫆寿也过来叫外婆,外婆冲他眯着眼笑。樟寿兄弟两个又赶忙叫过小舅父和小舅母。佩绅和珠姑也随着过来,大家见了面都热乎乎的。

小舅父一家人连同一起来的郦永平和鲁佩紫都下了船。先请外婆坐上一辆小推车,其他人都跟着,一步步回到"当台门"家中。

西厢房的楼上还有好几间空房,安排外婆和小舅父、小舅母一家住一大间,琴姑四姐妹和郦永平合住一个套间,佩紫则住到佩绅的房中。中午做了顿好饭,两家人围坐在外婆身边欢欢喜喜地吃了顿团圆饭。几次去请秦少渔与席,都婉谢了,说他一个人惯了,一般不见外人,更不与人同席吃饭。饭席上,樟寿不便和琴表妹多说话,两人不时四目相视。

饭后,大家都回屋午睡了。樟寿和二弟也回到留鹤庵,在床上躺了一会儿,见二弟已经睡着,就翻身起来,走到门口,朝西厢房望。

琴表妹走过来了,在覆盖着白雪的院子里,"绿色"显得格外清丽。

两个人欣喜至极,但又不愿过露,樟寿抬手指指后院,意思是请琴表妹到娱园看一看。

琴表妹心领神会,跟着他来到娱园。

娱园此时成了白雪的园地,假山、藕池、洗砚池和微云楼、"潭水山房",都盖满了雪,洁白晶莹,爽人心目。几株老梅竟斗雪开着满树的繁花,有白中隐青的单瓣梅花,也有深黄的磬口的蜡梅花。原来秦少渔独爱梅花,虽然园中建筑已无力修复,但对几株百年的老梅树却不惜花钱请花匠悉心培植、修剪,所以愈长愈好,成为一景。

琴表妹仔细观赏着梅花,不禁吟起了本乡大诗人陆游的《卜算子·咏梅》:

驿外断桥边,寂寞开无主。已是黄昏独自愁,更著风和雨。无意苦争春,一任群芳妒。零落成泥碾作尘,只有香如故。

樟寿一边听,一边点头道:"偌背得出全词,吟咏得很有味儿。"

琴表妹笑笑说:"来之前就听说,这里的娱园有几株有名的老梅树,所以把有关梅花的诗找来读了。父亲那里还存有一本《娱园诗存》,偌见到了吗?"

樟寿不好意思地说:"在'友舅舅'那里见到了。不过还没来得及细读,这阵子光顾看小说了。"

琴表妹兴奋地说:"这里有小说?!都看了什么了?"

樟寿兴致倍增:"看了《红楼梦》了!"

笑容在琴表妹脸上漾开来,欢呼道:"呀,太好了。这里有《红楼梦》?"

樟寿也高兴极了,说:"有。而且印得很好!"

琴表妹悄悄跟樟寿说自己也读了《红楼梦》,是父亲的,藏在他的书房里,不许孩子们看,自己偷着读的。樟寿知道小舅父爱好文学,精通诗文,肯定藏有《红楼梦》。两人兴致勃勃地谈起了《红楼梦》。谈到宝玉被骗与薛宝钗成婚、黛玉孤独地死去、死前焚烧自己的诗稿时,琴表妹咬着下嘴唇,乌黑的眼眸朝地下望着,强忍着不让眼泪流出来。樟寿也忍着,让泪水往心里流。

琴表妹低着头说:"真不知黛玉当时是怎样的心情?"

琴表妹低着头说:"真不知黛玉当时是怎样的心情?"

樟寿沉吟道:"一定很苦。"

琴表妹叹息一声,说:"那是怎样的苦境啊!……"

樟寿无法回答。两人都沉默了。

西厢房那边传来了洞箫声,如怨如诉。樟寿知道是"友舅舅"秦少渔吹的。他莫不是有难言之隐?一个人独身生活,只和使女云儿相好,莫不是把她当作了晴雯?俩人相伴,不考科举,也不务经济,只靠祖上留下的二三十亩田地营生,读书、画梅,终日在床帐里高卧吸烟,然而比那些达官显宦更有学问、才气和见解。

"听那箫声。是'友舅舅'吹的。"樟寿为打破难挨的沉默,插话让琴表妹听箫。

琴表妹听着箫声,轻轻走到洗砚池旁。春雪融化在池里,汪出半池水,倒映出灰溜溜的天和斗雪的老梅,也浮现出琴表妹清瘦、秀美的脸。一只鸟从头上飞过,衔着的一粒石子掉了下来,落在池水中,脸碎了。

"侬瞧那池缝里的小草多绿!"琴表妹伸出右手食指,指向池里,笑着说。池缝中果然有一棵小草,冒着风寒挺立着。

樟寿望着伊强做出的笑脸,心里发疼。

西厢房的箫声更其呜咽了,听来如在梦里。

樟寿终于问道:"安桥头老家还过得惯吧?"

琴表妹猛一扭头,想要说什么,又忍住了,低下头去,大滴的泪珠顺着脸颊往下流。

樟寿小时候跟姆娘陪外婆单独去安桥头躲"清静"时,了解那里的情况:房子又狭小,又阴暗,还很潮湿,与皇甫庄范啸风家的旗杆台门无法比。从皇甫庄回到安桥头,真跟从天上落到地上一个样。才两个月工夫,琴表妹就消瘦多了,面色苍白,身体虚弱,像是生了病。

琴表妹将发辫朝后一甩,猛抬起头来,再也忍不住,流着热泪对樟寿说:"阿张哥,安桥头房小,阴湿,爹娘又盼着生儿子,对我们四姐妹不放在心上。四妹叫招官,就是盼着来儿子。我只想赶快离开这个家,越快越好!"说着,两眼盯着樟寿,充满期望。

樟寿望着她的泪眼,像看到两汪不见底的春水,对他透出无限的期待。

樟寿明白琴表妹的意思,但关键要看姆娘的主意。他想起了姆娘,已经有半年没见伊了,真是日夜思念啊!便托咐道:"倷有机会去看看我姆娘吧!"

琴表妹绝顶聪明,明了樟寿的心意,点点头肯定地说:"好的。我一定去看伊老人家。"

女 衫

这个时候,樾寿午觉醒了。他睁眼一看,大哥不在,以为必定在"友舅舅"那里,便起身去西厢房。到了门口,没敢进去,却见表兄佩绅和佩紫来了。他们鬼鬼祟祟地招呼樾寿过来,指指郦永平和琴姑四姐妹住的套房说:"伊拉不在。我们一起到伊拉房里找东西吃去。伊拉带来了好多好吃的!"

樾寿闻听大喜,他平时最喜欢的是郦永平,端庄秀丽,人见人爱。俩人同年同月生,樾寿称伊为"姊",伊也称樾寿为"兄"。樾寿本来其貌不扬,是只"丑小鸭",年龄又小,不受人注意。可是他却对平表姊隐秘地怀着无可名状的情意,一听要随表兄弟去伊房里偷吃东西,真是喜出望外。就像有只小兔子在心里抓挠,痒滋滋的,难以自控,身不由己地跟着去了。

一进门,就闻到股异样的香气。这香气,有点像盛开的鲜花散出的丝丝的微香,又似过年吃的糖果点心发出的细细的甜香,还掺杂着一种脂粉气,反正有股与自己和大哥住的房子不一样的气息。樾寿使劲张开鼻翅儿,深吸了一口,简直有些陶醉了。再看屋里的被褥,红缎绿绸,细软温馨,床头放的红绿绸衣,更是诱人。

这时,佩绅在床旁的柜子上面发现了一盒绍兴香糕,有黄色的琴糕,形似朝笏的朝笏糕,白色的鸡骨糕和含有桂花香味的桂花糕等。

樾寿喜得跳起来,和佩紫一起上去抢食。这香糕,以精白米、糖为主,辅以丁香、白芷、豆蔻等中药制成,兼有甜、香、脆诸特点。放在嘴里一嚼,松脆香甜,煞是好吃。三个表兄弟高兴地跳着,有点儿发疯了。

最疯的是樾寿,他一把抓过平表姊的雪青纺绸衫穿了跳起舞来。佩紫也不示弱，随手掠起另一件花红绸衫跟着跳起来，逗得佩绅笑得前仰后合。

樾寿手触着平表姊女衫的袖子，觉得光滑柔细，有股异样的感觉，心里说不出的扰乱。忍不住拿到鼻下闻了闻，觉得比香糕还要香甜，有一股说不出的快感。

正兴致勃勃时，佩绅忽然"嘘"了一声，右手食指竖在噘起的嘴唇上做一警告，小声说："伊拉回来了，快走！"

樾寿和佩紫连忙脱下女衫，放回原处，佩绅也紧忙盖好了点心盒，三人悄悄溜出了屋。以后竟然没有出现什么破绽，樾寿因此得意了一世。

雪罗汉

其实，佩绅和樾寿、佩紫三个表兄弟不过是一场虚惊罢了。郦永平和琴姑的三个妹妹并没有回来，在楼道出动静的是秦少渔的使女云儿，她去给秦少渔烧茶，看见了这三个小子的坏模样，但并不理会，也不会多管。

这四个表姐妹到哪里去了呢？原来她们午觉醒来，见没了琴姑，郦永平先是一个窃笑，然后也"嘘"了一声，对意姑、林姑、招官说："咱们到后边娱园去抓两个人！"

琴姑的三个妹妹似懂非懂，跟着去了。

到了娱园，看见樟寿和琴姑正站在洗砚池旁边靠得很近地说话，都像很难过的样子，郦永平让意姑姐妹低下身悄悄溜到墙边，突然大叫一声，一起跳出来起哄。吓得琴姑一哆嗦，背过身去，咬着下嘴唇，满脸通红。樟寿也很不好意思。

郦永平连忙劝道："别生气。我们找偖玩来了。"

琴姑见平表妹一脸善意，没有使坏的迹象，方才放心了，笑道："坏丫头，吓了我一大跳！"

樟寿也笑笑说："平表妹真是人小心眼多！"

平表妹反驳道："哪有阿张哥机灵啊！看了那么多的书。"

意姑插过话问道："阿张哥，偖二弟上哪儿了？叫他来，我们还玩捉迷藏。"

第六章 娱 园

樟寿说:"大概还在我们住的留鹤庵吧。"

正说着,天上又飘起了雪花儿。几个人赶忙笑着闹着各回各屋了。

第二天一早,天地间一片白,积雪长厚了许多,娱园的树木像一株株的白珊瑚。梅花被雪覆盖,看不见了,偶尔在白雪间露出一点点儿粉红色。午饭后,雪停了,孩子们顾不上睡午觉,一起来到园子里堆雪罗汉。忙了半天,"罗汉就塑得比孩子们高得多,虽然不过是上小下大的一堆,分不清是壶卢还是罗汉;然而很洁白,很明艳,以自身的滋润相粘结,闪闪地生光。"这时,大舅父和小舅父也破例起了床,跑来助兴,帮助孩子们用龙眼核做眼珠,不知是谁从姆娘的脂粉奁中偷得胭脂来涂在嘴唇上,这回确是一个大阿罗汉了。雪罗汉也就目光灼灼地嘴唇通红地坐在雪地里。两位舅父和孩子们一起,对了伊拍手,点头,嬉笑。樟寿忽然想起了外婆,便和琴姑跑去请伊来观赏。外婆在他俩搀扶下高兴地来了,同儿孙们一起欢乐地叫好。

小舅父看着姆娘搂着女儿和外甥,心里喜滋滋的。心灵眼尖的琴姑从眼梢儿望见父亲的笑脸,心里踏实多了。

樟寿看着雪地里的四个表姐妹,不禁想起了刚读过的《红楼梦》第四十九回晴雯形容新来姐妹的话,顺口说道:"这四个表姐妹,倒像一把子四根水葱儿,水灵灵的,雪白鲜灵。"

琴表妹故意噘起小嘴,嗔怒道:"刚从《红楼梦》学得的话,就在这里卖。"

樟寿笑道:"偌是水葱儿的尖儿,更是雪白鲜灵。"

琴姑装作生气的样子,要去打樟寿。樟寿连忙做出害怕的样子逃跑。

外婆说:"小心雪地滑,别摔倒了。"

樟寿才停了下来,抬头一望,发现西厢房楼上秦少渔的窗子开了。他和云儿一起也望着雪人和这欢天喜地的一家人微笑。

春雪完全融化时,小舅父一家和外婆、郦永平、鲁佩紫要走了。樟寿和槭寿同大舅父一家去送他们。琴表妹对樟寿深情地望望,一句话也没说,但那眼白又如晴天的夜空,干净澄澈。她内心深处对樟寿充满了期待和信任,对父亲和娘娘也一百个放心,身虽要回安桥头,心却早就飞到周家了。

樟寿心里一震，想起冬雨中的分别，春雪里的相聚，恍然间不觉感到什么无可名状的征兆：雪，早春二月这场反常的雪，莫不是死掉的雨，是雨的精魂……

第七章　圣旨压魂

光绪皇帝

　　冬天的北京紫禁城,在倦怠的阳光照耀下,连琉璃瓦也折射出枯黄的阴气。虬曲的古松,盘旋着直刺阴沉的天空,使人倍感寒冷。

　　沿东路的九龙壁向北走,是宁寿宫,出了后门,就可进入养性殿。这是宁寿宫后寝主体建筑之一。宁寿宫是清乾隆三十七年,即一七七二年,仿内廷养心殿建造,体量略小,平面布局特殊。原为乾隆作太上皇帝后的寝宫,光绪十七年重修,成了光绪皇帝批阅奏章、召对臣工、选派官吏、接见外藩属国陪臣的地方。这里气氛肃穆,布局庄严,殿的天顶正中是装饰华丽的浑金蟠龙藻井,金黄闪亮,华贵庄重。殿的中间,是铺着黄缎坐垫的宝座,檀香木的桌案,后面是屏风,两旁的甪端、香筒盛放檀香,缕缕青烟更增神秘色彩。甪端是古代传说中的神兽,日行一万八千里,通晓四夷之语,为吉祥之物,也寓护卫和辅助君主之意。香筒形状仿古代亭子式样,"亭"和"定"谐音,寓江山安定之意。其他陈设也包含着吉祥和长寿意蕴。

　　殿外的日晷,此时指到下午三刻,光绪午休不久,就又回到桌案前办公。这天是一八九四年一月三十一日,他已执政五年,渐渐长大,面对旧疮新疾,痛心疾首,恨不能一夜之间就把满目疮痍的社稷整顿一新。

他从一叠奏章中拿过最上面的一份，见是当日的刑部奏，正是周福清科场案的奏文。此案他从头年十月十一日御史褚成博的奏折中就知晓了，立即下旨浙江巡抚崧骏"严切根究，务得确情，按律定拟具奏"。十月十三日崧骏奏折到达御前，略述了案情缘由，他又立即下旨"案关科场舞弊，亟应彻底查究"。并将周福清即行革职，令"查拿到案，严行审办"。十二月十四日，他又披览了御史林绍年奏，同感"近来考事风气卑坏，弊窦丛生，外间传闻，令人骇怪"。同意对此严密稽查，认真关防，以期无弊。今年一月十八日，浙江巡抚崧骏又一奏折到达御前，为周福清委婉开脱，他即默然。眼下的刑部奏折仍然请为周福清减罪，说什么"中途求通关节未成，较之交通关节已成未中者，情节似有区别；其所开洋票系属自写虚赃，亦与议单文券不同"。"拟以斩决，未免过严。""应请如斩罪上量减一等，拟杖一百，流三千里"等。他不禁面显愠色。

光绪把奏折放在案上，眉头紧锁。他虽年仅二十三岁，却已做了二十年皇帝，亲自执政五年，感到应该有所作为了。特别是昨夜不顾皇后的嫉恨到景仁宫与珍嫔欢聚，珍嫔愈加妩媚，善解人意。一夜欢愉之后，光绪不忍离去。珍嫔理着他的朝服，低头思忖片刻，仰起丰腴的脸庞，柳眉下深黑的眸子闪动着异样的光彩，柔声说道："皇上还有朝政在身呢！国家兴亡全寄望皇上！"听了这话，光绪立时精神抖擞，大踏步前去上朝。连珍嫔女子都有振兴之心，何况堂堂皇帝呢？他认为周福清案应该重办以革弊端，于是挥起御笔，批复道："科场舞弊，例禁綦严，该革员辄敢遣递信函，求通关节，虽与交通贿买已成者有间，未便遽予减等，周福清著改为斩监候，秋后处决，以严法纪，而儆效尤。"

光绪眉清目秀，虽然瘦弱，眉宇间却透出一股英气。他擅长音乐，会弹钢琴，虽未出过国门却会英语，字也写得很漂亮。尽管他在慈禧太后面前不过是个傀儡，但对下面的官吏和民众来说，仍然是威不可犯的皇帝。

他这写得异常挺秀的上谕，"黑云压城"般层层压下去，压得级级官员目瞪口呆。浙江巡抚崧骏上奏折后不几天，就在一八九三年十二月一日与世长辞，自然不会再吃惊了。一心为周福清开脱的杭州知府陈璚，见圣旨已下，是重处"斩监候"，也没了办法，只好让府狱妥善告知。不料，得知详情的周福清

第七章 圣旨压魂

竟无所谓的样子,异常坦然,倒使狱卒吃惊不已。

周家呢,自打两个差役闯来"捉拿犯官周福清!"就陷入惊恐之中。后来周福清投案押往杭州府狱,周伯宜在考场上考卷被扣,人被捕,樟寿和他的二弟櫆寿被送到亲戚家避难,家里没有了成年男人,一时间更是惶恐不安。只好卖掉几亩上好的水田,换了五百大洋,请周子传公公到衙门奔走。费尽九牛二虎之力,也没有打通关节,人们都说周福清是钦犯,他所犯的科场案是钦案,是皇帝直接管的,没有谁能够援手。

子传公公腰缠五百大洋,白天不便,只能夜里出去。一天夜晚,街上寥无行人,他忽然听得后面有声音,似乎有人追他,因为身上有钱,怕被人抢,又惊又急,走得很快,后面的声音也追得快。到目的地时,回头一看,哪知道是一只狗。但他已经是冷汗一身,疲惫不堪了。从出世到四十来岁,他从来没有这么辛苦过,平时又抽大烟,身体早就虚了,哪里禁得起这番风浪,就此一病不起。一开始说肚里不舒服,渐渐地,肚子胀了,得了膨胀病。子传婶说他的腰子给银元压坏了,就把蟑螂放进洋铁罐,封紧后放在火上烤,启封后倒出炭粒一样的死蟑螂,又研成粉,给子传公公吃。但病不但不见好,反倒日重一日了。

周家在阴郁中过了年,子传公公托付过的人,来家说了周福清被皇帝判处"斩监候"的消息。一听见这要杀头的噩耗,全家人都吓呆了。松寿望着祖母和姆娘,见她们面面相觑,说自首投案是要减刑的,这次非但没有减刑,还要杀头。那么,不自首投案又该是什么罪呢?

潘庶祖母也呆了,她没有料到这么严重,一直不当作什么事,嘻嘻哈哈的。这下知道要杀头,吓得脸色煞白。

升叔听了,号啕大哭,说:"爹杀头,我怎么办啊!我活着做什么,不如替爹去死吧!"要求替斩。

升叔虚岁才十三,却似乎已经饱经忧患了。潘庶祖母安慰他,说难得他有这样的孝心,不过,这还要等秋审,到时候再说罢!

三台门的族人听了,也都摇头晃脑,说:"奇杀人哉!奇杀人哉!"都不明白,对这件没有成为事实的犯罪,又是自首投案的,为什么光绪皇帝竟如此重判。有的说，生死由命，富贵在天，想必介孚命中有此横祸。有的说，介孚是三台门最出山的人，尚且这么下场。正如俗语所说，"未归三尺土，难保百年身;已归三尺土，难保百年坟。"世界上的事情，真太难预料了。有的说，天无绝人之路，福人自有天相。秋审的事，谁能预料？说不定皇上还能回心转意呢!

不管怎么说，皇上的圣旨是把周家人压得魂飞魄散了。

周伯宜

开春以后，一个瘦瘦的男人低头走进周家台门。他就是樟寿的父亲周伯宜①。

此时，他本就苍白的脸颊更其苍白了，下巴更其瘦尖，不到三十四岁，背就驼了。头上显出稀疏的白发，无精打采的，整个人像风雨后的瘦竹垂下了头。

他先走进小堂前，坐在木椅上，向四围望去。看到香案上方悬挂着的兴房祖先——九老太爷苓年公和刚去世的九老太太的画像，不禁唉声叹气，摇头顿足，连连摇头。

鲁瑞见丈夫回来了，立时悲喜交集，抱着椿寿，领着松寿，来到小堂前迎接。

椿寿刚十个月，只会呀呀叫。这小毛头，长得结实、白嫩，不愧是人们称呼的"米块头"，见人就笑，人见人爱。见了爹爹，扬起嫩白的小手，叫唤着要他抱。

周伯宜抬起头，见了小儿子的可爱样儿，脸上绽出一丝笑容，但很快收敛了，变得更加阴郁。

松寿叫声"爹爹"，连忙跪下磕了个头。

周伯宜呆呆地点了点头，没说什么，就起身回自己房间了。

鲁瑞把椿寿交给长妈妈，自己到房间里劝慰丈夫。松寿见父亲心情不愉快，就特别的乖，不去吵闹和纠缠他们，跑到廊厦玩他的两副象牙和紫檀的七巧板，一会儿又到桂花明堂里踢毽子，独自玩。第二天，他到父亲房间里

---

① 周伯宜：生于清咸丰十年十一月初十，即1860年12月21日，谱名凤仪，字伯宜，后改名文郁，考上会稽县学生员后又改名仪炳，再改名用吉。

请安,听见父亲对姆娘说:"'用吉'这名字多不好,把'周'拆散了!奇怪!怎么会起这样一个名字?"

松寿赶忙躲了出去,后来他从大人那里听说,因为祖父出事,父亲的秀才被革掉了。

心里如汤煮的还是周伯宜。他终日卧在一张褐色的皮躺椅上发愣,不时朝北墙望望。不过,这时看到的只是墙边的梨木大床和已经发乌的金色的床帐,过去住在西边一楼一底时,能够看到的西邻梁家竹园伸过来的百十枝绿竹,现在已经看不到了。那时,窗前的翠绿竹叶,终日萧萧飒飒,鸟雀也特别多,叽叽喳喳,增加不少情趣。还有一株棕榈树,蓬头鬼似的向屋里望,也平添些许绿意。周伯宜的目光总留恋在这一片绿色上,时常感慨地说:如果能够在竹林中,有一间小楼居住,就是最快乐的了。他对身处的大家族已经厌倦,想找一个幽静的处所,度过自己的余年。

嗨!周伯宜深深地叹了一口气,又想起昔日参加兰亭会的情景。那兰亭在绍兴西南的兰渚山下,相传越王勾践曾在这一带种过兰花。汉时为驿亭所在。东晋穆帝永和九年,即公元三五三年三月初三,大书法家王羲之和谢安等四十一人在这里修禊宴饮,流觞曲水,得者即席赋诗,不然罚酒三觚,结果二十六人作诗三十七首,王羲之为之结集作序,并当场写了序文,这便是中国书法艺术史上最辉煌的篇章《兰亭序》。从此兰亭成了历代书法家"朝圣"之地。内有王羲之父子书写的"鹅池"石碑,及流觞亭、右军祠、小兰亭、御碑亭等。每逢三月上巳,兰亭会成员就到兰亭集会进行纪念,修禊之余,吟诗作赋。值年者只备茶饭及一切应用器具,与会的各自带来酒一壶菜两碟,彼此各不相谋,而都要别出心裁,肴馔如雷同,就得受罚。

周伯宜和长子的开蒙塾师周玉田都是兰亭会的与会者,常在这里潇洒风流,一显才能。那时的日子是多么快乐啊!自己热爱书法,亲手抄录了《禹贡》。不仅字好,还写得一手好文章。那年春天,在送一位长辈灵柩入土的送葬船上,有人已写好一篇祭文,曾在浙江乡试中获得经魁头衔的裕房支祖周以均①不满

---

① 周以均:是周氏历史上的第一位举人,樟寿曾祖父一辈中的杰出人才,周福清的受业师。字一斋,号赞平,又字仲笙,晚号澹香,别号澹吾,行一。

意，便叫周伯宜重写。伯宜在船中的茶几上立就一篇，念给周以均听。周以均竟号啕大哭，说周伯宜的文章文情并茂，打动了他的心。周伯宜文名因此大长，族中婚丧等事，往往由周慰农总管，周伯宜动文笔。他曾经给"孝子"代作过两篇祭文草稿，颇受人赞赏。慰农和伯宜也因此要好，常在一起喝酒，潇洒自在。周忆农结婚那年，请他俩陪"亲送舅爷"，看着花烛时刻将到，两人还在吃酒谈天，并无准备衣帽陪客的意思，新郎发急去催促，说婚姻大事，岂可迟误，他俩听了答道："你尽管大事，于我们何干？"反而更是悠然地吃起酒来。结果忆农说了好些好话，才哄得两人放下酒杯，去换衣服。这件事也成了周伯宜的轶事之一部，到处传扬。所以周福清和其他人都对他的科举前途寄予重望。一八八九年周福清从北京写给儿子的信中，就关切地询问他参加本年乡试"想必和顺"，又要求把"场作及题解详细抄来"，自己又将这一年顺天乡试中的钦命闱题抄录给儿子。

　　按照这种情况，周伯宜的科举仕途应当是没有问题的。他很快考中秀才，虽然乡试不太顺利，但这一次却有高中的希望。他清楚地记得这次提的考篮是老庆编的，篮上编有"福禄"字样，精细、考究无人可比。他这次作的文章也特别得意，自觉定中无疑。岂料祸自天降，考官突然令差役扣了他的考卷，又解往省里查询。方知是父亲周福清犯了科场行贿案，问明他毫不知情，才革掉了秀才头衔，放了出来。他又逃到道墟亲戚家避难，待周福清投案自首、没有危险后才回到家中。一直在书斋中生活的他，哪里经得起这番惊吓、颠簸！早就失魂丧胆了。今后怎么办？科举仕途是彻底完了！嗨！这个老爹，为什么要行这个贿啊？！不但没有得半点好处，还惹下了惊天大祸。其实，如果正常考下去，自己很可能会高中的。这个愚不可及的老爹！一时间对周福清充满了怨恨。转念又想到老爹被判了"斩监候"，说不定秋后要杀头，就不禁浑身颤抖。真比杀他自己还恐怖！说什么也要卖地筹钱营救！可是，地又卖得差不多了！怎么办？

　　到中午了，鲁瑞进来，叫了一声"宜老相公"，把菜肴端到床前的四仙桌上，斟好一杯黄酒，请他独自喝着。自己和其他家人到吃饭间用饭。

　　忽然，传来瓷器摔在石板上发出的清脆的声响。正在吃饭间的松寿和姆娘吓了一跳，一起跑进东屋看。松寿见父亲把饭碗掷出窗外去了，又把菜碟也掷出去了。接着，酒杯也落在石板地上，桌上的碗筷一点不剩。父亲脸色阴沉、忧郁，旁边的人不敢问一句。

松寿再看姆娘，她站在父亲身边，是这样的安详、温顺，既不喜，也不怒，而是充满了爱怜，仿佛是说："如果这能使偌心里舒服些，偌就掷吧！"她并没有说出来，只是默默地注视着父亲。

父亲掷完碗筷盘匙，和衣歪在皮躺椅上，什么话也不说。

姆娘擦净桌子，宝姑赶忙跑进来，拿了扫帚和簸箕，把地扫净，剩菜扫起来放到猫砦碗①里。收拾完，松寿和宝姑都躲开，鲁瑞一人留在屋里，见丈夫已经躺到床上，面向墙壁，便叫道："伯宜，宜老相公，偌还没有吃东西呢，肚饥了吧？偌看吃点什么？是给偌放一碗面，还是到都亭桥买一碗荤粥？"

父亲发了一阵脾气，似乎也平静了一些。他回过头来，说："有冷饭，就烧一口咸泡饭吧！"

"哦！"姆娘答应着，就到灶头间去了。

不一会儿，鲁瑞端来一碗热气腾腾的菜泡饭。周伯宜吃完泡饭，一声不响地走出屋。

经过周子传的房间时，子传婶正在门口，咂咂嘴，右手食指往上一挑，关切地问："伯宜，刚才听偌在摔碗，偌和少奶奶吵嘴了吗？"

周伯宜回道："少奶奶从来不和我吵嘴，她脾气好。我摔碗是我脾气不好啦！"

"偌为什么发脾气呢？"

"我心里难过，不知不觉就发起脾气来了。"

"嗨，不要发脾气。好好过，'船到桥头自会直'，没有过不去的坎儿。到我屋里歇歇，跟偌子传叔聊聊。"

周伯宜被子传婶让进屋，见子传叔躺在床上，一脸病容，心知子传叔是为跑自己父亲的事连累带吓得的病，心里不觉惭愧。

子传叔倒很达观，不但不埋怨，反而劝伯宜要往开里想，别急坏了身体。

---

① 猫砦碗：喂猫的食器。

门吱地一响,一个四十多岁的瘦子推门进来。原来是礼房的周五十,他幼名五十,谱名秉榕,字衍生,号荣生。是周四七的哥哥,周六四的弟弟,与周伯宜同辈,比周子传晚一辈。也是个大烟鬼,瘦骨伶仃,像只腊鸭。他早年曾在县衙门的一个库房做过事,后来就什么事都不干,只是在诚房子传叔家寄食,据说与子传婶有一腿。他虽然和周四七一样放荡不务正业,境遇却比四七好得多,在寄食处,生活比子传婶的儿子周凤岐过得还好。

他见人三分笑,眼睛眨一眨,计策有一百,总是笑嘻嘻。见周伯宜在这里,连忙点头哈腰,笑眯眯地说道:"哈,伯宜在这儿啦!好吗?"

周伯宜哭丧着脸回道:"好什么,好……"

周五十仍笑道:"是咭,是咭。总会好起来的。没有钱愁它什么,到时候总自会来的。"

闹得周伯宜哭笑不得。

子传婶又从洋铁罐里倒出炭粒一样的死蟑螂,研成粉,给子传叔吃。子传叔难以下咽,子传婶一边劝道:"吃了就好啦!"一边把调好的大烟,装进烟枪,翻了翻媚眼,请周五十吸,又对周伯宜说:"伯宜,㑚也吸一口。"

周伯宜连忙摆手拒绝。子传叔也说:"别让伯宜吸这个。"

周五十则笑道:"伯宜还是吸点儿吧!吸了,多愁的事都不愁了!"

周伯宜禁不住劝,推推搡搡间也坐下吸起了鸦片。不料,自此以后便上了瘾,隔三差五就想吸,自己又不会熬烟,须得请子传婶代办,其被揩油也正是不得免的了。

鲁瑞渐渐知道了这事,就牵着樟寿的手,到子传家窗外去暗中察看,看到伯宜确实在那里,就仍然牵了樟寿的手,擦着泪回到自己家中。由于介孚公的官司,伯宜的医药,经济状况早已破产,又加上鸦片的负担在鲁瑞更是个大难题。樟寿看着姆娘的愁容,心里说:"阿娘,真是苦呵!"

送 别

松寿正在桂花明堂玩,忽听有人大声喊:"周伯宜,有信!"

第七章 圣旨压魂

松寿一看,见从黄门进来一个人,身上背着一个两三尺长的背褡,插满了信,饱鼓鼓的。进门以后,就从背褡里抽出一封信来。

松寿赶紧跑上前,接了信。他认出是祖父的笔迹,因为祖父教他认过字。信封上写着:"福盆桥新台门周伯宜先生启"。

哈!祖父把"覆"字写成"福"字了。

松寿的父亲拿了十二文钱,交给送信人。从松寿手中接过了信。那时的民办信局有约:从杭州到绍兴的信是十二文,寄信的时候要付十二文,收信的时候也要付十二文。这是规定。

松寿想,祖父很可能忌讳这个"覆"字,怕房族的覆灭,因此改成"福",祈神降福给这个家族!

松寿看见,父亲看了祖父的来信,便和祖母、潘庶祖母、姆娘,商量什么事。

接信不几天,从乡下来了一个年轻的农民,他生得漂亮,讲话风趣,应对敏捷,很能干的样子。他叫阮标,是庆叔妻子阮太君的内侄,运水的表兄。周伯宜看了很满意,便打发他到杭州服侍周介孚去了。

又过了不到一个月,潘庶祖母和升叔也要走了。原是阮标帮助祖父在杭州狱府附近的花牌楼租了一幢房子,他俩也要去那里服侍祖父。

一家人一起为他俩送行。

小椿寿在长妈妈怀里,扬起两只小手,要潘庶祖母抱。潘庶祖母接过他,亲他的小脸蛋儿,两行热泪落下来,湿了孩子的衣衫。鲁瑞和长妈妈也不禁流了泪,就连一向对潘姨太看不顺眼的祖母,两眼也潮湿了,不断地嘱咐路上要小心。

松寿和升叔手拉手,难分难舍。虽然升叔和二哥櫆寿一起读书一起玩,和松寿玩的时候不太多,但松寿觉得升叔很聪明,来绍兴不久,就讲得一口道地的绍兴话,几乎让人以为他是出生在绍兴的。升叔不仅聪明,而且身材魁梧健康,也很明白道理,对祖母、姆娘都很好,对松寿这些侄辈也极和蔼,不欺侮人。及到祖父"斩监候"的消息传来,升叔哭着要求替斩,大家对他的印象就更好了。觉得他小小年纪就知道行孝,代父赎罪,真是条汉子。他似乎也觉得自己不幸,生母很早去世,生父比他大四十五岁,不可能照管很周到,继母比他只大十四岁,对这样的大孩子,还产生不出母爱。他的环境经常变化,在绍兴一年光景,刚和大家混熟,便又走了。

及到埠头,升叔要上小船时,不得不和松寿分开手,松寿禁不住喊着"升叔",大哭起来,樾寿也忍不住哭了,升叔站在船上也跟着哭了,不肯进船舱里去。还是潘庶祖母搂着他,一边向岸上招手,一边进了船里。

慰 藉

春花盛开时节,琴表妹一家来到周家新台门,看望姑爹、姑妈。周家安排他们暂住在西头祖父的房间里,琴姑四姐妹住楼上,她们的父母住楼下。

她仍然穿着一袭浅绿的长裙,微微凸起的胸前绣着几朵淡粉色的梅花。还是时不时用右手抚一下自己的右额的一缕秀发,微笑一下,嘴边显出那对小酒窝。

她一见到鲁瑞就扑过去搂住脖颈,"姑妈,姑妈"地叫个不停。然后又到东边房间里给姑爹叩头,随即从提篮里拿出一小盆精致的文竹,青翠欲滴的绿竹间藏着一座金瓦红墙的瓷制小屋。

周伯宜连忙接过来,摆在桌案上,绽出了满脸的笑容。这是他到家后第一次笑。鲁瑞看见也不禁欣慰,打心眼里赞叹侄女的心机。伯宜就喜欢竹林,盼望能在竹林里有间小屋住住。这闺女怎么就想起送这么件可心的礼物呢?

琴表妹站起身,笑笑说:"姑爹,俗话说:只要人手多,行牌抬过河。易得者田地,难得者兄弟。偌有四个儿子。有这四兄弟在,周家一定会越来越好的!"

听了这话,周伯宜眼睛一亮,又笑了起来。

说着,琴姑又拿出两把绣着梅花的精美圆扇,一把送给姑妈,另一把送给了坐在一边瞅着她笑的蒋老太太,也把两人逗笑了。

小舅父、小舅母也为女儿的聪明懂礼感到高兴,笑起来了。

三个妹妹跟着大姐一一施礼,但都没有那么自如。

长妈妈抱过了椿寿,琴表妹把提篮交给二妹意姑,过去逗椿寿玩。接过小椿寿，示意大人说话，晚辈避开，带着妹妹、松寿一起到桂花明堂里去了。

一踏入明堂，就闻到一股浓郁的花香。南墙边那株高高的桂花树，绿叶葱郁，透出了春天的气息，但离开花尚早。花香是北墙边石条凳上那一长排花盆发出来的，郁李、石竹、映山红、牛郎花，姹紫嫣红，争相开放，花气袭人。花两边大石板砌成的石池里，也汪着两池春水，风一拂过，就漾起绿色的涟漪。北边与过廊相连用淡青灰刷过的墙上，粉笔画作的横长格子里，有用铁钉划出的图像，其中一个尖嘴鸡爪的雷公最惹人注意。

琴表妹一进来，就被这雷公吸引住了，抱着椿寿去看。边看，边对松寿说："这一定是偖大哥画的。他最爱画画了。"

松寿应道："是大哥画的。你看这尖嘴鸡爪的雷公，除了大哥，谁也画不出来。"

琴表妹笑道："有点儿像他，他就有点儿雷公的尖刻！"

松寿也被逗笑了。但又不大懂，翻了翻眼睛说："是吗？"

琴表妹好像深知樟寿的脾性，肯定地说："就是的。不过，是挺让人喜欢的尖刻。"

琴表妹怀里的椿寿呀呀叫着，扬起小手要去抓墙上的雷公。琴表妹生怕图像被抓污了，赶忙抱着他离开。

这时，长得最漂亮的三妹林姑，不知从哪里弄来了一碗肥皂水和一根竹管，把竹管往肥皂水里一沾，就朝天吹起了泡泡。只见一串串的泡泡飞升起来，在春日的辉映下，闪烁出五颜六色的光晕，化出奇美的景象。二妹意姑、四妹招官，和松寿一起，跳着蹦着，拍手笑着，欢乐极了！椿寿也扬起小手，哈哈笑起来，小脸像一团绽开的香雪海①。

二妹意姑觉得这个小表弟太好玩了，就把提篮撂在石凳边上，从姐姐怀中接过了椿寿。琴姑腾出手，从提篮里拿出一只万花筒，交给松寿说："这是送给偖的。"

松寿接过万花筒，见是一个小小的长圆筒，外糊花纸，两端嵌着玻璃，听说大哥小时候也玩过。松寿接过来，两手举着，从孔子较小的一端向明处

---

① 香雪海：梅花的一种。

一望，里面出现许多五颜六色、稀奇古怪的花朵，这些花朵的模样，非常整齐巧妙，在实际的花朵丛中看不见。松寿将手又一摇，那里面就又变了另外的花样，随摇随变，不会雷同，真是"层出不穷"。小松寿乐得直蹦高，很是奇怪，要探检这奇境，伸手剥外面的花纸。

琴表妹连忙拦住，说："偌兄弟怎么一个样，都要拆这万花筒！"

松寿这才停止了。

孩子们在外面玩，鲁寄湘和周伯宜待在屋子里。孩子们出去后，女人们也避开了，只剩他们两人一块儿谈谈心。

鲁寄湘说道："去年，大姐夫阮士升发呆病去世了。"

周伯宜一惊："是吗？"

鲁寄湘沉了一会儿叙说道："他考试时，突然发台风，把考棚顶吹掉，他的考卷也吹得无影无踪。他很伤心，因为这次考试是他生平最得意的一次，是肯定会中的。大家都劝慰他，但他的呆病越来越重，终于死了。"

周伯宜联想到自己，不禁长叹一声，垂下头，不说话了。

鲁寄湘忽然觉出自己触到了伯宜的疼处，连忙转话题道："所以说：人，就是要往开里想。中不中，全是天意。顺天行事吧！'船到桥头自会直'。多多保重自己的身体！"

周伯宜点了点头，又叹口气说："话是这样讲，可是轮到谁头上，都不好受……"不禁又望了望摆在桌上的那盆精致的文竹，青翠欲滴的绿竹间藏着一座金瓦红墙的瓷制小屋……

两人相对无言。各想各的心事……

第二天，春意更加和煦温暖。琴表妹和妹妹、松寿到百草园玩。鲁瑞抱着椿寿，也加入进来。为了喜庆，给椿寿穿上了节庆才穿的百家衣，就是樟寿小时候穿过的"衲衣"，橄榄形的各色小绸片所缝就，好像和尚的袈裟。脖子上还套了"牛绳"，上面挂着小铜镜、贝壳、"黄历"，用红丝线结了网装着。珍贵的银筛也在里面。

第七章　圣旨压魂

　　琴表妹走过去逗椿寿，细看那银筛，见那筛子圆径不过寸余，中央一个太极图，上面一本书，下面一卷画，左右缀着极小的尺、剪刀、算盘、天平之类。说道："跟阿张哥小时候戴的一个样。他跟我说过。"

　　鲁瑞笑道："是的。老二、老三命硬，没有找和尚做师父，算命先生说，老四命软，和他大哥一样都到寺里拜了师。"

　　这时，听到沙沙的风轮声，仰头便能看见一个淡墨色的蟹风筝和一个嫩蓝色的蜈蚣风筝在天上飞。还有寂寞的瓦片风筝，没有风轮，又放得很低，伶仃地显出憔悴可怜模样。

　　小松寿第一个跳起欢呼起来，大叫道："风筝！风筝！多好看的风筝！"

　　琴表妹和三个妹妹也惊喜地叫起来，雀跃着，欢呼这风筝。

　　松寿看看姆娘，想叫姆娘给他买风筝放着玩。可一看到姆娘那挂着愁痕的眼角，就止住了。

　　琴表妹看在眼里，记在心中。第二天一早，拉松寿在后园拾枯竹，又从樟寿画画的房间里找来纸、笔、颜料、糨糊、细绳，来到后面一间堆积杂物的小屋里，在尘封的什物堆中向着大方凳，坐在小凳上，细心地扎蝴蝶风筝的竹骨，又用短竹圈成一对做眼睛用的小风轮。然后糊上纸，画上几株梅花。一个小风筝居然做成了。松寿乐得几乎又要叫起来。

　　松寿随大表姐举着风筝，来到百草园，把风筝放飞出去。虽然没有别人的飞得高，但已经很满足了。他真感谢大表姐，她真聪明，像钻进了人的心里，什么也瞒不住她。

　　时间过得真快！一转眼，琴表妹一家要回去了，鲁瑞舍不得琴姑走，趁丈夫到子传婶家吸烟，拉侄女到自己房里坐。望着琴姑秀气的脸颊，竟流下泪来。

　　琴姑也想哭，但忍住了，将发辫朝后一甩，说道："姑妈，听说偌总脖颈疼，我跟爹爹学过推拿，给偌捏捏吧？"说着，就给鲁瑞捏起了脖颈。

　　鲁瑞觉得一双细嫩的小手在她脖颈上有力地捏着，不觉舒服了很多。

　　琴姑一边给姑妈拿捏，一边说道："处事从容日月长。别犯愁，事情会好起来的。"

鲁瑞听了，心里像熨斗熨过一样舒贴，眼角的愁纹也舒展开了。

过了会儿，鲁瑞怕琴姑累，又拉她坐下，细细望着她，像是有了个亲女儿。那年端姑夭折时，鲁瑞就伤心了好久。有四个儿子，就差一个女儿。还是女儿是姆娘的热背心，最贴心，要有这么个女儿该多好！

琴姑让姑妈望得不好意思了，站起身，说："姑妈，我临走把偌家被子洗洗吧！"于是就走到床边动手拆被。

鲁瑞忙说："不用。有宝姑做呢！偌才来几天，哪能这般劳累。"

琴姑说："不累。"说着，就干起活来。

鲁瑞见止不住她，只好唤宝姑来帮忙。

宝姑一唤就到，和琴姑一起忙活起来。琴姑让宝姑拆外面姑爹、姑妈的被子，自己躲到后房樟寿睡的床上，专门拆大表哥的。一看见那绿缎被子，就像见到了阿张哥。被子已经半年多没盖了，发出一股书香气和男孩子的汗味儿与潮味儿掺加起来的气味儿，令琴姑闻了还想再闻。闻到这气味儿，就想起了阿张哥，琴姑禁不住落下泪来。又怕人看到，连忙用枕巾擦净了眼泪。小心翼翼地拆着被子，像是给阿张哥解衣服，满含羞赧和幸福。

忙了一上午，一家的被子都拆洗了。在桂花明堂拴了几道绳子，把洗净的被里、被面挂起来晾，被套也挂出来，在太阳底下晒。春天的太阳暖洋洋，日头偏西时就干了，抱进屋缝缀。

琴表妹还是让宝姑缝姑爹、姑妈的被子，自己躲到后房，专门缝阿张哥的。她把被里铺在表哥睡的床上，对齐铺上被套，又盖上绿缎被面。一一对齐整了，就脱了蓝色的绣鞋，跪伏在床上，把被里翻折过来，与被面压齐开始缝。那两只穿白线袜的秀脚，朝上翘着，薄薄的脚弓优雅地隆起，像两只交颈的小白鹅。一会儿，又坐起身，两条腿顺在身侧，两只脚叠在一起，小白鹅又并肩靠齐了。两只水葱儿似的小手，水灵灵的，雪白鲜灵，舞着针线在被褥上翻飞。

她细缝着，洗净、晒干的被子发出一股干草般的甜香。琴表妹细细地闻了又闻。绿缎被子缝好了，她仔细叠得四棱四角的，放在床后角。又给阿张哥的枕头换了自己带来的枕套,上面有自己精心精意绣的两株梅花,枝丫交叉在一起,好像一对恋人。旧枕巾没有洗,她不想把阿张哥那种特有的气味儿洗掉,愿意永远保存在自己身边,就向四围扫了一眼,确定后房只有自己,便将旧枕套和枕巾悄悄放进自己随身带的提篮中。又从提篮里拿出一块新枕巾铺在枕头上。新枕巾上也绣着两株梅花,与枕套一个样。看着这梅花,她不禁又想起了日思夜念的阿张哥。他现在怎样呢?在娱园又读《红楼梦》了吗?画画了吗?想家了吧?什么时候回来呢?什么时候再见面呢?两人会永远在一起吗?会的。姑妈、姑爹,还有自己爹妈,看来都很赞成这门亲上加亲的好事。不自主又用右手抚一下自己的右额的一缕秀发,微笑一下,嘴边显出小酒窝。咬着下嘴唇,乌黑的眼眸深情地望着窗外……

"哈!一个人躲在这里,想什么啦?"忽然一个女孩儿把头探进后房大声询问,吓了琴表妹一跳。抬头一看,见是郦永平,平表妹。

琴表妹起身下床,趿拉着鞋,跑过去打了平表妹一下,说道:"死囡子,从哪儿钻出来的。差点儿把我吓死!"

平表妹做个鬼脸道:"哪会吓死呢?喜死了吧?"

琴表妹又举手要打郦永平。永平连忙向鲁瑞求救:"啊呀!姨妈,侬看啊,侬家的人打我呢!"

鲁瑞进后房,佯装生气地说:"琴姑啊,怎么能打侬平表妹呢?"

琴表妹一边提鞋,一边佯装嗔怒道:"姑妈偏向,向着侬干女儿!"

鲁瑞没有女儿,但很喜欢女孩儿。郦永平生得美,又住绍兴城内,离周家台门不远,常常往来,头几年就过继给鲁瑞做女儿。鲁瑞和周伯宜都很疼爱她。

郦永平笑道:"女儿也没有媳妇近。女儿是别人家的人,媳妇是自己家的人。"

琴表妹一听,顿时羞得脸红到耳根,过来要捂郦永平的嘴。

郦永平一边叫姨妈救命,一边躲到鲁瑞身后。

鲁瑞一时间倒没了主意,又是喜,又是乐,不知说什么好,看着两个调皮的囡子,扑哧一声笑了起来。

第八章 归 家

梅 雨

又是一年梅雨时节，淅淅沥沥，缠缠绵绵，无止无休。冒着这如云如雾的梅雨，樟寿和二弟櫆寿归家了。

是庆叔一大早来接他们的。兄弟俩头天就知道家人要接他们回去，连忙与大舅父告别。又去"友舅舅"房里话别，谈得很晚才离开。回到"留鹤庵"，兴奋得一夜没睡着觉。第二天早早起来，准备好小包袱等着。大舅父起不来床，让儿子佩绅去送两个表弟。从"留鹤庵"出来，樟寿回头看看这座房子，又望了望娱园，依稀在如梦的雨雾中，恍恍惚惚见到了那绿色的倩影时闪时现，禁不得依依难舍。但又归家心切，即刻撑起雨伞，随着表兄佩绅，拉着二弟櫆寿，冒着梅雨直奔村边埠头。

老远就看见庆叔披着蓑衣，戴着竹笠，站在乌篷船头朝他们招手。兄弟俩连忙冒雨跑过去，拥到庆叔粗壮的臂膀中，见了庆叔就跟见到家里亲人一个样，充满了暖意。庆叔先把櫆寿扶上船，又扶他钻进船舱。樟寿收了雨伞，朝佩绅招招手，也在庆叔扶持下，上了船，钻进狭小的船舱。

船划动了。樟寿蜷缩在船舱里，看见庆叔一笠一蓑，像古画里的农夫，坐在船尾，用手划楫，以脚蹬桨，自如地划着船。小划船，箭也似的驶向前方，激起一串浪花。

他想：庆叔真是能人，不仅竹作手艺高，还擅长各种农活，会走棋，善捉麻雀，划船也是行家里手，不由得从心眼里佩服他。

烟雨蒙蒙，空气里氤氲着潮湿的气息，乌篷船里有些憋闷。樟寿面朝船头，身体稍稍前倾，想呼吸一些新鲜空气。他望见岸边的烟柳在风雨中摇曳，织成一片碧绿的锦衣。绿衣晃浮着，晃浮着，似乎又幻化成那绿色的倩影，在绿雾中舒展长袖，婀娜起舞，不觉兴奋起来。

二弟櫆寿卧在船舱里，眯着眼听雨，神态安详。四月的黄梅雨落在船棚上，不像夏天的急雨那样，发出噼噼啪啪的声响，而是软绵绵的，有如少女秀发的抚弄，几乎听不到声音。但他却能模糊地听见丝丝的雨声，从心里细细品味。

黄梅雨锈谁家剪，未了情归游子期。船行半日，正午时分，终于进了绍兴城，在街巷间划行。在这水乡里，街随河走，河随街流，有时是"一街一河""一河两街"，有时是"有河无街"。每条路差不多都有一条小河平行着，河两岸多是白墙黑瓦、翘起尖角的房子，房檐下有雨廊，人们在街上行走，用不着打伞。雨中，男人依旧戴着乌黑的毡帽，在雨廊下走。有的女人穿着蓝印花布的衣衫，腰间扎着条蓝色的带子，弯腰在河里舀水。乌篷船在河街中行驶，不断钻过一道道的小石桥。真如杜荀鹤的诗中所说："古宫闲地少，水乡小桥多。"河边还有所谓"枕河人家"，在临河处搭建小屋，开店营业，然后临河开个门，河上铺设梁板，上面盖屋顶，两侧做板墙和窗户，与河边小屋相接，成为"前店后屋"的格局，中间还多一间河上的房间。船从这样的跨河水阁下经过，就像通过地下隧道一样。两兄弟看到家乡的水景市貌，就像回到姆娘的膝下，心里热乎乎的。

终于顺着张马河划到东昌坊口的小船埠头，庆叔老远就看见女东家鲁瑞站在埠头瞭望，忙向她招招手，稳稳地把船靠在埠头边上。

樟寿扶二弟櫆寿弯腰从船舱出来，未及抬头，就听见姆娘叫他们：

"阿张，阿櫆！"

兄弟俩直起身就要上岸，脚下一急，小船晃了起来。庆叔赶忙搀住他们，两脚跨开，稳住船身。

樟寿不顾一切地跳上岸，抓住姆娘的手，櫆寿被庆叔抱到了岸上，也朝姆娘身边偎去。

庆叔看见他们母子三人的亲热劲儿，眼泪差点儿下来。

一家人顾不上张伞，冒着细细的雨雾，往新台门走。老远就看见祖母拉着三弟松寿在梅雨弥漫的门前等候，长妈妈抱着四弟椿寿也在笑嘻嘻地迎接他们。

樟寿和櫆寿连声喊着"娘娘！长妈妈！"跑过去，祖母一把将兄弟俩搂在怀里，淌下两行老泪。三弟松寿也挤过来叫"大哥！二哥！"俩兄弟转过身，连叫"阿松！"三兄弟搂在了一起，悲喜交集，竟都哭起来。

长妈妈抱着四弟叫道："大阿官！二阿官！你俩可回来了！"

俩兄弟又转身叫"长妈妈！"望着她怀里的四弟，不禁破涕为笑。樟寿抬手摸摸四弟的小脸蛋儿，叫"米块头"。四弟扬起嫩白的小手，呀呀地叫，好像在叫哥哥，逗得櫆寿伸手要抱四弟。长妈妈赶忙转过身说："偌哪儿抱得动。"

一家人簇拥着往台门里走。庆叔收拾好船只，也跟上来进门。

周家原籍河南汝南，始祖是著有《太极图说》的濂溪先生周敦颐。南宋末年，为避金兵，周家先祖始迁绍兴。明正德年间，始祖周逸斋定居竹园桥。到第七世寅宾公移居覆盆桥。到八世熊占公，多谋略，善治家，家道从而兴起，有田三千亩，当铺多家。因人口渐多，不够居住，正值距覆盆桥不远的东昌坊口王家有两宅紧连的房屋要出卖。周家就买了西面较大的一宅，建了新宅院，称为新台门，覆盆桥对面也新建一宅，称为过桥台门，原宅称老台门。

此时，新台门顶上仍是黑瓦，但比街上的房瓦略显厚实些。大门是木头的，有六扇，黑漆漆的，外面钉一层竹签，竹签上有一排排的钉牙齿。门斗里两条长石凳上坐满了穿着蓝印花衫的乡下妇女，是乡下没的吃，来找单妈妈荐到各家台门做妈妈。

重见了这六扇黑漆漆的木头大门，外面钉一层竹签，竹签上有一排排的钉牙齿。樟寿不禁觉得这钉牙齿有些异样，像是吃人怪兽的颗颗利齿。走进门，坐在门斗里两条长石凳上，穿着蓝印花衫的乡下妇女，纷纷站起身，和单妈妈一起，赔着笑脸道："噢，大阿官、二阿官回来啦！"

长妈妈笑笑说："好好好。"

右边门斗房里单妈妈的儿子阿和，童养媳阿运也侧过头往外看。阿运并不漂亮，阿和却把她当成了天上的仙女，生怕别的男人看上抢去，总看护着。樟寿不愿多看他们，扭过头看左边，见这间门斗房空着，东南西三面是墙，北面却是门窗墙壁一概没有，原来是婚丧寿庆厨师作场用的，当然要空出一面了。给曾祖母办丧事时，这里可热闹过一阵子。嗨，多疼我们的曾祖母，再也看不到了。

身后一个妇女悄声说着："那就是东浦大门楼余五九他妈，这里人称长妈妈的。"

另一个妇女羡慕地说："看人家多好，找了个好主子。"

再往里走，是仪门，上方挂着一块扁，雕着两个金色的大字："翰林"。樟寿知道，这是给爷爷挂的。字是四七伯伯写的。听人说，他那时年轻漂亮，写得一手好字。爷爷到外边做官，还带他去了。不知怎么回事又回来了，落得现在这"破脚骨"相，怪不得爷爷要追打他呢？！

看到扁上的金色大字"翰林"，樟寿忽生异样的感觉。觉得当翰林也不是什么好事。祖父如果不是什么翰林，也不为儿孙争翰林的头衔，还不至于全家遭此大难呢！

过仪门，就进了"德寿堂"。两厅柱上那副抱对的上下联扑进眼帘：

品节详明德性坚定，事理通达心气和平。

樟寿对这十六个字，依然感兴趣。不过，他又想：怎么才能品节详明，德性坚定，事理通达，心气和平呢？这样的世道，人能平和吗？

全家没有进神堂，而是经过白板门，进了过廊。

迎面就是兰花间，一套曲尺形的房子。原是曾祖父种兰花的，后来划归诚房，租给李慈铭的堂兄弟李楚才住了。小时候，有几个报子敲着锣走进新台门。大家以为周家又有喜了，高兴得跑出来迎。结果与周家无关，是向李楚才报喜的,他的堂兄弟李慈铭在北京当上御史了。李家后来又寄住着一家姓沈的女人,大家叫她沈四太太,五十多岁,讲一口北方话。不久,沈家又来了另一个女人,带了三个孩子,男孩约十岁,两个女孩还小。看来生活很穷苦,夏天男孩光屁股,女孩只穿小裤衩。到了秋天,也只穿着薄薄的单衣,冷得直淌清水鼻涕。见了樟寿、櫆寿一起喊:"大阿哥,二阿哥回来啦!"

松寿想进去玩,长妈妈拉过他,头也不回,沿着过廊往北折。长妈妈心里埋怨道:这周家台门,如今成了大杂院了。什么人都进来住!

樟寿头也不回,沿过廊北折,踏入桂花明堂,闻到北墙边石条凳上那一长排花盆飘来的花香,不觉深深吸了一口,感到了家的气息。一踏入明堂,就看到高高的南墙边上生长着高大的桂花树,秋天时树下散落着金黄色的花瓣,可以闻到一股浓郁的桂花香气。这开黄花的桂花树叫金桂,不能和在茶或糖里吃,不为人所看重,但香气还是挺浓的。另外还有一株罗汉松,一株茶花,其余有木瓜、枇杷,树荫底下还有秋海棠之类。北墙边有一人多高的石条凳,三条相连,搁着一长排花盆,有郁李、石竹、映山红、牛郎花,还有绍兴人叫老弗大的平地木。红红绿绿的,可喜人了。花的两边各有一个大石板砌成的石池,是用来储水浇花的。北边与过廊相连的墙上用淡青灰刷过,又以粉笔画作长方格,好像磨光的大砖砌成的。在那横长的格子里,有用铁钉划出的图像,其中一个尖嘴鸡爪的雷公最惹人注意。樟寿看着自己过去刻的画,不觉感到挺亲切的。

这桂花明堂还是櫆寿和伯升叔戏玩的场所,櫆寿想起自己的叔叔伯升,他们叔侄俩经常不分辈分,一前一后,跑到桂花明堂里追着玩。每每想起,还怪想念的。

樟寿曾祖母去世后,祖父带着潘庶祖母和伯升叔回来奔丧。丧事办完后,就在家里住下了。樟寿仍旧回三味书屋读书,伯升和櫆寿请后院仁房庆蕃公公的儿子伯文叔来教书,书房就设在南边厅房里。伯文叔没有考进秀才,只是个文童,前不久还在最南边的大书房里和人下棋吵架,哪里做得了老师。他早晚到厅房各来一次瞅瞅,就跑到最南边的大书房里看玉田公公下棋、聊天去了。櫆寿和伯升就整天躲在厅房中,托词读书,关上了门,却终日在明堂里玩。罗汉松下埋着两只"荫缸"。这是不大不小的缸，埋在土里，缸里盛着水，这水不是清澈的雨水，而是不知经历多少年的青黑色的陈水，里边积存着大半缸腐烂的树叶。他们两个并不觉得是叔侄，虽然这么称呼，却像平辈一样玩，尽在园里淘那两只"荫缸"，将里边的树叶瓦砾清理出来，看其中有无怪物。奇怪的是他们居然没有中什么毒，连在预料中的蜈蚣、毒蛇、癞蛤蟆之类，也没有碰见过。

玩耍当中，难免磕碰，有时还要吵嘴打架。一次吵架吵到桂花明堂来，被正在北墙后小堂前的周福清听到了，生起气来，对周伯宜说："伯宜嚫，我和你约法三章，伯升不好归我教训，樾寿不好归你教训。"说着，拖了伯升进自己屋了。周伯宜觉得樾寿竟然冒犯了叔叔，使他受到父亲的责备，不禁大怒，便扯了樾寿到东边的大堂前，冲着祖宗牌位跪下。闹得姆娘和长妈妈坐立不安。长妈妈就到大堂前去看了一下，回来后姆娘问她："打了吗？"长妈妈说："打了。让二阿官朝牌位跪下，一边打一边骂：'打死你这不肖子孙！周家怎么会有你这样的子孙？'"这是周伯宜第一次打孩子，也是唯一的一次。但不久，樾寿就忘了这事，一看见升叔，两人又高高兴兴地玩起来了。

进了黄门，正在门口的子传奶奶一把抱住了樟寿和樾寿，咂咂嘴，带着哭腔叫道："啊！阿张，阿樾，可回来了！"

在子传奶奶身后站着的周五十，点头哈腰，笑眯眯地说道："哈，回来了！好啊好咭！总会好起来的。"

樟寿家的兴房和子传奶奶的诚房，同在一排上下两层的楼房里。诚房靠东，住两楼两底；兴房靠西，住四楼四底。最靠西的房间是送妈妈，即女佣房，以后各间就是周家兴房，第一间楼下是松寿父母住，楼上是长妈妈带樟寿或松寿住。然后是小堂前，是悬挂兴房祖像和待客的地方。东邻的房子前半间曾祖母和她的使女宝姑住，后半间是全家吃饭的地方。楼上堆放杂物。东面第一间祖母和樾寿住，楼上姑母回娘家时住。曾祖母去世后，宝姑搬了出去，到烧饭妈妈房里住了，祖母和樾寿住进曾祖母的房间。樟寿父母便住进祖母东一间的前房，后房住樟寿，楼上住长妈妈和松寿。樟寿父母原来住的西边一楼一底打扫干净，让给祖父、潘庶祖母和升叔住，里面摆了一张铁梨木的大床。

这排楼房后面，西边是立房周子京一家的住房，朝西窗外有一个小天井，墙外邻居梁家园里长着一棵橘子树，树枝伸进天井里。因此，他家的房间号称橘子屋。橘子屋通向外面的门是蓝色的，通称蓝门。周子京外出教馆，家里只剩下他的姆娘十二曾叔祖母和她的老仆妇得意太娘，还有一个烧饭妈妈。从旁边的长廊往北，一直通到百草园。往东，则是仁房派下的礼、义、信三房，义房的玉田公公就住在松寿家房后，"街楦"衡廷和周六四等也住在附近。本来只有一个明堂之隔，但是中间隔着道一曲尺形的高墙，要到他们家就须从白板门出去，走过大堂前，弯过一大段路才能到。

樟寿和櫂寿都对子传奶奶和周五十没有好感，冷冷点了下头，径直到父亲房里请安了。

父亲正卧在那张褐色的皮躺椅上发愣，见兄弟俩回来了，微微起身，点了下头。

樟寿、櫂寿连忙跪下，给父亲叩头。父亲抬抬手让他们起来，仍然无话。

鲁瑞见此情景，忙拉着兄弟俩儿出去，来到小堂前坐下。长妈妈把椿寿交给宝姑带，自己给哥俩儿沏茶，鲁瑞示意沏好茶。长妈妈就到吃饭间拿出一桶茉莉花茶，这是祖父在北京做官时托人捎给曾祖母的，很少让家人喝。

当热腾腾、香喷喷的两杯茉莉花茶端到樟寿、櫂寿身边茶几上时，他俩几乎要哭了。回家的感觉真好！

一切都熟悉而新鲜——曾祖父九老太爷苓年公和刚去世的曾祖母九老太太的画像，依然挂在正墙上，下设香案。香案前放一张四仙桌，东西两面靠墙摆着木椅和茶几。墙上东西悬挂两幅古画，西墙上是赵孟頫的画，画的是一朵荷花，一片荷叶，一只鹭鸶。东墙上是任伯年的画，构思十分奇特：老鼠想喝花瓶里的水，花瓶被扳倒了，水从瓶里流出来，从桌上一直流到地上。家里待客和议论事情都在这里。

以前觉得这里很普通，没有什么特殊的。这次重见，却分外亲切，尤其是任伯年的那幅画，更是感到奇异难得。

外边烟雨蒙蒙，寒气袭人，屋里却散发出茉莉花沁人心脾的清香。洁白如玉的茉莉花，在清黄的茶水中飘着，清新淡雅，在这梅雨的愁闷中暗香浮动。

第八章 归 家

樟寿抿了一口，芳香爽口，清雅宜人，心情似乎好了很多。

榧寿也抿了一口，觉得蛮好，但似乎没有在"友舅舅"那里喝过的苦茶有味道。

樟寿看着窗外的雨丝，品着清香的茉莉花茶，苦涩的心开始变得柔软，软到变成一种思念，犹如这茉莉花香，渐渐蔓延……

夜幕来临，樟寿回到东一间后边自己的房间里。看到床上铺着刚拆洗干净的绿色缎被和绣着两株梅花的新枕巾，不觉一惊！古书上说："江南每岁三四月，苦霪雨不止，百物霉腐，俗谓之梅雨。"人们常说："梅雨或作霉雨，言其沾衣及物，皆出黑霉也。"而自己的被褥不但没有发霉，还这般洁净、温香。不是琴姑来过，拆洗过、晾晒过，又会是谁呢？

看着这梅花，眼前不禁浮现出日思夜念的琴表妹：用右手抚一下自己右额的一绺秀发，微笑一下，嘴边显出小酒窝。咬着下嘴唇，乌黑的眼眸深情地望着自己……

又想起那春雪时节，在娱园与琴表妹的谈心。伊现在怎样呢？在安桥头待得下去吗？什么时候能再见面呢？

夜里，在温暖、温馨的被窝里，樟寿做了一个香甜、温馨的梦，又看到那个梦境……

在朦朦胧胧的春草的新绿中，他和一袭绿衫的琴表妹在绿草丛中嬉戏、奔跑、翱翔，在绿雾朦朦的烟柳上飞升。忽然，琴表妹的绿衫上浮现出两株粉红色的梅花，天地间幻化出一片粉红，他俩在红色的天宇间飞啊飞……

这一夜，榧寿可没有做梦，只想第二天一早到街上去玩。已经半年没有逛街了，真憋坏了。

天还没亮，他起身穿衣。祖母让他再睡会儿，他也不听，穿好衣服，擦了把脸，就上楼找三弟松寿，不顾长妈妈拦阻，拉着松寿就往楼下跑。

老天还在下着淅淅沥沥的黄梅雨，屋檐流下断断续续的水滴。榧寿从床底找出两双好久没有穿的钉鞋，给松寿一双，自己穿上一双，撑起桐油涂过的纸雨伞，就和三弟连蹦带跳地出了台门，来到东昌坊口古街上。

121

街上的人不多，石板路湿漉漉的，没有积水，也没有泥泞。大概石板底下都用石条架着，无论多少雨水全由石缝流下，一总到河里去。

兄弟俩穿着钉鞋，撑着雨伞，安心地走到雨中去，到街上去买吃食。半年前姆娘送他和大哥到皇甫庄时，临走给了每人五十钱，他还分文没花呢！

他俩先跑到东昌坊西口南边都亭桥下一家没有招牌的店，买了两碗荤粥，一人一碗，香喷喷地喝起来。这家主人姓张，就是周家新台门西北角张永兴游龙寿坊的老板。这张老板一面做着寿材，一面在住家制荤粥出售。荤粥又名肉骨头粥，是从猪肉店买骨头来煮粥，食时加葱花、小虾米和酱油，每碗才几文钱，价廉而味美，是平民的好食品，樾寿很爱去吃，隔了半年没尝，还挺馋的，到家第二天就拉三弟松寿去解馋。

吃完粥，透过雨雾回来，又闻到一股炸臭豆腐的香味儿，是街边阿六的担挑。梅雨时节也照常出摊。头上戴着竹笠，身上披着蓑衣，站在街边叫卖。担挑一头是火炉和铁锅，另一头是生豆腐和其他杂物。乌黑的锅里，油滋滋冒着烟泡，阿六用尖头黑黄的长竹筷子翻着油里的臭豆腐，炸好后放在锅边的铁罩上，又用一根竹签，往上一插，五块串成一串，抹上红色的辣酱，递给来买的人。松寿深吸了一口臭豆腐香味儿，想起去年曾想买一串尝尝，但被长妈妈拉走了。这回二哥一定会给买的，果不其然，樾寿掏出几个铜板递给阿六。阿六接过一笑，就送过一串抹上浓红辣酱的炸臭豆腐。樾寿让松寿先接过来吃，自己等阿六送过第二串，才接过吃起来。

这炸臭豆腐一入嘴，真比孙悟空吃了王母娘娘的仙桃还可口，辣嗖嗖，香滋滋。兄弟俩乐得直蹦，把钉鞋踹在石板路上，嘎哽嘎哽地响。街头买不起炸臭豆腐的野孩子见了，不觉妒心大发，纷纷起哄，大喊道："看啊！旱地乌龟来了！"这哥俩儿自己也觉得怪寒碜的，赶忙逃回家里。

酒　客

回家不一会儿，雨停了，长妈妈又带着松寿到谢德兴酒店去了。她是常到这里给孩子买鸡肫豆的。径直到柜台前说："来一文鸡肫豆。"

掌柜一把抓了个准，用细草纸包作纤足状，递给长妈妈。这鸡肫豆是黄豆盐煮漉干所成，软硬得中，自有风味。长妈妈打开纸包，叫声"三阿官"，拿出两粒递给孩子，自己也捡了一粒放进嘴里，嚼了嚼，觉得挺有咬劲儿，果像鸡肫似的。孩子吃完了，又要，长妈妈又给了他两粒。

　　这时，衡廷正与对面的白胡子老头儿吹牛："我长的是一双'狗眼'，看得见鬼。"

　　老头儿故意逗他说："格末偌话，鬼是什么样？"

　　衡廷故作惊恐地说："嗨！那还不是青面獠牙，吐着长长的红舌头。"

　　老头儿摇头笑道："这哪里是偌看到的呀！是画里的吧？"

　　衡廷赶紧补充说："是我亲眼所见。我还看见过女鬼，一身白衣，长长的水袖，红红的长舌头。"说着，便站着学起戏里的样子。

　　老头儿哈哈大笑，指着衡廷说："这是戏里的女吊啊！哪格是偌的'狗眼'看到的！只能吓唬女人，岂能唬我这老爷子！"

　　衡廷一脸尴尬，无言以对。

　　这时，只见周四七唱着小调："我有一把苗叶刀，能水战，能火战，也能夜战……"到谢德兴酒店赊酒来了。他敞怀穿着破旧龌龊的竹布长衫，头上戴顶凹进的瓜皮秋帽，右手捏着尺许长的潮烟管，左手拿了一个猫砑碗，脸色青白，人瘦得只剩一把骨头，肋棚骨一根根地显露出来，活像腊鸭。

　　衡廷正在尴尬中，见周四七又进来赊酒，不觉想解解闷儿，就冲他喊道："偌个四七又来骗酒喝了！"

　　周四七点着潮烟管自辩道："哪格骗？我屋里现了宝，典了就来还！"说着，鼻孔一翕一张，使劲吸食老酒的香味。

　　衡廷笑道："鬼才相信呢！想那子京叔看见过多少次白光，花钱雇工人掘过多少回，都没见个银子影儿，偌还能有啥造化？"说着，站起身，学着子京的腔调说道，"眼面前一道白光。宝就藏在这里……"馋兮兮向四下寻觅。

　　酒店掌柜也笑道："周大少爷，本店概不赊账了。赔不起了。"说着，指指柜台后的小黑板说，"瞅，偌都欠了好几次了。"

　　周四七白了眼，还未及答言，身后走来一个穿旧长衫的高个儿夫子，说道：

"我这是现钱，来碗酒。酒要好！"他正是站着喝酒而穿长衫的唯一的人，人称孟夫子。身材很高大；青白脸色，皱纹间时常夹些伤痕；一部乱蓬蓬的花白胡子。穿的虽然是长衫，可是又脏又破，似乎十多年没有补，也没有洗。

衡廷顺势喊道："哈，孟夫子来了！人家在主顾里是品行最好的。向来是现钱。就是一时欠了，也很快还上。哪像我们这位兄弟。"

周四七闻听是在刺他，大不以为然，笑道："品行好？！前天我还见他在我家大书房偷书，让玉田伯逮了个正着。"

孟夫子脸一红，嘟嘟囔囔地嗫嚅道："窃书不算偷。读书人的事。"

一时间，逗得周四七、衡廷、白胡子老头儿，还有酒店掌柜，连同柜台后面一直不敢吭声的小伙计，全都大笑起来。整个酒店充满了喜悦的气氛。

白胡子老头一边笑，一边冲着长妈妈和松寿，啧啧嘴赞道："周家会有望的。伯宜兄的儿子樟寿、櫆寿，"又指指松寿说，"还有这个松寿，都是'胡羊尾巴'，人精子，聪明绝顶啊！都会是好文才，日后定当高中！"

掌柜斜了周四七一眼，心里话："再有望，俺也挑不起来。"可转念一想，觉得周四七再不行，也是周家少爷。周家复兴，他也有光，还是不得罪为好，于是拿过周四七的猫砣碗，让小伙计斟满了掺水的酒，递过去道："再赊一次，下不为例。"

周四七见酒就乐，大嘴咧成双钩形，深吸两口气，咂了咂嘴，品了一口，啧啧两声，咧嘴笑道："谢谢掌柜的。"溜了旁边的孟夫子一眼，损道，"哪像这位屡试不中。"说着，右手捏着尺许长的潮烟管，左手端起盛满酒的猫砣碗，又唱起小调："我有一把苗叶刀，能水战，能火战，也能夜战……"摇着身子晃出了谢德兴酒店。

孟夫子确实是屡试不中，年过半百，还是个童生，见周四七揭自己的短，气得脸红一阵，白一阵，可又没有办法，只冲周四七背影呸地啐了口痰，从嗓子眼里冒出一句绍兴"呆话"："棺材里伸手——死要！"喝完酒，悄悄溜了。

长妈妈自然为主人有望高兴，拉着松寿，兴冲冲地走了。

只剩下衡廷和白胡子老头还在酒店里闲泡。长方板桌上高脚的浅酒碗里的黄酒已经不多了，旁边那盏黄沙粗碟上的茴香豆也只余下几粒，近旁堆着几颗嗑尽了的螺蛳壳。

街　市

　　长妈妈和松寿从酒店出来，古街上已经熙熙攘攘。人群中，阿桂正站在街边，又双手捧着一只大公鸡叫卖。两边是乡下人摆的菜摊，青葱葱的苋菜，白雪雪的萝卜，都水淋淋的，煞是好看。菜摊边是卖鱼虾的，清晨刚上网的金翅大鲤鱼在筐里还活蹦乱跳，竹篓里的活虾舞着钳子一般的前脚，一个劲儿地往外爬。

　　过路人朝阿桂溜一眼，但都弯腰挑菜，没有人买他的鸡。几个闲人围住他逗趣："阿桂，倷这鸡又是哪里偷来的啊？"

　　阿桂涨红了脸道："凭啥泼人脏污水？这是红鼻子老五托我卖的。"

　　闲人们大笑道："鬼才相信呢！"

　　嬉笑中，南街洋教堂的修女，肘间夹着白色的药包，从旁走过。

　　阿桂上前搭讪道："买鸡不？好鸡哦！"

　　修女不理睬他，只说了句"倷好！"声调很生硬，洋腔洋调。

　　阿桂又捧过鸡去，修女摆摆手，微笑一下，擦身过去了。想是又有什么人得病、负伤，她去看病敷药了。

　　古街中间，有条东西流向的张马河与小街并行，河上小船驶来过往，那是小型的乌篷船，船工以楫为马，用肘夹、手握一短桨掌舵，用脚蹬划一支长桨，船就自如地前行。这河面太狭，只能走这种小船，到了街中的小船埠头，就停靠下来，乘船的人从篷里钻出来上岸。如到远处去，也得先坐这种小船，到东西南北的水城门，再换三明瓦甚至四明瓦的大型乌篷船，到会稽山和鉴湖各支流沿岸的村镇，或者经山阴道往钱塘江去，顺江而上，到西兴，再渡江到杭州。

　　这时，一个嫂子，三十岁左右，手脚壮大，利利索索，脸上泛着红润，挽着双臂，湿淋淋的，托着淘箩和一捧洗净的青菜，要到河边淘米、洗菜，看见长妈妈领着松寿在街上走，就笑着问道："长妈妈，又带三阿官出去逛街啊?"

长妈妈喜盈盈地笑道:"噢,是阿祥嫂啊!淘米去啦?"

阿祥嫂点点头谦和地说:"是啊!"又轻抚孩子的脑壳,低头笑笑说,"三阿官长高了。"就爽快地朝河边走去。

长妈妈回头望着阿祥嫂的背影自语道:"和房雇着了佣人,比男工还能做!"

说着,一个年轻妇女,头上扎着白头绳,脚下穿着白鞋,怀里抱着一个瘦弱的两岁男孩儿,从一条小船舱里出来,像是上坟归来。

长妈妈知道是新守寡的连四嫂子,不觉起了怜悯心,紧赶两步,过去说:"啊,连四嫂子,孩子怎了?——看过先生了吗?"

"看是看了。——长妈妈,你有年纪,见得多,不如请你老法眼看一看,怎样……"

"唔……"

"怎样……?"

"唔……"长妈妈端详了一番,把头点了两点,摇了两摇。又摸摸孩子头,无可奈何地叹口气:"嗨!"又安慰道,"'船到桥头自会直',会好起来的。"连四嫂子抱着孩子走了。

一个穿蓝布衫的闲汉过来要帮她抱孩子,她觉得汉子来路不善,闪身躲开。但她着实累了,很希望降下一员天将,助她一臂之力,却不愿是这个阿五。但阿五有些侠气,无论如何,总是偏要帮忙,所以推让了一会,终于得了许可。他便伸开臂膊,从连四嫂子的乳房和孩子之间,直伸下去,抱去了孩子。连四嫂子便觉乳房上发了一条热,霎时间直热到脸上和耳根。

长妈妈望着她的背影,自语道:"要是儿子再没了。可是'火筒里煨鳗',怎么活啊!"

埠头西边是荣生轿行,只是一间小屋,里面有一乘轿,墙上挂着一件操衣,衣背上有一个"勇"字,还挂着盾牌和腰刀。主人名叫荣生,有人来租轿,他马上和他弟弟两人抬轿。抬完轿,马上贩水果,挑了担沿街叫卖。谁家死了人,他赶去入殓,抬棺材。一到秋天,他又到大教场去操练。有火灾的时候,他又忙着救火。从天不亮起床,到天黑睡觉,一刻不停,样样生活都做。所以大家叫他为"做不杀的荣生"①。此时,他正忙着收拾轿子,可能有人来租,马上要抬出去。

长妈妈对这位荣生倒很佩服,冲他笑笑,让松寿叫叔公。松寿也就大声叫起来。喜得荣生停下手里的活,抬头答应,咧开嘴憨厚地笑。松寿也冲他笑。

"早"

天隔一日才放晴,樟寿回三味书屋上学。

走进像是一所房子的覆盆桥,就被两个孩子拥住了。樟寿定神一看,见是身着绸缎衣裤的商人子弟胡昌训和章翔耀。这两个富家子弟虽然心思不在学业上,对樟寿却佩服得五体投地,半年没见了,真想得要死,一把抓住说:"啊呀!豫才可回来了!想死我们了!"

还没有进书屋,就被高个儿、小头的"小头鬼"吴书绅迎面抱住,大叫"豫才"。这小子平时专爱搞恶作剧,这时却一本正经,满怀诚意。

笛房族叔周梅卿也在"小头鬼"身后站着,叫了声"豫才"。他虽只年长樟寿四岁,但少年老成,还真有点儿族叔相。

小个子高幼文和堂兄弟兰星也争着过来,抓住樟寿的手,像见到了久别的亲人。

老寿先生和小寿先生破例站起来,冲着樟寿微笑。

樟寿脱开同学的包围,朝先生恭恭敬敬地鞠躬。先生摆摆手,让他到座位上坐下。

族叔周梅卿引他到自己的桌前,高幼文和兰星也跟上来。

樟寿见自己的桌子擦得干干净净,很有些奇怪,周梅卿看了出来,指指高幼文说:"是他天天代你擦桌子!"

兰星也说:"是的。幼文天天代你擦桌子!"

高幼文言道:"见不到豫才,想得慌!擦擦桌子就像见了面。"

---

① 意指轿子铺的主人荣生终日终年地卖苦力,不知歇息。"做不杀"即"做不死"。

樟寿不禁感动得热泪盈眶。他端端正正地坐下了，掏出深蓝色竹布长衫大襟扣里那把一寸多长的锁匙，打开了自己的抽屉。抽屉里有灰尘，这是高幼文没法擦的，他从书包里拿出一块抹布，细细地将抽屉里里外外擦干净，把几本珍爱的书整整齐齐地放进去。打开抽屉内的那方铜墨盒，见墨已经干了。就从书包里拿出锡制茶壶，往墨盒里滴一点儿水，拔下"金不换"小字笔的铜笔帽，将墨棉点软。又从抽屉里拿出家藏的《唐诗叩弹集》，方正地摆在桌子左上角，把锡制茶壶放在右角。郑重地拿出范啸风送的"三到"书签，摆在桌子上方；书签两端剪贴着红色的花纹图案，中间用工笔小楷写着："读书三到：心到、口到、眼到。"

坐定之后，他回身望望三味书屋匾额下那副对联：

此处正安吟榻好，不如且入醉乡来。

又望望梅花鹿古画前左右间楹柱上那对联语：

花前屡泛罗浮酒，架上常存宛委书。

不禁觉得与以前的感觉不一样，似乎体味出了联中的意味：还是回乡读书好！

再看看正中大圈椅上则坐着的老寿先生，觉得他更加高而瘦，须发更为花白，大眼镜也更老旧了，而人也更加方正、质朴。樟寿更加尊敬这位先生，连用纸糊的盔甲套在指甲上游戏的事情也决计不做了。他笔直地坐着，编成三股的长辫更黑更硬，前额的几根头发更加向上梗挺着，眉毛更浓，眉宇之间更是透出一股英气。眼睛眸子也更加黑亮有神，内敛着的沉毅的光，显得更加冷静、深邃，冷眼观察着这个人世间，思索着什么，令人更生出一种莫名的敬畏感。

樟寿环视一下周围的同学，兰星旁边寿恒的位子由他弟弟寿升坐着。寿恒怎么还没来上学？是因为信笺事不好意思来了吗？他把信笺还给廿八公公了吗?……他的弟弟寿升倒来了,坐在哥哥寿恒的位置上,是替哥哥来上学的?

老寿先生咳了咳嗓子,开始带学生读书。

课间休息的时候,樟寿和同学们又到后园去玩了。

桂花树旁砖砌花坛上的百年蜡梅,已经开过花了,但绿叶间还有些许红色的梅花迎风开放。东南隅的百年大天竹,翠柏,南墙下的藤萝,都正绿得可爱。

和他一起进后园的周梅卿注意看着他,发现樟寿好像变了一个人,不再从泥孔里掏蝉蜕,也不再看蚂蚁们围吃死苍蝇。而是凝神看着"自怡"小亭亭壁上的四言诗,默默吟诵:

> 栽花一年,看花十日。
> 珠璧春光,岂容轻失。
> 彼伯兴师,煞景太烈。
> 愿上绿章,飙霖屏绝。

据说这是云巢公在一阵暴雨之后,看到落花满地而写的一首感叹诗。樟寿禁不住自叹道:"时光易失,不可再失!"

樟寿又往北去,见花墙一道,中开月洞元门,门额上题有"月地云谐"四字,旁有联语,据说都是云巢公就素壁上悬腕手题。走进洞门,有大绣球花一丛,芭蕉数本,秋海棠萱槿等遍地。这里原来是后园的外园,坐南朝北有小阁两间,中隔粉壁一道。壁上嵌有爱鹅堂石刻,据说是王羲之所书。樟寿欣赏着壁上的书法,不禁陶醉其间。

傍晚放学回家,进了黄门,子传奶奶正站在她家门口。见了樟寿,立马过来拍肩膀问:"阿张,上学回来啦?好吧?"

樟寿漫应道:"好。"

子传奶奶故作玄虚地问:"倷知道爷爷的事吗?"

樟寿故作镇静地答道:"不就是自首投案,关在杭州狱府里吗?"

子传奶奶"嘘"了一声，压低声音说："已经判啦！是皇上御批的。"

樟寿惊了一跳，问："批的什么？"

子传奶奶举起右手掌，往自己后脖颈一砍道："'斩监候'！秋后杀头！"

"啊！？"樟寿惊呆了。父母为了不让孩子担忧，故意瞒着他和二弟，没有告诉他们爷爷的事。

子传奶奶见樟寿如此惊骇，也惊住了，连忙又拍拍樟寿肩膀道："'斩监候'就是没有定下来。还可能到时候皇上开恩，不杀头呢！"

樟寿再也听不下去了，痴呆呆地挪着僵持的步履，回到家中。

鲁瑞见儿子回来了，迎上去，看到这模样儿，以为病了，摸摸头说："阿张，怎么不舒服？"

樟寿摇摇头，一声不吭，走进后房，一头栽倒在自己床上。

杀头！杀头！！杀头！！！

绍兴中心闹市轩亭口的杀头场面，又出现在樟寿眼前——

……………

樟寿猛扯过被子，蒙上头，呜呜地哭起来。

姆娘过来了，她纳闷：是不是病了？头不烫。是在书屋里受人欺侮了？挨先生打骂了？不会吧？！老寿先生不会的。

该吃晚饭了，叫他，他也不应。他最害怕姆娘的抚慰。

姆娘默默地端过一碗菜泡饭，放在他床边的茶几上，呆呆地站在旁边，等他吃。他不忍心让姆娘如此着急，起身胡乱扒了几口，又躺下了。

夜里他又听见父亲翻身和呻吟的声音，知道父亲也在惦记着爷爷。

辗转反侧，总睡不着，挥之不去的，还是杀头。轩亭口看到的杀头场面总在眼前乱转。霎时间，轩亭口刑场上的犯人变成了爷爷，正被刽子手按倒杀头，刀光一闪，身首分离，血流如注……

轰！！！樟寿的耳边又响起晴天霹雳……

第二天，当他睁开眼，发现日头已经高照时，不禁打了个寒战。呀！晚了，还要上学呢！

第八章 归 家

　　赶忙起身，穿上衣服，胡乱扒了两口饭，抓起书包就往三味书屋跑。
　　书屋里传来了读书声。
　　樟寿站在门口，不敢进去。那次跑到庙会里扮小鬼，脸上的油彩没洗干净就跑回书房，躲在门口不敢进来，这次比那次还难堪！迟到了，刚回来上学就迟到了。先生会怎么惩罚呢？老寿先生是最恨迟到的学生了。
　　犹豫了一阵子，还是硬着头皮开门进来。
　　读书声停止了，同学们的眼睛全转向门口，朝樟寿射来。
　　老寿先生摘下眼镜，侧眼看了看樟寿，眼珠凸出来，嘴唇嗫嚅了几下，要说什么没说出来。樟寿看着先生那眼神，只能站直了一动不动。
　　僵持了两三分钟，老寿先生突然站起身，把书往桌子上一摔说："还不赶快到座位上读书！"似乎还模模糊糊地说了一句，"不给家里争口气！"
　　樟寿赶到自己的书桌前坐下，满脸通红，深深地低下了头，像是犯了天大的错误。
　　小寿先生也从"谈余小憩"里走出来看，见樟寿已经坐到自己的桌前，才放心地回耳房了。

　　这天午饭后，樟寿从家里带来一把小刀。下午放学时，他跟小寿先生说自己还有书要抄晚些回去。待人走屋空了，拿出小刀，在自家带来的书桌左上角，工工整整地刻了一个"早"字。

　　过了几天，二弟櫆寿也到三味书屋读书了。他已经不能像大哥当初那样，花两块钱买一张两只抽屉的新书桌，只能从家里搬来一张八仙桌，放在"谈余小憩"里，由小寿先生设帐授业。读的书是《中庸》上半本，普通叫作"上中"，第一天上的"生书"，是"哀公问政"这一节，因为里边有"夫政也者蒲芦也[①]"这一句，觉得很好玩。他虽然在本家书房里混过好几年，但是所读的书总计起来，只有《大学》一卷和《中庸》半卷罢了。所以到了三味书屋

[①] 出自《中庸》："人道敏政，地道敏树，夫政也者，蒲芦也。"意思是人道的法则是勤于政事，领导者努力，会得到追随者的爱戴，地道的法则是培育树木的成长，政事好比是芦苇，只要你辛勤照料，就会很快地成长起来。

131

也只能从《中庸》上半卷开始。本来这两种书的难读是著名的,当时有一首儿歌说得好:

> 大学大学,
> 屁股打得烂落!
> 中庸中庸,
> 屁股打得好种葱!

本来大学者"大人之学",中庸者"以其记中和之为用",也不是小学生能懂得的事情;樟寿拿出《中庸》来看,那上边的两句"人道敏政,地道敏树",就不晓得讲的是什么,觉得小孩子读不进去是深可同情的。幸好三味书屋的老寿先生和小寿先生都很和气,没有打屁股一说,屁股也就没有"烂落"或"种葱"。不然,真的难受了。但正因为如此,樟寿读的时间不短,却始终没什么长进。

《花镜》

从小皋埠回来后,樟寿更是爱书如命了。见书就想读,尤其看到图画书更是爱不释手。一天下午放学早,他到过桥台门找廿八公公,倒发现了一部好书。

这过桥台门,屋小而精,有树木花草假山鱼池,原是和房十五曾祖的避暑之所。后来中房派下的慎房和裕房住此,中派裕房支祖周以均。他曾奉旨办理太平天国善后,凡会稽县知县上任,或有什么事情,必来拜会,找他商量。据说他晚年在家纳福,不喜官场应酬。一次,知县的轿子已经抬到厅前,他又恰恰从耳厅出来,见知县来了,连忙用芭蕉扇把自己的面孔一遮,叫声:"挡驾,不在家。"知县也只得无可奈何回去了。

周以均很爱有文采的人,在送葬船上赞扬周伯宜祭文写得文情并茂的,就是他。

他有两个儿子锡祺和锡嘉,锡祺有三个儿子念农、慰农、忆农。慰农有两个儿子寿恒和寿升;锡嘉有一个儿子桂轩,又有一个孙子兰星。寿恒、寿升、兰星都是樟寿在三味书屋的同学。

　　樟寿这次来找的廿八公公,是周以均的幼弟周以增的次子,名锡璋,字子明,号芹侯。是祖辈中最小的一个,族中大排行二十八,人称廿八公公,但他只比樟寿大三四岁。年纪虽轻,却已抽鸦片了,闹得两肩高耸,身子像竹竿,那样子很是滑稽,樟寿总觉得他适于在戏中演一个角色。这廿八公公十分聪明,是个多才多艺的人。能书善画,兼擅雕刻,能刻细小的竹器,制作各种精致的鸟笼和各种玲珑的玩具。还会熬烟,熬的烟比别人成色高,香味足。

　　一进廿八公公精雅的小屋,樟寿就被屋门口悬梁挂着的两个鸟笼吸引住了。这两个鸟笼,一大一小,大鸟笼黄色,金灿灿的弯弧形的挂钩,黄澄澄的竹编圆笼,笼底是红、黄、绿三色的雕版,有些像皇宫的琉璃瓦。另一只绯胸鹦鹉,涂了蜡似的、角质的小红嘴,一点一点向下啄。廿八公公朝它做了个手势,它就张开小嘴叫道:"吉祥快乐!吉祥快乐!"

　　廿八公公两手背在身后,在屋里踱着步子,念起一首唐诗:"笼中鹦鹉唱,唱且拟人声。曲爪抓金紧,弯腰点首兢。我心他不会,他语我难听。替主言多事,相嬉亦可憎。"

　　樟寿不自主也跟着背了一首白居易的诗:"安南远进红鹦鹉,色似桃花语似人。文章辩慧皆如此,笼槛何年出得身?"

　　廿八公公含笑不语,又揭开了小鸟笼的笼衣,古色古香的深褐鸟笼里现出一只小巧秀丽的画眉,对着笼罩鸣啭起来,滴溜溜清脆悦耳。

　　樟寿听得有些陶醉了。

　　廿八公公解释道:"画眉喜欢隐居在密林里,性情又急躁,新来的画眉,不论是幼鸟还是成鸟,鸟笼一定要穿上笼衣,罩上一层深色的布。使它跟在黑暗的密林中一样,会安定下来。去掉笼衣,就如飞到了亮处,自动鸣叫起来了。"

　　樟寿佩服廿八公公懂得这么多养鸟的学问,不禁想起了欧阳修的一首诗,信口念道:"百啭千声随意移,山花红紫树高低。始知锁向金笼听,不及林间自在啼。"

廿八公公拍手叫起好来。

樟寿又注意起廿八公公屋里的盆花,真是姹紫嫣红,争奇斗艳。对这些奇花异草,他很多叫不出名字。一会儿问这是什么花,一会儿又问那是什么草。

廿八公公一边耐心回答,一边说道:"有一本叫《花镜》①的书,里面把各种各样的花都说到了。"

樟寿大感兴趣,睁大眼睛问道:"从哪里能找到这本书?"

廿八公公说:"兰星那里就有一部。"

樟寿兴奋极了,叫道:"太好了!兰星跟我是同学。我去找他要。"

廿八公公拉住樟寿说:"你去不妥。我去把他叫来。"说着,就跑出屋去。

樟寿独自一人在屋里欣赏廿八公公的作品,见那印着精美花卉的漂亮信笺,摆在桌案一角,知道是寿恒还回来了,煞是高兴。又看见桌上的文房四宝、篆刻刀具、红色印泥和刚写好的条幅,更是喜欢。特意过去看了看廿八公公的书法,字体秀丽、峻逸,很有些王羲之的风骨。不过,他尤其喜爱廿八公公的篆刻,盖下的芹侯印三字,红灿灿的,劲挺、精工。要是能得到廿八公公的印刻就太好了!

不一会儿,兰星随着廿八公公进屋来了,手里捧着一部《花镜》。

樟寿睁大了眼睛看去,见是三册黄纸的旧书,连忙捧了过来细看。

封面上是篆体的"花镜"二字,笔画很细,但很工挺,是陈淏子所著。翻开来是秘传花镜总目,全书共六卷,卷一为"花历新栽",含分栽、移植、扦插、接换、压条、下种、收种、浇灌、培壅、整顿十目。卷二为"课花十八法"。卷三为"花木类考",记载花木类植物一百多种。卷四为"藤蔓类考",记载藤蔓类植物九十多种。卷五为"花草类考",记载花草类植物一百多种。卷六为"附禽兽鳞虫考",其中有"养禽鸟法""养兽畜法""养鳞介法""养昆虫法",共记载园林常见动物四十多种。原书附有插图数百幅,虽是线刻,但很传神。

---

① 《花镜》:我国较早的一部园艺专著,主要介绍花卉植物种类和遗传育种知识。作者为清代园艺学家陈淏子,一名扶摇,自号西湖花隐翁,浙江杭县人。

樟寿看得入迷了,不忍释手。他似乎记得小时候在玉田公公家里看到过这部书,但不敢翻看,也不敢向玉田公公细问,这次是生平第一回亲手触到,并翻读了,简直如获至宝。

兰星也被樟寿感动了,想:不如将此书送他。但又想到近日手紧,缺钱花,就说道:"你喜欢,就卖给你吧!"

樟寿惊喜道:"卖给我?真的?"

兰星点头道:"真的。"

樟寿将书捧到怀里问:"多少钱?"

兰星信口说:"二百五十文。"

樟寿想了想:姆娘送他和二弟到皇甫庄时,给过一人五十文。自己原来还存有一百五十文,就对兰星说:"二百文吧!?"

兰星还在犹豫,廿八公公顺水推舟道:"行了。就二百文吧!"

兰星只好答应。

樟寿听了,高兴得跳起来说:"我就去家里拿钱。"

廿八公公大度地说:"我先垫付,你下次来时还我。"

樟寿捧着《花镜》,朝廿八公公鞠了一个躬,又向兰星道了声谢,忽然又想起寿恒,问道:"泰兄现在做什么?怎么不去学堂了?"

未等兰星回答,廿八公公就替他答道:"他觉得读书没有用,骑马,唱戏,参赌去了!绝顶聪明的人,这下完了!"

樟寿也不禁为之叹惜,摇摇头,小心翼翼地把《花镜》放进书包里,高高兴兴回家去了。

回到家里,再无心做别的,樟寿来到祖母房间的楼上,将杂物收拾到角落,摆好四仙桌和圈椅,找来抹布把四仙桌擦得干干净净,又把手洗净擦干,恭恭敬敬地从书包里将《花镜》取出,端端正正地摆在桌边,把圈椅拉近,坐下来,用指头捏住书页折缝上方印有一条阔墨线的地方,一页页地仔细翻看,像叩拜神佛的信徒一般虔诚、敬惜。看着一幅幅花卉的插图,就像当年看到长妈妈送的《山海经》一样兴奋。《山海经》上那些人面的兽;九头的蛇……

但那终归是虚幻的，想象中的神物。而这些线刻的很传神的花卉，却是生活中实有的，真真切切，就在眼前。他入迷了，姆娘叫吃饭也没有听见，直到三弟跑到房间里拽他，才不得不停下。

樟寿把心爱的《花镜》放到姆娘眠床旁边的一只红皮箱里去。这只皮箱里不放衣服，藏的都是他的书。因为木板书箱容易生虫，所以放在皮箱里。书叠得整齐，大空处放大书，小空处放小书。缝里插进小包樟脑，以防蠹鱼蛀食。里面的书有从家里大书柜里找出的《野菜谱》，画着穷人充饥度荒的各种野菜；家里藏书还有任渭长画的《于越先贤像传》和《剑侠图传》，画得很是别致好看；《毛诗品物图考》，则是他自己花钱买的。每次买回书来，发现有污墨或有一页订得歪斜了，就立即赶去调换。即使是完好的，他也都用绢线自己订过。因为总觉得书坊店里订得粗糙。

草草吃过饭，他又连忙跑回来，从红皮箱里拿出《花镜》，用绢线细细地重新订为天、地、人三册。有的书角折了，他一一用手指平整过来。天昏暗了，又捧着《花镜》，来到祖母房间的楼上，在朝北的后房窗下桌子上，把《花镜》摊开，一页页地翻看着。天更暗了，他才点上油灯，在灯下细读，完全沉醉在书里了。

第二天一早，樟寿特地到桂花明堂的花坛中采了片广玉兰的花瓣，夹在第二本"地"册中……

阿　云

这一天，老寿先生有事停课，樟寿打算补补觉。可是，天还没亮，就听见东头传来一个女人的恸哭声，呼天抢地，惨不忍闻。

姆娘首先起来，开门出去。樟寿也跟着起床，匆匆穿上衣服，去追赶姆娘。哭声是东头礼、义、信三房居住的处所传来的。

子传奶奶也出门去看，正好与姆娘碰上了。于是两人并排出了黄门，穿过白板门，走过大堂，来到玉田公公房子的东边。樟寿紧紧跟在后边。

东边周六四家门口，已经聚集了一些人。玉田公公和玉田奶奶一家也在里面。只见屋门开着,六四伯母趴在一张小床前号啕大哭。六四伯伯站在一边垂头流泪。玉田奶奶和她的儿媳谦婶过去劝慰,姆娘和子传奶奶也跟去安慰,可是任何人的劝解都不管用,六四伯母听都不听,只是流着眼泪鼻涕、顿脚捶胸,号啕不止。原来她的女儿阿云生急病死了,阿云只有十二三岁,生得并不漂亮,不大得人喜欢,却是六四伯母的心肝宝贝。宝贝女儿死了,当娘的怎能不伤心呢?大家看着,也都替她悲伤。

这时,櫆寿和松寿兄弟俩也来了。松寿探身往屋里看,天亮了,看清小床上躺着的阿云,白布蒙着,直挺挺的。松寿不禁想起前年爷爷从京城给曾祖母带来麻菇、杏脯、蜜枣、桃脯、葡萄干、榛子、茯苓饼,曾祖母不吃,娘娘分给他们兄弟吃。阿云刚缠了脚,一瘸一拐地在明堂里走,看见他们吃东西,觉得稀奇,过来看。二哥在她面前,故意吃给她看,又不给她吃,她不知道是什么,就追着看。她跑又跑不快,更加一瘸一拐的了。男孩子们看了好笑,学她走路的样子,她气得直流眼泪。可是,这么一个活生生的人,现在就僵直地挺着,死了。松寿抬头看看二哥,见二哥似乎也在回想逗阿云玩的情景,眼泪在眼窝里转。

樟寿看着僵死的阿云,也不禁悲伤。心想:人为什么会死呢?

好不容易,才把阿云安葬了,可是六四伯母仍然不停地大哭,几乎不吃不睡,要跟女儿一起到另一个世界中去。六四伯伯是个老实人,既不像三弟周四七那样整日晃荡,又不似二弟周五十那般诡计多端,只是在育婴堂里当他的司事,周四七讥讽他什么"育婴堂里当司事,雪白布头包银子",什么"反贴门神""倒套灯笼壳",也从来不恼,一心一意安分守己过日子,不搞邪的歪的,哪里经过这等事情!?看着老婆这个模样,站在一边呆立着,束手无策,不知该怎么好。紧皱眉头想了阵子,悄悄出去了。

一会儿,新台门里突然来了一个"夜牌头",就是走阴差的女人,径直挨到六四伯母的家门口。看见六四伯母坐在门槛上哭哭啼啼,作了个揖道:"你是阿云的姆娘吧?我来向倷报喜来了。"

六四伯母停止哭泣,抬起头吃惊地问:"什么喜?"

"夜牌头"有声有色地说:"你家阿云当了土地奶奶的从神,比在家里还舒服呢!"

六四伯母大喜,立刻站起来问:"真的?"

"夜牌头"肯定地说:"真的。我走阴差时亲眼看到的。穿着新衣裳,人也见胖了。"

"啊!这下可好了!"六四伯母乐开了花,立马回屋拿了一百钱交到"夜牌头"手里,四处奔走着,逢人便宣告这个喜讯:"我家阿云当了土地奶奶的从神了,比在家里还舒服呢!""阿云当了从神了!哈哈哈!"脸上也有了笑容。然而,樟寿看了她的笑,比看她的哭,还感到悲伤。

大家猜测,一定是六四伯伯花钱教"夜牌头"这么说的。

第九章　从夏熬到秋

苦　夏

　　这年夏天，把人热苦了。赤日炎炎，石板路热得烫人，简直可以煎蛋，狗卧在树下，把舌头耷拉出来，一动不动，猫过来都不追了。苍蝇也纷纷落下来，飞不了，聚集在树根上，一片黑雾似的。人更是对毒太阳生畏，不敢出门。古街上看不见人影，仿佛进入了无人地带。

　　如果逢急事非得出去，也恨不能往头上浇凉水，可刚一浇上，又热得像着了火，觉得可以在头上将水烧沸。恨不能变成鬼，逃进地狱里去，但又唯恐地狱被热得熔化了，再也无处可逃。

　　更叫人难熬的，是绍兴水乡特有的湿热。又潮湿又闷热，人们即便在屋里阴凉处坐着不动，也像是进了蒸笼，经受熏蒸热。浑身上下水淋淋的，燥热难耐，气都喘不过来。摇扇子吧？连扇出的风都是烫的，越摇汗越多。冷水擦身吧？汗比水还要多，更是挥汗如雨，仿佛浑身在燃烧。什么法子也解决不了这难忍的酷热。

　　周伯宜躺在屋子东边靠窗的一张小床上。这是鲁瑞专门为他准备的，床上铺着竹凉席，尽可能弄得凉爽一些。那张褐色的皮躺椅摆在小床边上，躺烦了，可以再换到皮躺椅上坐坐。他正躺在小床上发愣，虽然只穿着背心短裤，但还是汗流浃背，觉得竹席都烫手。

鲁瑞坐在旁边的矮凳上，挥动着芭蕉扇，给丈夫扇凉。无论多热，她都得穿着那件玄色绸衣，前后襟被汗浸湿了一大片，大滴的汗珠从额上脸上淌下来，也顾不上擦，只是一劲儿地扇。她明知道风都是烫的，再扇也无济于事，但还是扇个不停。

不管怎么扇，周伯宜还是热得难耐，越来越烦躁，猛一抬手，把鲁瑞手中的芭蕉扇弹开，瞪大了眼睛，四下张望，像是寻找什么。

鲁瑞心知肚明，晓得丈夫是在找他的考篮和科举用书《经策统纂》。今年是甲午年，大比之年，该赶考了。可是丈夫的秀才被褫革了，已经没有资格参考，为了避免他触景生情，早已把赶考的用品藏起来了。于是起身放下芭蕉扇，从桌上端过一杯冰水，递给丈夫，轻声说道："宜老相公，喝杯鲜藕汁吧！冰水冰过的，很清凉。"

周伯宜接过杯子，喝了一口，确是很清凉，不禁又心疼起妻子，把杯子递还给她说："你也喝。"

鲁瑞接过杯子，遵命似的抿了一小口。

周伯宜仰头躺下去，眯着眼睛，想象着他的考篮。他知道自己只能在幻梦中看见这物件了。

那是一件多么好的考篮啊！

是老庆用竹篾编成的三层提篮，暗红色，四边刻有回字纹，竹提梁上刻着花草、山水、人物纹饰，篮盖上穿孔，插上扁铜，即可上锁。提梁的两侧有黑字，一侧写的是"浙江乡试"，另一侧是"周伯宜"，都是自己用毛笔写的。上下共三层，上层加盖，每层用薄木板做篮底。第一层放毛笔、墨、砚台、水盂、纸张，下面两层放食物和用品。有人的考篮，内有秘密的夹层，存放考场作弊的抄件。周伯宜却从来不做这等事，他认为既为学子，就当凭自己的真学问应试，不搞这些虚的假的。

科举分童试、乡试、会试、殿试四级。童试，他顺利通过了，成了秀才。三年一次的乡试却几次未中，乡试时间为阴历八月，故称"秋闱"。因此每一入夏，他就不顾暑热，埋头准备赶考。乡试应考三场，每场连考三天，三进三出，考试期间答卷、食宿均在号舍中进行。这个考篮伴在身边好长时间了啊！

想到这里，被考官突然扣了考卷、解往省里查询的尴尬情景又在眼前浮现，令他捶胸顿足，连声长叹。又埋怨起自己的父亲：这个愚不可及的老爹！为什么要行这个贿啊？！不但没有得半点好处，还惹下了天大的灾祸。其实，如果正常考下去，自己很可能会高中的。一时间对周福清充满了怨恨。但转念又想到老爹被判了"斩监候"，说不定秋后要杀头，就不禁浑身颤抖。真比杀自己还恐怖！夏天到了，秋天也不远了！杀头的时候越来越近了！说什么也要卖地筹钱营救！可是，地又卖得差不多了！怎么办？

周伯宜霍然似乎又明白过来，跳将起来，连喊了三声："怎么办？怎么办？怎么办？"

鲁瑞吓了一跳，马上明白丈夫又在愁公公"斩监候"的事情，按住丈夫的肩膀，柔声说："别发愁。会有法子的。"

其实，她心里比谁都清楚，什么法子也没有。只能听天由命！

"红蝙蝠"

苦夏刚过，以为会凉快了，可是老天偏要跟人做对，又来了秋老虎，比夏天还燠闷。

而最为燠闷的，莫过于东关金家大院的一间小屋了。屋里窗户紧关，全部封闭，闷热得像蒸笼，能将人蒸得烂熟。床上躺着一个女人，脸红得像熟透的螃蟹，满头冒着热汗，旁边一个不足月的婴儿，也是浑身通红。

这个女人就是樟寿的小姑母，祖母蒋氏唯一的亲生女儿周康。她性情和善，当姑娘时，不但对樟寿姆娘客客气气，对侄儿们也很好，常讲故事、唱儿歌给侄儿们听。出嫁那天，樟寿攀着轿杠不肯让她走，还要钻进轿里和她一起出嫁。

她丈夫金雨辰是个秀才，夫妻两人感情很好，但是舅姑很难侍候。周福清在杭州狱中知道后，严命家中与金家绝交，关系闹得更僵。周康先生一女，名珠姑。这年八月又生一子，分娩时，难产发热，正在危急中。

金雨辰站在屋门口，急得来回踱步，不停地跺脚。见管家终于引来了大夫，忙把大夫请进屋。大夫看了看，给周康把了把脉，摇摇头，起身告辞。金雨辰更急了，跟了出来。大夫又摇摇头说："没法了。准备后事吧！"接了诊费，上轿走了。

金雨辰束手无策，在院里号啕大哭。还是管家清醒，忙凑到他耳边说："快请夫人的娘家人来吧！"

金雨辰这才点了点头。管家急忙去办。

金雨辰回到火炉般的小屋，见妻子脸烧得通红，扬起右手，正喃喃自语："红蝙蝠飞来了，来接我了！"恍然间，她隐约看到红彤彤的云团间一只红艳艳的蝙蝠飞来了，周身一轻，坐上红蝙蝠伸展的翅膀，朝着寥廓的云天飞去……

金雨辰一愣，一惊，猛然扑倒在妻子床前哭嚎起来……

东关离绍兴城还有六十多里水路，管家派的伙计驾着乌篷船，用手划楫，以脚蹬桨，拼命地划着船。小划船，箭也似的驶向前方，足有半个时辰，方才到达东昌坊口埠头。急忙跑进周家新台门，报告东关有急事，要祖母蒋氏快去！周家一听就知大事不好，祖母立马简单收拾一下行装，风风火火地前去了。

第二天，伙计又来接父亲周伯宜前往。樟寿三兄弟看着大人紧张忧切的神色，知道出了大事。

几天后，祖母和父亲同船回来了。

父亲郁郁不欢的脸上又增添了一层乌云，摇摇头就回自己屋里去了。

祖母本来性情诙谐，这时却变得痛苦和悲伤。她流着泪向姆娘讲："康官这次生了个儿子，婆家人都欢欢喜喜的，却不料产后发起烧来，八月初的天气，碰到秋老虎，比夏天还燠闷。产房里门窗紧关，好人进去，也受不住。她烧得脸通红，讲胡话，说：'红蝙蝠飞来了，来接我了！'就去了。刚生下来的小毛头，一个胖胖的男孩儿，也没有留下来，跟着他娘一起去了。"

樟寿三兄弟站在旁边，长妈妈抱着椿寿，姆娘扶着祖母，都伤心地听着。

讲到娘俩儿都去了时，祖母哭得说不出话来，姆娘和长妈妈也陪着流泪。

樟寿想起小姑母刚出嫁到东关，曾邀请侄儿去看五猖会①，那可是他所罕逢的一件盛事。虽然上船前父亲突然叫他背书，闹得不愉快，但梅姑庙里塑着的那对眉开眼笑的少年男女，五猖庙里的五通神和他们那并不"分坐"的五位太太，以及骑马来"塘报"的孩子，汗流浃背、用双手托着长旗杆来"高照"的胖大汉，还有"高跷""抬阁""马头"，穿着红衣枷锁、扮犯人的孩子，都是他从来没有见过的。多么好的小姑母啊！怎么就去了呢？

樟寿想起小姑母出嫁那天，自己攀着轿杠不肯让她走，还要钻进轿里和她一起出嫁的情景，不觉鼻子一酸，大哭起来。

松寿看见二哥哭，也禁不住跟着哭了。

小椿寿偎在长妈妈怀里，不知道怎么回事，也啼哭起来。

大家都伤心落泪。长妈妈劝道："红蝙蝠是从天上飞来的，想是神来接去了吧！"

可是祖母还是哀哀地哭泣。康官这女儿，是她唯一的亲骨肉，即便是神接去享福，也无法减轻她心头的悲痛。

祖母又说，是伯宜给康官穿了衣服，送她入了殓。很是感激！

樟寿听了，想道：为死者穿衣服是自愿的，要精细、敏捷，也要亲切、谨慎，父亲常和慰农伯伯搭配，为本家长辈穿衣服，这次，他为自己的异母妹妹也尽了最后的一点心意了。

夜里，樟寿睡不着，小姑母的身影总在他眼前浮动，小姑母请他们弟兄去赛会最盛的东关看五猖会的情景一幕幕闪过，那是全县中最盛的会，东关又是离他家很远的地方，出城还有六十多里水路。在那里有两座特别的庙。一是梅姑庙，就是《聊斋志异》所记，室女守节，死后成神，却篡取别人的丈夫的；现在神座上确塑着一对少年男女，眉开眼笑，殊与"礼教"有妨。其一便是五猖庙了，名目就奇特。据有考据癖的人说：这就是五通神。然而也并无确据。神像是五个男人，也不见有什么猖獗之状；后面列坐着五位太太，

---

① 五猖会：地方民俗，祈求五猖神驱鬼祛邪，消凶化吉，并伴有庙会游行。

却并不"分坐"。

　　因为东关离城远,大清早大家就起来了。昨夜预定好的三道明瓦窗的大船,已经泊在河埠头,船椅、饭菜、茶炊、点心盒子,都在陆续搬下去了。樟寿笑着跳着,催他们要搬得快。忽然,工人的脸色很谨肃了,他知道有些蹊跷,四面一看,父亲就站在樟寿背后。"去拿你的书来。"父亲慢慢地说。这所谓"书",是指樟寿开蒙时候所读的《鉴略》,因为他再没有第二本了。他们那里上学的岁数是多拣单数的,所以这使他记住其时是七岁。父亲此时却叫他背书,背不出,就不准去看会。好不容易背过了,才让他去,大家都很高兴,樟寿却并没有他们那么高兴。开船以后,水路中的风景,盒子里的点心,以及到了东关五猖会的热闹,对于他似乎都没有什么大意思。樟寿想起这事,一直诧异他的父亲何以要在那时候叫他来背书。

　　不管怎样,小姑母还是让人想念的。他想起《红楼梦》里宝玉在月光下给晴雯作的《芙蓉女儿诔》,就下床穿衣,悄悄出屋,来到桂花明堂,为小姑母吟诵了一篇祭文。正朗诵完最后两句:"茫茫苍天兮红蝙蝠,汝乃神明抑或邪魔?怎不令君子兮有寿?"忽听身后有动静,连忙退回,缩在角落,只见祖母一人出来,在桂花明堂里摆上香案,点起一对三拜蜡烛三支线香,在月光下,跪在大方凳上向天膜拜,脸上充满了虔诚、悲痛和寂寞。樟寿想起小时候,祖母夏夜在桂花明堂大树下给他讲猫当老虎师傅的故事,心中一阵酸疼,想去劝慰祖母,但他又知道,无论什么人规劝,祖母心头的创伤都不可能平复了。就不去扰乱她,独自回到屋里。

长庆寺

　　祖母要求为女儿做法事超度亡灵。金家是富室,金雨辰对亡妻又深为怀念,于是决定在长庆寺做七天七夜水陆道场。

　　樟寿三兄弟都去了。

　　长庆寺位于绍兴城南塔子桥南堍,沿古街往西,走到东昌坊西口,再朝北走二百步就是。这寺,为绍兴八大寺之一,始建于唐永徽二年,即六五一年,八四一至八四六年一度圮废，至九五八年又重建，堪称千年古刹。寺院坐西朝东，赭墙黑瓦。红色的山门上悬挂一块红底烫金的"长庆寺"匾额。进门是头殿，有一尊袒胸露腹、笑容可掬的弥勒菩萨。主殿分为前后两殿，前殿供有一尊如来大佛和十八罗汉，殿内石柱上刻有两副楹联："九品莲台狮吼象鸣登法座，三尊金相龙吟虎啸出天台"；"炳惠照于西天教开两汉，荫慈灵于中土恩普十方"。后殿是一尊木雕的千手观音像，寺里有丈余的大佛，也有数尺或数寸的小菩萨，殿内还有大小匾额五十多块。

水陆道场，是中国佛教最隆重的一种经忏法事，全名是"法界圣凡水陆普度大斋胜会"，简称水陆会，又称水陆斋、水陆道场、悲济会等，是设斋供奉以超度水陆众鬼的法会。

这天，主殿内搭起高台，台上挂起黄色帷幕和五彩幡幢；北墙彩绘五尊佛像，依次为释迦、弥勒、阿弥陀、普贤和观音诸菩萨；正中设一法座，祭器祭品一应俱全。

只见大殿内烛火通明，香烟缭绕。长庆寺住持龙师父头戴毗卢冠，身披大红袈裟，手擎如意，登上高台。他身材瘦长，脸形瘦削，颧骨高高的，眼睛细细的，留着两绺下垂的胡子，面朝台下一百零八名和尚坐定后，开始领念《炽盛光大威德消灾吉祥陀罗尼经》，台下众僧着一身通黄的僧衣，趺坐蒲团齐声和诵，配座按着音节击打法鼓。钟、木鱼、引磬、钹、铃，与行云流水般的诵经声交织一起，时疾时徐，和谐顺畅，悦耳动听。

樟寿还没进寺门，就被这诵经声和佛乐吸引住了。一进门，又被这大红大黄的缤纷色彩炫得眼花缭乱，真不知往哪里看才好。最后还是盯住自己的师父，见他头戴毗卢冠，身披大红袈裟，庄严透顶的样子，但樟寿似乎庄严不起来，觉得他不过是一个剃光了头发的俗人。

松寿一进门就去找千手观音，钻过人群，来到前殿，看见了殿里的十八尊罗汉和财神菩萨、伽蓝菩萨。转到后殿，又看见那早就听长妈妈说过的千手观音。见这千手观音有一丈多高，向上首周围伸着一只只手，每只手里都拿着东西，有一个是骷髅。唬得他连忙回来拉大哥去看。他不懂骷髅的意思，问大哥，大哥说就是死人头骨，他感到非常恐怖，以后到寺里去，对那佛像就不敢正眼相看了。

椷寿不愧是"老和尚转世",眯着眼站在旁边一动不动,专意看和尚们念经。

和尚们念完经,又一同起身,手持各种红彤彤的法灯围圈行走,口中仍然念念有词,不断祈祷着"南无阿弥陀佛"。虽然天气依然很热,和尚却不出汗,一个个神清气爽,据说这是因为心静自然凉。

水陆法会的基本程序是:第一日三更,外坛洒净,四更内坛结界,五更遣使建幡。第二日四更,请上堂,五更奉浴。第三日四更,供上堂,五更请赦,午刻斋僧。第四日三更,请下堂,四更奉浴,五更说戒。第五日四更,诵《信心铭》,五更供下堂,午刻斋僧。第六日四更,主法亲祝上下堂,午前放生。第七日五更,普供上下堂,午刻斋僧,未时迎上下堂至外坛,申时送圣,至此水陆法会即告圆满结束。

连续闹哄了七日,第一日,住在对面土谷祠里的阿桂就来看热闹了。他破裨子泛出的难闻汗臭味,惹得周围人不堪忍受,纷纷轰他走。他不走,结果被一位留着络腮胡须的壮实看客揪着辫子拖出来,才不得已离开了。临走,他冲长庆寺啐了口唾沫道:"孙子才要看呢!"

"络腮胡"闻听,过来一把抓住他辫根朝寺院的赭墙撞去,边撞边骂:"偌讲谁是孙子?"

阿桂被撞得疼不可耐,连连求饶道:"我是孙子,是虫豸,人打虫豸,好不好!——我是虫豸,还不放么?"

"络腮胡"还是又连撞了他三下响头,才撒手,转身得意地扬着脸,又看道场去了。

阿桂抚着被撞出大包的头顶,歪头瞅瞅那人,哼了一声,起身走了。走了老远,又回头骂道:"我总算被儿子打了,现在的世界真不像样……"这样骂着,竟也挺直腰杆,气宇轩昂地到小酒店喝酒去了。

七日间,是要举行"解结"的仪式的,因为死人在未死之前,总不免开罪于人，存着冤结，所以死后要替他解散。方法是在这天拜完经忏的傍晚，灵前陈列着几盘东西，是食物和花，而其中有一盘，是用麻线或白头绳，穿上十来文钱，两头相合而打成蝴蝶式、八结式之类的复杂的，颇不容易解开的结子。有些实在打得精奇，据说是闺中的小姐或少奶奶打的。有些打好之后，浸过水，还用剪刀柄之类砸实，使和尚无法解散。解结，是替死人设法的，现在却与和尚为难，颇有一点虐待异性的病态的、借以纾解深闺的怨恨。

　　樟寿看到一群和尚环坐桌旁，且唱且解，解开之后，钱归和尚，而死人的一切冤结也从此完全消失了。他觉得这道理似乎有些古怪，但谁都这样办，并不为奇。不过解结是并不如世俗人所推测的，个个解开的，倘有和尚以为打得精致，因而生爱，或者故意打得结实，很难解散，因而生恨的，便能暗暗的整个落到僧袍的大袖里去，一任死者留下冤结，到地狱里去吃苦。这种宝结带回寺里，便保存起来，也时时鉴赏。当鉴赏的时候，当然也不免想到打结子的是谁呢，男人不会，奴婢不会，有这种本领的，不消说是小姐或少奶奶了，就不免睹物思人，"时涉遐想"起来。

　　一日，师兄向樟寿炫耀，樟寿一定索要，不然就要告诉师父。师兄不得已分给他几个，樟寿高兴地拿回家里藏起来，珍存了好久。

　　七日过后，长庆寺又恢复了安静。龙师父特地请周伯宜留下吃饭。请他吃火腿炖乌龟，说这是很补的。两人还要了一瓶老酒，边吃边聊，伯宜三杯酒下肚，就放言起来，问道：

　　"向师父请教，人死后，亡灵能够超度吗？"

　　龙师父也喝得微醺，说起真言："人死万事空。哪里有啥子亡灵啊！"

　　"那为什么还超度呢？"

　　"这不是为了安慰活着的人吗？寺里也要谋生啊！"

　　"噢！"周伯宜恍然大悟。

　　胖胖的师母，穿着玄色纱衫裤，在自己家里的院子里纳凉，请樟寿三兄弟和她的小孩子一起玩耍。还在小桌上，摆出水果和点心，让孩子们吃。三兄弟都很高兴,一时间忘了小姑母去世的悲哀。

姆娘和长妈妈抱着椿寿也来了。小椿寿已经一岁,刚刚学会走路。他从长妈妈怀里下来,一步步朝前面蹒跚地走,呀呀地叫着。师母赶忙起身,从小桌上拿起一片苹果递进他嘴里。小椿寿的小嘴被苹果堵得满满的,不住地嚼,逗得人们全笑了。

小椿寿吃完了苹果,看见大门敞开的屋子里,爹爹正跟一个人说话,就侧着小脸叫:"爹爹!"

周伯宜一听,心都酥了,出屋抱起儿子,亲了一口。

龙师父也出了屋,站在台阶上,望着周伯宜的四个儿子。

樟寿对父亲和师父说:"我和松寿去前殿看了,那千手观音有一丈多高,向上首周围伸着一只只手,每只手里都拿着东西,有一个是骷髅。好吓人!"

父亲笑笑说:"甭怕。那是泥塑的,真鬼是没有的。"

师父也笑道:"有什么可怕的。我们天天在这儿,都没怕过。"

樾寿在一旁听了,却怕了,再也没有到长庆寺去过。

做了七日水陆道场,小姑母去世的消息传开了。傍晚,从南街耶稣教堂来了一个美国修女,手里拿着一把阳伞和一本福音书,五十岁左右,却说着一口道地的绍兴话:"我来看看周太太。"

祖母和她坐到小堂前的板凳上,她担心凳子不干净,把阳伞垫在身下,就向祖母传道了,说道:"耶稣基督仁慈,凡相信他的人,灵魂可以得到拯救,升入天堂。"

祖母很耐心地听她说,修女还劝她星期日到教堂做礼拜。

祖母回答:"我这一世还顾不周全,哪有工夫去管来世呢!"

修女不再说什么,以后再也不来了。

"四个儿子"

办完小姑母的后事,也快入秋了。一家人又陷在祖父就要秋决的恐惧中,惶惶不可终日。周伯宜下决心把最后的一块余田卖了，请人去托门子，保父亲不被杀头。但托付的人，很快就回来了，说这是御案，谁也管不了。周伯宜只得又让人告诉正在杭州的阮标，没法也得想法，总不能眼看着父亲杀头。周伯宜愁得一天到晚唉声叹气。

九月下旬的一天下午，"街楦"衡廷风风火火地从街上跑进大厅，一路上带着哭声大喊道："中国打败啦！大清国完了！"

听见哭喊声，周伯宜、玉田公公、周五十、周六四等周家的男人全跑过来，聚在大厅里。一会儿，连在外面游逛的周四七，也右手捏着尺许长的潮烟管，左手拿了一个猫砦碗，凑拢来了。

鲁瑞拉着樾寿、松寿，长妈妈抱着小椿寿，也来了，站在一边听。子传公公也让子传奶奶扶着进了大厅，周伯宜连忙搀他坐在厅里的椅子上。

这时，樟寿正好放学回家，见父亲等人都在里面，就立在一边听。

衡廷见大家到齐了，像演说一样宣讲道："九月十七日，中日双方海军在鸭绿江口大东沟附近海面决战。北洋舰队军舰十艘，日本海军军舰十二艘。中午开战后，北洋舰队重创日本比叡、赤城、西京丸诸舰，但北洋舰队的致远舰亦受重创。管带邓世昌为保护旗舰，下令向敌先锋舰吉野猛冲，以求同归于尽，不幸中敌鱼雷，二百余人壮烈殉国。下午，北洋舰队十舰中，沉四、逃二、伤二，日本只伤四舰，广造舆论，渲染胜利，准备一攻再攻，大清国则一退再退，屡屡惨败！"

男人听此消息，禁不住个个捶胸顿足，连声长叹。子传公公咳嗽得更厉害了，子传奶奶不断地给他捶背。女人们也一个个低下了头。

衡廷忽然大喊道："国将不国，怎么办？"

周伯宜一时间热血沸腾，拍着胸脯说："我有四个儿子，将来可以派一个到西洋，一个往东洋，去求学问，谋求救国之道！"

玉田公公应声道："对！像邓管带那样，谋求救国之道！"

周六四也说："邓管带有志气，像个中国人！"

连周四七也举着尺许长的潮烟管说："中国人都学邓管带，打他娘个洋鬼子，小倭寇！"

周伯宜一时间热血沸腾,拍着胸脯说:"我有四个儿子,将来可以派一个到西洋,一个往东洋,去求学问,谋求救国之道!"

唯有周五十依然笑眯眯，不住点头叨念着："都好，都好，都会好起来的。"

樟寿听着惠叔衡廷的讲演，看着父亲和诸位亲人激昂的反应，情不自禁咬紧了牙关，攥紧了拳头……

秋　雨

入秋的北京紫禁城，下起了绵绵秋雨。雨中又刮起萧瑟的秋风。在雨网的笼罩和秋风的呼啸下，阴沉的天空更加阴郁，琉璃瓦折射出的枯黄阴气也仿佛浸透了阴间的腐湿，令人感到丧气。那潮湿的红墙，发出一股难言的血腥色，和墙旁的白皮松以及依然油绿的松叶成为强烈对照，又与沉闷的天空遥遥相应，使人似乎进入了血淋淋的刑场，不胜胆寒，不寒而栗。

在宁寿宫养性殿里，天顶正中装饰华丽的浑金蟠龙藻井，纵然依旧金黄闪亮，华贵庄重，但黄缎坐垫的宝座，好像要燃起红黄的火苗，檀香木的桌案两旁的角端，这古代传说中日行一万八千里的神兽，也宛若在不断向君王报告坏消息，皱起了眉宇。形状仿古代亭子式样的香筒，好似要歪倒了，不再寄寓江山安定之意。

这时，刚刚退朝的光绪，情绪烦躁地来到桌案前，坐上宝座。他面对旧疮新疾，痛心疾首，恨不能一夜之间就把满目疮痍的社稷整顿一新，然而事事不如意。

北洋海军正式建军后，就再没有增添任何舰只，舰龄渐渐老化，与日本新添的战舰相比，火力弱，行动迟缓。前三年，连枪炮弹药都停止购买了——钱被慈禧拿去修颐和园了。慈禧太后说："光绪登极时年幼，我不得不垂帘听政，后来改为'训政'，再改为'归政'。我什么都不过问了，修修花园养老还不行么？"光绪纵然气恼，却无可奈何。结果甲午海战中，定远舰的火炮是十分钟一发，只能远程射击，而日本鱼雷艇射出的鱼雷却是一分钟数发。虽然邓管带等将士无比英勇，也只能是中国大败。

康乾盛世一去不复返，大清王朝的没落似乎已成定局，一向被中国看不起的"倭寇"竟全歼北洋水师，索要巨款，割夺国土。朝野上下，由此信心丧失殆尽。清政府的独立财政即将破产，要靠向西方大国举债度日。

光绪皇帝忧愁的目光注视着窗外，像是看到了屈辱的黄海和阴气重重、再无重振希望的大清国土。

旁边的侍官说了声："皇上，请。"

光绪才猛然一惊，向桌案看去，见刑部已将这年秋决的公案摆在案上，香烛已经点起了。这是每年秋决前都要履行的程序：刑部把"斩监候"的犯人分省写在一页纸上，每页的姓名成圆形排列，待到择定日期，摆公案于明堂，将纸铺在案面，由皇帝操朱笔在上面随意画一圆圈，哪个犯人姓名上染上朱色，就要在秋天祭孔后就地执行，没有染上朱色的，则仍然监禁狱中，到第二年再秋审，如果连续三次没被圈着，就改为终身监禁。

光绪本就情绪烦躁，加之总觉得这事不大吉利，就拿起朱笔闭眼一落笔，由侍官处理去了。

侍官赶忙收起皇帝圈好的公案，到台下文书房中"钉封"①。

不一会儿，午门外，驿卒骑着骏马，带着"钉封文书"飞快地送达各地了。

花牌楼

绵绵的秋雨，在江南秋风的吹拂下，飘洒在杭州西子湖的绿波之上，像银灰色黏湿的蛛丝，织成一片轻柔的网，网住了整个杭州城。

离西子湖不远的地方，就是杭州府狱。再往西不远，是杭州那时候标准的市房。临街一道墙门，里边是一个两家公用的寓所。

其中一半住着陪监的周福清一家，双扇的宅门，有两扇向外开的半截板门，平常关着。里边一间是堂屋，后面一间稍小，北头装着楼梯，底下有一副板床，是仆人阮标晚上来住宿的床位，右首北向有两扇板窗，对窗一顶板桌，小主人伯升白天在这里看书，晚上就让给阮标用了。后面三分之二是厨房，其余三分之一是一个小院子，与东邻隔篱相对。走上楼梯去，半间屋子是女仆台

---

① 钉封：把朱笔圈到的犯人签以处决死刑的公文，放入封袋内，在封袋中央用锥穿一孔，用纸捻钉入孔内，两面用糨糊把纸捻粘附在封袋上，再钤章加火漆，谓之"钉封文书"，以防泄露秘密，如囚犯获知而自杀，官吏须受严重处分。

州老妈子——宋妈的宿所，前边一间是主妇潘姨太的，伯升宿在那里东边南窗一张小床上。阮标是专门伺候周福清的，一早出门去，给周福清预备早点，随即上市买菜，在狱中小厨房里做好了，送一份到寓里来，因为寓中只管煮饭，不管买菜。等周福清吃过了午饭，阮标便又飘然去上佑圣观坐茶馆，顺便买些杂物，直到傍晚才回去备晚饭，上灯回寓一径休息。这是他每日的刻板行事。他很英俊，作为庆叔妻子阮太君的内侄、运水的表兄，像周福清的亲属一样，能干而又忠实。

　　天暗沉沉的，像古老的住宅里缠满着蛛丝网的屋顶。那堆在天上的灰白色的云片，就像屋顶上剥落的白粉。在这古旧的屋顶的笼罩下，一切都是异常的沉闷。园子里绿翳翳的石榴、桑树、葡萄藤，都只代表着过去盛夏的繁荣，现在已成了遗迹，在萧萧的雨声中瑟缩不宁。草色已经转入忧郁的苍黄，地下找不出一点新鲜的花朵；墙根的霜痕，渗着水滴，透出一线苍绿，像是含着满眼的泪珠，在那里叹息它的薄命。墙角的桂花树，黄金一样散发幽香的花蕊，大多已经脱落，余下的几粒只能悄悄地回忆自己盛开时的辉煌，叹惜将和同伴一样逝去的生命。

　　在花牌楼楼上，潘姨太和周伯升都坐在前间床铺上，像筛糠一样不住地瑟缩着。一想到即将到来的秋决，想到自己的丈夫和亲人将要面临的杀头厄运，就吓得浑身战栗不止，比杀自己还恐怖。周伯升早就发誓要替斩，代父亲去死。然而，到现在也不知究竟怎样才能去替斩，绍兴家里凑的银元，交到阮标手里很久，阮标也忠实地四处奔走，却不知究竟应该往哪里送。人们都说这是钦案，皇帝下的旨，别人管不了的。

　　雨淅淅沥沥地下着，只有一点细细的微声。

　　灰黑色的房屋，像披着陈旧袈裟的老僧，垂头合目，受着雨底洗礼。那潮湿的灰砖和墙下依然绿油油的桂叶成为强烈的对照。灰色的癞蛤蟆，在湿烂发霉的烂泥里跳跃着；在秋雨的沉闷的网底，只有它是唯一的充满愉快生气的东西。它背上灰黄斑驳的花纹，跟沉闷的天空遥遥相应，构成灰暗的色调。

　　癞蛤蟆扑通扑通地跳着，从草窠里，跳到泥水里，溅出深绿的水花。又哇哇地叫起来，渐渐由独唱变为大合唱，如惊雷震耳。

周伯升霍地跳将起来,大叫:"爹爹,我去替斩,替你死吧!"叫着跑出去。

潘姨太发疯似的跑去抓住周伯升,母子俩从来没有像这般亲昵地搂抱在一起,号啕大哭。

雨不停地下着,在窗外织成了一幅透明的珠帘。

旁边高大的树木,被雨水冲洗得干干净净,颜色苍绿苍绿,叶片上挂着晶莹的泪珠。

秋　决

秋雨停了。秋高气爽,是个大晴天,却刮起了江南从来没有过的萧瑟秋风,几乎一时间要把所有的树叶吹落。

杭州府狱里,仍然一片阴森气象。西头的房间,厚板铺成的卧榻上,周福清低头坐着,仍然不住把自己右手大拇指的长指甲放在嘴里,咬得嘎嘎作响,嘴里喃喃地骂道:"昏太后""呆皇帝""速死豸""王八蛋"……

禁卒邹玉,这长厚的老头儿,悄悄走进房里,毕恭毕敬地小声说道:"老爷,该秋审了。"

按照清朝法制,凡是判处死刑的囚犯,在"监候"期间,每届秋季,由该省主管刑狱最高的"臬司"举行一次亲审,如有冤抑,得以平反。行之既久,转成一种惯例,只由臬司亲莅大堂,作一"点名",并不实行亲审。

周福清听说之后,慢慢起身,随禁卒来到大堂。

这时,人已到齐了。死刑囚犯一律站在右面,经臬司按次点名。每点一名,囚犯就由右趋入堂上,跪地应一声"有",起立转向左方。若是官犯,则只应"有"趋过,不须跪地。

点到周福清了。他信步趋到堂上,臬司对他客气地立起身来,而他却不应"有",反倒回了一声"王八蛋"。

一时间,大堂上一片惊嘘。臬司深知周福清的性格,倒不生气,挥挥手,由他转向左方。

"秋审"完毕，周福清又回到自己的牢房中，照旧坐在卧榻上若无其事。

第二天一早，禁卒邹玉跑到周福清面前屈一足，手垂地行礼，打了一个千，说："大老爷恭喜！"

周福清知事不妙，问禁卒："'钉封'到了吗？"

禁卒答："请大老爷升天。"

周福清听了，形色自若地换上公服，靴帽袍套照旧，只帽上无顶饰，改天青褂为元色褂不缀补服，静坐待提。

候了一会儿，没有动静，知道还早。因为在未提出以前，先须会营，通知城守营派兵警戒，发梆三次，叫全体衙役准备，击三次鼓，打三次典，叫全班书吏衙役以及典史、禁卒站堂伺候，然后县官披着大红斗篷，戴上大红风兜升坐大堂举行堂威、排衙以壮声势。经过了这些程序，才提出人犯，验明正身，赐予酒肉，先问有无冤枉，继问有无遗嘱，最后勉励他下世务必做个好人，这才动手插标捆绑。所有的一切，周福清全知道得一清二楚。于是他坐下来先写遗嘱，再给亲友写留别书，见还无动静，又把存在狱里的私人衣物、书籍都开列清单。特别是那一匣《唐宋诗醇》，单挑出来，放在衣服上面。

正在办理这些事情的时候，禁卒匆忙跑进来对他又打了一个千，口中仍喊"大老爷恭喜！"周福清以为是来提了，不慌不忙站起身，准备出去，禁卒忙把他按住，说："真的恭喜了。"原来刚才"钉封"的是另一个同音不同字的武职官犯，不是他。

周福清这才知道禁卒弄错了，又从容镇定地脱去了公服，换上便装，坐下来，依旧看他的书——读过不知多少遍的《唐宋诗醇》……

说也怪，萧瑟的秋风骤然停了，周围一片平静。

阮标一直在杭州狱府前面焦急地观望着，看押出行刑的官犯是不是自家主人。

好大一阵子，见两个衙役拖着一个吓得半死的武职官犯出来了。阮标倒吸了一口冷气，还静候着。直到三通鼓响，行刑完毕了，依然没见主人，阮标大喜，赶忙飞跑回家告知潘姨太和周伯升。

潘、周二人正哭作一团，见阮标来报喜，即刻不哭了，转哭为笑。

周伯升不顾一切，连忙准备笔墨纸砚，给家里写了封平安信，交阮标速速发走。

周家新台门里正一片恐慌，茶食不进，几乎断炊，又忽听有人大声喊："周伯宜，有信！"

周家人立即倾巢出动，全来接信。周伯宜颤抖着双手，从信局送信人手中接过了信。

松寿见信封上还是写着："福盆桥新台门周伯宜先生启"，只是字迹稚嫩，不像祖父的笔迹。

周伯宜手抖着，从大襟里掏出十二文钱交给送信人。送信人转身走了，他依旧不敢拆信。这一年，时时记挂着"斩监候"的父亲，从夏到秋，怎一个"熬"字了得！苦"熬"，煎"熬"，难"熬"，死"熬"！在热死人的苦夏中，既盼望这苦热的夏天赶快熬过去，又害怕秋天的凉爽降临，亲生父亲遭杀头之难！自己和家人遭惊魂之恐！其中滋味可以想见！

玉田公公捋捋唇上开始花白的八字胡，催促周伯宜拆信，他方才瑟瑟缩缩地拆开看。信函一进眼帘，就不禁咧嘴大笑起来，叫道："爹爹平安了！"

在场的周家人也如释重负，齐声欢呼："平安啦！"

接着，周伯宜又大哭起来，呼道："今年平安，明年又会怎样？这般日子何时熬到头啊？"

周家人又全都垂下了头。

第十章 过 年

祭 灶

周家已经两年没有过年了。虽然周福清的生死仍然未定,但是终归熬过了第一年的鬼门关,心里略松了一些,鲁瑞为使丈夫高兴一点儿,决定让家人过个平安年。她打起精神,率领宝姑、烧饭姆娘、长妈妈,在灶头祭灶,准备送灶司菩萨上天去。

正在繁忙的时候,来了一个中年妇女,矮个儿,圆脸高颧骨,肤黄,不大好看,上穿黑色背心,下着黑色折裥裙,腰间束蓝布,梳着挽成长约八寸的高髻"老嫚头",挽着做工精细、黄色方底有盖形似元宝的"老嫚篮",悄悄走进来了。

鲁瑞见了,忙招呼道:"呀!老嫚①来了!来得正是时候。"

老嫚笑笑说:"太太,偌福气真好,笃定大福大贵!"说着,从"老嫚篮"里拿出了用粽箬竹签编好的祭灶糖,交给鲁瑞。接着,又请出了灶神像和一

---

① 老嫚:是堕民层的已婚女性,男性称为大贫、堕贫,未婚女孩为嫚线。他们世代为固定主顾服务,主顾家娶媳嫁女、弥月得周、建新房、迁新居、寿诞、丧葬等喜事宴请时,操持些招呼客人、鼓乐、抬彩轿、抬棺材等事。男性大贫,多做鼓乐手,吹吹打打,拉拉唱唱;女性老嫚,则油嘴滑舌、巧舌如簧,用三寸不烂之舌保媒拉纤,上下帮忙,说吉庆话,讨主顾喜欢。以此向主顾家"讨彩头"、"打秋风",要赏钱。对主顾的走动权,称为"门捐"。不仅可以继承、陪嫁,还可以买卖,不必经过主顾同意。

副写着"上天奏好事,下界保平安"的小对联,鲁瑞连忙恭恭敬敬地接过来,让长妈妈把祭灶糖藏入米缸,待第二天祭灶神时当作元宝糖供奉。灶神像和小对联,则由自己亲手端端正正粘贴在灶神台上。

这时,祖母拉着松寿来了,老嫚弯腰鞠躬说:"老太太,偌福气真好,笃定有一百岁好活!"又递过一块糖对松寿说:"小少爷,吃了我的旗杆糖,将来读书赶考当个状元郎!"

长妈妈在一旁笑道:"老嫚嘴真巧,可以说得'火腿会走,白鲞会游'!"

老嫚也笑道:"哪有偌的福气大,遇上了好主家!"

长妈妈又笑应:"幸好我不年轻,生得又不好看。不然,偌准得说:'小姐长得越来越好看,将来嫁个如意郎,我好陪偌进洞房!'"

老嫚顺水推舟道:"是啊!进了洞房,我还得说:'姑奶奶,祝偌来年添个小宝宝!'"

长妈妈接过话头说:"那你还得给我一块'姑娘糖'。"

逗得众人都笑起来。

说着,老嫚放下"老嫚篮",和宝姑、烧饭姆娘一起帮周家操持祭祀去了。

晚上,长妈妈抱着小椿寿,坐在小前堂里,叫过樟寿、櫆寿、松寿,给三兄弟讲了一个老嫚说媒的故事:

"说的是老底子的辰光,有户人家的小倌宁是个驼背,另外还有一个地方呢,有一户人家的女儿天生缺齿隆。春去秋来年复一年,眼见得各自的孩子一天天长大,终身大事却没着落,两户人家的父母们正挠头呢,老嫚出现了。她向女方介绍小倌宁聪明能干肯吃苦,一天到晚背只锅走四方。女方以为小倌宁是干修缸补锅的行当,也没在意;向男方介绍女孩时则说,姑娘皮肤雪白,身材高挑,生她的时候多出一路风,男方也没去注意多出一路风是什么意思。双方光听得对方条件如此如此好,很是满意,就答允了这门亲事。直到大婚那晚,西洋镜戳穿,新郎新人才发现一个是驼背,另一个是缺齿隆,都责怪老嫚当初没有说清情况,闹着退婚退聘礼,当然也包括老嫚的跑腿辛苦钿。这时候,老嫚不急不躁,慢条斯理对他们说:'我不是说的蛮灵清的嘛,

第十章 过 年

小倌宁一天到晚背只锅，背只锅嘛就是驼背嘛；女方生出来的时候多出一路风，多出一路风嘛就是缺齿隆嘛。是你们事情没搞清楚就同意这门亲事的，怎么现在怨到我头上来了呢？一番话说得双方哑口无言。老嫚见势接着说：偌落双方都有缺点个，还想别宁家十全十美，偌格有介个好事体？依我看呢，偌落酒也办了，客也请了，差不多仍旧做一对恩爱夫妻么算哉。男女双方想想也在理，只好答应。偌说这老嫚的嘴巴厉害不厉害？"

三兄弟都大笑起来，连怀抱里的小椿寿也笑了。

腊月二十三，祭灶日到了，百草园南面的灶间可热闹啦。灶神像和那副写着"上天奏好事，下界保平安"的小对联前面，摆上鸡、果脯、毛竹筷，还有老嫚送来的用粽箬竹签编好的祭灶糖。这种糖，用饴糖制成，食之粘牙，是为了使灶君上天时被粘住口，以免在玉皇大帝面前说三道四，故名粘牙糖。在米缸里藏过，又称元宝糖。还搁上"搁火"，一种用细竹制成，形同小型圆背椅子的架子，又名"竹灯檠"。上面搁一只瓷碟，注以菜油，燃以灯芯，用来照明，因此得名。也有在架子上糊红纸加毛竹筷为杠，给灶司菩萨当轿坐，由小孩子们专责糊纸制作。

这天是百草园祭灶顶热火的一回，一年三百六十日从不去灶头的周伯宜，也第一个来行礼，这的确是很稀有的事。樟寿兄弟见父亲来了，既感到稀奇，又觉得紧张。待大人拜毕，小孩子们才学着大人的样儿——跪拜。

祭祀灶神之后，鲁瑞和老嫚、宝姑一起，把灶神像和像旁的对联揭起，安放在"搁火"上边，一起放进桶盘端送到天井，在天井中间铺上一束稻草，放上银锭，也就是锡纸制成的冥钱，将"搁火"连同灶像放在银锭上焚烧，就送灶神升天了。

老嫚要走了，不等她开口"打秋风"，鲁瑞就递给她一个包，内有寓意年年高的八块年糕，寓意多子多福的两串粽子，虽然手紧，还是装了六角压岁钱。

老嫚脸上像开了花，连忙接过包，放在自己的"老嫚篮"里说："谢谢太太了！拿得偌家高高兴兴个个有，年年高起来！"

鲁瑞笑应道："我家人手够，忙得过来，偌以后不要来了。"

不料老嫚却勃然变色，愤愤地回答道："偌说的是什么话？……我们是千年万代,要走下去的!"

鲁瑞吃了一惊,一时语噎……

从祝福到除夕

送灶之后是祝福。那一天的午前,工人们砍取了新竹筱,缚长竿上,掸扫挂着"德寿堂"匾的大厅。随后又取两担水来,将地面冲洗干净,偏向檐口放上四张八仙桌,到子夜时分,各房把三牲鸡鹅肉加活鲤鱼搬来陈列,香烛爆仗茶酒盐腐以及神马由值年房置备,各房男子齐集礼拜。照祭神的例,桌子须看木纹横摆,与祭祖相反,叫作横神直祖,拜时也与祭祖不同,却在神马后面向着外边行礼,只拜一遍。然后焚化元宝,祭祖用的是银锭,用锡箔纸折成的锞子。祭神则用黄色的金锭。最后燃放爆仗,祀典就完成了。樟寿、櫆寿已经十岁以上,都参加了。鼓励他们半夜起来的东西,是一小碗鸡汤面。小孩子参加的在家里都可以吃到。

祝福以后是除夕,这天又是曾祖母的忌日,鲁瑞下午就安排人在小堂前正中挂了曾祖父母的画像,前面摆长条桌,系上桌帏,放好杯筷、香炉、蜡烛台,供上九云箩。天刚黑,就点上蜡烛,先上供菜九碗,外加年糕粽子,斟酒盛饭,末后火锅吱吱叫着端上来,放在中间,这是最后的信号,家主就拿起香来点着,开始上香,继以行礼了。这行礼只有一次,也不奠酒,因为祖先要留在家里,供奉十八天,所以不举行奉送的仪式。之后是辞岁,又是跪拜,与拜年不同,只限于小辈对尊长施礼。先是周伯宜和鲁瑞向祖母施礼,后是樟寿三兄弟给爹爹、姆娘叩拜。行礼之后是分岁,全家吃年夜饭,所用的饭菜与拜像的祭菜一样,仍是十碗头,摆在中间的还是火锅,也称为暖锅,照例是三鲜什锦,此外特别的菜有鲞冻肉,碗面上一定搁上一个白鲞头,并无可吃的地方,却尊称为"有想头",只看不吃。又有一碗煎鱼也是不吃的,称作"吃过有余"。处州的菜笋,米泔水久浸,油煎加酱醋煮,又取藕切块,加白果红枣红糖煮熟,名为"藕脯",却读若"油脯",也是要上的,盖取"偶偶凑凑"之意。最特殊的是年糕之外,必配以粽子。而这粽子到了端午却不吃,偏偏这时端上。

粽子都是尖角的,有极细尖的称"尖脚粽",又有一大一小或一大二小并裹在一起的叫作"抱儿粽","儿"读作"倪",大抵纯用白米,不夹杂枣栗在内。其实,也是为了取义,义取"高中"。

吃过年夜饭,孩子们拿到压岁钱,是板方大钱一百文,还有一只鲜红的大福橘。已经学会走路、说话的小椿寿也得了一份,乐得活蹦乱跳,小手捧着大钱和金橘喊道:"阿椿大了,会蹦啦!"把全家都逗乐了。

兄弟四个和长妈妈在守岁的大红烛底下玩耍了一会儿,说着,笑着,拿着压岁钱和金橘各回各屋睡觉了。松寿和阿椿还要依照长妈妈的安排,把压岁钱和福橘放在枕下,不许动。樟寿和櫆寿则各由自己了。

新 年

新年里,松寿和四弟小椿寿由长妈妈领着,在台门外放鞭炮。小椿寿虽然只有一岁半多一点儿,但身体结实,生得方头大耳,很少生什么病,在台门口活活泼泼地跑跑跳跳。长妈妈不敢让孩子放响炮,只在墙缝里插一支小鞭炮,叫松寿用香点着小放一下。她则抱起小椿寿在一旁看,小椿寿挣扎着,一定要自己放,还是被长妈妈拦住了。

这时,看大门的老伻把大门敞开,在大门口燃放一个双响的大爆仗"天地响",这叫作"开门炮"。然后手里拎着新年五天内布施乞丐的"鱼眼""沙壳"小钱,这是值年房除夕晚上预先交付的,坐在总门口阔而长的大凳上,静候"讴顺流"[①]的乞丐。只见一个衣衫褴褛的乞丐,过来喊了一声"顺流",老伻就给他小钱一文。乞丐拿钱就走,到另一家讨要。乞丐随来随要,老伻随到随给,乞丐绝不讨添,老伻也绝不拒付。并非布施方慷慨,也不是乞丐方客气,而是布施方害怕乞丐口出恶言,犯了新年忌讳;乞丐方也明知不会增添,讨添反倒会耽误时间,影响收入,好在五天之内,每天都可到每家拿一文,还是跑得快,走的家多来得上算。所以虽然看见三五成群的乞丐满街飞跑,却没

---

① 讴顺流:在绍兴,元旦日乞丐们会到人家门前,一唱一和,说着求乞词。往往是一句吉祥话后跟一个"顺流",以此求得他人的布施。

有酿出布施的纠纷。松寿和小椿寿看着乞丐们一个接一个地来，又一个接一个地去，觉得怪有趣的，竟拍手叫起好来了。

新台门布施热闹的时候，周伯宜带着樟寿、櫆寿到老台门拜像、拜岁去了。

这老台门是三个台门共同的祖先，是常去的。这里的和房到第十世时没有儿子，根据"小绝长顶"的族规，便向智房要了一个，承继下去，这就是樟寿曾祖父苓年公的幼弟。名周以堉，字武勋，行十五，统称为"十五老爷"。他曾捐职布政司理问，议叙加随带二级，敕授儒林郎。在周氏家族中，唯独和房单丁独传，所以资产集中，最为富有，当时还有田五百多亩。每当入不敷出，就只好开田。账房先生问："开多少？"十五老爷答："开一百亩。""田价多少？""每亩五十元。"买主嫌价高找来磋商，账房先生向他请示，总是说："王八蛋，我皇上的田哪有还价的！不减价。"买主不要，他又说："王八蛋，添他十亩不一样吗？"如此这般，家资虽厚，消耗得也快，但他照样大手大脚，游手好闲。整日以虫鱼花鸟做伴为乐，厅里、房里、明堂里，一年四季鲜花不断，春兰秋菊，四时的月季，夏天的并蒂莲，姹紫嫣红，争奇斗艳。池中游着各式金鱼；空中挂的鸟笼里有鹦鹉、八哥、百灵各种鸟类，常常发出清脆悦耳的叫声，还有蟋蟀、油蛉等虫类和松鼠等小动物，真是有趣极了。

因为富有，老台门的格局虽然略小一点，但却显得富丽堂皇。由大门进来是仪门，仪门上挂满了翰林匾、文魁匾，大厅是一式的德寿堂匾和抱对，另外还有节孝匾之类，大厅上有太平天国壁画和龙凤，粉刷过几次，但还像新的一样，那条龙还是那么活灵活现。

周伯宜和樟寿、櫆寿两个儿子来得早，没有什么客人，自己拜过之后，就让两个儿子向十五曾叔祖叩头拜年。

十五曾叔祖已年逾花甲，但身体硬朗，精神矍铄，人很随和。拜过之后，就连忙把两个孩子扶起来。他身边的新老太太也向周伯宜父子做了个万福。原来十五曾叔祖母生下儿子咸和女儿菱以后就去世了。十五曾叔祖身边只有一个姨太太，又生了三个女儿：顺姑、裕姑、月姑，没有儿子。两个女儿嫁的都是官宦人家，只有小女儿没有出嫁。母女人缘都很好，但姨太太再老也称"新",所以呼新老太太。因为没有儿子,还没有扶正。原十五曾叔祖女儿菱嫁的也是书香门第,又觉得自己是嫡出,不把姨太太放在眼里,目中无人,十分傲慢。但新老太太对她仍旧优容,每逢她回娘家来,对她和她的仆从都是以礼相待。

儿子咸,乳名咸,名星曹,字琴友。孙子瑜,乳名瑜,名承绲,号伯青。父子两人也对周伯宜父子做了个揖,不知怎么缘故,他们都自幼体弱多病,把所有的补药、草药都吃遍了,身体依旧不好,十五曾叔祖认为是有鬼,就常找道士或巫师来捉鬼。披头散发,手拿宝剑,从房间到后园乱窜乱跑,乱挥乱舞,很是吓人。每次都说是捉到鬼了,可是父子俩还是照样生病。咸又是一个怪人,吃的茶水也要工人到渡东桥去挑,而且路上不准换肩,只取中间部分,泼去底面。为防止工人作假,每天早上都叫瑜去监视,风雨无阻,路途也不算近。东方甫白时,瑜还要到街上各茶叶店门口捡取头一天倒掉的茶叶,拿回来晒干,准备充枕头之需。因为怕人看见难为情,所以总得在天没大亮时做。每天晚上,又要被父亲督课用功,非至十二点不准休息。长此以往,本就虚弱的身体更加病魔缠身了。道士、巫师们便说又有什么野鬼跑进来了,就再去捉,捉来捉去,病还是不好。

又来了几位近亲,但仪式还没有开始,客人们就背着手,观赏各种花草虫鱼鸟兽。

突然间,外面传来呼喊声,周伯宜仍然与几位亲属坐在桌边喝茶、聊天,樟寿和櫆寿却坐不住了,跑出来看。见大门口抬来一尊轿子,一个当差跟在轿后跑,快到门口时,当差赶紧打开帖包取出名帖和一张名片,快步抢先飞跑到门首,一脚跨上阶沿大喊一声"接帖"。跟在轿后准备中途换肩的一名轿夫,迅速钻进轿的后面,双手挽着轿杠,两抬一挽以稳而快的姿态飞梭一般地抬到门口直立不动,静待门里面的消息。老台门的大门是开着的,二门虽关但却虚掩着,大门口本就有一个老伻和一个轿夫坐在阔而长的大凳上,二门里也有一个当差戴着红缨帽等候着,听到外面喊"接帖",二门的当差飞快跑出来接住帖子,高喊一声"请"。这时,老伻迅速把二门哗啷大开,和老伻坐在一起的轿夫敏捷地钻进客人轿的前面,双手挽住轿杠,表示主人对客人的殷切欢迎，当差的右手高举，擎着客人的名帖在前引导，轿子两抬两挽地跟在当差后面跑，抬进大厅放下轿子，客人一出轿，马上喊一声"升"，于是轿子升起，客人穿一身皂色绸缎马褂，显得很精干，跨出轿杠，主人十五曾叔祖袍褂靴帽翎顶辉煌地跑到面前，彼此相互拱手各道"恭喜、恭喜"。随即让到花厅，拜过了年，主人双手端着茶碗送到炕几上，让客坐炕床，客人拱手连称"不敢、不敢"，随手把主人送的茶亲自端到旁列的茶几上，"虚左待贤"，表示谦恭，主人再说一句"太客气、太客气"，也就不再谦让，在左边坐下。客人则坐在右边。

　　原来这位客人是绍兴有名的师爷，正在邻县佐幕。人称"刀笔吏"，下笔断狱，老辣精当，冷峻尖刻，如烈日秋霜。人也生得精明，额头发亮，目光炯炯，脸庞鼻梁棱角分明。坐在厅上，气宇沉稳，不多言语。

　　说着，一盏燕窝，用上下有盖托茶杯式的高盅盛着端出来了，盅里放一只银制小茶匙，主人端起来请客人吃，客人也端起来说"请"，彼此各拿小茶匙在盅里舀两舀，送到唇边微微地碰一下，就把盅放下。其实并没有吃，不过行了个仪式。

　　当差又用红漆描金小桶盘端出四小碟点心：一碟是炸春卷，一碟是蛋饺，一碟是用枣泥和糯粉中嵌活油、松仁、桂花糖、豆沙做馅制成的枣糕，一碟是用糯粉做成像拇指大小、上面用骨扦夹出空心梅花、小巧玲珑的花饺，放在摆攒盒的桌上。主人把客人让到这桌上吃点心，坐下后，又彼此谦让一番，随便撮一样放到嘴里，再虚让一阵就算完事。彼此放下筷子，就开始"要架子"：当差把自家带来的手巾在厅角脸盆的热水里绞过，交给自家主人，主人揩过脸，掏出一个红封袋搁在点心碟旁边，这是给主人家佣人的赏封，主人嘴里"嘶、嘶、嘶"地仿佛在说"这个、这个"，含含糊糊地那么一来，其实什么也没有说，客人手一拱，当差马上就高声喊"送客"。主客两人一先一后，走到轿前拱手而别。客人在里面吃点心时，他的当差和轿夫也在外面吃东西，不过只是年糕粽子和桂圆茶或莲子茶之类。临走时主人除开发轿钱之外，每人还要加一副糕粽。八块年糕、八个或六个粽子算一副。

　　开始请春酒了。有红色全帖的客人才有资格参加，各位客人都是带着当

第十章 过　年

差的,如果没有,就临时拉一个剃头司务或者裁缝司务来充数。各当差一齐动手,各把主人的红缨帽换成便帽,外褂换成对襟大袖的四方马褂,这才请、请、请地依次入席。坐定后,主人举筷对着众客自左而右画一个弧形说:"简亵!简亵!"众客人也一致举筷对着主人说:"叨扰!叨扰!"首席对其他各客说"僭坐!僭坐!"主人一手举筷,一手端杯请客人吃,大家都把酒杯送到唇边微抿一下。主人让客吃菜,客人筷虽举着却不动作,主人用筷把菜翻一下,首席也去拨一拨,众筷这才齐搛,但也只搛了微微一点,就都把筷子缩回放下,等到把"四热盆、四热炒"一一都照形式谦让着吃完了,就都嗑瓜子作闲谈。每人面前都有一个叫作"手抓碟"的小碟子,碟里一半放着一撮瓜子,一半放着一撮炒杏仁。再等一会儿,头菜上来了,主人仍然依次谦让,众客一致把身子向前一伸,做个"局促不安"的样子,齐说:"太丰盛。"说毕举筷,动作一如前式。二道菜快要上来了,主人再度举筷做一番虚让,客人也举起筷来做一个空形式。于是头菜撤下,换上第二道菜,仍照先前一样的动作再做一遍。直到三道四道以至最后的坐菜,都照此类推,反复照做。吃饭时,主人照例虚让一番。当差端来的饭,不大的碗只盛两调羹那么点儿,大家齐说一声饭陪,把碗端得高高的,筷子在碗里好像数米粒。拨几拨稍微拨一点到嘴里,两只眼睛都平着碗沿向四面扫射,侦察别人饭已吃到什么程度,见大家都只剩几粒时,不约而同地来一个快动作,吃尽余粒。主客一致把双筷比齐向前一伸又向左右一扫,同说:"慢用!慢用!"客向主致谢,主向客致谦,说:"虚邀。"各当差忙进手巾、漱盂。揩面、漱口毕,主人重让客人到客厅"散坐",客人离席相互谦让一番,走进先前所坐的那间客厅。各当差又忙着各替各的主人换上原先穿来的冠服。于是客人齐向主人作揖道谢兴辞,走到厅门口又是一番谦让,这才上轿。主人走到每个轿边拱手恭送。这幕大戏演完,主人感觉"过难关",客人感觉"受罪",大家的肚子也都饿得可以,各自在家重新吃饭。

　　大厅上男桌早已撤去,大堂前女桌的太太们总还是坐着高谈阔论,大为热闹,因为她们难得一聚,喝了酒多少有些醉意,谈话便愈多也愈响,又要等待同来的妈妈们吃饭,所以要耗得很晚。

樟寿和櫆寿还没有资格上席，只是被安排在厅角小桌上吃饭，但他俩都时不时朝大人桌上望，见此情景，樟寿不禁想笑，櫆寿也觉得可笑，但又感到很有趣。又听大人说：这次宴席，虽然菜肴繁杂，却井井有条，忙而不乱，是因为十五曾叔祖母雇到了一个叫阿祥嫂的好女工，比男工还能做！樟寿兄弟见过这位阿祥嫂，禁不住频频点头……

《海仙画谱》

大年初二，东昌坊口充满年味儿。沿街店铺的旗幡，在薄薄黑瓦片翘起的尖角下翻动，因为是年节，有些店铺多扎了条红绸，在花丽斑斓中平添了一道耀眼的火红。街道上，爆竹的红色余烬还没有扫，又落上了一层新的。黄酒、糟毛豆和绍兴红乳汁混合的气味中，除了些微鱼腥味儿，又增加了不少火药味儿。阴沉的天空上，不时传来鞭炮的脆响。

离新台门最近的是东昌坊口东头一家小店，只有一间店面，白墙有些发乌，黑瓦也破碎了几片。没有柜台，只是当街一个木栅栏，直角放着钱柜，檐下横放一个铺板，陈列十几堆炒豆、炒花生之类。还有一个长方木盒，上面盖着玻璃，盒中分几格，每格放着圆眼糖、粽子糖、茄糖、梅饼，还有几块长方的梨膏糖。

店主屠宝林太娘，脚小，人高，眉毛极细，相貌极好，被称为"豆腐西施"。她儿子是镴箔司务，女儿宝姑娘整天坐在小店里砑纸，很像她姆娘，越长越美丽。太娘一看见樟寿、櫆寿、松寿三兄弟，就尖着嗓子喊道："哎哟，是哪阵风把三个阿官吹来了？好久没有光顾我们屠正泰了。"

这小店没有字号，屠正泰不过是屠宝林太娘的自称。

"豆腐西施"屠宝林太娘，油黑的头发上插了朵大红的鲜花，坐在摊边招揽顾客。女儿宝姑娘穿件崭新的花布衫，在小店里砑纸，显得愈加美丽。

太娘又招手道："哎哟，三位阿官，过年好！吃块梨膏糖吧！"

漂亮的宝姑娘也尖声细语地说："过年好！吃块梨膏糖吧！"

三兄弟不理睬她们，径直走过东昌坊口古街，张永兴游龙寿坊、摇船头

第十章 过　年

脑丁六十的小屋、小船埠头东边的小鞋店、傅澄记米店、咸亨酒店、王咬脐锡箔店、"做不杀的荣生"的小轿行、箍桶店、高盛全油烛店、"猪头肉念捌"的肉店、四一剃头店、王锦昌扎肉店、范小大的麻花摊等小店小铺小摊，一个接一个地过去了。西北角的寿芝堂药店和谢德兴酒店，也近在身边。最馋人是扎肉店刚烧熟的红喷喷的扎肉，看着就香。松寿忍不住望了一眼，被大哥从后背搡了一拳，硬拉走了。

到西口时，"水果连生"和连生嫂热情地招呼他们来吃水果，樟寿代兄弟们拱手致意，婉谢了。

此时，忽听身后有个破锣嗓子在喊："这果子几钿一斤？"

连生回头一看，见是周家新台门礼房的周四七，虽是时冬腊月，却依然敞怀穿那件破旧龌龊的竹布长衫，头上戴一顶凹进的瓜皮秋帽，右手捏着尺许长的潮烟管，左手拿了一个猫砑碗，脸色青白，人瘦得只剩一把骨头，肋棚骨一根根地显露出来，活像腊鸭。

没等连生回答，连生嫂就向周四七做了下手势。四七连声叹道："这么贵！简直成了仙丹了。你们是水果摊，还当是华佗的药铺哉！"

"嫌贵就勿要买！"

连生两口子尚未应声，半路上杀出个程咬金，来了个粗壮汉子替他们反驳了。

原来是轿夫阿如，他正与周家新台门门房单妈妈姘居，比进故夫家的"孵床佬"还差一等。专职是县府衙门轿班里的轿夫。轿班不但没有收入，还得出一笔钱，才能谋到这个差使。因为这算是老百姓给官服役，一靠近官，就有好处，可以按时向摊贩收取例规钱。

连生一向"捏卵子过桥"——谨小慎微。见是阿如，连忙赔上笑脸，请进屋里，从屋角一捆甘蔗里取出一根粗的，刨皮，斩断，送上去。一边又悄悄由担子里拿出一个红纸包，塞进阿如腰间褡裢里。

这全被一旁的周四七看在眼中，不禁妒火中烧，跳脚骂道："偌个'水果连生'，就会贿赂阿如。生怕官轿过时，他一脚踢翻偌的摊子，再问偌个撞倒官轿罪。"

连生自认是软柿子，两头挨捏。唯唯诺诺，大气不敢出。阿如可不示弱，心想：你周四七纵然是周家少爷，可如今落魄到"破脚骨"相，疯脚烂蹄的，哪个还看得起！就大声说道："啥人在这儿多嘴！？"

周四七用潮烟管指指腊鸭似的瘦胸脯说："偌个周家大少爷！"

阿如鼻子一哼道："勿晓得是啥人让举人老太爷举着八角铜锤追着打，还要骂：'偌个败家子，偌个不肖子孙，偌哪格变得这个样子！打死四七！打死四七！！'"一边学骂，一边做出打的手势。逗得周围几个闲人、看客捧腹大笑。

周四七被揭了短，面红耳赤，反骂道："也勿晓得啥人想做寡妇的'孵床佬'还不可得，只能姘在一起。还和人家儿子厮打。寡妇在一旁喊'爹咭，爹咭！'儿子说'怎个是我爹，我爹早死了！'"一边说，一边用手里的潮烟管做着打人的样子，还做着撕扯的怪样。也逗得周围几个闲人、看客捧腹大笑。

这可把阿如惹恼了，要上去动武。连生连忙拉住。阿如也觉得周四七再穷酸也是少爷，自己又住在周家台门门房里，到底须小心，恰好同一轿班的轿夫叫自己上班，就鼻子一哼，瞪了周四七一眼，一语双关地冲着"水果连生"说："还是人家连生会做人，又会做生意。原来以为伊要倒灶，叫伊'倒灶连生'，现在改叫'勿倒灶连生'。"又冲周四七道："哪里像这个！"说着甩甩袖子，扬长去了。恰好范小大的麻花摊刚开张，烧饼、麻花，热气腾腾，阿如掏出刚才"水果连生"给的红纸包，佯装拿钱买烧饼。绰号麻花小大的摊主，连忙摆摆手，送上一个烧饼。阿如点头笑笑，又到扎肉店要了块刚烧熟的红喷喷的扎肉，往烧饼里一裹，大口吃起来。怪馋人的。他还想到谢德兴酒店讨碗老酒，无奈同班轿夫又在呼叫，只得抹抹嘴巴，跟着去了。

周四七又妒火中烧，冲着阿如的背影"呸"地啐了一口，举起潮烟管追打。连生忙斩了段甘蔗赶上去递给他，敲顺风锣劝道："周大少爷勿要生气，勿要跟小人一般见识。"转念一想，又打个寒噤，觉得这话如传到阿如耳里，到时抬官轿过来，当真一脚踢翻自己的摊子，可了不得，连忙话音一转道，"嗨，伊也是'麦秆炮仗'，有口无心。"

周四七把潮烟管夹在肘间，接过甘蔗嚼了口，笑了。

连生嫂在一旁劝周四七说："周爷还是谋个事做好。你大哥六四不是做了司事吗?"

周四七笑道:"绍兴有个周六四,育婴堂里当司事。雪白布头包银子……我周四七再穷,也不学他这个'反贴门神',去'倒套灯笼壳'。"

连生知道这"反贴门神"是周四七对他大哥周六四的称呼,"倒套灯笼壳"是给他嫂子起的绰号,忙给老婆使眼色。周四七嚼完甘蔗,吐了一地渣,又右手捏着尺许长的潮烟管,左手拿了猫砉碗,唱起小调:"我有一把苗叶刀,能水战,能火战,也能夜战……"又不知到哪里混事去了。

连生望着他的背影,叹口气道:"嗨,周家后人怎个都变成这副样子!好似败篷时的钩头黄瓜,都是大烟鬼兼酒鬼!"又看着三兄弟,赞扬道:"周家后人就这哥仨儿有出息!"挑起水果担子上街叫卖去了。

出西口往北边大街走不多远,就到了塔子桥大街上的旧书店。

这旧书店还真是别一番风味儿,古色古香,飘来一股书卷气。胖胖的书店老板戴着副金丝边眼镜,文绉绉的,和和气气。

三兄弟一进书店,就被满店的书籍吸引住了。特别是一部《海仙画谱》,为日本江户幕府末期的文人画家小田海仙所画,又称《海仙十八描法》,是一八四三年京都芸草堂木刻本。里面有十八罗汉图,图中众罗汉衣纹各别,用了枣核描、钉头描、鼠尾描等种种技法表现。三兄弟都很喜欢这部书,但问老板价格,说要一百五十文。樟寿和櫆寿原本买得起,但是归家后,首先就去搜求在皇甫庄大舅父家看到的石印本《毛诗品物图考》,终于在一家书摊上见到,日本冈元凤所著,天明四年甲辰,即一七八四年木板刊行,雕刻甚精,兄弟俩极为喜欢,各自买了一本。櫆寿爱到街上买零食,樟寿则花二百文买了《花镜》,闹得两人手头只有过年刚得的一百多文,以一个人之力是买不起这《海仙画谱》的。只得都缩了回来。

松寿看见大哥不忍放下这部书,一翻再翻,一看再看,恋恋不舍地撂下走了,又返回头再拿起看,不忍释手,就建议道:"咱们三个人合买吧?"

大哥闻听,喜出望外。二哥也极为赞成。于是三兄弟就把各自的钱合在一处,由大哥把钱交给老板,老板喜滋滋地把《海仙画谱》用大张黄纸包好,交到樟寿手里。

樟寿捧着书往家跑。两个弟弟在后面跟着。

到了家，就都跑到祖母房间的楼上，樟寿把纸包着的书小心翼翼地放在窗台上，找来抹布把朝北后房窗下的四仙桌擦得干干净净，又把手洗净擦干，恭恭敬敬地打开纸包，将《海仙画谱》取出，端端正正地摆在桌边，把圈椅拉近，坐下来，习惯地用指头捏住书页折缝上方印有一条阔墨线的地方，一页页仔细翻看，像叩拜神佛的信徒一般虔诚、敬惜。两个弟弟也在旁边观看，但都背着手，害怕万一手碰到书页，弄脏了书，大哥不高兴。

松寿到底还小，不一会儿就烦了，独自下楼去玩，心想：买书是好事，告诉父亲何妨，就跑到父亲房里说："我们到塔子桥书店去了，买了部《海仙画谱》，可好看啦！"

父亲正躺在他的小床上抽鸦片烟，皱了下眉头说："拿给我看看。"

松寿愣住了，不知所措。

父亲见他不动，生气了，催道："还不快去？叫你大哥把书拿给我看看！"

松寿才不得已上楼去了。对大哥嗫嚅道："爹爹叫你把书拿给他看看。"

樟寿一听，吓坏了，因为按照老规矩，"花书"不是正经书，父亲是不允许看的，知道了会骂的。他忽然想起去看《五猖会》时父亲叫他背书的情景，呆住了。

櫆寿也吓了一跳，但他觉得父亲叫，还得去，不去会更生气，就催促大哥快拿去。

樟寿只得拿着书下楼，到父亲身边交上去，低着头，准备挨骂。

两个弟弟也在后面站着，预备一起担待。

松寿战战兢兢地看着父亲，见父亲放下烟枪，接过书翻了翻，颇有兴趣的样子，不作一声还给了大哥，才松了心，跟着大哥转身出来。

到了外边，大哥冲松寿发了怒，问道："爹爹怎么晓得的？"

松寿只好说："我告诉的。"

大哥怒道："谗人！"

樟寿正在三味书屋读《诗经》，"谗人"是《诗经·青蝇》里的话，是指"直

第十章 过 年

道不违""无诈虑""无心术"、无意道出真情而伤人之人。松寿还没有上学，当然听不大懂，但还是知道其中意思的。心想：不管说什么，自己都不是的。自己把兄弟们做的事，跟父亲讲讲有什么关系呢？再说，这类花书，大哥早在看，在描，父亲也早知道，有什么向父亲保守秘密的必要呢？不过他虽然心里明白，嘴上还说不清楚，就不为自己辩解，只是不理不睬。樟寿叫了几次，见松寿没有什么表示，以为他不懂"谗人"的意思，就不叫了，改叫"十足犯贱"。因为祖父送给樟寿的筷子上刻着"竹青木香"，送给櫆寿的刻有"射鹿刺麂"。字刻好后涂上青绿色颜料，手工比较精致。送给松寿则是一双上方下圆的白竹筷，在一支筷子上刻了"十品"，另一支筷子上刻了"万钱"，一双筷子合成"十品万钱"。祖父告诉他，这是吃一顿饭，十种菜，耗费万钱的意思。"十足犯贱"就是松寿筷子上刻字的转音，很通俗，松寿当然懂。但他还是不理不睬，樟寿也就不叫了。

樟寿倒心知父亲虽然不允许孩子看"花书"，但是对画画是不计较的。由《山海经》开始，他爱上了图画书，还爱用画画来表达爱憎。蓝门周子京爷爷的长子八斤，比樟寿大三四岁，衣服不整齐，夏天常赤身露体，手里拿着自己做的竹枪，跳进跳出的乱戳，口里不断地说："戳伊杀，戳伊杀！"这种示威在小孩子是很难忍受的，但家教禁止与别家小孩打架，气无可出，樟寿便来画画，以示抗议。那时东昌坊口通称"胡子"的杂货店中有一种荆川纸，比毛边纸薄而白，大约八寸宽四寸高。对折订成小册，正适于抄写或绘画。在这样的册子上，樟寿画了不少漫画。是在窗下四仙桌上画了，随后塞在小床的垫被底下，因为小孩子没有专用的抽屉。有一天，不晓得怎么被父亲伯宜公找到了，翻开一看，见有一幅画着一个人倒在地上，胸口刺着一枝箭，上有题字曰："射死八斤"。便叫了樟寿来问，可是并不严厉，还有点笑嘻嘻的，父亲大概很了解儿童的反抗心理，所以并不责罚，只是把这页撕去了。此外还有些怪画，只是没有题字，父亲也不曾问。

在书塾之外，孩子们能在大众面前，冠冕堂皇地阅看的，是《文昌帝君阴骘文图说》和《玉历钞传》，上面都画着冥冥之中赏善罚恶的故事，雷公电母站在云中，牛头马面布满地下，不但"跳到半天空"是触犯天条的，即使

171

半语不合,一念偶差,也都得受相当的报应。

樟寿所看的那些阴间的图画,都是家藏的老书,并非他所专有。他所收得的最先的画图本子,是一位长辈的赠品:《二十四孝图》。这虽然不过薄薄的一本书,但是下图上说,鬼少人多,又为他一人所独有,使他高兴极了。那里面的故事,似乎是谁都知道的;便是不识字的人,例如长妈妈,也只要一看图画便能够滔滔地讲出这一段的事迹。但是,他于高兴之余,接着就是扫兴,因为他请人讲完了二十四个故事之后,才知道"孝"有如此之难,对于先前痴心妄想,想做孝子的计划,完全绝望了。还依稀记得,他幼小时候实未尝蓄意忤逆,对于父母,倒是极愿意孝顺的。不过年幼无知,只用了私见来解释"孝顺"的做法,以为孝顺无非是"听话""从命",以及长大之后,给年老的父母好好地吃饭罢了。自从得了这一本孝子的教科书以后,才知道并不然,而且还要难到几十几百倍。其中自然也有可以勉力仿效的,如"子路负米""黄香扇枕"之类。"陆绩怀橘"也并不难,只要有阔人请他吃饭。若主人问:"为何作宾客而怀橘乎?"他便跪答云:"吾母性之所爱,欲归以遗母。"阔人大佩服,于是孝子就做稳了,也非常省事。"哭竹生笋"就可疑,怕他的精诚未必会这样感动天地。但是哭不出笋来,还不过抛脸而已,到"卧冰求鲤",可就有性命之虞了。他故乡的天气是温和的,严冬中,水面也只结一层薄冰,即使孩子的重量怎样小,躺上去,也一定哗啦一声,冰破落水,鲤鱼还不及游过来。自然,必须不顾性命,这才孝感神明,会有出乎意料之外的奇迹,但那时他还小,实在不明白这些。其中最使他不解,甚至于反感的,是"老莱娱亲"和"郭巨埋儿"两件事。他至今还记得,一个躺在父母跟前的老头子,一个抱在姆娘手上的小孩子,是怎样地使他发生不同的感想呵。他们都一手拿着"摇咕咚"。这玩意儿确是可爱的,持其柄而摇之,则旁耳还自击,咕咚咕咚地响起来。然而这东西是不该拿在老莱子手里的,他应该扶一枝拐杖。现在这模样,简直是装佯,侮辱了孩子。樟寿没有再看第二回,一到这一页,便急速地翻过去了。最招他反感的便是"诈跌"。无论忤逆,无论孝顺,小孩子多不愿意"诈"作,听故事也不喜欢是谣言。

至于玩着"摇咕咚"的郭巨的儿子,却值得同情。他被抱在他姆娘的臂膊上，高高兴兴地笑着；他的父亲却正在掘窟窿，要将他埋掉了。记载上说："汉郭巨家贫，有子三岁，母尝减食与之。巨谓妻曰，贫乏不能供母，子又分母之食。盍埋此子？"但刘向《孝子传》所说，却又有些不同：巨家是富的，他都给了两个弟弟；孩子是才生的，并没有到三岁。结尾又大略相像了，"及掘坑二尺，得黄金一釜，上云：天赐郭巨，官不得取，民不得夺！"樟寿最初替这孩子捏一把汗，待到掘出黄金一釜，这才觉得轻松。然而他已经不但自己不敢再想做孝子，并且怕他父亲去做孝子了。家境正在坏下去，常听到父母愁柴米；祖母又老了，倘使他的父亲竟学了郭巨，那么，该埋的不正是他么？如果一丝不走样，也掘出一釜黄金来，那自然是如天之福，但是，那时他虽然年纪小，似乎也明白天下未必有这样的巧事。

父亲吐血了！

鲁瑞千方百计想办法，使丈夫和婆母从种种打击下恢复过来，全家也渐渐淡忘着那场令人惊魂的噩梦，但不知怎的，周伯宜突然狂吐起血来。他一次坐在后房间的北窗下，血就吐在北窗外的小天井里，好像吐了不少。

这可把鲁瑞吓坏了，把全家惊呆了。

赶紧请了医生来，中医的学说，医者，意也。说陈墨可以止血，取其黑色可以盖过红色之意。于是樟寿端上墨汁，周伯宜不想喝，但还是喝下去了，弄得满嘴漆黑，好像小孩写字舔笔，弄成乌嘴猫一样。小孩这样子，只令人好笑，亲人们见到父亲弄成这样，却使全家悲哀了。

来势虽然凶猛，却并没有再吐。周伯宜精神还很好，医生来看过走时，他还亲自送到大堂前。

吐这样多的血，就要设法补血。按照土方，藕是补血的。鲁瑞每天黎明就端来一碗鲜藕汁，给周伯宜喝。天天都是如此，周伯宜的身体也真的好了起来。有的时候，鲁瑞送藕汁进去，周伯宜还熟睡着，就撩开帐帘，把藕汁放在被桥板，也就是床横档的板上，又放下帐子，走出来。

有一天，鲁瑞端了藕汁进去，周伯宜已经醒来了，见了妻子，问："你刚才不是已经进来过了么？"

鲁瑞说："没有，我下床后给你榨藕汁去了，才榨好。"

周伯宜惊讶地说："我刚才朦朦胧胧的，看见你走进房来，走到床前，把帐子撩开，右膝跪在床板上，手里拿了一只碗，朝被桥板上的那只碗里一倒，又走了。我以为你是来给我加添一些藕汁的，所以也不在意，就似睡非睡地躺着，谁知你又进来了。你不是刚出去的吗？"

"不是的。我刚才没有进来过。你大概是做梦，平时看你没有醒，就把碗放在被桥板上。今天倒没有。"鲁瑞解释道。

"我仿佛见你把手里的碗，往被桥板上的碗里一撂，就回身出去了。"周伯宜强调自己看得很清楚。

"没有！"鲁瑞看看被桥板，说，"你自己看，只有我的手里有碗，被桥板上并没有碗啊！"

周伯宜一看，果真如此，说声"奇怪"，就把碗里的藕汁喝下去了。

鲁瑞拿了空碗出来，走到灶头间，自言自语地说："真奇怪！"

长妈妈和松寿都在灶头间，长妈妈问鲁瑞什么事，鲁瑞把刚才的事说了。

烧饭妈妈也说了声奇怪。

长妈妈既神秘又胸有成竹地说："看来，宜少爷的病是不会好的了！"

鲁瑞一呆，说："病不是已经好起来了吗？"

长妈妈好像是个先知，说道："宜少爷看见的那个进屋的女人，是章介千姑丈的小姐！"

"怎么是她？章家小姐不是早死了吗？"鲁瑞忙问。

"是的，当年，曾经有人来做媒，要把章家小姐许配给宜少爷，老爷和章家姑丈倒都同意，只等换帖了，谁知章家小姐生病故世了。"长妈妈似乎亲眼所见似的说道。

"好像听娘娘说起过，是有这件事。"鲁瑞点点头说。

"这就对了，既然做过媒，就有一段姻缘未了，现在她来喊他去了。"

"怎么呢？"

"她不是把一碗东西添进他的藕汁里吗？这就是让他吃下，好跟她去。"

第十章 过 年

　　长妈妈这一番话，说得鲁瑞心神不宁。樟寿三兄弟却不禁也对长妈妈犯了疑惑：她怎么那样善知自己家的过去未来？她其实是庆太娘给大哥断奶后才来的，所说的事无非是听祖母讲的，她把两件事连在一起，编织出这么一段故事。怪唬人的！

第十一章 春　寒

清明上坟

绍兴今年倒春寒。二月早春，阳光和煦，"暖风熏得游人醉"，一到清明，却突来一股冷流，让人倍觉料峭春寒，只得又穿上了小夹袄。幸好黄梅雨还没下来，只是天阴沉沉的，小风清凉凉的。

周家虽然各房都穷落了，清明上坟的排场却一点不减，因为这费用不是由各房出，而是由祖上的祭田收来的租子开销。

子夜时分，天还黑着，周家各房就在绍兴城南河埠聚齐了。仍旧是三道龙门船十只，分有厨师船、吹手船、男船、女船。这"三道龙门"，是三明瓦的大船，高大而华丽，用四支橹摇。船头画一面具，名叫"鹢首"。俗传：越本泽国，在塘闸未建以前，河流直接通海，故有"渡东桥是海"之说。"鹢"居海内，性嗜龙，龙见而畏之，把它的面目画在船头，使龙远避，不敢作乱，船行可获安全。传说如此，但无依据。书上所载，只说："鹢"是水鸟，所以把它的像画在船头，并没说它要吃龙。

兴房和慎房、义房的男人坐一只船，四弟椿寿在家由长妈妈看着，樟寿三兄弟全去了，拉着廿八公公坐在一起。像竹竿一样高挑的廿八公公，多才多艺，风流倜傥，三兄弟都喜欢他。

第十一章 春 寒

在朦胧的夜雾中,船开了,吹手船上传来吹吹打打的声音。出了正南的植利门。

原来这绍兴府的城门,有旱门,也有水门。旱城门建筑在陆地上,水城门却是建筑在河上,东南的东郭门、东北的都泗门、正南的植利门、正南偏西的偏门、北面偏东的昌安门,都是水城门。植利门和昌安门之间的河流,把绍兴城分为两县,河西岸是山阴,河东岸是会稽。水城门的墙脚建筑在河的两岸,而城门却开在河上,白天拉开,到天黑就关上了。天黑时进出城门是要收钱的。船一过,管城门的就问:"船头还是船梢?"就是问开门钱是向船头收取,还是向船梢收取。但是周家却不用交现钱,因为船头高悬着"汝南周"的大红灯笼,管城门的逢年过节到周家来,已经领过赏钱了。

船队出了植利门,东天边射来一线晨曦,透过船舱的方窗,望见水天相接处,乌黑的会稽山脉像一条黑色的长蛇盘桓在微曦中。河边田野中有一堵高大的四方围墙,后边是园,有竹林和大树露在墙外。廿八公公说:"这就是静修庵,是个有名的庵,因为它大,年代也就久远。"

舱底传来潺潺的流水声,下雨了,雨点打在船舱顶上,滴沥沥地响,非常悦耳。

船老大卖力地撑篙摇橹,船行得很快,从窗口回望,只见城门朦朦胧胧的,被甩在春水的新绿中了。河边葱绿的山间小路上,披着蓑笠的行人急匆匆地在雨中走着。

廿八公公禁不住念了句杜牧的诗:"清明时节雨纷纷,路上行人欲断魂。"

樟寿也正热读唐诗,随口跟道:"借问酒家何处有?牧童遥指杏花村。"

兄弟三人和廿八公公一边喝着黄酒,一边吃着茴香豆、豆腐干和点心,很是滋润。

樟寿一直盼望得到廿八公公的印章,心想:何不趁此机会一求?就朝着廿八公公作一揖道:"廿八公公好!求公公治印何如?"

廿八公公酒兴正浓,也愿意一显身手,就当即拿出随身携带的工具,在小桌上篆刻起来。不大工夫,就治两印。一枚文曰"只有梅花是知己"。石是不圆不方的自然形,文字排列颇好,不知怎地钤印出来不大好看。这印是朱文的,另一枚是白文方印,文曰:"绿杉野屋"。刻得很好,钤印出来也很好看。

樟寿对这两颗印都很喜欢,拿在手中,不住地端详着,尤其喜爱这富有诗味的文字,有滋有味地吟道:"'只有梅花是知己','绿杉野屋'……"

櫆寿也很喜欢这印中的文字,觉得很有诗意,特别向往那"绿杉野屋"。心里念叨:"要是真住到'绿杉野屋'里去该多好!"

松寿还小,不大懂,只是觉得廿八公公刻得真快!就像变戏法似的,把两颗印章变出来了。

周伯宜病好多了,在船上看着三个儿子与廿八公公嬉闹,不禁笑起来。他从樟寿手中拿过两颗印章,反复欣赏着,赞不绝口。然后郑重地交回樟寿手里,嘱咐:"好好保存。"樟寿接过,小心地放进贴身衣袋里。

船靠岸了。人们陆续下了船,离祖坟还有一段路,男子都步行,女子照例坐坟邻①准备好的"兜子轿"或"椅子轿",沿山路前行。

雨小了,小得只有蒙蒙的细雾,飘洒在身上也不会打湿衣襟,反倒觉得清爽。樟寿三兄弟乐坏了,简直是连蹦带跳地往前奔。山间小路两旁满山满野的映山红,鲜红鲜红的,像火在燃烧。还有紫红色的紫云英,二三寸高的"老弗大",在雨雾中显得水灵灵的,格外艳丽。

到达祖坟时,天公作美,雨完全停了。只有乌云在天空中翻卷,却没有一丝雨水,周家人在坟前自动排好了。

先祀"后土",每一坟的左侧都竖有一块石碑,上刊"祀神所",石碑前面放一张祀后土用的石桌,祭桌上陈列的是:鹅、鱼、肉组成的三牲。按乡下风俗,鹅必须用熏鹅。再有肉一方,盐一盘,太锭一副,烧纸一块,上香、门宵烛一对,酒一壶,外加"上坟烧饼"若干。

这回是由和房值年。和房本就讲究排场,脾气怪癖,值年就更加拘礼。十五曾叔祖亲任正赞,他儿子星曹任副赞,带领族人跪拜行礼。仪注的口号,多数由正赞喊出,副赞只在正赞喊出后做些帮助。但在行礼膜拜三跪三叩首时的三个"兴"字,是由副赞喊出。三献礼时,正赞所喊的礼注,凡是带有"献"

---

① 坟邻:指居于墓区代人看坟的人家。

字的,副赞都把"献"字改成"进"字,亦照样地喊一句,只有"献财帛"的"献"字改作"纳"。

读祝文是副赞的专责,周星曹双手举着一幅黄纸写的祝文,抑扬顿挫地念道:

  维 清光绪二十一年乙未三月初一日,信士周琴友昭告于乌石头后土尊位前曰,惟神正直聪明,职司此土。今周星曹躬修岁事于七世祖考寅宾府君七世祖妣陈氏太君之墓,惟时保佑,实赖神庥,敢以牲醴,用申虔告。尚飨。

祀毕,放炮仗三枚,砰、砰、砰,爆响在山野之间,乌云之下,杂花坟茔间顿时弥漫着一股呛鼻的火药味儿。

接着是祀祖。仪式用礼生四人,仍然是十五曾叔祖主祭,站在左前方,周星曹站在右前方,周锡璋即廿八公公站在左后方,周伯宜站在右后方。后方的两个礼生只是随同传递祭品,无其他事情,俗称哑礼生。但廿八公公旗杆似的身形却最招人注意。

其他诸人各依辈分一排一排地列在后面,只以男性为限,妇女、孩子站在两旁。

墓前供菜十大碗,八荤两素,内用特鸡,即三岁以上的禽兽。三牲一副,鹅、鱼、肉。水果三色,百子小馒头一盘,坟饼一盘,汤饭杯筷均六副。上香、门宵烛一对,横溪纸一块,大库锭六百只。祝文。酒一壶,献杯三只。

按序就位以后,一起鞠躬四拜,平身。主祭者十五曾叔祖在坟墓前跪拜,同祭者也都跪下,初上香、再上香、三上香,酹酒,初献爵、亚献爵、三献爵,献牲,献果品,献面食,献茶,献时食,献肴,献馔,献羹,献汤,献粢盛,献箸,献章帛,主祭者兴,复位,跪、俯伏,仍然是周星曹手举全红帖写的祭文,读祭章:

  维 清光绪二十一年乙未三月初一日,裔孙武勋谨以清酌庶馐之奠，致祭于七世祖考寅宾府君七世祖妣陈氏太君之墓曰：烟冷荒郊，风悲蔓野，瞻仰茔寝，倍切凄怆，睹松楸之垂荫，修垄峨峨，想山水之钟灵，泉台杳杳，恭维　七世祖考妣仪是式，慈范长存，后世缵承前绪，不替渊源，垂裕后昆，无忘世序。裔孙等传呼莫效于生前，封绩孰彰于殁后，缅怀宗祖，窃愧曾元，兹当三月良辰，已届清明之节，爰先期而入告，愿佑启于无疆，灵兮有知，来歆来格。尚飨。

仪式完毕后，妇女孩子再依辈分年龄先后膜拜。拜毕，燃放炮仗五枚，砰、砰、砰、砰、砰，山野之间接连五声爆响，层层乌云之下，杂花坟茔之间，火药味儿更浓了。

放炮的工人，又把上坟烧饼投掷在坟的前后左右，一个个烧饼像散花一般落下来，农村儿童纷纷抢取，大家笑乐起来。

祭扫完毕，所有点过的烛头，祭过的果品、点心、酒水以及祀土的一方肉，都由坟邻拿去，这是坟邻的专利。祭扫者绕坟巡视一周，察看四周所植荫木株数，有无砍伐短少，四周界石有无移动，坟面泥土有无松陷，然后各自回船散胙，饮酒吃饭。

樟寿三兄弟和别房的孩子们，却不愿回船，漫山漫野地跑。他们平时关在家里和书房里，总觉得乡下特别有趣，早就盼望清明节的到来。乡下儿歌有云："正月灯，二月鹞，三月上坟船里看姣姣。"其实这是成人把自己的想法安在孩子头上了，不是儿童的本心。在儿童看来，"女人不如花"，吸引他们的不是女人，而是花。他们采集映山红，把花瓣放在嘴里嚼，有一股清香和酸味；再采集紫云英，把紫红色的花朵串作球，准备交给大人将茎叶用腌菜卤煮，味道有点像豌豆苗，很好吃的。还拔"老弗大"，这种植物只二三寸高，老是长不大，所以俗称"老弗大"，叶子像榛栗，籽像天竹，鲜红可爱，冬天也不凋谢，乌石山上多极了。

樟寿想起《花镜》上有映山红的图画和说明，就特意挖掘了几棵，小心翼翼地装在事先带来的布袋里，准备回家栽种。

第十一章 春 寒

周伯宜也在山野间若有所思地漫步，他走到一座小坟前停下了。小坟前立着片石，上题"亡女端姑之墓"，下款是"伯宜"。这是他亲笔题写的，有四个儿子，只有一个女儿。至今端姑那可爱的小圆脸还时时在他眼前浮现，却早早就没了，怎不令他揪心？伏下身，用手细细地拔去小坟上的小草，抚平坟上的泥土……

在山脚下的僻静处，寿镜吾和寿洙邻父子二人，从一只小船上来，沿小路走到寿家坟茔，摆上香烛银锭祭拜。祭毕之后，又沿原路回来，下到小船上，从怀里摸出两个烧饼当饭吃，悄悄划走了。

坟邻的儿子

鲁瑞没有到山上乱走，她径直到坟邻的屋前来了。

这是两间低矮的平房，在乌石山麓，比上岸经过的村落要远一些，也更荒僻。屋里只有自己用木料做的桌椅和床，瓦钵泥罐，用具少极了。屋门前，搭着一些豆棚瓜架。

老远就听到屋里有女人撕心裂肺的哭泣声。鲁瑞走进屋，见是坟邻的妻子在哭，喉咙都哭哑了，眼睛也肿了，如痴如呆的样子。

鲁瑞问她为什么哭，她也哭得说不清了。

坟邻招呼完外面的老爷少爷，也进屋来了，说："少奶奶，真没有法子，她哭个不停……"说着，自己的眼圈也红了。

原来坟邻的小儿子被马熊吃了。那天早晨起来，孩子在屋门口剥豆，坟邻娘子出来，人不见了，大声叫喊起来。坟邻和她赶到门口不远处，只见孩子躺在草棠中，血肉模糊，面颊、手臂、大腿、肚子都被吃空了，只剩下骨骼和手脚。坟邻娘子当场昏死过去，以后天天哭泣，眼睛都快哭瞎了。

鲁瑞听着听着，也禁不住陪他们哭了起来。

坟邻的朋友进来劝慰，哭声才小了一些。朋友说，这乌石头本来还有些住户，太平天国时期，长毛也不曾到这深山野坳，可是后来官军还要说这里有人通长毛，把人都杀了。自此以后，人烟稀少。人一少，就出现一种马熊，毛驴那么大，走路咯咯咯的，似马似熊。见了人也不怕，已经拖走了不少孩子。

回家路上，鲁瑞跟三兄弟讲了坟邻儿子被马熊吃掉的事，三兄弟也很悲伤。

回家船上

姆娘带着三弟松寿回娘家，要坐另外的船。樟寿、櫆寿就随父亲回到来时的船上，见船上的方桌上摆满了糖果酒肴，廿八公公等没有动箸，专等着他们来一块儿畅饮，就赶快入座，开怀对饮起来。

船夫的午膳照例是在祭扫时先吃的，等祭扫完毕回船，各船夫都已红光满面，醉眼蒙眬。开船以后，各船夫都趁着醉意，奋勇争先，和自家的各船竞赛快慢，途间碰到别家的上坟船，就一声呼啸，众橹齐飞，大有一决雌雄之概。而各家的上坟船都随有吹手船，仿佛鸣金击鼓地给各船夫助威，结果搞得这家船和那家船一只一只都靠得紧紧地连成一个横排，弄得大家都不能上先。这样，每个船夫都红着脸，赤着膊，以冲锋陷阵的姿态，作万马奔腾的猛闯，堵得所有的船都不能前进。尤其是过桥洞时，众篙齐举，都想把自家船撑过去，把别家船推后，闹得由此演出全武行的大打出手，吓得妇女发抖，孩子啼哭，虽有双方主人极力制止，船夫哪个肯依。不但船夫如此，带去的长工，也都自动加入竞赛。

周家的祭扫船共有十只，每船两个船夫，外加一个帮工，算来近四十人。另外还有头家船料理一切杂务和各房自带的长工，人多势猛，人人奋勇，个个争先，都摩拳擦掌的，唯恐这场恶剧演得不够热烈。双方的吹手船也紧紧地跟在后面大吹大擂地助威，偶有一方获胜，这一方的吹手立马就吹出"将军令"的牌子，奏"凯旋乐"。每年清明祭扫都是如此，但打架尽管打架，从没有打出什么事情来，厮打完结，各分东西以后，一样地又遥相对谈，嬉笑如常了。当然，这与以前因为一点小事打成一团，两败俱伤，从而汲取教训有关。有一年，周家和马家同天清明上坟，双方人数上百，不知怎么回事，

第十一章 春 寒

两家妇女上错了船,周家妇女上了马家的船,马家妇女跑到周家船上去了。一班顽固男性,把这事视为奇耻大辱,大有"是可忍也孰不可忍也"之概,加上船夫长工鼓噪,扩大得不可开交,先是唇枪舌剑,相互谩骂,继则拳脚相加,大打出手,结果双方都头破血流,两败俱伤。事后,双方族长都觉得这样做有百害而无一益,还是要以和气为贵,于是往后祭扫双方都放弃了正清明上坟的成规,改为一家在先一日,一家在后一日,邢尹避面,免得再起纠纷。万一冲突,也是打归打,过去即完,不再结仇。

尽管外面打得热火朝天,廿八公公和樟寿、櫆寿却怡然自乐,对酒赋诗。

正在另一桌上的周仲翔,见他们赋诗,过来口占一绝:

数声箫鼓夕阳斜,记取轻舟泛若耶。
双桨点破春水皱,清风送棹好归家。

周仲翔谱名凤苞,字仲翔,族中大排行二十三。是樟寿称为"庆爷爷"的周庆蕃的次子,因为他父亲正在南京江南水师学堂任职,颇受族人尊重。

廿八公公赞不绝口地说:"好诗!好诗!!"

这下倒惹恼了仲翔的哥哥周伯文,使他妒火中烧,愤怒得双目几乎突于眼眶之外,吼道:"好什么,好?跟他开的酒店一个样,要倒闭啦!"

这周伯文,谱名凤藻,字伯鸾,是周庆蕃的长子,族中大排行十九。他性格暴戾,知识浅薄,经常发怒,妒忌心重。常以楚霸王自况,发怒时双目突于眼眶外面,故绰号"金鱼"。而且他的发怒常常为人所不及防,遇上者不论人畜无一幸免。有一猫经过其侧,适逢其怒,拎起后脚撕成两爿掼于屋上。族房中有一鸡走到他脚跟,他将鸡撕成两半,血淋淋丢进族房室内。有一次他正在发怒,他父亲捧了一个西瓜进来给他,他夺过来猛力一拳把西瓜击得粉碎,两只手抓起来大把大把地送进嘴里狂啖。他还好洁成癖,总嫌别人脏,可自己整年不洗澡,身体脏了只用干净的燥衣服当洺浴布周身燥擦,然而他自己的衣服从来不肯派这个用场,只是用别人的。他大便,也与众不同,先把房间里的所有门窗全部洞开,再把倒洗得很清洁的马桶拎进来摆在屋子中央,又经他端详是否确系清洁,并低下头去左闻右闻,检查有无臭气,然后全身上下的衣服脱得一丝不挂,这才上便桶出恭,哪怕是冬季大风雪天也一样照做,不改其常态。凡此种种,都为族人所不齿。还在大书房里和玉田公公的次子仲阳常因下围棋吵架,一个将棋盘撕碎,一个把棋子撒满明堂,过了一会儿又决定重新比赛,分头去拣拾满地的黑白子,或往东昌坊口杂货小铺买纸棋盘去了。他曾经在大厅西偏的小书房教过伯升和樾寿半年书,但没有什么本事,并不怎么管教,只是早晚到厅房来一次。后来居然又外出就馆,在乡间坐馆教书,忽然暴虐起来,责罚学生,用竹枝打学生的脊背,再用盐擦,用做腊鸭的法子整治学生,被主人辞退回家了。他所说的酒店倒闭事,是指仲翔与几位本家在东昌坊口合伙开的咸亨酒店,双间店面,坐南朝北,正对新台门大门,请了一个伙计一个徒弟照看,但因经营不善,正面临倒闭。伯文作为亲哥哥,不但不帮忙,反倒幸灾乐祸。

廿八公公本就讨厌周伯文,这时见他又跳出来捣乱,不禁大怒,拍案斥道:"这儿哪里有你说话的地方!"

樟寿握紧了拳头,对周伯文怒目而视。樾寿觉得周伯文纵然只是屡屡考不进秀才的文童,人缘也不好,但终归当过自己和升叔的开蒙老师,做老师时也不严厉,任他们玩耍,也就不以为然,转过脸去,只当没这回事。

周伯文欺软怕硬,见廿八公公不好惹,又是自己的长辈,族人多站在他一边,只好悻悻然地笑笑,躲到船舱外面去了。

安桥头

鲁瑞带着松寿到皇甫庄为父亲鲁希曾祭扫了坟墓,就到安桥头姆娘和弟弟家中去。

油乌色的乌篷船就像一把锋利的剪子,贴在绸缎般的水面上稳稳地裁剪着。日头偏西时,行到安桥头埠头不远处,鲁瑞就看见一个绿色的倩影站在岸边朝船来的方向张望。她猜想准是琴姑,心里喜得开了花,恨不能立马见到这好侄女。

第十一章 春 寒

　　船靠了岸，鲁瑞刚一出舱，穿着一身绿衣的琴姑就连忙过来搀扶她上岸，又招呼松寿道："三弟，小心点儿！"说着，船工把松寿扶上了岸。三个人一起往家里走。

　　安桥头是一个典型的江南水乡中的小村，在绍兴昌安门外，距城约三十里水路，村北不足四里就是曹娥江，东西相距各五里为孙端、马山两个集市。孙端镇在春秋时期尚系泽国，汉时淤成滩涂，五代吴越王钱镠发动民工修筑海塘，逐渐形成村落，相传有位叫孙端的人居住于此，故名孙端。安桥头村就在镇内。这村是水乡、桥乡、酒乡和书法之乡。许多人文化水平并不高深，但是能写出一手的好字。

　　安桥头村名的来历，曾有好几种说法。一说因为朝北台门前有一座"安宁桥"，因桥而得名。其实这座单孔石桥，东首桥面石板上刻有桥名："通宁桥"，不是"安宁桥"，故此说不确。又一说法认为这里原叫岳墅村，村口有一座东南庵，庵旁有圆洞桥，改称为庵桥头，由庵而安，又讹传为安桥头。其实此庵名东莲庵，较远处有一座三眼桥，前村碧波潭才有一座圆洞桥，此说也不能成立。第三种说法较为可信，据见过鲁氏族谱的祖辈口述，这安桥头建村住人始于北宋末年，当时这里是一片茫茫海涂。有山东鲁兰谷者偕宁波籍门客丁仁泰来到浙江，欲赴宁波而止于绍兴皋埠，教书为业。其第三子鲁世端与丁仁泰，结伙贩盐为生，从曹娥江对岸南汇挑盐到这里正须歇脚，天长日久，就在这里搭茅屋，架木桥，围垦海涂，定居下来。为表示安居乐业之意，把木桥取名"安桥"，地名也就叫作安桥头了。后来有一岳姓盐米官商来这里开设埠头，运盐米至浙东上八府，一度十分繁荣，在官方土地册籍中，这里被编为会稽县七都四图，地名岳墅镇。后遭兵燹之灾，又沦为偏僻小村。"岳墅"之名，后人知之甚少，而"安桥头"这个村名，却一直沿用至今，算来已有八百多年了。

　　绍兴平原河湖纵横，村落大多临水而建，安桥头被东西向的两个漊分隔成前村、中村和后村。漊，就是长条形的河湾，南漊长不足半里，漊底是一个牛车盘连着一长溜大坟堆。北漊长约三里，漊底通到邻村里赵。村东是通往外域的河道，江口有一航船埠头。过了三眼桥，河东仅有一座土地庙和一座东莲庵,这就是中村,鲁瑞娘家的朝北台门就在这村里。

鲁瑞的祖父鲁世卿当过清朝四品京官,做过木仓科主事,承办内务府皇家事务。告老还乡时,造了这座台门。三间开阔,前后两进,前进平屋,后进带有阁楼,中间小天井满铺青石板,东西两侧是厢房,后有小园,前临小河,粉墙黑瓦,自成一个院落,占地半亩有余。门口就是连通中村与后村的通宁桥。台门坐南朝北,全村除大祠堂外,是独一无二的,故称之为朝北台门。另一处与众不同的地方是,房屋的外墙是三板石萧墙,就是墙的下半部连垒三块长方形大石板作为基础,上面再砌青砖。过去寻常百姓,即使有钱,也是没有资格垒三板墙的。

快走到家时,鲁瑞就看见姆娘、弟弟、弟媳和三个侄女站在门口向他们招手,不自主加紧了脚步,琴姑和松寿也小跑起来。两方一会合,鲁瑞就和姆娘拥在一起,鲁寄湘也一把搂住了松寿。

一家人簇拥着走进朝北台门,房子比皇甫庄的旗杆台门矮小多了,确实连"文魁"的匾额都放不下。进了平屋,也低矮潮湿,光线阴暗。来到中间小天井的堂前,才豁亮起来。满铺青石板的地上,摆着一张茶几,上面放着一把大锡壶,旁边搁着一闷碗浓茶汁和几只空碗。转圈排着四把椅子。周围是分格的书架,架上放满一匣匣的线装书,有医书,也有鲁寄湘喜读的诗文。还有两盆清丽、幽绿的文竹。天井下的木柱上挂着一副对联:"忠厚传家久,诗书继世长。"虽然古旧,却很有些文气。

琴姑请奶奶和姑妈坐在右侧椅子上,父母坐在左侧,三个妹妹和表弟松寿坐在旁边的长凳上,就去茶几旁,在一只空碗里倒一点茶汁,再从大锡壶里斟水冲配。先端给姑妈一碗,又端给奶奶、父母各一碗。最后又给松寿表弟一碗,自己的三个妹妹则由她们自便了。

喝着茶,鲁寄湘对鲁瑞说道:"前天和大哥怡堂、二哥季山到皇甫庄给爹上坟了。"

鲁瑞道:"我是顺路今天上午去的,拜毕,就来这儿了。"

喝过茶,琴姑扶姑妈和松寿弟从楼梯上到阁楼,那里光线明亮,也不潮湿,本是她住的地方,让给姑妈歇息了。

第十一章 春 寒

阁楼一角是一间卧室，一看就明白是位喜欢绿色的干净姑娘的闺房：浅绿的被单，深绿的缎被，床边的梳妆台上放着的粉盒胭脂、木梳发卡，也有点儿泛绿。一小盆文竹，更是翠绿翠绿的。只有文竹边上，一匣线装《红楼梦》是蓝色的，打开了，一册卷在一旁，看来闺房的主人正在读。

鲁瑞忙不及地说："啊呀！你让我住这儿，你住哪儿啊？"

"我到楼下和妹妹一块儿睡。偌先歇歇，再到奶奶那儿聚聚。我去备晚饭。"琴姑说着，径自下了楼，让姑妈休息。

鲁瑞哪里待得住，停了会儿，就拉着松寿去看姆娘。女儿心里有话，只能跟姆娘说。人长到多老，都是这样的。

松寿看见外婆正站自己的屋前，往阁楼上望。她也盼着女儿跟自己说贴心话，鲁瑞一下来就随她进屋去了。

屋里低矮潮湿，母女俩哪管这些，互相搀扶着坐到床上。

松寿坐在旁边小凳上眼巴巴瞅着外婆和姆娘。听得姆娘在跟外婆讲家里的事：小姑母的去世，祖母的伤心，大哥的上学，二哥也上学堂了，父亲的吐血……

"早春天气，他不知怎的吐起血来，幸而现在好了，今年刚上了坟。"姆娘说。

"还是要当心他的。"外婆回答。

"是啊！这两年所经历的事，也亏他受的。我对他说：宜老相公，你这辈子算完了！"

"瑞姑！"外婆突然注意起来，惊道，"偌当真这么说的？说他这辈子完了？偌这就说错了，姑爷听了心里要难过的。"

"他不难过。他自己也常常这么说：我这一辈子算是完了，他说的时候，一点也不难过。他还说：我还有儿子呢！儿子会给我争气的。"

"瑞姑，这一点偌难道还不懂？无论什么话，姑爷自己要怎么讲都可以，但不是说，偌也可以这么讲。有许多话，自己讲讲不要紧，但别人讲了，会心里难过。姑爷也够晦气的了，他心里一定很不好过，你又何必再讲这些话使他伤心呢！"

外婆停了会儿，似乎回忆起自己的事情，接着说："偌爹生前多病，我服侍他多年，自己也以为尽心了。等偌爹过去，我在想，自己总做得不够好，有时还不耐心，有时为一点小事和他争。唉！这又何必呢？我看姑爷人品不错，这十多年来待偌也好。现在他有难，偌千万千万不可刺伤他的心，更不可嫌弃他，要尽心尽意地宽慰，让他身体康复起来才好。"

"姆娘说得对，我明白了！"鲁瑞说，"古人相敬如宾，举案齐眉。我尽力而为就是了！"

大人们在孩子面前讲话，总以为他们什么也不懂，其实松寿都懂，他觉得外婆真好！

"奶奶、姑妈，吃晚饭啦！"琴姑在外面叫，鲁瑞赶忙扶着姆娘出来，到小天井厅堂里。松寿在后边拉着姆娘的衣角，尾随着。

奶奶说："琴姑听偌要来，就开始准备偌爱吃的东西。忙了好几天了。"

到了厅堂，见茶几换成了大方桌，桌上摆满了菜，四围放好了杯盏筷子和一大瓶"女儿红"绍酒。虽近黄昏，但自天井射下的阳光，仍使桌上菜肴分明可见：中间一盘霉苋菜梗蒸豆腐，白瓷盘里盛着雪白的豆腐，上面摆着几根青绿的霉苋菜梗，显得晶莹明丽，可人喜爱。旁边一大盘霉干菜焖肉，霉干菜油光乌黑，五花肉色泽红亮。紧挨着的是一盘洁白、鲜嫩的糟溜虾仁，晶滢滢的，令人眼目清爽；左边是一盘糟香醇厚的糟鸡，嫩黄色的，飘着酒香气味；右边是一大碗"珍珠文武鱼"，所谓"文武"意为鲜、腌两种原料。选用鲈鱼、白鲞和冬瓜球合蒸，鲜、咸互补，清香咸鲜，滑嫩入味，形色俱佳。鱼肉旁边还放一碟素菜：水煮的罗汉豆，绿莹莹的，别有风致。对面则是一蓝花瓷盆，盖得严严实实。但盆壁散发出的鲜美气味儿，着实撩拨人，松寿口水都要流下来了……

琴姑道："一会儿再开盖，让大家看究竟。"

琴姑的姆娘沈氏说道："琴姑知道姑妈要来，几天前就准备了。原来都是烧饭妈妈做菜，这回她非得自己下厨不可。"

琴姑让奶奶先坐正座，又请父母、姑妈坐定，自己才和三个妹妹、松寿

第十一章 春 寒

顺序坐下，习惯地用右手抚一下自己右额的一绺秀发，微笑一下，嘴边显出小酒窝。咬着下嘴唇，乌黑的眼眸深情地望着自己好不容易烧就的这一桌菜……

稍过一会儿，她举起酒杯道："祝奶奶、爹娘、姑妈康健高寿！"

一家人都举起杯，开怀畅饮。

"田舍家家藏家酿，驿路处处飘酒香。"每逢冬酿季节，绍兴家家自酿老酒。这"女儿红"酒，据说是女儿出生时酿好，深埋地下，待女儿出嫁时才取出喝，因而得名。所以是多年陈酿，滋味醇厚。

喝着老酒，大家各自动筷挟自己爱吃的菜。琴姑挟了块红亮的霉干菜焖肉，放在奶奶碗里，说："奶奶，这是倷爱吃的五花肉。"又挟了块霉苋菜梗，放到鲁瑞碗里说："姑妈，我知道倷爱吃这个，吃吧！"

范氏笑笑说："琴姑这孩子心细，晓得老人爱吃什么。"又对琴姑说，"我们自己挟。你吃你的，不要管了。"说着，给鲁寄湘挟了块嫩黄的糟鸡，又给松寿和琴姑的三个妹妹挟菜，自己则挟了片滑嫩的鲈鱼。

鲁瑞咬了口霉苋菜梗说："这苋菜梗，闻起来有点儿臭，吃起来却酥嫩嫩的，味道煞香。"

奶奶看看鲁瑞说："瑞姑小时候就最爱吃这霉苋菜梗。"

琴姑点点头，别的不挟，只挟那绿莹莹的罗汉豆下酒，想起阿张哥最爱吃这罗汉豆，不觉会心地笑了。

酒过三巡，琴姑打开了蓝花瓷盆，一只只在酒中泡过的活虾不住地往瓷盆外爬，用筷子夹回去还是爬。

松寿第一个拿筷子去夹，怎么也夹不着，琴姑连忙告诉他说："别来回夹，往嘴里送，硬吃掉！"松寿夹了一只，却下不去嘴。活虾又爬了出来，小舅父忙又夹住，送到他的嘴里，逗得大家都笑起来。

鲁寄湘言道："此菜选用鉴湖所产的鲜活公虾，调以绍酒、南乳汁等泡醉。壳肉相离，生脆鲜嫩，清淡醇香，别有情趣。"

琴姑笑道："这次可不是鉴湖里的，是从村头河沿钓的。当初阿张哥到家来的时候，就喜欢在河沿钓虾。他说过：虾是水里的呆子，一见了食饵，就用自己的两个钳捧着钩尖送到嘴里去,所以不半天便可以钓到一大碗。昨天我跟妹妹也去钓了,回来放在盆里养着,今天泡了来吃。"

鲁寄湘听了道:"是阿张过去钓过的啊!那好,我先尝尝。"说完,干脆做一示范,夹起一只活虾就朝嘴里送,嚼得咯吱咯吱直响。大家也照样各吃一只,唯有琴姑虽劝大家吃,自己却不吃,眼睁睁看着这一只只活蹦乱跳的虾,活生生成了人们的口中餐,不禁暗自怆然。

吃过饭,烧饭妈妈收拾碗筷,擦净桌子。琴姑忙过来帮忙,悄声说:"妈妈,你快去吃吧!"烧饭妈妈闻听,眼泪都快下来了,忙回过身,端着碗筷进厨房了。

天快黑了,琴姑点亮香油灯。这是一个瓷的灯台,承油盏的直柱只有二寸高,下面即是瓷盘,另有一个圆罩,高七八寸,上部周围有长短直行空隙,顶上偏着开一孔,可以盖在灯上,使得灯光幽暗,只从空隙射出一点来,像是一堵花墙,这是不灭灯时用,需要亮光时把罩反过来当作台,上边搁上灯盏,高低也刚适合。

家人各自回屋休息,琴姑又擎着一盏"水蜡烛"扶姑妈上阁楼,松寿跟在后边。这所谓"水蜡烛",实际仍是香油灯,用黄铜作壶,约容油二两,口作螺旋,孔中出棉线灯芯,壶下短柱与底台接连,壶与台之间装一把手,以便执持。这种灯具用香油点火,禁得起风吹,不会熄灭,油量充足,无匮乏之虞,那时是最实用的移动照明具了。

上到阁楼琴姑的闺房,琴姑扶姑妈坐在床边休息,又给松寿在床边搭了张小床,就又下楼端来水盆让她们洗漱,自己也出去洗了,收拾了盆巾要到楼下和妹妹一起就寝,却被鲁瑞一把拉住说:"好闺女,不忙走,姑妈舍不得,一块儿说说话。"

琴姑也不愿离开姑妈,顺势坐在一起,紧搂着。

鲁瑞腾出一只手,翻着梳妆台上的《红楼梦》说:"你看《红楼梦》?"

琴姑笑道:"是爹爹的。我拿过来看。"

鲁瑞虽然没上过学,但靠自修能够看书识字,尤其爱读古小说。她拿过琴姑正看的那册,翻开折页瞅了瞅,见是第九十七回林黛玉焚稿断痴情薛宝

第十一章 春 寒

钗出闺成大礼,一张书签恰插在林黛玉往火盆投诗稿绢子那段。问道:"偌看到这一段了?"

琴姑摇摇头说:"早读过几遍了。就是爱读这一节,又重新看看。"

鲁瑞似乎悟出了什么,低头说:"这一节最苦了。"

琴姑感慨道:"黛玉临死这几天,竟连一个问的人也没有。该是多苦啊!"说着,不禁流下泪来。

鲁瑞见琴姑流泪,也禁不住眼眶湿润润的。

琴姑心眼灵,不愿姑妈跟着难过,忙转话题说:"阿张哥也读《红楼梦》了。"

鲁瑞有些惊讶,道:"伊什么时候读的?家里没有啊。"

琴姑说:"是在娱园,从'友舅舅'秦少渔那里借的。"

鲁瑞"哦"了一声,明白儿子为什么回家后像变了个人,老成多了。

琴姑又拉姑妈道:"到阁楼看看夜景吧!"

两人一同出来。松寿已经在自己的小床上睡着了。

这时,天晴了,月亮下面,河流、田野、农舍反射着银色的微光,不远处传来狗吠的声音。琴姑想起了什么,轻声细语说:"那年奶奶到这里躲清静,我跟了来,偌也带阿张哥来了。阿张哥和村里的孩子到赵庄看社戏,我和奶奶、姆娘、姑妈,在这阁楼上透过窗户看村里的戏,不用跑远路,也不用到台下去挤,多好啊!可惜,这些年村里穷,请不起戏班,演不起戏了。"

鲁瑞也回忆起当年的情景,说:"那戏班开头有一个小丑上台念道:'风餐露宿走四方,绍兴乡下唱戏文,粗菜淡饭过日子,摸升螺蛳开开荤。'"

琴姑拍手笑道:"姑妈记性真好!还记得这词啦!我也记得那年秋天,四邻八乡迎神赛会,搭台唱戏。白天,舞狮、舞龙、武术、杂耍,巡游到各村表演,路过村里大道是一定要表演一番的。最难忘的是杂耍戏酒坛,一个人把一只老酒坛在手中拨来弄去忽地抛向空中,落下来时用头顶稳稳接住,纹丝不动,接着甩动头颈,酒坛在头顶转动起来,赢来一片喝彩叫好声。"

鲁瑞倾耳听着,笑了。

过了会儿,琴姑心知姑妈接连奔波两天了,一定疲劳,说道:"姑妈歇息吧!"要下楼去。鲁瑞哪里肯舍,硬拉侄女回屋,姑侄俩合躺一床,合盖一被,亲亲热热地睡了一宿。

第二天绝早起来，按说鲁瑞是要在娘家住上几日，但她惦念家里的丈夫和儿子，特别是小儿子椿寿，决定一早就回去。

早上，琴姑侍候姑妈洗漱、吃早饭，又到后园看了看。

这后面小园子里，种了几畦苗菜，还有一棵高大的水杉。角落里放着两只大南瓜。

琴姑指着南瓜说："爹爹在村里行医，不收分文诊费，村民感激他，知道他喜欢吃南瓜。等南瓜一熟，就摘几个送他。这是两个最大的，舍不得吃，还存在这里。"

鲁瑞点点头说："偌爹跟偌爷爷一样，都是善心肠。"

说着，收拾东西出门。鲁寄湘吸大烟，起不来床，鲁瑞不让叫他，就由姆娘、范氏和琴姑的妹妹们送到门口。

台门口那座石桥，苍老古朴，风采依旧，刻在桥板上的"通宁桥"三字，清晰可辨。鲁瑞见了，想起过去的种种事由，真有点儿不舍离去。但家里的孩子，还是牵着她的心，强忍眼泪，嘱咐姆娘好生保养，就由琴姑陪着，拉着松寿往埠头去了。

琴姑扶着姑妈、三弟上了乌篷船，自己就立在河边痴痴地望着，盼望能有一天也上船同去。

鲁瑞进了船，不禁撩开舱帘向岸上望去，见琴姑绿色的身影一动不动地立着，两手不自主地抚弄垂到胸前的发辫，直到船行远了，才慢慢消失，口中念叨："多好的孩子啊！"眼睛被泪水沾湿了……

广思堂与武秀才

樟寿回到家里，第一件事就是把从山里移来的映山红种在明堂的花盆里，细心地浇上水，又插上写着"映山红"的竹签，又在每株花前列一标签，才回屋洗净了手，看那部《花镜》。

第十一章 春 寒

看到映山红一页，见有这样的说明："若移植家园，须以本山土壅始活。"才想起没有从山中带土，是用自家明堂的土栽的，蹙眉思索了一下，在此页夹上一片广玉兰花瓣。

第二天，照旧去三味书屋上学。老寿先生和小寿先生依然是那么和蔼、仁厚，就跟没有清明上坟这桩事情似的。同学们也更加亲密、随和，其乐融融。

课间，同学们到后园玩，章翔耀把大家召集到一起说："咱们老寿先生多好，虽然备有戒尺，立有罚跪的规则，却不常用。实在恼了，也只拿戒尺轻轻扑五下，再换只手扑五下。可是那边广思堂王宅，'矮癞胡'设的私塾，打手心要把手背顶着桌角，好像捕快拷打小偷。咱们三味书屋大小便完全自由，径自往园里去就行了。'矮癞胡'那边却有什么撒尿签，学生撒尿得上他那儿要签。"

樟寿本来就对"矮癞胡"恨透了，想起他那毒蝥似的异样目光就怒不可遏，恨得牙齿咬得咯咯响，骂道："他也要模仿古人出恭入敬牌了。去把他的撒尿签撅了。"

同学们一起响应，中午放学后，一同往广思堂王宅跑去。此宅在百草园东边，隔着两三家，是一个破落的大台门，大厅烧了，只剩一片空地，偏西的厢房里设着私塾，师生都已散了，这帮"见义勇为"的学生便冲进"矮癞胡"的书房。大家攫取笔筒里的撒尿签，一一撅折，将墨砚复在地上，笔墨乱撒一地，扬长而去。

这次行动，纵然没有直接教训"矮癞胡"，樟寿和同学们却大长了志气。路见不平，拔刀相助，成了他们的常事。

一次有人报告，小学生走过绸缎弄的贺家门口，常被武秀才打骂。大家一听，便不管三七二十一地觉得讨厌，约好在绸缎弄集合，章翔耀仍是首领，樟寿特地从楼上把爷爷做知县时用过的腰刀拿了出来，隐藏在大褂底下，雄赳赳地走到贺家门口。几个同学好像《水浒》好汉似的分散在武秀才门前守候，却总不见他出来。不知他是偶尔不在，还是事先得到消息，怕同小孩子们冲突，避开了。但不管怎样，孩子们都认为他屈服了，由首领下令解散，各自凯旋，回家去了。

第十二章 又是从夏熬到秋

夏 殇

夏天到了，怎一个"熬"字了得。绍兴变成了一口热锅，把人和畜牲、昆虫搅拌在一起蒸熬，像要蒸熟了一般。子传公公酷暑来到之前死了。开始人们都叹息道："嗨！吃了那么多烤焦的蟑螂碳粉，也不见效，还是死了！"暑热一到，人们又不禁为他庆幸："亏得死了！不受这份热罪了！"子传奶奶热得大开房门，周五十赤身露体地在她房里鬼混也不顾忌，反正丈夫死了，一个寡妇，一个单身，谁还管得着？

东昌坊口也不平静，接连出了两起抢亲。

头一起是和房的女佣阿祥嫂。一天照往常一样，她早上去河边淘米。不一会儿，介绍她到和房做工的单妈妈带了一个三十多岁的女人进来了，说那是阿祥嫂的婆婆。那女人虽是山里人模样，然而应酬很从容，说话也能干，寒暄之后，就赔罪，说她特来叫她的儿媳回家去，因为开春事务忙，而家中只有老的和小的，人手不够了。

十五曾叔祖听了说："既是她婆婆要她回去，那还有什么话可说呢。"

于是算了工钱，一共一千七百五十文，她全存在主人家，一文也没有用，便都交给她的婆婆。那女人又取了衣服，道过谢，出去了。其时已经是正午。

"啊呀，米呢？阿祥嫂不是去淘米的么？……"好一会儿，新老太太才惊叫起来。她大约有些饿，记得午饭了。

于是大家分头寻淘箩。新老太太先到厨下，次到堂前，后到卧房，全不见淘箩的影子。十五曾叔祖和儿子咸父子俩踱到门外，也不见，直到河边，才见淘箩平平正正地放在岸上，旁边还有一株青菜。

看见的人报告说，河里面上午就泊了一只白篷船，篷是全盖起来的，不知道什么人在里面，但事前也没有人去理会它。待到阿祥嫂出来淘米，刚刚要跪下去，那船里便突然跳出两个男人来，像是山里人，一个抱住她，一个帮着抱，将她拖进船舱去了。阿祥嫂开始还哭喊了几声，此后便再没有什么声息，大约给用什么堵住嘴了罢。接着就走上两个女人来，一个不认识，一个就是单妈妈。窥探舱里，不很分明，她像是捆了躺在船板上。

"可恶！然而……"十五曾叔祖话没说下去。

这一天是新老太太自己煮午饭，儿子咸烧火。

午饭之后，单妈妈又来了。

"可恶！"十五曾叔祖说。

"你是什么意思？亏你还会再来见我们。"新老太太洗着碗，一见面就愤愤地说，"你自己荐她来，又合伙劫她去，闹得沸反盈天的，大家看了成什么样子？你拿我们家开玩笑么？"

"啊呀啊呀，我真上当。我这回，就是为此特地来说说清楚的。她来求我荐地方，我哪里料得到是瞒着她的婆婆的呢。对不起，十五曾叔祖，新老太太，总是我老发昏不小心，对不起主顾。幸而府上是向来宽宏大量，不肯和小人计较的。这回我一定荐一个好的来折罪……"

"然而……"十五曾叔祖说。

于是阿祥嫂事件便告终结，不久也就忘却了。

不久，又出了第二起抢亲。这次抢的是屠宝林太娘的女儿宝姑娘。

宝姑娘从小就许给姆娘娘家山里的远亲，长大以后，她不满意这门亲事。宝林太娘没有办法，只好赖婚。男家很穷，本来也没有钱筹办婚礼，知道后，便来抢亲。

男家摇着船来抢亲了,一见来势不妙,宝姑娘的兄弟阿锡手里捏着柴叉在家门口守候,宝姑娘自己慌忙关上房门,躲在楼上。邻居对抢亲这类事,是不好插手的。因为有的是双方父母商量好了,只是女方不同意;有的是女方也同意,只是家境贫寒,办不起酒席。有一次知县见到如此陋习,非要惩办不可,把一个去抢亲的新郎捉进衙门打屁股,恰恰这次是新娘本人情愿的,见新郎被捉去,坐在轿里大哭起来。知县尚且不好管,别人就更不能过问了。阿锡虽勇,但势单力薄,终究寡不敌众,手中的柴叉被人夺去,人也被拉到东昌坊口的茶馆里。新郎带着另一些人冲上楼梯,猛推房门,宝姑娘见情况不妙,想从后楼窗爬出,到东隔壁躲藏,不慎失足落水,正好男家的船就泊在旁边河里,顺势把她从河里捞起,塞进船里,一面又派人到东昌坊口召唤还在茶馆里的人,喊道:"人已经抢到了,快回去!"大家纷纷到河埠头上船了。

船行的速度很慢,阿锡从茶馆逃出后,急中生智,马上追到木连桥,捧起一块大石头,等男家船一到,就高声大喊:"赶快把人放回,不然我就把船底揉通。"说着,高举起手中的巨石。男家没有办法,只得把人放了。

这是一次没有成功的抢亲,台门里外都在说这件事,似乎是头条新闻,后来听说男家终于解除婚约了。

宝姑娘胜利了,但经这一吓,再在水里一激,病倒了。屠家小店也再没有了往日的风光。过一些时候,正逢酷热难当时,一口薄皮棺材从小店里抬了出来,宝林太娘拍手拍脚地号啕大哭着,阿锡和另一个兄弟把宝姑娘埋葬了,二十岁的年轻生命从此消亡。

宝林太娘只能发起宣卷,在那悲凉楚怆的音调和佛号里,寄托她的哀思。人们在悲怆的哭音与歌声中,仿佛看到了宝姑娘消逝了的音容笑貌和那清丽的倩影……

那白胡子老头叹口长气说:"是夏殇啊!酷暑多伤情……"

樟寿三兄弟不久听到了抢亲的悲剧故事,一个个也哀伤着。松寿不禁想起了当初见到阿祥嫂和宝姑娘的情景:

阿祥嫂,三十岁左右,手脚壮大,利利索索,脸上泛着红润,挽着双臂,湿淋淋的，托着淘箩和一捧洗净的青菜，轻抚一下自己的脑壳，低头笑笑说，"三阿官长高了。"就爽快地走过去……

细眉细眼的宝姑娘柔声细气地说："三阿官，吃吧！可甜了！"……

松寿禁不住哭起来了……

樟寿只紧咬着嘴唇，深思着什么……

槲寿却很悠然，望望远方，好像觉得这很平常，没有什么……

宝 姑

天热，茶水喝得多，宝姑负责烧水泡茶。泡茶、煮饭用的都是天落水，用又长又粗的毛竹管接在屋檐下，下雨时顺流在水缸里，虽然上有两片半圆的缸盖，但孑孓很多，宝姑常常用短毛竹管放进水里舀水，咕咚一下，那些孑孓翻着跟斗逃开了，她舀满一壶，在灶头间烧开了，便拿进吃饭间冲进大茶桶里。

有一天，宝姑拎了开水壶，走过后明堂，不知怎的在石板地上一滑，开水烫在脚上了。周伯宜在北窗正好看见，连忙赶出来。

宝姑忍着痛，赶忙去拿壶，一边说："啊呀，水壶给我敲瘪了。"

周伯宜说："壶敲瘪倒是小事，脚烫坏没有？"

鲁瑞和长妈妈也赶了出来，鲁瑞把宝姑扶进屋里。长妈妈拾起开水壶，咕噜着："宜少爷倒关心宝姑的脚！"

宝姑的脚没有缠得像其他姐妹那么小，但也有长长的裹脚布，幸亏有这重重叠叠的裹脚布，脚背虽然已经红肿，烫得不轻，但还不至于伤得很厉害，她没有说什么，一瘸一拐地回自己屋里去了。

那些传教士可真奇怪，消息也真是灵通。宝姑的脚被开水烫坏，台门里的人知道了，修女也立刻来了。

正是三伏天，毒日头晒得石板地发烫。那五十岁左右、金发碧眼的美国修女又来了。她手里拿着一把阳伞，拎着一个药包。阳伞是夹层的，外层黑色，里层白色。她走进黄门，就把阳伞收拢了。看见蒋老太太，客气地说："周太太，你好！听说你们家宝姑的脚被开水烫坏了，我来给她看看，好吗？"

蒋老太太便叫宝姑出来，和她在小堂前坐下。那修女好像怕太师椅不干净，把那柄收拢的阳伞垫在自己的屁股底下。

宝姑把脚给她看，她就要宝姑拿出脚盆来，用温水把脚洗干净，然后给她搽上什么药，走了。

以后，修女每天下午来给宝姑换药，不久，宝姑的脚就完全好了。

修女又要向蒋老太太传教，但正在一边的松寿看到祖母依然是那样寂寞的神情，对修女们宣扬的耶稣基督，始终是那么冷漠和陌生。

小孩儿也感觉到：祖母失去小姑母的内心创伤，是永远没法治好了。

"白光"

正在最热的时候，台门里突然一阵骚动，人声嘈杂。周家的孩子们赶忙到蓝门的橘子屋，挤过人群，只见子京公公被人抬在眠床上，昏迷了。他那样子真可怕，衣服是湿的，衣襟被拉开，露出胸口，喉头和胸脯全是伤。伤口的肉翻了出来，已泡成白色。一条灰白色的辫子像死蛇一样缠在颈上，脸色灰白，不省人事。两手的指甲里满是河泥。子传奶奶大声叫他，他也没有反响。像是死了，只剩下一口气。

周子京本在塔子桥南塊路西的惜字禅院开馆教书，因为明年轮到他值年，开春就回来了。

他原名致祁，改名福畴，字子京，号敏甫，族中祖父辈大排行十九。是个忠厚老实的人，赶考一辈子，还是个老童生，年年县考的榜上，看不到自己的名字，就发呆病。但在族里仍然受尊敬，因为他的父亲周永年，在太平军占领绍兴时失踪。太平军退出后，族人周以均奉命恢复绍兴地方政府，便将其归入"殉难"一类中，而且是"骂贼不屈死之"。经上报，朝廷赏给了云骑尉，而且世袭罔替，拜忌日或上坟时，可以戴白石顶子，但周子京不愿意承袭云骑尉，就去呈请调换，被批准为以生员论，可与秀才一起参加乡试考举人。他又不甘心,一定要凭自己的本事考秀才。但他的文章写得太怪,考官以为是同自己开玩笑,不予通过。譬如有一首试帖诗的题目是"十月先开岭上梅"之类,他就开题写什么"梅开泥欲死",谁也不懂是什么意思,所以他去县考时,被批饬不准应试。

周子京曾收过几个学生在家里教书,樟寿也去读过一年。就坐在窗下,面对橘子树读,因为周子京比他长两辈,敬称他为明爷爷。明爷爷对他很严格,叫他背四行书,他立刻背了,一切课业都办妥了,就在那里玩。明爷爷看看不对,就再加四行、十六行、三十二行……半本书,一本书,以后就每每整本的书责令他背,但他还是很快做妥了,仍然在那里玩,原因是他看过一两遍就背得一字不差。结果弄得周子京没有法子,而他自己不仅文理不通,而且错字连篇,如把"荔枝"的"荔"写成"协"。樟寿拿回家去,被周伯宜看到,批其错误。第二天周子京见到批语后,大为惶恐,在课本注了些谴责自己的话,末了一句是:"真真大白木。"后来却又出了笑话,给樟寿对三字课,用叔偷桃对父攘羊,平仄不调倒是小事,他依据民间读音把东方朔写作"东方叔",就大谬了。在教读《孟子》时又出了更大的笑话,讲到"孟子"引"公刘"诗云:"乃裹餱粮",他说这是表示公刘很穷困,把活狲袋的粮食也咕地一下挤了出来,装在囊橐里带走了。他显然是论声音不论形义,裹字里的从衣,餱字的从食,一概不管,只取其咕与猴的二音,便成立了他的新经义了。樟寿把公刘抢活狲的果子的话告诉了父亲,周伯宜只能苦笑。这样,樟寿勉强在周子京那里支撑了一年就中止了。

周子京教书不成,县考不利,又无财产,渐渐生活无着。但对先祖十分尊敬,书房正墙上郑重地挂着周用的一组水墨山水,共四幅斗方。周用,明弘治十五年,即公元一五〇二年进士,后官至刑部、工部、吏部尚书。明史有传,说他"为人端亮",很有作为。画作很一般,不过几棵树、几座山罢了,可是周子京却视为珍宝,画左下角盖着印章,一枚是"周用之印",还有一枚却是"子京"。

周家台门传说,祖上怕子孙败落潦倒,在台门埋藏了一笔金银财宝,数量可能不小。这对住在台门里的人来说,是一个很大的诱惑。有些家境况已经很窘困了，如果能掘到藏金，该有多好！对于周子京来说，就更是梦寐以求地想发意外之财。金银藏在什么地方呢？传说有一句口诀："离井一纤，离檐一线。"有人猜，必定在明堂里，因为那里既有井又有檐。但明堂里的井很多，究竟是哪一口呢？离井一纤，纤是背纤的绳吧，船在河中行驶，人在岸上拉纤，那纤绳是很长的，而这里还没有这么大而深的明堂。离檐一线是指离屋檐很近的地方，和离井一纤配合起来，又在哪里呢？又有人猜，这是指阳光的照射，影子好像一纤和一线，并不是实物的真正长度。大家猜不透，只好作罢。不料想，忽然听说子京公公在掘藏了。

橘子屋就在樟寿家后面，他最先听得，就跟弟弟一起随长妈妈跑去看。

这时，已近黄昏，只见子京公公带着石作土工，正在房间里掘。

人来得多了，子京公公兴致勃勃地对大家说："下午，我在教学生读书，得意太娘醉醺醺地进书房来，坐到床前一把太师椅上，东倒西歪地坐不住，我去扶住她，也没和她说什么，她忽然说道：'眼面前一道白光。'"他朝四下望望，接着说，"白光，就是银子的光，白光起处，必定藏有银子！"

听的人多数都不相信，因为觉得周子京和这位得意太娘神经都不正常。得意太娘姓唐，住覆盆桥下木莲巷口状元台门内。她的地位是佣人，却从不做佣人的事，整天蓬头垢面，蓝衣青裙，通年不换，总是醉醺醺的。她有一个儿子，是工人，屡次来找，她却始终不肯回去。周子京的夫人早已去世，他对两个儿子八斤和周阿桂平时放纵不管，任八斤"戳伊杀，戳伊杀！"地乱喊乱叫，管时又不讲道理，凶狠毒打。一次问八斤蟋蟀是什么，答说是蛐蛐，周子京就用戒尺打其头角，且打且说："虱子啦，虱子啦！"两个儿子不堪父亲毒打，出逃在外。八斤一去不回，据说死在外边了。周阿桂出奔之后还回来过，特别是他姆娘忌日那天，要来拜忌日，穿着新的蓝布长衫，身上干干净净的，人们说是给什么店家做了养子，本人却毫不吐露。父子相见很是客气，拜过忌日，周子京留"客"吃饭，说："吃了忌日酒去。"儿子答道："不吃了，谢谢。"这样，家里只有得意太娘和一个烧饭妈妈。周子京每发疯病，得意太娘必紧随其后，有时追赶不上，就拉住他的辫子。一个在前狂奔疾叫，一个拉住辫子跟在后面不断地喊"老爷"。久而久之，得意太娘神经也不正常，和周子京

"疯"味相投，有时同坐地下，拾菜叶包鸡屎相与共食，两人还津津有味地赞美不已。所以，众人都不相信这两个疯子的话。

然而，长妈妈却很相信，应和道："戏文开场时，常常演一出《掘藏》，先放一阵焰火，随后用方天画戟来掘，就掘出金银元宝来了。"

子京公公就决定照着他的老佣人得意太娘看到起白光的地方掘。他信心十足，满有把握地指挥工人掘着。人们回家吃饭去了，他还在掘；人们睡觉去了，他还在掘。

"这回总会掘着了吧！"长妈妈睡着了，还不断地呓语。

以前子京公公也试过几次，那是在蓝门内，橘子树下。有一次似乎看得十分准了，叫工人来把明堂里的石板凿出一个圆洞，大概可以和埋着的缸口相当吧，然而还是没有，只得又用砖石把圆洞填补好。这一回有白光的预兆，肯定会掘到了。

第二天，子京公公还在掘着，地上出现了深坑，他亲自下去检查，摸索到一块石头的方角，很有点儿像装死人的石椁，他一惊慌，赶紧爬上来，匆忙中把腰骨闪了。这一回还是一无所获，他想不通，从此就总有点儿失魂落魄。

一天夜里，人们都睡熟了，子京公公却睡不着，他在房里自怨自艾，随后又自己大批嘴巴，用前额磕着，大声责骂："不肖子孙，不肖子孙……"不知道他是在骂人还是自骂。翌日早晨，开门出来，只见他脑壳肿破，神情凄惨，惶惶然地向台门外走去。后来，他又是那么自责，用头撞墙，自打嘴巴，时好时犯，大家见怪不怪，也就不大理会了。

这样犯神经病，又总是教错了书，就没有学生来上学了。他只好到塔子桥南塊路西的惜字禅院开馆授徒，搬到那里去住。烧饭妈妈也辞了，老佣人得意太娘不见了，大概是她儿子给接回家了。

曾经轰动一时的橘子屋，人去楼空。蓝门紧闭，石板缝里长出不少野草。人们见了叹息道："唉！子京这一房，怎么会弄成这样？"

子京公公在惜字禅院也混得不好，正好明年该他值年，就顺势回来了。不知怎么，又落到水里去了。

201

人们营救的营救，看热闹的看热闹，也有人七嘴八舌地议论。据说他在惜字禅院发过多次狂，大抵是在半夜里发作，先是厉声说不肖子孙，随即自打嘴巴，又用前额在墙上碰。旁人无法劝阻，也不知为的什么事，只好听其自然。第二天，他前额红肿，神情凄然，慢慢地也就好了，像常人一样。

这一次是在白天发了狂，最初照例地自责自打，随即用剪刀戳喉咙，戳胸口，用稻草浸了煤油，点了火，自己伏在上面烧，一面喊："爽快！爽快！"又奔出来，从塔子桥上跳进咸欢河，一面高叫："老牛落水哉！"

街坊看到他的疯狂眼神和举动，都不敢走近，落水之后，才把他捞起来，运回蓝门。昏迷了一天，断了气。

周伯宜赶紧写信通知子京的姆娘，松寿辈的十二曾叔祖母。子京公公的长子八斤和次子阿桂，出走后都已死了。按照族规：小房绝，长房续。这长房是指长房里的少子，子京公公无后，理应由樟寿的升叔承继过去，做他的儿子，来办理后事。但升叔在杭州陪伴父亲，不能回来，就由周伯宜代替。

本来这一年轮到子京公公值年，但他等不到冬天收租，春间早就把租谷廉价押给了别人，用这笔钱为自己办了两件大事：养儿防老，积谷防饥。媒婆给他说亲，串通了人，借了一个女的给他看了一回，骗了钱去；另外是在庙里修造仓间积谷，还没造好，三伏天就发狂死了，只好作罢。族人正犯难的时候，周伯宜答应代替子京公公承当值年，自尽义务，总算解决了一个大难题。

子京公公去世后，他姆娘，十二曾叔祖母回来了。一个人孤零零地住在那荒凉破败的蓝门里，过着寂寞的生活。她很少出来，出来时也只是和蒋老太太、鲁瑞聊聊，诉说自己的苦命：丈夫早年在太平天国时失踪，儿子发神经病惨死，孙子逃走又去世，只剩下她一个孤老太婆。蒋老太太由她的坎坷想起自己的不幸，就陪着落泪，好言宽慰她说："十二婶，你是老寿星了，身体也硬朗，将来阿升孝顺你，还有后福呢！"

十二曾叔祖母知道蒋老太太说的这话是很渺茫的。伯升只有十四岁，还在杭州陪他父亲，将来怎么样，谁也难说。

十二曾叔祖母回答说："我这是寿星吃砒霜，活得勿快活啊！"有时又说："唉！今朝弗知明朝事呢！"

幸而她雇的烧饭妈妈，人很老实勤快，替她把所有的家务事都包下来了，一点不用她操心，她精神上虽然痛苦，生活上还算过得去。

说 戏

孩子终归是孩子。大人有说不尽的愁苦，孩子却还是要寻找自己的乐趣。天逐渐凉下来了，樟寿拉着二弟櫆寿，松寿领着四弟椿寿，又叫来了廿八公公和邻居沈家的主人沈老八，还有三味书屋的同学"小头鬼"吴书绅、章翔耀等，在明堂的桂花树下演起戏来。

从周家台门到三味书屋不过隔着十几家的门面，其中沈家的主人沈老八，头大身矮，家中养着一只山羊，据说是为了厌禳火灾的，便觉得很有一种超自然的气味。常对人说："有它！就可高枕无忧，不患失慎了。"他家的山羊常在路旁吃刺苋，章翔耀等同学要去骑它，往往为那看山羊的独眼老婆子所骂，所以就在演戏时把这大头派为凶人。而廿八公公因为吸鸦片的缘故，耸着两肩，仿佛在大衫底下横着一根棒似的。"小头鬼"则是由于身子长，头显得特别小。这三个人让人看了，都感到有些异样，于是就拿来戏剧化了。

一开场，大头沈老八扮演凶恶的巨人，带领着山羊，占据了岩穴，扰害平民。"小头鬼"和"耸肩"的廿八公公便各借了法力去征服巨人，"小头鬼"从石窝缝里伸进头去窥探巨人的动静，"耸肩"等巨人出来，只用肩一夹，就把巨人装在肩窝里捉了来了。于是大家欢呼雀跃，大声叫好！

"好哉！好哉！打坏人哉！"只听得两岁的四弟椿寿最高兴，叫得最响。举着根长满绿叶的树枝，连跳带蹦，要用树枝打巨人沈老八的屁股。沈老八连忙躲藏，"小头鬼"和"耸肩"跑过去拉住他，要四弟去打。樟寿忙对四弟说："轻轻打一下，这是演戏，别打重了。"

四弟哪里肯听，举起树枝就连打三下，边打还边叫着："打坏人哉！"松寿忙上前把他抱过来了。

巨人沈老八不但没恼，还回身抚了下四弟的脸蛋说："小椿寿最喜人哉！"大家都被逗笑了。

接着又演打败贺家武秀才。还是由大头演武秀才，他把石窝缝当作绸缎弄的贺家门口，在那儿凶恶地横站着。樾寿、章翔耀等从眼前一过，就上来打骂。樟寿又把爷爷做知县时用过的腰刀拿了出来，隐藏在大褂底下，雄赳赳地走到假武秀才面前，举起腰刀要砍。章翔耀首当其冲，过来助阵，樾寿和"小头鬼""耸肩"也跟着上。假武秀才连忙逃窜，大伙儿佯装追赶，连连喊杀，叫好。看客松寿和四弟椿寿也跟着叫起好来。四弟跳得更高了，举着两只小手，大喊："打坏人哉！打坏人哉！"于是战斗胜利，演出结束。

"戏"散以后，樟寿又在桂花明堂四围踱步，观看花盆里的各色花卉。只见清明时从山上移来的映山红已经一片红艳，灿如云霞。这几个月来，他一直精心照料这株山花，用腐熟菜籽饼兑水施肥，果然见效，不禁喜上心来。

晚饭后，他又上楼擦净桌子，点亮油灯，把手洗干净，小心翼翼地翻开《花镜》，细细阅读。翻到映山红一页，还夹着那片广玉兰花瓣，见书上写着："若移植家园，须以本山土壅始活。"禁不住摇了摇头，就在墨盒里揿揿"金不换"小楷笔，于该条下批注道："按：花性喜燥，不宜多浇，即不以本山土栽亦活。"

离就寝还早，樟寿就上了床，却不睡，招来三个弟弟，听他说仙山。这时他大抵看些《十洲》《洞冥》之类的书，里面有"赤蚁如象"的话，便想象居住山中，有天然楼阁，巨蚁供使令，名阿赤阿黑，能神变，又炼玉可以补骨肉，起死回生，似以神仙家为本，而废除道教气味，完全童话化，变作活生生的理想乡，颇极细微，惟妙惟肖。三个弟弟都听迷了。

颤　栗

暑热过去了，秋天到了。绍兴乡里乡外都松了一口气，纷纷出来享受这久违的清凉。但是周家却不一样，一个阴影，一种重压，随之而来。紧张、恐惧、煎熬、痛苦，缠住了全家。特别是周伯宜，常常会无缘无故地受到惊吓，变得神魂不安。

他明明在那里呆坐着，没有任何人过来，却忽然惊叫起来，跳起，浑身颤栗不止。如果四弟椿寿在一边，也会吓得惊叫着，往姆娘怀里钻。鲁瑞只要没事,都要紧紧抱着自己的小儿子,既像母鸡护小鸡一样保护着他,又从小儿子柔嫩的身上获得一些慰藉。没有这种慰藉,她也会如丈夫那样不自主地不停颤栗。是啊,一想到公公又要面临杀头的危险,又怎能不害怕呢?家里现在已经无地可卖了。而且即使有钱,也不晓得往哪里送,只好听天由命了。

樟寿就在父母房间的后屋住,他清楚这一家人此时的恐怖,不再说戏了。自己在夜里还是常常做那杀头的噩梦,不断从梦中惊醒,醒后也颤栗不止……

他想:这个世界为什么总要人杀人呢?想让人死,就死吧,为什么还要残酷地杀头呢?是因为脖子是头与身体的相连处,比旁处细,容易砍断吗?人,生在这样的世界上,真是太痛苦了。

在三味书屋里,寿镜吾老先生喜汉魏六朝古典文学,时时诵读,虽因文义较为深奥,没有授徒,但樟寿耳濡目染,已经心领神会。"小寿先生"这时正阅览明季遗老诸书,如《曲洧旧闻》《窃愤录》《玉芝堂谈荟》《鸡肋编》《明季稗史汇编》《南烬纪闻》等,樟寿也借来尽阅之。因而使他阅读的注意力转向"野史杂说"方面,读了不少野史。

他从"小寿先生"处看到一部《蜀碧》。乾隆初刻本,四卷,四川丹棱人进士彭遵泗所撰,虽然已经泛黄、破旧,但倒还齐全。这书几乎收尽了当时记载张献忠据蜀的所有史料。其中包括《明史》《明史纲目》《明史纪事本末》等二十五种。考订工作做得很细、很深。虽然《蜀碧》不属第一手资料,但在第二手、第三手资料中,应该算是最好的和最有价值的。特别是所选录的一些史料,不仅少年时的樟寿,就是当时的大学者也已不可见到了,就更显其可贵。

樟寿拿到书,就日夜翻读起来,方明白过去听人说的张献忠的"七杀碑",原来就是"天生万物养于人,人无一物回于天,杀!杀!杀!杀!杀!杀!"杀人,成了张献忠这"流贼"的嗜好,杀从官、文官;杀绅士;杀诸生;杀武生;杀所获妇女、儿童;杀无可杀,则杀妻妾。并有各种杀法和称谓:割手足,谓之"匏奴";分夹脊,谓之"边地";枪其背于空中,谓之"雪鳅";以火城围炙小儿,谓之"贯戏"。他还抽善走者之筋,斫妇人之足,碎人肝以饲马,尤其骇人的是又创生人剥皮法,从头至尾,一缕裂之。张于前,如大鸟展翅,逾日始绝。有即死者,行刑之人坐死。兵书龚完敬以为无道。被剥皮后实于藁草,衣冠以徇市。整部书都浸满了蜀人的血,"蜀碧"就是取衮弘之血、"三年化碧"的意思。

看到这里,樟寿想到"剥皮"时的残酷,浑身颤栗,不忍卒读。停了好一会儿,才又读了作者之兄彭端淑为《蜀碧》写的序,序中叹道:

呜呼!蜀非有深怨积怒于贼也,而残忍若此!天实为之耶?抑人事使然耶?览是集者,必将有叹息江下而不能已者也。故曰:蜀碧者,哭蜀也。

读毕《蜀碧》,樟寿好几天不思茶饭,对"流贼"张献忠痛恨不已。

自此,樟寿对阅读野史杂书有了浓厚的兴趣。他到处翻找这类的书,偶然在家里破书堆里发现了一本不全的由明代宋端仪[①]著的《立斋闲录》[②]。他闹不明白,自己家并不是藏书家,怎么会有这明抄本。就不管三七二十一,只是埋头去读。

待读到永乐皇帝残杀铁铉一节,不觉又颤栗了。

永乐硬做皇帝,一部分士大夫反对。顶撞最厉害的是建文的忠臣景清和铁铉。于是景清剥皮,铁铉油炸,铁铉的两个女儿则发付了教坊,叫她们做婊子。永乐皇帝的上谕竟如此卑劣:"永乐十一年正月十一日,教坊司于右顺门口奏:齐泰姊及外甥媳妇,又黄子澄妹四个妇人,每一日一夜,二十余条汉子看守着,年少的都有身孕,除生子令做小龟子,又有三岁女子,奏请圣旨。奉钦依:'由他。不的到长大便是个淫贱材儿?'""铁铉妻杨氏年三十五,送教坊司;茅大芳妻张氏年五十六,送教坊司。张氏病故,教坊司安政于奉天门奏。奉圣旨:'分付上元县抬出门去,着狗吃了!钦此!'"君臣之间的问答,竟是这等口吻,

---

[①] 宋端仪:字孔时,福建莆田人。成化十七年进士。历礼部主事、主客司员外郎,后以按察佥事督广东学校,卒于任。

[②] 《立斋闲录》:为宋端仪杂采明代官府档案、方志、明人文集、碑志及《圣谕录》《水东日记》《天顺日录》诸书所成,记明太祖吴元年至宪宗成化年间典故、人物。

不见野史，樟寿是万想不到的。永乐的上谕，竟是这般凶残猥亵，联想起《蜀碧》所记张献忠祭梓潼神的名文："咱老子姓张，你也姓张，咱老子和你联了宗罢。尚飨！"觉得和永乐皇帝比起来，真是高华典雅得多了！张献忠是个"流贼"，凶狠、粗俗倒也罢了；永乐是当朝皇帝，竟然比"流贼"还粗猥，真是更加令人憎恶。那时的教坊是怎样的处所？在那里是并非静候嫖客的，据永乐定法，还要罪人的妻女"转营"，每座兵营里都去几天，目的是在使她们为多数男性所凌辱，生出"小龟子"和"淫贱材儿"来！樟寿这时发现，女人的"守节"，其实是只准"良民"专利的特典。罪人的妻女是想"守"而不可得的。在这样的治下，真好比在人间地狱里一般。于是将对张献忠的憎恨移到永乐身上去了。

一想到这样的人间，这样的皇帝，又想起正在监狱等候"斩监候"的爷爷，樟寿只能朝天发问：同样是人，为什么如此不平等？互相之间如此惨无人道？这难道就是人间吗？每一想起这一连串问题，他就止不住浑身颤栗……

萧瑟秋风今又是

秋风萧瑟。杭州狱府里，周福清静静地坐在卧榻上，听着屋外萧瑟的风声，看着窗外的落叶，好像泥塑一般，枯坐到天黑。

今年干燥，入秋以后一直无雨，秋风便独自呈威。周福清正青灯黄卷，专心读书，忽听一种奇特的声音从西南方传来。心里不禁悚然，惊道："奇怪！"这声音初听时似雨声淅淅沥沥，再听又似风声萧萧飒飒，忽然变得汹涌澎湃，像是夜间大海上波涛突起，又似狂风暴雨骤然而至。碰到物体上，如金铁相击，铽铽铮铮。再仔细听，又像奔赴战场的军队正衔枚疾进，没有听到号令，只有人马行进的声音。

周福清惊愕了，朝窗外望去，只见月色皎皎，星光灿烂，浩瀚银河，高悬中天。四下里没有人声，那声音是从树林间传来的晚秋的风声。这风声，凛冽之气似乎穿透衣服直刺肌肤，其萧条之意似已围裹全身。他立即感到这风声所含的秋气，是一种肃杀之气，有一种"凄凄切切，呼号奋发"的威力，只要施展它的一点余威，就会使繁茂翁郁的绿色变黄，葱茏的佳木凋零，让人浑身颤栗。忽令他想起了幼时就已熟读的欧阳修的《秋声赋》："夫秋，刑官也，于时为阴；又兵象也，于行为金；是谓天地之义气，常以肃杀而为心。"秋天属阴，行刑待秋而决、征伐待秋而举，乐有属西方的商调，律有属七月的夷则，商为哀伤，夷为杀戮。秋天对人来说，意味着有悲凉肃杀死亡之气。这秋风之声，自远而近，自弱而强，自隐而显，令周福清不寒而栗，对生命将息充满悲叹与伤感。不禁叹息一声，背诵《秋声赋》的一句："噫嘻，悲哉！此秋声也，胡为乎来哉？"自语道："这次怕是躲不过去了！"想起年幼的儿子伯升，年轻而将要守寡、生活无着的爱妾潘氏，家里的长子伯宜和四个孙子，不觉老泪纵横。

但过了一会儿，又安慰自己道：呜呼，"草木无情，有时飘零"，何况人呢？"草拂之而色变，木遭之而叶脱"，草木是由天力的摧残而败落，而人与万物"春生秋实"相同，经历着由青春少年到衰老死亡的过程，又有内在的因素的侵扰，即"百忧感其心，万事劳其形"，百般的忧虑和万事的操劳必然损伤着人的身心，内心受到刺激和痛苦，必然损耗精力，更何况是"思其力之所不及，忧其智之所不能"呢！达不到的事情硬要去寻找、追求，怎能不"渥然丹者为槁木，黟然黑者为星星"呢？朱颜易老，乌发变白，"奈何以非金石之质，欲与草木而争荣？"岂不是自己无穷无尽的忧劳伤害了自己，又何必去怨恨秋声的悲凉呢？既然是皇帝御批"斩监候"，非人力所能改变，只能听天由命，又何必去自伤自悲呢？心情平和了许多。但稍过一阵，无限感慨、愤懑之情又溢于胸中，想起自己入仕二十多年，真可谓历尽宦海的波涛，数十年来屡不得志，怀才不遇，报国无门，心情郁闷，蓄积已久的深沉苦闷和悲凉没有人能理解。想那欧阳修尚有童子相对，而自己虽有樟寿、櫆寿这些读书达理的孙子，却不能与自己相伴，唯有四壁的虫鸣，与"我"一同叹息。此情此景是何等悲凉：秋风呼号，秋声凄切，长夜漫漫，虫声唧唧，悲愤郁结，无可奈何，只能徒然叹息，自我安慰。又不住把自己右手大拇指的长指甲放在嘴里，咬得嘎嘎作响，嘴里喃喃地骂道："昏太后""呆皇帝""速死豸""王八蛋"……

第十二章　又是从夏熬到秋

此时在花牌楼里，潘大凤和周伯升更是抖缩成一团。一入秋，这俩人就一天到晚心神不安，像丢了魂似的。秋风一起，就直打冷战。随着风声的萧鸣，颤抖得就愈加厉害。萧瑟秋风今又是，秋风有如利剑，戳杀着他俩的心，滴滴淌着鲜血。

潘姨太唯一可做的事情，就是掷骰子占卜今秋夫君周福清的命运。这骰子是象牙雕成，小正方块，六面分刻一、二、三、四、五、六点，一、四涂以红色，余涂黑色。还有制作精美、与骰子相配的海南黄花梨木，也称降香黄檀木制的骰盅，下是圆形木盘，上是精美的盅盖，称作骰宝。用海南黄花梨木心材雕成，通体光素，不加雕饰，给人以木质本身纹理的自然美，质优纹美，如行云流水，色金黄而温润，深沉华美，典雅尊贵，令人产生文静、柔和的感觉。这种颜色不静不喧，恰到好处，纹理或隐或现，生动多变。木纹中有些木疖，又称瘿木，呈现出狐狸头、老人头及老人头毛发等纹理，美丽可人，即为人们常说的"鬼脸儿"，亦类狸斑，又名"花狸"。这种木质经久耐用，百年不腐，还能长久地散发出清幽的木香之气，有提神避邪之说法。放入水中呈半沉状态，不全沉入水中也不全浮于水面。

她拿起骰子，举起来，欲投又止。雪白细嫩的手腕上，戴着一副海南黄花梨木手串，是周福清在江西任职时连同骰子、骰盅一起购买，后来送给她的。呈暗红色，典雅华贵。过去她常和周福清一起玩，老爷很爱看她白皙手腕上的暗红手串。那时总是随意往骰盅一掷，视所见点数或颜色为胜负。胜了，她就高兴地跳起来，老爷也看着她笑。负了，她噘起小嘴佯装生气，老爷还要过去劝她，还教给她唐朝温庭筠的《新添声杨柳枝词》，边劝边吟："玲珑骰子安红豆，入骨相思知不知。"现在不知怎么，总不敢投出，生怕结果不吉利。

骰子掷进骰盅以后，骰子显一、四红色为吉利。可是，这几日连投了多少次，都是黑色，从来没有见红。潘姨太大为恐怖，预感今秋老爷定有不测，禁不住哭天抹泪，终日以泪洗面。拿起骰子，就想起往日周福清对自己的恩爱，虽说是买的妾，但从来没有红过脸，尽管对别人动不动就发脾气，对自己却一直疼爱有加，老爷倘若真的问斩，她该靠谁呢？怎么活啊？只能是悲伤不已。

不拿骰子吧,又想预卜老爷的命运,想骰子显红,昭示吉利,可以聊以自慰。但是一掷下去,骰子却总是见黑,预兆不祥,她见了就越哭得伤心,真把自己折磨得泪人一般。

周伯升一直哀叹自己替斩不成,想起父亲面临的"斩监候",也禁不住蜷缩一团,瑟瑟颤抖。潘姨太见他如此,也动了真心,不顾男女有别,将继子搂在怀中,俩人抱头痛哭。

楼下的阮标也没了主意,呆坐在自己的铺板上,不知所措。去年他还怀揣着周家硬凑的钱,到处找门子,可惜有钱也不知往哪儿送。今年连杭州四个人的饭钱也难酬,买命钱更是没有了,只好听天由命。他无特殊事是不上楼的,除了呆坐别无办法。

一夜秋风之后,早晨又下起了绵绵秋雨。天黑沉沉的,加上秋风萧瑟,真有"黑云压城城欲摧"之势。

突然,"沉云黑"的天空上响起一声惊雷,震得府狱的木头窗子直晃。窗口外刺来一道闪电,像一把利剑直戳周福清的胸膛。他猛然一惊,叹道:"大限已尽。听天由命吧!"开始从容地整理东西,梳理服饰。

然后又端坐在厚板铺成的卧榻上,好像泥塑一般……

禁卒邹玉,这长厚的老头儿,又悄悄走进房里,毕恭毕敬地小声说道:"老爷,该秋审了。"

周福清听说之后,慢慢起身,随禁卒来到大堂。

这时,人已到齐了。死刑囚犯一律站在右面,经臬司按次点名。每点一名,囚犯就由右趋入堂上,跪地应一声"有",起立转向左方。若是官犯则只应"有"趋过,不须跪地。

点到周福清,他依旧骂了一声"王八蛋"。

人们对此人的此骂已经习惯,倒不以为奇。深知周福清性格的臬司,也不生气,挥挥手,由他转向左方。

他昂然挺立着,等待秋决。这时,臬司站起宣读圣旨。囚犯都跪下听,周福清也不得不勉强跪下。原以为是宣布他问斩,但竟然喜从天降,只听臬司宣道:"奉旨:周福清著免勾。钦此。"

大堂上又响起一片惊嘘,不知是为周福清庆幸,还是叹息自己没有像他似的幸免受死。

原来一八九五年阴历九月十八日的上谕说明了免勾的理由:"一起斩犯周福清……闻拿投首,中途投递信函求通乡试关节未成,赃亦尚未与人,不无可原,是以未勾。"

周福清仍然毫无表情,无动于衷,过堂之后就回自己的监室,连老禁卒邹玉的贺喜都不屑一听,就又倚在卧榻上,读起从浙江官书局新买来的雕版《唐宋诗醇》……

此时秋风秋雨都停了,宇宙像死了一样静寂。

第十三章　父亲病了

转喜为忧

阮标从杭州府狱获知周福清免勾的消息，立即飞跑回花牌楼，告诉哭得几乎昏过去的潘姨太和周伯升。潘、周两人立马转悲为喜，跳将起来，潘姨太研墨，周伯升写信，阮标送信，以最快速度把喜讯告知周伯宜。

周伯宜见信，急忙举着信奔走相告，整个周家台门都如释重负，喜不胜收。

然而，周伯宜拿着信回到自己屋里，往他最喜欢的褐色皮躺椅上一坐，突然觉得两腿肿胀，沉得像灌了铅，动弹不得。

鲁瑞见丈夫忽然站不起来，忙过来搀扶，却总也扶不起来。赶紧喊："来人啊！"

祖母和长妈妈闻听，急忙赶来，一起帮忙，还是搀不起来。

这时，鲁瑞忙喊："来个男人！"

宝姑在外面听见，风风火火跑到后园叫来了庆叔。庆叔力大无比，一个人搂住周伯宜的肘窝，一使劲就将人整个提起来了。刚一站起，玉田公公和他夫人兰奶奶，长子周伯拯、长媳谦婶，以及子传奶奶也赶到了，伯拯和庆叔一同把周伯宜扶到旁边大床上躺下。

周伯宜直挺挺地躺在床上，两腿还是动弹不得。玉田公公问他感觉怎样，

第十三章 父亲病了

他嗫嚅道:"直觉得两腿像被湿布捆紧了。"

鲁瑞给他脱了鞋,盖上被,让他先休息。庆叔和宝姑知趣地退出,祖母、长妈妈、子传奶奶和玉田公公一家躲到门口悄声议论。

长妈妈凑到鲁瑞耳边,切切察察,低声絮说着什么,又竖起第二个手指,在空中上下摇动,一会儿点着鲁瑞的鼻尖,一会儿又点着自己的鼻尖,最后扭头冲着大家说:"准是章家小姐又鬼魂附体了。"

子传奶奶习惯地咂咂嘴,右手食指往上一挑,说道:"是啊!老台门不就常捉鬼吗!"

鲁瑞听了说:"宜老相公可是不大信什么鬼的。"

玉田公公沉思了一下,捋捋唇上的八字胡,想起周伯宜的一件轶事:光绪初年他在亲戚家吃酒,回家时已过半夜,提着一盏灯笼独自走着,走进一条小弄的时候,忽然看见不远的地方站着一个矮鬼,身子只有三尺,脸狭而长,却有一尺多,披着长头发分散两边。他心想这回倒好,有运气看到鬼了,一直走上去,那鬼也不退避,还是站在那里,及至走得很近,举起灯笼来在鬼面上一照,那鬼这才呼啦一声掉转头跑了去了。原来外边是个废园,泥墙半坍了,有一匹白马在缺口处伸出头观望着,见有人持灯笼来就转头跑了。后来周伯宜常对人说:"我好容易见到了马面鬼,就只可惜乃是一匹真马。"所以他很顽固地主张无鬼,说他死了也不会变鬼的。

玉田公公由这件轶事肯定周伯宜绝不相信鬼,就说道:"伯宜是不信鬼,还是先将息疗养一段看看,是不是前一段子京去世,他答应代子京值年,心里压的事太重,又过年繁忙,夏天暑热,加之这次见到介孚公免勾的信,大喜过度,伤身了?"

大家觉得还是玉田公公说得在理,就点点头散去了。

樟寿、㰀寿放学后,和三弟松寿一起,领着四弟椿寿进屋向父亲请安。

周伯宜一见刚刚两岁四个月的小椿寿,方头大耳,白胖白胖的,招人喜爱,苍白的脸上绽出一丝笑容。

小椿寿扑上前扬起两只小手,不住地喊:"爹爹!爹爹!"要父亲像以前那样抱他，周伯宜仰了仰头，起不来。樟寿忙紧前两步，抱起四弟，说："爹爹有病了，让爹爹歇歇。"鲁瑞忙上前扶住丈夫，给他捏腿。樟寿抱着四弟，示意二弟、三弟一起退出。正等在门外的长妈妈忙接过了四弟，连连摇头。樟寿回想刚才父亲的形状，禁不住流下泪来，感到父亲这回的病不像上次，是很难好转了。祖父关在狱中，父亲这根唯一的顶梁柱再折断了。一家人可怎么办呢？

鲁瑞精心护理丈夫，每天老早起来榨藕汁，扶着丈夫一口口喝下去。吃饭前给丈夫烫酒，摆上削好的水果，弄些鲜鱼活虾给他下饭，还让他抽一口鸦片止痛，搀扶着他逐步下了地，能到四仙桌前吃饭。

为了让丈夫清静地休养，鲁瑞叫樟寿到祖母房间的楼上住，在樟寿原来住的后房换了张黄色漆柱的小床，让丈夫歇息。床头柜上摆着琴姑送的那一小盆精致的文竹，绿竹依然青翠欲滴，竹间藏着那座瓷制小屋依然金瓦红墙，光闪闪的。周伯宜看着，嘴边露出一丝笑意。

丈夫一有动静，鲁瑞半夜就起来照料。无论饮食、起居、冷暖，都照管周全。她心想：怎么又发病了呢？莫非子京公公的惨死，给他的刺激太深了？

一阵秋风一阵寒，天气一天冷过一天。周伯宜的病总不见好。他看着床边的文竹和小瓷屋，又透过后房的后窗，观看西邻梁家竹园探过来的百十枝绿竹。窗前的翠绿竹叶，终日萧萧飒飒，鸟雀也特别多，叽叽喳喳，增加不少情趣。还有那株棕榈树，蓬头鬼似的向屋里望，也平添些许绿意。周伯宜的目光总留恋在这一片绿色上，仍然感慨地说：如果能够在竹林中，有一间小楼居住，就是最快乐的了。他对身处的大家族已经厌倦，一直想找一个幽静的处所，度过自己的余年。但是又病得难以动弹了。

和四个儿子说笑，成为他减轻病痛的唯一方式。樟寿、櫹寿从三味书屋放学回家，天黑以前吃过晚饭，就和三弟、四弟一起到父亲房里请安。周伯宜还坐在四仙桌边喝酒。遇到他兴致好时，四兄弟就多坐一会儿。父亲把下酒的水果分给他们吃，往往先给四弟椿寿，还给最大的。椿寿总是让给哥哥，自己要最小的。父亲问他为什么要最小的，他说因为自己最小，所以应该吃

第十三章 父亲病了

最小的。父亲不禁高兴起来，姆娘也笑了。原来姆娘给他讲过孔融让梨的故事，他记住，还学着做了。

周伯宜见四兄弟相互礼让，一块儿吃得津津有味，兴致更高了，就讲起故事来了。一般都讲的是《聊斋志异》里鬼怪的故事。一次讲里面所记的"野狗猪"，一种人身狗头的怪物，兵乱后钻进死人堆中，专吃人的脑髓，说到肢体不全的尸体一起站起惊呼道："野狗猪来了，怎么好！"实在阴惨可怕。四兄弟听得时而高兴，时而害怕，时而紧张，时而兴奋。鲁瑞一边手里做着活，一边也在听，脸上露出微笑。这也许是她最幸福的时刻了。丈夫兴致好，儿子懂事听话，她就高兴。

讲完故事，四兄弟见父亲酒也喝得差不多了，脸色不是发红，而是渐渐变成青白，话也少下去，就知道父亲又快不高兴了，便各自走散。

不幸的是，周伯宜的病一天比一天重了，请名医来治病，腿上的肿不但没有消失，而且一点一点向上漫，从脚背、小腿，而到腿肚。人也更加没有力气，不再跟儿子们说故事，而是默默地望着后窗外的竹林，一言不发，好像已经看透了人生，憎恶这世间，但从不责备任何人，只怨恨自己。就是病重的时候，他也很爱整洁，看见挂毛巾用的绳子，一边高一边低，他就提出要鲁瑞重新钉过，但鲁瑞因为事情多没有照办，他就自己动手，因为已经没有力气，还是一边呻吟一边把绳子挂整齐。看着丈夫死了一样的表情，鲁瑞总是以极大的耐性，极力体贴着他，一心想使丈夫好起来，但毫无效果。只能将所有的苦难都往自己身上压，不使本已陷入痛苦和不幸的丈夫再增加些微苦痛。

姆娘的痛苦，樟寿看在眼里，记在心中，每一看到姆娘愁苦的脸，听到她无奈的叹息，心里就像刀扎一般疼，但也毫无办法。只能和姆娘、祖母、长妈妈一样，都忧虑得吃不下饭。祖父免死的喜悦，转成了父亲病重的忧愁。

家有长子

"国有大臣，家有长子。"父亲病重以后，樟寿俨然成为一个大人了。

他和姆娘一起商量，最初延请了绍兴一位姓冯的名医，穿了古铜色绸缎

的夹袍,肥胖的脸总是醉醺醺的。那时,樾寿也生了不知什么的病,请他一起诊治,他头一回对周伯宜说道:

"贵恙没有什么要紧,但是令郎的却有些麻烦。"

等他隔了两天第二次来的时候,却说的相反了。因此周伯宜觉得他不能信赖,就不再请他。他见病人有不请之意,又说有一种灵丹,点在舌头上边就可治病,因为是"舌乃心之灵苗",这是"医者,意也"的流派,意思是说舌头红色,像是一根苗从心里长出来,仿佛是"独立一支枪",点上丹就灵。周伯宜却不相信,没有请教他的灵丹,将他送走完事了。

周伯宜的病症严重起来,樟寿只得请更有名的名医来诊父亲的病。这次请的是姚芝仙,一次诊金是一元四角,这在当时已经是笔巨款,很不容易张罗的了;何况又是隔日一次,不久家里就被掏空了。

名医大概的确有些特别,用药就与众不同。"药引"尤其难得,新方一换,就得忙一大场。先买药,再寻药引。"生姜"两片,竹叶十片去尖,名医是不用的了。起码是芦根,须到河边去掘;一到经霜三年的甘蔗,便至少也得搜寻两三天。有时还要寻找多年埋在地下化为清水的腌菜卤,屋瓦上经过三年霜雪的萝卜菜,就更是难得了。常常累得樟寿焦头烂额,浑身大汗。

有些人说,神妙就在这地方。先前有一个病人,百药无效;待到遇见了什么叶天士先生,只在旧方上加了一味药引:梧桐叶。只一服,便霍然而愈了。"医者,意也。"其时是秋天,而梧桐先知秋气。其先百药不投,今以秋气动之,以气感气,所以……樟寿虽然并不了然,但也十分佩服,知道凡有灵药,一定是很不容易得到的,求仙的人,甚至于还要拼了性命,跑进深山里去采呢。

然而,父亲的水肿逐日厉害,将要不能起床;樟寿对于经霜三年的甘蔗之流也逐渐失了信仰,采办药引似乎再没有先前一般踊跃了。正在这时候,名医姚芝仙有一天来诊,问过病状,便极其诚恳地说:

"我所有的学问,都用尽了。这里还有一位何廉臣先生,本领比我高。我荐他来看一看,我可以写一封信。可是,病是不要紧的,不过经他的手,可以格外好得快……"

这一天似乎大家都有些不欢,仍然由樟寿恭敬地送他上轿。进来时,看

第十三章 父亲病了

见父亲的脸色很异样,和大家谈论,大意是说自己的病大概没有希望的了;这位名医因为看了这样长时间,毫无效验,脸又太熟了,未免有些难为情,所以等到危急时候,便荐一个生手自代,和自己完全脱了干系。但另外有什么法子呢?本城的名医,除他之外,实在也只有一个何廉臣了。明天就请何廉臣。

何廉臣的诊金也是一元四角。但前回的名医的脸是圆而胖的,他却长而胖了:这一点颇不同。还有用药也不同。前回的名医是一个人还可以办的,这一回却是一个人有些办不妥帖了,因为他一张药方上,总兼有一种特别的丸散和一种奇特的药引。

芦根和经霜三年的甘蔗,他就从来没有用过。最平常的是"蟋蟀一对",旁注小字道:"要原配,即本在一窠中者。"这就是说原来同居一穴的,才算是"一对",随便捉来雌雄两只不能算数,似乎昆虫也要贞节,续弦或再醮,连做药资格也丧失了。这差使并不为难,樟寿、櫆寿兄弟俩走进百草园的菜地里,翻开土块,同居的蟋蟀随地都是,十对也容易,可是随即就逃走了,而且各奔东西,不能同时抓到。幸亏他们是两个人,可以分头追赶,但假如运气不好,捉到了一只,那一只却逃掉了,那么这一只捉着的也只好放走了事。好容易捉到了一对,用线缚好了,活活地掷入药罐的沸汤中完事。然而还有"平地木十株"呢,这可谁也不知道是什么东西了,问药店,问乡下人,问卖草药的,问老年人,问读书人,问木匠,都只是摇摇头,临末才记起了玉田公公,爱种一点花木的老人,跑去一问,他果然知道,是生在山中树下的一种小树,能结红子如小珊瑚珠的,普通都称为"老弗大",《花镜》里有。樟寿想起清明扫墓回来时,曾经拔了些来,种在桂花明堂里,于是赶紧去找,果然有,而且在山里的时候结籽至多一株树不过三颗,家里种的却可以多到五六颗。

"踏破铁鞋无觅处,得来全不费工夫。"药引寻到了,但还有一种特别的丸药:败鼓皮丸。这"败鼓皮丸"就是用打破的旧鼓皮做成;水肿一名鼓胀,一用打破的鼓皮自然就可以克伏它。清朝一位名叫刚毅的将军,因为憎恨"洋鬼子",预备打他们,练了些兵称作"虎神营",取虎能食羊、神能伏鬼的意思,也就是这道理。可惜这一种神药,全城中只有一家出售的,离樟寿家就有五里,但这却不像平地木那样，必须暗中摸索了，何廉臣先生开方之后，就恳切详细地给周家说明。

"我有一种丹，"有一回何廉臣先生说，"点在舌上，我想一定可以见效。因为舌乃心之灵苗……价钱也并不贵，只要两块钱一盒……"

父亲沉思了一会，想起最初姓冯的名医也说过这种丹，就摇摇头。

"我这样用药还会不大见效，"有一回何廉臣先生又说，"我想，可以请人看一看，可有什么冤愆……医能医病，不能医命，对不对？自然，这也许是前世的事……"

凡国手，都能够起死回生的，走过医生的门前，常可以看见这样的匾额。连医生自己也说道："西医长于外科，中医长于内科。"但是绍兴城那时不但没有西医，并且谁也还没有想到天下有所谓西医，因此无论什么，都只能由传统中医的嫡派门徒包办。古时候是巫医不分的，所以直到那时，他们的门徒就还见鬼，而且觉得"舌乃心之灵苗"。这就是中国人的"命"，连名医也无从医治的。

不肯用灵丹点在舌头上，又想不出"冤愆"来，自然，单吃了一百多天的"败鼓皮丸"有什么用呢？依然打不破水肿，父亲终于躺在床上喘气了。还请一回何廉臣先生，这回是特拔，大洋十元。他仍旧泰然地开了一张方，但已停止"败鼓皮丸"不用，药引也不很神妙了，所以只消半天，药就煎好，灌下去，却从口角上回了出来。

这时，由于父亲的遗传，樟寿也开始成为"牙痛党"之一了。父亲的牙齿很坏，樟寿于是从小牙齿也不好，或蛀，或破……终于牙龈上出血了，无法收拾；住的又是小城，并无牙医，唯有《验方新编》是唯一的救星；然而试尽"验方"都不验。后来，一个善士传给他一个秘方：择日将栗子风干，日日食之，神效。好在这秘方的结果不过是吃栗子，随时可以风干的，也无须再费神去查考。然而吃了不少栗子，并不见效。只得正式看中医，服汤药，可惜中医仿佛也束手了，据说这是叫"牙损"，难治得很呢。有一天一个长辈斥责他，说，因为不自爱，所以会生这病的；医生能有什么法？樟寿虽然已经十六岁，有性的意识，但还是不大明白是怎么回事，不过从此不再向人提起牙齿的事了，似乎这病是他的一件耻辱，加上父亲看中医始终不愈，病反而越来越重，对中医也不大相信了。

从此樟寿便不再和何廉臣先生周旋，只在街上有时看见他坐在三名轿夫的快轿里飞一般抬过；后来听说他一直康健，一面行医，一面还做中医什么学报，正在和只长于外科的西医奋斗哩。

从当铺到药店

令樟寿终生难忘的是那条从当铺到药店的路。

该去给父亲买药了，明天还要付名医的诊金。午饭后，姆娘却踌躇着，小半天掏不出钱来。樟寿心知姆娘遇到了难处，不询问，甚至不敢看姆娘的脸，背过身去装着做别的事情。

终于，姆娘嗫嚅了一下，开口了，声音有些颤抖："大阿官，"姆娘很少这样称呼自己。

好一会儿，樟寿才反应过来，答应了一声。

姆娘还是嗫嚅着，说不出话来。

樟寿这时成了男子汉，鼓励姆娘说："姆娘，有什么事，尽管说。天大事，我来扛！"

姆娘含着泪眼看看儿子，有了主心骨，吐口说道："家里空了，没有钱了。余下的二十亩稻田，要留着吃饭，再不能卖了，只能由你到当铺去当东西，换钱给爹爹买药，付明天的诊金。"

"啊！……"樟寿蒙了，好像闷雷在头上轰鸣。自语道："什么？"

姆娘无可奈何地重复："拿家里的东西，到当铺当些钱来……"

"当铺？！"樟寿小声惊呼了一声。心想：这样的地方，自己是从来未曾去过的，但是知道那是怎样的地方，是穷得实在没有办法的人才去的。他想起了路过时，从外面看见的当铺掌柜的冷脸。简直怕人！自己想起就厌恶。怎么能去那样的地方呢？

然而，看见姆娘愁苦的脸，脸上流淌下的两行热泪，樟寿立刻应道："好吧！

我去!"

姆娘擦了擦眼泪,从立柜里取出了父亲的一个会——子母会。这是从寺庙"请"来的宝物,两个小玉佛,一小一大,好像子母。用一块绿缎包着,看来很是珍惜。

下午在三味书屋上学时,樟寿向老寿先生告了假,说明天要去给父亲买药,不能来了。顺便还提及这次名医开的药引是几年陈的陈仓米,不知到哪里才能找到。

第二天一早,樟寿就小心地把子母会裹在水印蓝花的包袱里,从百草园后门,悄悄出去。他怕遇上人,特别是熟人。

出去往北走不远,就是咸欢河,河不宽,两岸长着荒草。从塔子桥过河到了北岸,就见一排黑瓦白墙的房子。一大间的墙上写着一个大大的"当"字,这就是恒济当。

樟寿在当铺门外踌躇了一会儿,才鼓起勇气进去。

迎面就是高高的柜台,比自己高出一倍。柜台上坐着掌柜的,很威严,脸孔冷板板的,有些像长庆寺里泥塑的凶神恶煞,令人胆寒。周家过去也开过很多当铺,在这一行当很有威望,过去当铺掌柜见了周家人,不论大人孩子,总是笑脸相迎,九十度鞠躬,头弯得会碰着柜台,这时却如此严冷。樟寿倍感世态炎凉,俨然从温室落入冰窖。

樟寿从包袱里拿出子母会,伸长胳臂,踮起脚,递上去。

掌柜的在柜台下仔细地翻看着,还跟旁边的账房嘀嘀咕咕了一番,随后跟唱戏似的喊道:"子母会一个,系陈年旧货,无大用场,念佛祖之面,当大洋十二块。"

樟寿心中一惊,想到:姆娘说这子母会是很值些钱的。怎么会是陈年旧货,无大用场?怎么才值十二块?

正犹豫间,掌柜的把子母会往柜前一推,不屑地说:"不愿当,拿回去好哉!"

樟寿只好点点头,说了声:"当。"话音比哭还难受。

樟寿从包袱里拿出子母会,伸长胳臂,踮起脚,递上去。

掌柜的递过一张当票，让樟寿接了，到账房那里领钱。账房先生是个瘦子，戴副深度眼镜，从镜边斜了樟寿一眼，接过当票看了看，哼了一声，往柜台上摔过十二块大洋。

樟寿的心都颤抖了，感到受了极大的侮辱，联想起了"矮癞胡"那毒恶的眼光，皇甫庄矮女人"乞食者"的斥骂，恨不能把钱扔到账房先生脸上，再用极毒的毒语挖苦掌柜的几句，但是又想起了姆娘那愁苦的脸，久病的父亲痛苦的呻吟，什么话都没说，默默地拿过了钱和当票，小心翼翼地放在包袱里，走了。

他还沿原路从百草园后门回家，把十二块大洋和当票如数交给姆娘。姆娘先是愣了一阵，因那珍贵的子母会只当了这点儿钱而惊讶，张了张嘴，但什么都没说，默默地收好了。又取出两块钱，让樟寿拿着药方去给父亲买药。

樟寿又出正门，沿着东昌坊口的古街，向大街的震元堂和府横街东头的天保堂走去。

出门就见的屠家小店早就收摊了，只能不时听到里面传来的宝林太娘悲凉楚怆的哭声，宝姑娘那清丽的倩影再也见不到了。

屠家小店斜对面、新台门西北角的张永兴游龙寿坊，是樟寿最不愿看的。每一走过，就不自在，禁不住背过脸去。这回也是目不旁视地赶快走过去，到了街里。

"嗨，谁买铜锅哎！"

一声叫卖把樟寿的目光吸引过去，只见熙熙攘攘的人群中，一个黑瘦汉子正站在街边，双手捧着一只铜锅叫卖。原来是阿桂，这回他不卖鸡，改卖铜锅了。

两边是乡下人摆的菜摊，散落着一些青菜、萝卜，已经快卖完了。菜摊边的鱼虾也不多了，有些打蔫儿，跟人一样，都有点无精打采。

过路人朝阿桂溜一眼，但都弯腰挑菜，没有人买他的铜锅。几个闲人围住他逗趣："阿桂，偌这铜锅又是哪里偷来的啊？"

阿桂又涨红了脸道："凭啥泼人脏污水？这是人家托我卖的。"

第十三章 父亲病了

闲人们又大笑道："鬼才相信呢！"

阿桂见樟寿过来，就上前搭讪道："大阿官，买铜锅不？天冷正要使哦！"

樟寿认识阿桂，他的哥哥就是住在新台门大书房东偏一角小屋里的阿有。阿有是给人做短工的，经常舂米，力大无穷，肯吃苦，肯做，人也很好，台门里的老太太都叫他有老倌。他的老婆早已去世，留下一个能干勤劳的女儿巧姑，替他管理家务。父亲肯做重活，多得一点工钱，又烟酒不吃，女儿把家务管得井井有条，日子倒还过得去。这个阿桂，本来也是打短工的，不知道是不愿做呢，还是不能吃苦，不大有人找他做了。他就住进了塔子桥南堍的土谷祠，生活没有着落。有时候看见他抱了一只鸡叫卖，有时候又是铜锅，总之，什么样的货色都卖，又是零零碎碎、一件两件的。大家猜想：有的可能是败落的大人家缺现钱用，随便把一件物品托他去卖，卖掉后给他一点酬劳；有的就不大靠得住，可能是偷来的了。他自己也不避讳，有时跑到阿有这里来借钱，说近来生意不顺手，意思就是偷不到，只好向哥哥借几文钱用用。阿有大怒，喝道："偌个是什么话？我要高声说给大家听了。"于是阿桂只好神色仓皇地逃走。有时候，阿有出去做工了，便由他女儿来对付。这阿桂就要无赖，说："偌不要看不起我，偌的老公比我还不如呢！"闹得巧姑哭鼻子。

樟寿不理睬他，赶紧往西走。

飘来股炸臭豆腐的香味儿，又是街边阿六的担挑，乌黑的锅里，油滋滋冒着烟泡，阿六正举起一串，抹上红色的辣酱，递给来买的人。樟寿深吸了一口臭豆腐香味儿，也想买一串尝尝，自打父亲病后，家里的开支节约到极点，饭食越来越差，每天掀开锅盖，饭架上只有腌鱼和咸菜。有时候到门口买一块豆腐，或者一斤螺蛳，给祖母和四弟换口味，别人也不吃。所以总觉得肚子不饱，想吃东西。捏捏兜里的钱，犹豫了一下，姆娘愁苦的脸又浮现在眼前，咽了口唾沫，走了。

又经过了老胡子文具杂货店，樟寿多看了两眼，常到这家店买描图用的荆川纸，抄文章用的红格子纸，还买"金不换"小字笔和"十里红"大字笔。"老胡子"的老婆人蛮好，总是叫他樟官。近来忙，去得少了，还怪想的。紧邻是傅澄记米店，樟寿倒没大注意。反正家里每年收进四十担稻子，足够吃，不用买米。但以后会怎样，就难说了。

路过小船埠头，一个年轻妇女，头上扎着白头绳，脚下穿着白鞋，衣衫破烂，两眼发呆，不住地朝人群喊着："阿宝，你上哪儿啦？娘找你找得好苦啊！"

樟寿知道这是连四嫂子，死了丈夫，不久又死了孩子，人疯了。禁不住停了一下，但又摇摇头，心里念叨："真如长妈妈说的：'火筒里煨鳗'，怎么活啊！"自知无能为力，只好走自己的路。

埠头西边是荣生轿行，"做不杀的荣生"还在不停地忙着，但是更穷了，裤子的两膝全破了，也顾不上补。

然后又是王锦昌扎肉店、四一剃头店、坐北朝南的范小大的麻花摊，外号"猪头肉念捌"的肉店、高盛全油烛店、箍桶店，以及小船埠头东边的小鞋店、咸亨酒店、王咬脐锡箔店等小店小铺小摊。再就是街中"水果连生"的水果店和西南角的寿芝堂药店和谢德兴酒店，熙熙攘攘，闹闹哄哄，好不热火。

人群中又见败篷时钩头黄瓜也似的周四七，仍然敞怀穿那件破旧龌龊的竹布长衫，头上戴一顶凹进的瓜皮秋帽，右手捏着尺许长的潮烟管，左手拿了一个猫砦碗，唱着小调："我有一把苗叶刀，能水战，能火战，也能夜战……"到谢德兴酒店赊酒去了。

不远人群中忽然传来"矮癞胡"的声音，又是在大讲什么风水。樟寿憎恶此人，紧赶几步躲过去。"矮癞胡"却不放过，见他来，想起去年自家广思堂私塾遭一伙小孩儿捣乱的事，不禁怒火中烧，故意厉声叫道："夜里掠过扫帚星，爷爷'斩监候'，爹爹水臌病，周家要完哉！"

人群中一阵骚动，都扭过头看正走过去的樟寿，议论纷纷。

樟寿回头斜了"矮癞胡"一眼，又见那异样的目光，像蝎子蜇人一样狠毒地向自己投来。樟寿已经多次领教这种目光了，他业已成熟，丝毫不感到惊异，只以自己特有的少年的神勇回了他一眼。那毒眼刹时无光了。

樟寿鼻子里哼了一声，走了过去。

身后传来阿有斥责"矮癞胡"的声音："人家孩子有什么过？你凭什么欺侮人家孩子？"

好像"水果连生"也在说："周家的孩子倒有出息！"

第十三章　父亲病了

须到西头大街的震元堂买药,西口都亭桥下那家卖荤粥的店,已经改卖馄饨和面,生意更是繁昌,老远就闻到股香味。樟寿咽了口唾沫,准备过街去,突然间看见几个身着红衣的捕快,手持亮闪闪的大刀,押着一个五花大绑、穿一身白衣的黑壮汉子从南边往县衙门走。

汉子昂首挺胸,威武不屈,大吼道:"哥老爷们,会稽乃报仇雪耻之乡,非藏污纳垢之所。我大明王朝,岂容满贼玷污!我是为崇祯帝戴孝!反清复明,豁出一条性命!"声如洪钟,震得天响。

捕快朝他眼前一晃大刀,唬道:"住口!"

汉子毫不退缩,猛一跺脚呼道:"大丈夫顶天立地,'民不畏死,奈何以死惧之?'二十年后又是一条好汉!"

"好!"人群中一片喝彩声。

人群中一个秀才模样的人,一下惊住了,半张着嘴,要叫那汉子,又立时止住。

这时,衡廷和白胡子老头也从谢德兴酒店出来看热闹,老头儿悄悄对衡廷耳语:"这是哥老会的,主张'反清复明'。前年官府就旨令'即行严密查拿,从重治罪'。杀了不知多少,可是不但杀不尽,还越来越多!"

人群里一个人道:"可有好看的了!听说明天一早在轩亭口杀头呢!"

樟寿顺声音看去,见那人满头的"癞疮疤",不觉蔑视地哼了一声。

人群中,几个"破脚骨"相的看客,伸长脖子看着,扯着破锣嗓子叫喊:"又有好戏看了!"

衡廷搥胸跺足,叹口长气,转身要回酒店,刚一转身,就直撞上几张伸来的乞丐的脏手,有的是跛子,有的是瞎子,有的是哑巴,有的是瘫子,挂根草垫半躺在地上。他只好从衣袋里掏出几块铜板,一只手里放了一块,赶快逃离。白胡子老头儿也跟着回去,俩人继续喝酒,但半天说不出话来。不住地唉声叹气,苍凉得很。

樟寿看着眼前的情景,对那威武不屈的汉子敬佩之极,但一句话也说不出来,等捕快和汉子过去,人群散了,才慢步走过街去。

经过徐渭故居"青藤书屋",只见几个闲人正站在屋门口讲徐文长的故事,一个文人模样的高个儿在指手画脚地说：

"一家有个女儿，天天站在门口闲眺，好事的朋友对徐文长说，你能逗得那女郎对你先笑后骂，以后不敢站在大门口，我们请你吃席。第二天，女郎又站在门口，正好身旁躺着一条狗。徐文长走近前去，对着狗深深地一鞠躬，叫声'爹爹！'女郎果然'噗噗'地笑了。徐文长回转身，又向女郎深深地一鞠躬，叫道：'姆娘！'女郎大怒，一面骂一面哭着走了进去，从此再也不站到门口来了。"

众人听了大笑不止，樟寿虽然只耳闻了几句，也禁不住笑了。

到了震元堂药店，樟寿进去。药店柜台和他一样高，掌柜和伙计也比当铺和气，交上药方，就如数称药，包好交钱，转身走人。

又走了十多里地，才到家，累得快要散架了。樟寿还是强耐着，把药和找赎的零钱交回姆娘手中，又惦记起药引的事。自语道："几年陈的陈仓米，哪里去寻？"

忽听门外有人叫："豫才！"

开门一瞅，见是老寿先生亲自背了一只装铜钱的褡裢来了。樟寿忙把先生请进小堂前。老寿先生放下钱褡，从中取出一个小袋，里面盛着一升多陈米。其实医方里要用的只是一两钱，而他竟背了一升多，樟寿忙请先生坐。先生却不坐，一定要走，樟寿只好送他出了新台门，看着先生回三味书屋，望着先生的苍老、微驼的背影，热泪不禁夺眶而出，流到嘴角，有一股咸涩的味道……

情在书屋

樟寿翌日一大早就到三味书屋上学了，他感觉只有这里才温暖如春。见到老寿先生，连连鞠躬道谢，老寿先生摆摆手，让他别再客气，回到位子上好好读书。

樟寿回到自己桌前，虽然一天没来，桌面却很干净，知道又是同学代擦的。周梅卿、章翔耀、"小头鬼"等同学都向他投来问候的目光。小寿先生也从耳房出来，樟寿连忙站起鞠躬。小寿先生扶着他肩膀让他坐下，樟寿心中升起一股暖意，几乎要哭出来。

樟寿望着老寿先生，不禁想起先生的轶事。

老寿先生有居正不阿的一面，也有脾气古怪的一面，他执拗得没有商量余地，简直使他的家人难以适应，连他的夫人也没有办法。譬如他床上的帐子已经脏得发黑，布满了蜘蛛网，替他拆下，洗净，晒干，重新挂上，他认为是多余的，发现后勃然大怒，重把帐子取下，用两脚踩脏，再挂上去。以表示对擅自洗他帐子人的抗议。因此，衣服脏了，别人也不敢给他洗，他若无其事地穿在身上，倒觉得很正常。一次，媳妇给他洗衣服，他愤然问道："谁洗的？"媳妇说："我洗的。"在媳妇面前他只好让步，如果是别人，肯定又要大怒。总之，他不叫你做的时候，你千万不能轻易动他的东西，否则就会遭到严厉的谴责。

三味书屋每年正月十八开学，一年里只端午、中秋各放假一天，此外，清明扫墓放假四天。学费，每年四节，清明、端午、中秋、过年，每节二元，不再收其他杂碎费用。

老寿先生收到"束脩"①后，银元换成铜钿，五十文一串，一百文一串，用细麻绳串好，放在柜里，规定每天用一串，没有特殊情况，绝不超过。因他为人节俭，夏天只备一件夏布长衫，挂在墙上，他与两个儿子谁出门谁穿。可三人高矮不一，高的嫌短，矮的嫌长，他都全然不管，而只知"节俭"二字。

三味书屋学生数量一定是八个，收受学生极为严格。首先得有熟人介绍，老寿先生本人还要上门目测，同意了就告诉你正月十八开学，自己带桌子椅子到三味书屋读书。学生进了书房，不准在墙上乱涂墨迹。三天不上课，他就上门家访，如有正当理由，就告诉你事情完成后，马上回到书房读书。如无理由，就对不起，把你"推"出去，也就是除名了。

寿家经济一度很困难，只得把台门正屋典给绍兴富户李月舫。李家长年喝牛奶，在冬季为了牛奶新鲜，不掺水，特地租了一头奶牛养在屋里。老寿

---

① 束脩：旧时学生送给老师的酬金。

先生害怕房屋被牛顶倒，一声不响地跑进去，往牛肚子底下一躺，说："踏踏煞算哉①，踏踏煞算哉。"李月舫的儿子李槐卿赶紧跑过去，把老寿先生拖起，也赶紧把牛牵出台门。

老寿先生不吸烟，也不准儿孙吸烟。向别人借来的书，一定按期归还，而且要保存好。夏天，有客人到他家去，他赤膊是不见客的。一次，新台门的周藕琴盛暑造访，适值老寿先生赤膊危坐，见藕琴至，惶遽间觅长衣不得，急到天井拉得一件被晒得滚烫的皮衣披在身上陪客，周藕琴见状忙把自己的长衫脱卸，也请他脱掉皮袍，老寿先生却坚执不允，连说："赤膊见客荒唐！赤膊见客荒唐！"周藕琴很尴尬，只得赶紧告辞。

老寿先生也曾迷恋围棋，每有空闲就和邻居李月舫下围棋，竟成了围棋迷，忘记了吃饭和睡觉，到了三十七八岁，他忽然发愤戒绝，说道："十几年功夫，读了书，或许可以有所成就，不能再这样蹉跎了。"因而改号"镜湖"，取心地明静如镜的意思。以后，果然不再下围棋，专心致志读书了。

老寿先生为人严肃，管理学生也极苛刻。一次，夫人做客回来，他帮着从船上拿东西，樟寿的堂弟周寿升看见，对同学说道："先生给师母拎香篮哩。"恰巧被先生听到，决定把他推出去，不允许他再在三味书屋读书，寿升的叔父来道歉，说情，也没有成功。

当时，樟寿因为和寿升是堂兄弟，心里有点儿偏向寿升，觉得先生未免太苛酷了。听到先生那些轶事后，也觉得先生未免过于执拗，但是昨天先生亲自送去陈仓米后，他才更加理解了先生，觉得他即使固执，也固执得可敬可爱。自己到底是情在书屋啊！

这时已经开笔学八股文和试帖诗，因为老寿先生不喜欢八股，所以用新刊行的俞樾《曲园课孙草》作课本，内容也较清新浅显。同时还讲解《古唐诗合解》，樟寿却都不很感兴趣。他见老寿先生常手抄汉魏六朝古文，倒对此兴趣盎然，抽屉中小说杂书古典文学，无所不有。虽然不大注意正课，但也未尝欠课，一见了了，不劳记诵，间出余枝，为同学捉刀对句，语多发噱。

最惬意的时候，是忙完了一天的事情，晚饭后回到楼上自己的屋子，把

---
① 意为：（让你的牛）踏死我算了。

第十三章　父亲病了

方桌擦得干干净净，在油灯下细心抄录从小寿先生那里借来的杂书笔记，在读书、抄书中，将所有的忧愁都忘记了，进入了汉魏六朝的古典文学世界。

在抄魏晋杂书中，他霍然看到了一个令他惊异的名字——嵇康①。

南朝宋代刘义庆所撰的《世说新语·雅量》中的一节记事，使他惊悚了——

嵇中散临刑东市，神气不变。索琴弹之，奏《广陵散》。曲终，曰："袁孝尼尝请学此散，吾靳固不与，《广陵散》于今绝矣！"太学生三千人上书，请以为师，不许。文王亦寻悔焉。

这个嵇中散是何等人物？他为什么弹奏《广陵散》的绝响而弃世？他还有哪些诗文？樟寿有些像初读《红楼梦》那样，被嵇康吸引住了。

第二天，一到三味书屋，他就向小寿先生请教。小寿先生那里没有嵇康的文集，只找到一些零星的诗文。樟寿下午拿回家，草草吃了晚饭，抹抹嘴，洗干净手，就上楼抄写，一句五言诗又使他震撼了：

哀哉人间世，何足久托身？

樟寿想起了"矮癞胡"对自己家的讥讽："爷爷'斩监候'，爹爹水臌病，周家要完哉！"

"哀哉！哀哉！！哀哉！！！"虽然在街上刚听到"矮癞胡"的诅咒时，他不服气，狠狠瞪了这家伙一眼，但是此时冷静细想，又不能不承认是这么回事。自己所处的人间世真是太悲哀了！"何足久托身？"

……

一边抄写，一边低吟着这清词丽句，他钦佩古人竟能用这样简约、精练的文字写出这般曲折、深奥的内容。自己也将抄文章用的红格子纸叠成一个

---

① 嵇康（224—263）：三国魏文学家、思想家、音乐家。谯郡铚县（今安徽宿州西南）人。"竹林七贤"之一，与阮籍齐名。嵇康与魏宗室通婚，曾任中散大夫。他崇尚老庄道学，著有《养生论》。嵇康善于鼓琴，以弹奏《广陵散》闻名于世。

本子，按照线装书的长方格样式，用粗线绷紧右脊，在封面上工整地写上丙申年日记，开始在本子上写日记，把近来的所闻所见所想、满腹的忧愤、怨气全倾泻在日记中了。

第十四章 父亲的死

辞 世

周伯宜吃了很多苦药，名医也换了好几位，但丝毫不见效，水肿从腿部升到肚子，肚子胀得很可怕，竟至不能起床了。人消瘦得厉害，常常对鲁瑞说水肿使他浑身好像被湿布捆紧了，连透气也觉得吃力。

鲁瑞只是百般安慰，说："宜老相公，你要吃点什么吗？枕头垫高一点吗？舒服吗？"周伯宜的饮食减少，连摔碗的力气也没有了。鲁瑞在丈夫面前从不伤心落泪，在背后，却偷着落了不知多少眼泪。她白天黑夜地看护着丈夫，几乎不吃不睡。然而，回天乏术，周伯宜生命的火苗渐渐地熄灭下去。

三伏暑天过去了，秋老虎也失去了淫威，空气凉爽，人们透过气来，噩耗却要来了。

公元一八九六年十月十二日，即光绪二十二年阴历九月初六，夜里，鲁瑞预感到了什么，叫四个儿子不要再睡了，守候在父亲身边。长妈妈也在一起陪伴着，祖母在床边椅子上坐着，鲁瑞劝她回去睡觉，她犹豫着，终于回去了。

四弟椿寿才四岁，熬不住夜，在长妈妈怀里睡熟了，宝姑把他抱走。余下三兄弟，都很清醒，一点儿都不困，因为他们知道要发生严重的事情了，都目不转睛地看着父亲。

父亲睡在前房的大床里，床朝北，他的头朝南，身体侧向外面。

樟寿和二弟、三弟依次站在父亲床边的踏脚板上，靠近他的头部，距离大约只有两尺，看得清清楚楚。

父亲神色是安详的，看了儿子们一眼。

长妈妈想起章家小姐的事，轻轻捅了鲁瑞一下，耳语一番，鲁瑞问道："你看见什么了吗？"

周伯宜摇摇头说："一无所见。"又问妻子："老四呢？"

长妈妈赶紧出去把四弟叫醒，抱到他的眼前。方头大脸的四弟扬起嫩白的小手，呀呀地叫"爹爹"。

父亲看了一眼可爱的小儿子，像是放心了，闭上眼睛。

儿子们以为父亲太疲倦了，需要养神，谁知他按在自己胸前的那只手，轻轻地抬起来，又轻轻地落下，这样重复了几次，嘴里喃喃地说："呆子孙！呆子孙！"声音很是微弱。

樟寿兄弟被父亲的举动惊呆了，父亲穿的是白布短衫，袖子很长，几乎遮住手背，从父亲那动作看得出来，他似乎在责备谁。

说完"呆子孙！呆子孙！"父亲就不言语了，好像昏迷过去。

长妈妈在这紧要关头，忙极了，把四弟交给宝姑，自己将经卷焚化，火熄灰冷以后，用红纸包作两包，塞在周伯宜手里，叫他捏着。又和鲁瑞一起，忙着给周伯宜换衣服。儿子不管她们，只是注视着父亲。

善知过去未来的长妈妈突然催促樟寿："大阿官，叫呀，快叫呀！"

父亲的喘气颇长久，连樟寿也听得很吃力，然而谁也不能帮助他。樟寿有时竟至于电光一闪似的想道："还是快一点喘完了罢……"立刻觉得这思想就不该，就像犯了罪；但同时又觉得这思想实在是正当的，他很爱他的父亲。便是以后，也还是这样想。

他伤心地站在父亲身旁，眼看着为家奔忙的父亲，已经不能留在人间，要永别了，真如万箭穿心，伤痛难忍。经长妈妈一催促，或者出于焦急，或者是六神无主，不由得大叫起来："爹爹，爹爹！"声音十分凄惨。

"大声！他听不见。还不快叫？！"长妈妈说。

"爹爹！！！爹爹！！！"

父亲已经平静下去的脸，忽然紧张了，将眼微微一睁，仿佛有些苦痛。

"叫呀！快叫呀！"长妈妈催促说。

"爹爹！！！爹爹！！！"

"什么呢？……不要嚷。……我吃力……"父亲低低地说，又急速地喘着气，好一会儿，才复了原状，平静下去，气息越来越弱。

櫆寿在一边似乎觉出父亲不想让大哥叫了，想劝阻，又开不了口。

"爹爹！！！"樟寿还在叫，一直到父亲咽了气。

樟寿多少年后还听到那时自己的这声音，每听到时，就觉得是对于父亲的最大的错处。

葬 仪

父亲断气后，长妈妈把一对红烛点起来，把香也点好，分给樟寿、櫆寿、松寿兄弟三人，每人三支。三兄弟捧着香跪在地上哭送。鲁瑞此时再也忍耐不住了，突然像火山喷发一般大哭起来，尖厉的哭声直冲天宇，在云霄间旋绕，悲惨极了。

长妈妈也热泪奔涌，虽然只是周家的保姆，却早已融合在一起，成为一家人了。她叫宝姑把椿寿抱来，最后看一看父亲。椿寿不懂什么是死，但看到父亲直挺挺地躺在床上，姆娘大哭，哥哥跪哭，也跟着哭叫起来。引得宝姑也呜呜地哭，想起主人的种种仁义，那次敲瘪了水壶，主人不计较，只担心她烫伤了脚，不觉哭得更伤心了。

这时，天还没有亮，人们还在睡梦中，周家人哀哀的哭声，打破了周围的寂静，把人们惊醒了。

祖母来了，也哭。他们不知哭了多久，总之是很久很久。

子传奶奶、谦叔、谦婶、玉田公公和玉田叔祖母，新台门的周家人统统都来了。他们再三劝着鲁瑞。

"爹爹！！！"樟寿还在叫，一直到父亲咽了气。

第十四章 父亲的死

樟寿成了孝子，繁重的殡丧仪式落在他头上了。起立致哀后，他赶紧回屋写了封急信，请庆叔火速送到杭州爷爷那里。然后，穿上孝衣，由一个工人撑着伞，拿了银锭，到土谷祠行礼烧锭，并背靠庙里的廊柱，双手向后倒抱三次。这是因为死去的人，已被阎罗缚在柱上，倒抱三次，是给死人解缚，使他回来。

老嫚闻讯来了，给鲁瑞梳孝髻，换孝服，櫆寿、松寿兄弟也都穿了孝服。四弟椿寿太小，没有他合适的孝服，就在小衣服上绷了白布。周家的一个工人王富叔，用砻筛盛了酒饭、银锭、香烛，送到大门外，放在地上，由樟寿带领，兄弟四人全跪在门槛的草荐上，等银锭烧完，方才起立，然后哭着进去。砻筛里的饭菜，让路人吃了，据说这样可以免除灾晦。

该进房移尸了，樟寿捧头，鲁瑞托腰背，櫆寿、松寿帮着抬脚，抬到大堂前中央，头南脚北，放在板上。在尸体后面，点燃一盏油灯，从移尸到出丧不能熄灭。据说这是给死者在阴间照明用的，如熄灭，他就要跌跟斗。这盏灯叫明灯。不知谁请来了画家叶雨香①，他站在死者脚后的方凳上，看一眼，画一笔。周伯宜生前和他父亲介孚公一样，是"同"字形的脸，病中消瘦，死后却成了"日"字形了。

尸体移出后，就派人到亲友家报丧，报丧人倒夹一把雨伞，到哪一家，哪一家就开发一些钱，还用一只破碗，猛砸过去，据说是吓走随他同来的鬼魂。

三天后入殓，殓衣用柏香焚烟熏过，孝子樟寿穿上十三件殓衣，两个帮手把衣领袖子平整服帖，用线把领扣和袖子缀好。樟寿两手交叉放在腹前，旁边有两人扶着他，一人手里张着伞，一人提了一个水桶，拿了几文钱，走到张马河边，扔进三五文钱，打起半桶水来叫买水，回到家里，给死者胸前揩抹三次，这是表示揩去死者生前所受的污辱，还他干净身体，去见祖宗。殓衣也是明朝服装，因为清朝起始时，为笼络汉人，规定了"十不从"，其中有"生从死不从"，即死后改穿明朝服装。穿衣前，梳好头，穿上内衣内裤，再由樟寿捧着父亲的头，和左右两人一起把死者抬到棺材盖上。然后把孝子樟寿穿过的十三件殓衣脱下，套在一支横竹竿上，覆盖在死者身上，死者左

---
① 叶雨香：绍兴当地专门给人画像的知名画家。

右一边一个人，为主的一人说："升。"两人同时把尸体升高一些，把手伸进殓衣的袖子里，捏住死者的手从袖子里拉出来；为主的一人又说："降。"两人同时把尸体往下拉，衣服便穿进去了，整理好袖口，把衣服一件件裹好，结紧衣带，就算穿好了。穿的殓衣，胸前挂一袋，叫招文袋，放进死者生前爱好的古玩之类。接着就包殓，上身、腰部和脚部用带子捆住，祭毕，把尸体用两根广藤撑起，四人各执一端，平平稳稳地放进棺材，尸体两脚踏在棺材底，盖上寿被，用石灰包把头部和四周空隙的地方塞实，盖上棺材盖，再用法砝涂上生漆和生面粉，塞进合榫处，就把棺材密封了。之后，再祭香烛和饭菜，每天要上饭三次，到出丧为止。另外，还要供阴差饭。柩前挂白布幔，叫作孝帘，中悬遗像，桌子系绣花白缎桌帏，桌上供五事摆九云箩，供祭菜。

做七以后还要转䬸，据说䬸神是人首鸡身，到时间从丧家的灶囱下来，谁遇见就要被冲死，所以儿孙都要避宿在棺材边，由道士在灵前念经。除在房间设祭外，还要在灶头设祭，灶头地上撒上草灰，坐守到三、四更，道士吹形如大螺蛳的哼罗。看到草灰上有鸡爪印，道士就说䬸神已来吃过祭肴了。䬸神是半夜时来，凌晨时去，道士就说䬸神驱逐了，以后家人才回到房间里住宿。在门上贴着斜角纸，死者是男的贴在左边，女的贴在右边，叫作殃榜，入殓时揭下，压在棺材上，转䬸后烧掉。

丧事如此繁琐复杂，消耗了大量的人力和物力，本家都来帮忙，虽然不必付酬金，但一日三餐和戴孝穿素，总得由丧家供给，周家忙得晕头转向，樟寿和姆娘几乎不吃不睡，真不知怎么过来的。

五七的时候，得叫道士来做"炼度"法事。本来这种特别法事，只有妇女难产才适用，小姑母去世时就在长庆寺做过，因为世俗相信《刘香宝卷》里的话："生男育女秽天地"，倘若因此死了，就要落血污地，不得超生，这便需要他力济度。在佛教是水陆道场，道教则为炼度。周伯宜病的起头是吐血，有牵强附会的人，提出也用炼度法事。子传奶奶仿佛见多识广，很有主见似的，极力这么主张。本家近房长辈要怎么做，即使借债，也得照办。炼度法事价格很不便宜，凡三昼夜，共计须银洋四十几元，比起水陆道场来却又少得多，而且可以在家里厅堂做，不必到长庆寺去再增加花费。鲁瑞和祖母、樟寿商量了一番，点点家里的东西，早就在给周伯宜治病时卖得差不多了，已没有值钱的了，只好忍痛从保命的水田中硬拿出两亩卖了，来做炼度法事。

周家所用的道士，俗名阿金，平时和俗人一样，拖辫子穿大衫，看不出什么特别，一做法事就别有一番模样了。

炼度的法事三天，白天只念道经，对着玉清元始天尊、上清灵宝道君、太清太上老君这道教称为"三清"的画像，行礼，口里念"至心朝礼"什么什么天尊已。到了夜里，"炼度"的精彩节目开始了。所有道士装束登场，身披鹤氅，头戴道冠，上边插着金如意，手执牙笏，足踏禹步，全部是飘飘然地仿佛不是人世了。

第一个夜间是"上表"，大道士率领孝子樟寿背着表文，请求为死者赎罪，俯伏在坛下，约莫有个把钟头，据说这是大"入定"，神魂到天上面圣去了。

第二个夜间是"破地狱"，一座四五尺见方的纸糊的酆都城，城门城墙都画得很整齐，放在大厅当中，大道士走来作法，念完咒，把手里木制的七星剑戳进纸糊的城门去，把它撕得粉碎。这时节，由小道士扮成各种鬼魂，纷纷登场。鬼里边有大头鬼和小头鬼，五伤鬼，还有死在考场的"科场鬼"，以及赌鬼，鸦片烟鬼，做出种种令人发笑的表情动作，在戳地狱时，众鬼仓皇奔走一通。这时候，像看戏一样，仿佛是《闹天宫》里的一场，族里的人，亲友，街坊等各路观众，都高兴极了，又说又笑。众鬼表演完毕，回到当作后台的厅房里去了。人们也像散场一样走散。松寿等小孩子也觉得很有趣，竟把悲痛放在脑后了。

第三个夜间是炼幡，把记着死者姓名的幡折叠好，外边层层用盐卤浸过的耐火纸包装，每一层里藏一件纸糊的五彩东西，包十层，扎得像个莲蓬或是胡蜂窠似的。左右两副金童玉女，也是一层层包扎好，这三样东西放在柴堆上烧炼，在适宜的时候抖掉外壳，把夹着的彩物挥舞一会儿又烧掉。烧到最后一层，就是主幡，里面有一张身穿斜领衣明朝装束的周伯宜遗像。遗像将要出来的时候，大家都极紧张，因为万一炼不出来，就要受罚从头做起。

这一场由阿金亲自出马，他要在火中烧物取物，所以只穿着斜领短衫，头戴道士冠，抖擞精神，一层层地烧、舞、再烧，最后把炼出来的三道幡送到灵前供了起来,象征周伯宜已经从血污池中超度得救了。于是这一场炼度法事遂完全了结。

断七以后,便出殡了,樟寿用朱漆特地在棺材后方写了一个篆文的"寿"字做记号。起灵时,棺材头上放一粗碗,棺材一起地,就用这碗猛力掷向棺材头击成粉碎。殡屋在南门外的龟山头。山很低矮,只是个丘陵罢了。这种山,就叫龟山或蛇山,城外是很多的。殡屋里有桂轩的棺材。桂轩是中慎房一斋曾伯祖的孙子,兰星的父亲,周伯宜生前和他是很要好的。

鲁瑞一直大哭不止,祖母也不停地流泪。周伯宜虽不是亲生,但总像亲儿一样孝敬她,祖母怎能不难过呢?

松寿看见来吊丧的所有亲戚,外婆、舅父母、姨母、表姐们,都不住地劝慰着姆娘和祖母,但都无济于事,她俩仍然不住地啼哭。无论怎样都难以平复。

松寿想到自己永远失去了父亲,再不能看他在四仙桌前喝酒,听他讲故事,分吃他的水果了,也感到难耐的寂寞、伤心,不禁跟着姆娘、祖母哭泣。边哭边心中自问:爹爹为什么说"呆子孙"?子京公公临死时自言自语"不肖子孙",随即自批嘴巴,用头撞墙,是在指摘自己。爹爹临终前说"呆子孙",用手轻轻在自己身上拍打,是不是也在谴责自己?越是疑问,越是伤心,哭得也越是厉害。

长妈妈一边自己抹眼泪,一边把松寿拉到身边,抚慰着。宝姑也含着眼泪抚慰松寿,又跑前跑后,忙个不停。

樾寿一语不发,站在一边,让拜就拜,让跪就跪,随其自然。他想起那一年,大哥十岁,自己六岁,父亲从杭州乡试回家,兄弟俩早上起来把父亲带回的一木箱玩具打开来看,里面有一件东西很奇怪,用赤金纸做的腰圆厚纸片,顶有红线,两面各写"金千两"字样,后来听说是日本的制品,让他俩好生喜欢。另外,还有几张紫砂小盘,上有鲤鱼跳龙门的花纹,据说是闹中给月饼吃时的碟子,拿来正好做家事游戏。于是兄弟俩就一块儿玩起来。又想起父亲那年在大厅里说过:"我有四个儿子,将来可以派一个到西洋,一个往东洋去做学问。"父亲对儿子抱了多大的希望啊!现在父亲是再也回不来了,也拿不回好玩的东西了,儿子们将来有出息,他也看不到了,禁不住哭将起来。

周家新台门被痛哭声淹没了……

无 言

樟寿,这几天悲伤加繁忙,人已经麻木了,几乎哭不出声,也说不出话。周福清这时偏偏又让庆叔送来一副挽联,更是令他尴尬。

这挽联的上联是:

世间最苦孤儿,谁料你遽抛妻孥,顿成大觉

下联是:

地下若逢尔母,为道我不能教养,深负遗言

周福清不吸烟,不喝酒,尤其痛恶鸦片。周伯宜为病魔所扰,经久不愈,不得已染成了鸦片嗜好,现在人已死了,作为父亲谅解他也罢了,然而周福清绝不以其是为治病而予以原宥,在挽联中还要加以谴责,深令樟寿不满,愤言道:"人已死了,还不饶恕吗?"

但这是爷爷的挽联,不挂又不行,樟寿为难极了。他在一幅幅白色挽幛中低头呆立着,不知怎么办好。

忽然觉得身侧闪过一个白色的影子,向庆叔做了一下手势,庆叔立刻明白了,把周福清的挽联挂到众多挽幛后面、不易看到的地方,樟寿的忧虑涣然冰释。

什么人这般聪明?这般善解人意?节骨眼儿上帮了自己一把。樟寿抬头看去。

原来琴姑也随父母一起来吊丧,刚刚拜祭过了。她一袭白衣,发辫扎着白头绳,一直默默无言,却不断环视着周围,乌黑的眼眸蒙着泪珠,琢磨着,看怎么帮阿张哥一把。

樟寿望望琴姑,恰好琴姑也抬头望他,四目相视,闪映出万语千言。但什么也没有说,更没有任何表示,就赶快避开了。

琴姑看见旁边哭成泪人的姑妈,就转身和姑妈相拥在一起,泪水往一处流,却一句话都没有说。外婆、父母、大爷、大娘和平表妹不住地劝姑妈,她依然不说话。但鲁瑞从琴姑轻抚在自己肩上的柔软的手里感到了温暖,觉得比说什么话都慰藉。

鲁瑞总是紧紧抱着小椿寿不放,好像小儿子是自己身上的一块肉,越在这时越要贴在身边。平表妹怕她累,过去要把椿寿接过来。鲁瑞躲闪着,不撒手。琴姑看到,明白了什么,忙拉过平表妹,示意平表妹不要接孩子,平表妹从琴姑眼神里看出了她心里的话:"让椿寿在她姆娘怀里吧!"

小椿寿穿着绷了白布的孝衣,小手紧紧搂着姆娘的脖子,头紧贴在姆娘的胸口,听见姆娘的心在怦怦地跳。姆娘的热泪落在了他的脸上,惹得他也呜呜地哭个不停。姆娘腾出手,拿手帕给他擦泪,他扬起小手,也要给姆娘擦泪。

琴姑看着,鼻子一酸,扭过脸去,掏出白手帕擦眼泪。

这情景,正在一旁的樟寿全看在眼里,心里像刀扎一般,悲痛难忍。又望望琴姑,恰好琴姑又抬头望他,四目相视,但什么也没有说,更没有任何表示,又避开了。这时候还有什么话可说呢?有这目光就足够了。

有人叫樟寿,他赶紧又忙场去了。

松寿看见了琴表姐,连声叫着"姐姐!姐姐!"扑进姐姐怀里,琴姑搂住他,抚着他的头,和他哭作一团。松寿清楚地记得,姐姐带自己放风筝的情景,见了琴表姐就像见了最亲的亲人。

整个吊丧期间,樟寿和琴姑之间没有说一句话,连招呼都没有打,但琴姑满含热泪的眼眸和节骨眼儿上的帮忙,已经给了他最大的安慰。

吊丧完毕,琴姑要随父母回家了,樟寿送他们到小船埠头,琴姑扶着姆娘上了小划船,突然回转头,望着樟寿,要说什么,眼眸里的泪水喷泉似的一涌而出,身子颤抖着,要哭出来,可又强忍住了,低头进了船舱。

樟寿呆呆地站在岸边，眼看着小划船顺着古街慢慢地走了。眼前重现起三年前在皇甫庄埠头给琴姑一家送行的情景：冻云黯淡天气，会稽山下，青绿色的鉴湖河道上，一叶扁舟在沉沉的乌云下划动，岸一边的篷侧窗帘掀开来，出现了那双阴郁的大眼睛……

寂　静

丧事全部办完了，骚乱了好几天的周家新台门突然安静了下来，万籁俱寂，似乎一根针掉在地上，也能听见响声。

樟寿一下子瘫软在自己的床上，骨头像化了一样，动弹不得。他感到不习惯这种寂静，恨不能大喊起来，让这世界再哄闹一番，但又喊不出声，呼呼地睡着了。

他实在太累了。

子夜时分，樟寿醒了，再也睡不着，索性起来穿衣下楼出门，沿着东昌坊口古街，朝府山走去。

暗夜中，沿路店铺的薄薄黑瓦片翘起一个个尖角，在满天繁星的映照下，仿佛一只只黑兽，狰狞地向天上看着。店铺黑黄的门板紧闭着，还是散发着那种浸透了几十年甚至上百年黄酒、糟毛豆和绍兴红乳汁混合的气味。街中小船埠头上传来了摇船的水流声，飘来些微鱼腥味儿。

出了东昌坊口西端的十字路口，往北边的塔子桥走，到路口再往西拐，走上一里地，就到了府山脚下。星光下，苍郁的松柏黑压压地朝上延伸，黑雾似的树林间有一条山路显出蟒蛇般的灰白色。樟寿沿着这条灰白的山路向上爬。忽然，他停止了脚步，钻进梦魇般漆黑的松柏树下，在一块石头上坐了下来，想起了祖父出事后，自己处在"乞食者"境遇中遭到的种种屈辱，种种刺伤，父亲病后的种种冷眼、轻蔑、打击和无法向任何人言说的劳苦，最痛心的莫过于父亲临终时的苦痛和自己的错处，耳边又回响起自己呼叫"爹爹"的声音，一时间如万箭穿心，疼如刀割，不觉流下泪来，接着就失声，立刻又变成长嗥，像一匹受伤的狼，深夜在旷野中嗥叫，惨伤里夹着愤怒和悲哀。

是啊！家里姆娘、祖母、弟弟，还有长妈妈，本就够难受的，大哭不止，自己再哭，岂不增添他们的痛苦。只能憋在心里，找没有人的去处，在深夜的府山松林里哭个痛快！

秋寒浸髓，夜露打湿了衣衫，有些冷峭，倒令人神爽。他哭够了，默默地，漫无目的地登上了山顶。朝天上望去，只见月亮羞涩地藏在云间，不露出脸来。满天繁星中间横亘着一条莽莽苍苍、浑然泛光的银河，河的两边隐约可见牛郎星和织女星，隔河相望。他不禁又想起了琴表妹，明明近在咫尺，却连招呼都没有打，总像有一张无形的大网禁锢着他俩，使有情人不得在一起说说心里话。有点儿像这天上的牛郎星、织女星，即便成了夫妻，也会被天河隔开，只能在七月七鹊桥一会。这个天织的无形的大网，是从哪里来的？为什么那样害人呢？可是，这一回，琴表妹那一双深情的黑眸，节骨眼儿上给自己的帮忙，已经很够了。比说上多少话都有力量。很多时候，语言是无力的，无言反倒充满了张力。

他又想起百草园里愉快的童年——

除了热爱图画书，樟寿还挚爱花和草。新台门后面的百草园，是他童年的乐园……

啊，那碧绿的菜畦，光滑的石井栏，高大的皂荚树，紫红的桑椹；那鸣蝉在树叶里长吟，肥胖的黄蜂伏在菜花上，轻捷的叫天子①忽然从草间直窜向云霄里去了。那在短短的泥墙根一带这低唱的油蛉，弹琴的蟋蟀们。……那像人形的何首乌根，还有那覆盆子，像小珊瑚珠攒成的小球，又酸又甜，色味都比桑椹要好得远……

长妈妈讲的"美女蛇"的故事，又使樟寿觉得做人之险，夏夜乘凉，往往有些担心，不敢去看墙上，而且极想得到一盒老和尚那样的飞蜈蚣。啊！童年多么美啊！如果总是在童年，哪里会有这一桩桩的烦恼！

他又想起故乡的迎神赛会。他家离闹市很远，待到赛会的行列经过时，

---

① 叫天子：云雀。

第十四章　父亲的死

一定已在下午,仪仗之类,也减而又减,所剩的极其寥寥。往往伸着颈子等候多时,却只见十几个人抬着一个金脸或蓝脸红脸的神像匆匆地跑过去。于是,完了。他常存着这样的一个希望:这一次所见的赛会,比前一次繁盛些。可是结果总是一个"差不多";也总是只留下一个纪念品,就是当神像还未抬过之前,花一文钱买下的,用一点烂泥,一点颜色纸,一枝竹签和两三枝鸡毛所做的,吹起来会发出一种刺耳的声音的哨子,叫作"吹嘟嘟"的,呲呲地吹它两三天。

今天想来,那种"嘟嘟嘟"的声音还真好玩,可惜是不会再有那心情了……

一轮圆亮的秋月从云间露出脸来,向大地洒下水银似的白光,朝四围望去,整个绍兴城就在月光中,模模糊糊地尽收眼底了。

他环山漫步,东北有蕺山,东南有塔山,与这府山鼎足而立,远方又有会稽山脉横在西天边,近有鉴湖水,在月色下泛着隐约的银光,为这水巷古城平添气势。

东方发白了,红日露出了头,把云彩映作瑰丽的红黄色,彩云下的群山、河湖渐渐显出了轮廓和苍翠的浓绿。他顺北麓走去,见到飞檐、峭壁的越王台。不由得想起当年卧薪尝胆、十年生聚、十年教训的越王勾践,心中念道:"会稽乃报仇雪耻之乡,非藏污纳垢之所。"自己该怎样报这会稽之耻啊?!

从越王台向西沿山路而上,登临府山主峰,上有望海亭,可饱览越中风貌。据说还可以鸟瞰大海,今天来不及了,以后再去瞭望吧!

再往北麓走,就是文种墓。墓前有亭,亭内树碑,附近有唐、宋、明等各朝代的摩崖石刻。樟寿不禁遥想起那悠远的年代,文种曾经辅佐越王勾践于困苦绝境中发愤图强,重新崛起,怎么在成功、富贵之后,反被勾践杀戮呢?这就是君臣之间可以共患难,不可共富贵吗?历来的君与臣到底是怎样的关系呢?

下山时,日头跳出了东天边,天空开始放亮,石板路上的行人逐渐多起来,挑担的,挎篮的,空手的,忙忙碌碌地行走。男人多戴着乌黑的毡帽,女人则穿着蓝印花布的衣衫,腰间扎着条蓝色的带子。好不容易挨过了春天的黄梅雨和夏天的炎热，赶上了秋天的响晴天，渐渐显亮的蓝天上只飘着几丝白云彩，青石板路干干净净，人们都兴致勃勃地出来赶生活了。

他朝四周张望，看到全是人，人，人……不过才一夜之间，就好像久违很多年月了。对眼前的人，他既感到熟悉，又觉得陌生。

他忽然看见——

一个乞丐，浑身脏污破烂，在地上一步步爬着，伸出污黑的手，向人们乞讨。他身后又爬过几个乞丐，有老人，有孩子，有跛子，有秃子，都伸过手来，街头聚拢了好多张污黑的手。从这手边走过的人，没有一个理睬。还有人朝乞丐啐了一口唾沫，几个闲人瞅着乞丐大笑。几个孩子朝乞丐身上掷石子，乞丐们拼命地爬，逃出唾沫和石子，一个老人爬不动，躺在街边……

路边上，两个饿得精瘦的浮浪汉，一个头上有癞头疮疤，另一个长着满脸的络腮胡，一大早就脱下又脏又破的褂子，坐在墙角比赛捉虱子。每捉到一个，就狠狠地塞在厚嘴唇里，狠命一咬，发出噼的一声。

"癞疮疤"捉得没有"络腮胡"多，咬得又不响，于是癞疮疤块块通红了，将衣服摔在地上，吐一口唾沫，说：

"这毛虫！"

"癞皮狗，你骂谁？""络腮胡"轻蔑地抬起眼说。

"谁认便骂谁！""癞疮疤"站起来，两手叉在腰间说。

"你的骨头痒了么？""络腮胡"也站起来，披上衣服说。

"癞疮疤"以为"络腮胡"要逃了，抢上去就是一拳。这拳头还未到达身上，已经被"络腮胡"抓住了，只一拉，"癞疮疤"就踉踉跄跄地跌进去，立刻又被"络腮胡"扭住了辫子，要拉到墙上去碰头。

"君子动口不动手！""癞疮疤"歪着头说。

"络腮胡"似乎不是君子，并不理会，一连给"癞疮疤"啪啪碰了五下，又用力地一推，使"癞疮疤"跌出六尺多远，这才满足地去了。

"癞疮疤"无可适从地站着，嘴里叨念着："总算是被孙子打了！"

第十四章　父亲的死

对面走来了静修庵的小尼姑,"癞疮疤"迎上去,大声地吐一口唾沫:

"咳,呸!"说道,"我说我今天怎么这样晦气,原来就因为见了你!"

小尼姑全不睬,低了头只是走。"癞疮疤"走近伊身旁,突然伸手去摩着伊新剃的头皮,呆笑着,说:

"秃儿!快回去,和尚等着你……"

"你怎么动手动脚……"尼姑满脸通红地说,一面赶快走。

路边的闲人大笑了。"癞疮疤"看见自己的勋业得了赏识,便愈加兴高采烈起来。

"和尚动得,我动不得?"他扭住小尼姑的面颊。

闲人大笑了。"癞疮疤"更得意,而且为满足那些赏鉴家起见,再用力地一拧,才放手。

他这一战,早忘却了"络腮胡",似乎对于今天的"晦气"都报了仇,仿佛啪啪地被碰响头之后,反而更轻松了,飘飘然地要飞去了。

远远地听得小尼姑凄惨的哭声……

突然,北街上传来唬人的呼喊:"肃静!让道!"

原来是官轿来了,只见一列威武的衙役举着黄色的肃静牌,耀武扬威地在前面开道,一尊红黄缎帐,金光闪闪的八乘大轿过来了。人们慌张地四散开去,像看见老虎一般害怕。

官轿刚过不久,两个衙役,一个高瘦细长,另一个矮胖短粗,骑着两匹高头大马,威风凛凛地走来。他俩都穿着深蓝色的皮袍子,袍里的皮毛有一溜翻出,露在外面,是雪白的上等羊皮,头上戴的是红缨帽,各人手里拿着一支长长的旱烟管。骑的大马也都很阔气,瘦子骑的是棕色的,胖子骑的是黑色的,毛皮都泛着光泽,连马鞍、脚镫也都锃光瓦亮,新簇簇的。街两边的摊贩,凡躲不及的,都被撞得人仰摊翻,落花流水。

人,为什么是这样的呢?无论是富是穷,是贵是贱,是美是丑,是高是低,是男是女,是老是幼,都逃不过生死之关,都要生活,又都要死亡,可又为什么这般冷漠、无情、互相仇恨，以别个的痛苦为自己的欢乐呢？

怎样才算一个人？怎样做一个真的人？樟寿心中开始朦胧地升起这样的问题……

博　览

回家以后，有些困倦，但是樟寿还是稍稍洗漱，吃些早饭，就提起书包，和二弟櫆寿一起去三味书屋了。

老寿先生和小寿先生见樟寿兄弟来了，都过来安慰。同窗们也默默围上来，但都没有说话。不知说什么好，或者觉得说话，反倒不如沉默更能抚慰学友的心。

戴着重孝的樟寿、櫆寿分别坐到自己的位子上去。

继续学习时文和试帖诗，老寿先生自谦文笔古旧，由他儿子小寿先生担任命题和批改。樟寿不喜欢词章之学，以为此等描头画角，文人习套，不足以发挥自己的意思。尤其不喜欢科举试题，也不习帖练字。对八股文更不感兴趣，只是在小寿先生教学生造句、写假想的游戏短篇时，笑而应之，兴致颇高。此时，小寿先生正在阅览明季遗老诸书，如顾炎武、黄宗羲、王船山的书，和《明季稗史》《明史记事本末》《林文忠全集》《经世文编》等典籍，樟寿也都借来阅读。

父亲去世后，家里倒没有事让他做了，有的是空闲，下午放学回到家里，吃过晚饭，就上楼去，把自己的书桌擦干净，先端坐桌前，拿过自己用红格子纸缝叠成的日记本，握起"金不换"小楷笔，工工整整地写日记。把父亲丧事期间落下的补上，再写当日的。

写日记和抄书时，挺直腰板，端坐在桌前，读闲书时，可就潇洒随意，悠然自得，或者侧躺在床上，或者歪坐在椅子上，或者倚在桂花明堂的桂花树下，或者跑到百草园里，干脆躺在草丛中，把书一卷，举在眼前津津有味地读，忘了时辰，忘了吃饭，忘了所有的忧愁和危难，只在书海中尽情徜徉，闲思散想，遐思无限，上天入地，无拘无束，真正成了书迷、书痴和无限遐想者。

第十四章　父亲的死

　　他还从自己家里到处搜书，竟然找到了家藏的《王阳明全集》《谢文节集》《韩玉泉诗》《制义丛话》《高厚蒙求》《文史通义》《癸巳类稿》，以及父亲的科举用书《经策统纂》等。继而又千方百计购读了《阅微草堂笔记》《淞隐漫录》等笔记小说，和各种诗文集，如《板桥全集》《酉阳杂俎》《容斋随笔》《辍耕录》《池北偶谈》《金石录》，以及《古诗源》《古文苑》《六朝文絜》《六朝事迹类编》《周濂溪集》等。自家的书不够看，又从玉田公公那里借来了《唐代丛书》，一一抄写。

　　后来，他又看到了甘肃武威张澍①所辑的《二酉堂丛书》，不禁想到自己故乡会稽先贤的故籍零落至今，而没有编集，何不效法张澍收集一部《会稽郡故书杂集》呢？于是，见到会稽古籍就悉心抄录，几成嗜好。

---

① 张澍（1776—1847）：清代著名学者，一生著述甚丰。其《二酉堂丛书》，收录了古代甘肃地区学者有影响的著作。

第十五章　樾寿陪侍祖父

夜航船

摇啊摇，摇向关押祖父的杭州城……

樾寿躺在夜航船的铺板上，好像儿时躺在摇篮里，长妈妈轻轻晃着睡篮，姆娘柔声唱着催眠曲，摇得他睡意甘甜。

哗哗哗，笃笃笃，耳边响着流淌的水声和欸乃的橹声。

惨淡的月光透过船篷上用竹条编成的梅花眼洒进船舱里，落在铺盖上，绣出斑斑梅花影。

忽而传来船夫"靠塘来"或"靠下去"的呼喊，这是因为沿河都有石铺的塘路，可以供船夫拉纤之用，夜里航行的船都以塘路为准，遇见对面的来船，辄互相高呼，以相指挥；大抵以轻船让重船、小船让大船为原则。

樾寿好奇地掀开篷侧的窗帘朝外张望，只见一钩弯月下水波粼粼，银光闪闪，大小船只交相驶过，河边的远山有如漆黑的兽脊，静静地向天尽头伸延着。

除了水声、橹声和船夫的招呼声，靠近岸边时乡间的犬吠鸡鸣，就是隔壁船舱大人们叽叽喳喳的聊天声。一个读书人腔调的，在大讲明末文人张岱

的《夜航船》①:

"想那张宗子在《〈夜航船〉序》中曾言道:昔有僧人与士子同宿夜航船,士人高谈阔论,僧畏慑,拳足而寝。僧听其语有破绽,乃曰,请问相公,澹台灭明②是一个人,是两个人?"

此时,另一个读书人做假嗓尖声道:"是两个人。"

前一个读书人又问:"尧舜③是一个人,是两个人?"

假嗓应道:"自然是一个人。"

前读书人大笑不止,学僧人声道:"这等说起来,且待小僧伸伸脚。"

于是这两个读书人和同舱的人都大笑起来。

樾寿在三味书屋曾在小寿先生那里看到过张岱的《夜航船》。小寿先生也津津有味地讲过这个僧人和士子的故事,樾寿当时觉得有趣,却不敢笑,这回可被逗得跟着大笑起来。

接着又听这些人,不断聊着天,天南海北,无所不及。樾寿似懂非懂,胡乱听着。此时春寒料峭,天气甚冷,夜更深了,聊天的人们也渐渐停歇,船里一片死静,只听得水声越来越沉浑,好像已经进了钱塘江航道,潮水拍打着江岸,推涌着航船。樾寿想朝外面看一看,但月亮似乎被乌云遮住了,透进篷隙的月光也没有了,舱里黑漆漆的,什么也看不见。樾寿感到只有水在陪伴着自己:先是自家门前那条小河,脚划船的木桨溅起点点水花,像幼

---

① 张岱(1597—1679):明末清初文学家、史学家,又名维城,字宗子,又字石公,号陶庵、天孙,别号蝶庵居士,晚号六休居士,汉族,山阴(今浙江绍兴)人。寓居杭州。出生仕宦世家,少为富贵公子,精于茶艺鉴赏,明亡后不仕,入山著书以终。著有《琅嬛文集》《陶庵梦忆》《西湖梦寻》《三不朽图赞》《夜航船》《白洋潮》等绝代文学名著。《夜航船》是一部小型百科辞书,分门别类,众采经史子集资料。上至天文,下至地理,三教九流,诸子百家,人伦政事,礼乐科举,草木花卉,鬼神怪异,无所不有。共计20大类,4000多条目。

② 澹(tán)台灭明(前512—?):字子羽,孔子弟子,教育家,比孔子小三十九岁,孔门七十二贤之一,鲁国武城(今山东费县)人。长相额低口窄,鼻梁低矮,不具大器形貌。孔子以貌取人,颇为嫌弃。澹台灭明受到冷遇后,毅然退出孔子的弟子行列,更加发奋求学,严谨修行,往南游学于吴地(即楚国,后老死在楚国)。跟从他学习的有三百多人,他有一套教学管理制度,影响甚大,是当时儒家在南方的一个有影响的学派。其才干和品德传遍了各诸侯国。孔子听到这些消息感慨地说:"我凭长相判断人,看错了子羽。"东汉明帝永平十五年(72)祀孔子及七十二贤,他是其中之一。唐玄宗开元二十七年(739)封"江伯"。宋真宗大中祥符二年(1009)升为"金乡侯"从祀孔子。

③ 尧舜:我国古代传说的黄帝后出现的两个首领。

时在河里扔石子，打水漂儿；后来是西郭门外的鉴湖水，在三明瓦乌篷船下哗哗地响，像是绍戏里的唱腔；以后，水声就越来越宏厚，像是到了大水中了。樾寿还从没有出过绍兴家乡，他既感到好奇，又觉得有些害怕，不禁颤抖起来。在一边蜷着的阮标觉出樾寿的抖动，连忙过来帮他盖好被子，他就缩在被窝里睡着了。

樾寿到杭州陪侍祖父，是因为他的小叔伯升在杭州陪侍父亲将近三年，不愿再这样待下去，要进南京水师学堂当海军了。十八叔祖周庆蕃"庆爷爷"在江南水师学堂教汉文，当管轮堂监督。虽然台门里的人说，他是为了混饭吃，没办法，才委身学堂，却顶顶反对洋务派的买兵舰、建海军、办工厂、设学堂。但台门的人无路可走时，还是要走他亲戚的门路进水师学堂去。这个学堂设头、二、三班，预定每班学三年，一共要学九年。各班学生的膳宿、衣靴、书籍、仪器，都是公家供给，另外每月还给津贴，称为赡银，起码每月一两。进了学堂，生活就不愁了。如此优待，还没有人愿意去，因为人们认为进这种学堂不是正路。听说周伯升要进水师学堂后，都说周福清脑子里稀奇古怪的事情多，自己坐牢等杀头不说，还把儿子的灵魂卖给洋鬼子了。

不管怎样，周伯升还是进了水师学堂。"庆爷爷"觉得进洋学堂用谱名不好，就给他改了名字，叫文治。

他没有参加兄长周伯宜的丧事。出丧不久，周福清在杭州监中没人陪侍，就来信叫樾寿去杭州，代替周伯升。此时，周家已经焦头烂额，天昏地暗，凄凄惨惨，鲁瑞舍不得樾寿前去，因为丈夫刚去世，孩子在自己身边总是一种安慰，但又是公公的命令，不能不服从。家里樟寿是长子，不能去；松寿和椿寿又太小，无法去。只能让老二去，真个是依依难舍！能拖就拖吧。就让樟寿写信给公公，说快过年了，等过了年就去。

过了个惨淡的年，眼看着挨不过去了。公公派仆人阮标来接樾寿，鲁瑞只好送儿子上路了。

阴历正月的一天下午，鲁瑞扶着二儿子，像怕他摔倒似的。大儿子樟寿也在另一边拉着二弟的手，三弟松寿紧跟在后面，长妈妈领着已快四岁、能奔会跑的四弟椿寿,一步步走到东昌坊口的小船埠头。

阮标叫来了脚划船,扶樾寿上船。樾寿与家人难分难舍,不愿上,一时间和姆娘、大哥、三弟拥在一起,哭作一团。

长妈妈也在一边抹眼泪,四弟椿寿见姆娘、哥哥都在哭,也不禁大哭起来。樾寿连忙分开姆娘和大哥,弯过身去一把抱起了四弟,号啕大哭。这四弟也与二哥脸贴着脸,兄弟俩的热泪流淌在一块儿。

樾寿最喜欢的就是四弟了。觉得他生而神异,目炯炯有芒,如岩下电,虎头燕颔,有食肉相,性任侠,又聪颖喜读书。四岁描影格写大字,竟字有劲气,为韵语清绝,比自己强得多。禁不住死死抱住,不舍放下。姆娘和长妈妈一起好言相劝,才算将这两兄弟分开了。

阮标扶着樾寿上了脚划船,鲁瑞还是不放心,又叫来一只,要跟着去,樟寿哪里会让姆娘一人去,就搀着姆娘一起上船,回头嘱咐长妈妈看好三弟和四弟。长妈妈点点头,示意他们塌心,眼看着脚划船沿着河巷慢慢地走了。

到了绍兴西郭门外北海桥时,已近黄昏,阮标先把行李放进船舱,又扶樾寿登上夜航船。从绍兴到杭州附近的西兴,至多不过百钱。鲁瑞手头虽紧,却花二百钱买了"开铺",这样可以摊开铺盖,占两个人的位置,使儿子舒服些。又千叮万嘱阮标千万当心,阮标频频点头称是,让主人舒心。待航船驶远,消失在薄暮中了,樟寿才扶着啼哭不止的姆娘,又坐脚划船回家去了。

樾寿生性随遇而安,上船时大哭不止,与姆娘、大哥依依难舍,看着他们的背影在岸上消失了,才肯让阮标扶着进到舱里,但入舱高卧在铺板上以后,便也渐渐安静了下来,听着水声、橹声、人声,不觉悠悠然起来。

入夜了,阮标在铺板上铺好女主人特意准备的被褥,侍候小主人睡下,自己才敢蜷缩在一角打个盹。想到翌日清晨可到西兴,过钱塘江,就能到达杭州,向主公交差了,心里也踏实了许多。

西兴渡江

早晨,一线阳光将樾寿刺醒了。他揉揉眼睛,睁眼一看,见太阳照得白花花的,已经大亮了。

　　阮标忙扶小主人起来,告诉他到西兴了,重又叠好被褥,打好行李。

　　船靠埠头,阮标一手提行李,一手扶樾寿上岸。樾寿回头一望,只见一条大江,浩浩荡荡地横在身后,不时掀起浪潮,一直向天边流去。对岸是绿葱葱的烟柳,朦朦胧胧,看不清楚;此岸是古老的垂柳,粗黑的树干,嫩绿的柳枝,令人眼前生光。江滩上铺着跳板,让下船人踩板上岸。

　　阮标把行李交给挑夫,自己扶着樾寿上了岸。岸上商家林立,桃红柳绿,人头攒动,热闹得很。原来这西兴是萧山县的一个市镇,也是由绍兴西郭北海桥到杭州的第一个驿站,计程是水路九十里,船行整整一夜。这虽是一个小镇,但因为是通达杭沪宁各大商埠出入必由之路,所以着实繁盛。比那东路通达宁波的曹娥站,热闹多了。

　　樾寿随阮标进到市面上来,觉得虽是平常的一个市镇罢了,却自有一种驿站的特色,这便是有许多的"过塘行",专门管理客货,有俞天德行,也有不称什么行,但也是"过塘行"的盛七房。"过塘行"的隔壁或对门,照例是一家小饭店,那里的店主兼伙计十分有礼貌,看见客人落行,洗过了脸,便过来招呼,请在他那里吃便饭。阮标肚子早就饿了,又盛情难却,便也欣然应命,和樾寿一起前去。也有些客人,懒得行动,就叫送过来吃。店主人殷勤地招待阮标、樾寿坐下,推荐下饭的小菜,都是些绍兴的家常菜蔬,无非那些煎鱼烤虾腌鸭子三类,黄灿灿,香喷喷,热乎乎,吃得很舒服又不怎么耗费。吃过之后,主客欢然作别。

　　随后就是过塘行了。行李不必操心,有专挑行李的,东西一件也不会失落。但人过钱塘江是件很危险的事,恐怕要比渡黄河还凶险。在钱塘江里会遇到潮汛,在没有桥也没有轮渡的时候实在是非常可怕的。这在绍兴水乡的居民看来,不算什么事,出门使船如马,乡下不分远近,公用的交通工具就是船,一层薄板底下,便是没有空气的水,一生中时时刻刻都有落下水去的可能,若要怕水岂不是没有工夫做别的事情了吗?可是徒步过江边的沙滩却是件难事,沙滩浅而远,渡船不能靠近的时候,需要跳板接过来,而这跳板长而且软,前面有人走着,两条板一高一低,后边走的人踏上去,很是艰难,差不多要被掀下水去的样子。阮标觉得钱再紧,也不能让小主人冒这个险,就雇了乘轿子,请樾寿像那些坐轿的公子一样上船。

樾寿除了小时候小姑母出嫁时,曾趴在轿上不让走之外,还从来没有坐过轿子,这回阮标扶他上去,还真有点儿新鲜,觉得晃悠悠的,挺过瘾。但等下了轿子,上了渡船,往钱塘江上一望,见潮水汹涌,几乎看不到边,又有些害怕,因为绍兴虽是水乡,却没有这么大的浪。第一次出绍兴,才感到天外有天,水外有水。世界原来这么大!待阮标和轿夫一起扶他在渡船上坐稳了,心方静了些。

上了渡船之后,船上的人还得看那天的风色,这并不是占卜天候如何,乃是看这里是不是顺风,或虽偏风而可以利用风篷。若可以利用,那么百事大吉,只消挂上布帆,便一直前去了。万一全然不能利用,则乘客就大倒其霉,要洗耳恭听船夫的各种恶骂了。一只渡船的船夫本来就只是三四个人,不使帆时须凭摇橹,人手原是不够用的,所以须得乘客义务帮着去摇。据渡船不成律的规定,凡坐轿的和徒步而穿长衫的都照例得免,而抬轿挑脚,及一切短衣人等则都有帮摇的义务。阮标为人乖觉,深谙此道,看见风帆空悬着,便自动去摇橹,到了适当时候就退了下来,到摇橹费力时倒可以不去管了。渡船上懒人到底居多,风不顺须摇橹时,人手不够了,却没有人去补。船夫就开始说话了,起初是一般的邀请,其次便指名,说那位戴毡帽的,那个抽旱烟的,最后则破口大骂了。绍兴船夫的善于骂人,是向来著名的,似乎这里的也是一样,辱及祖先,并及内外姻亲,很是恶毒难听。可是有一点,连樾寿这小孩子也觉得奇怪,就是绝不侵犯对方的配偶。因此他疑心,此乃诅咒而非骂詈。

纵然骂得厉害,船上有的短衣人一边听着,一边恬然毫不为意,终于不去摇橹,这时候船也就快到埠头,大家不一会儿一哄而散了。

清波门

过了钱塘江,又是从跳板上过沙滩。不过,这边似乎短得多,好走,只要阮标扶着，樾寿就很快过去了。

上岸后，放眼望去，只见满世界都是绿色，而且是一种新绿，像一片片刚出壳的毛茸茸的绿色小鸡，聚拢在一起，铺展出满天满野的浓浓淡淡的草绿色。樾寿感到自己似乎浸泡在嫩绿的海洋里，心都醉了。

阮标挠挠后脑勺，寻思：怎么走呢？让小主人骑马？骑驴？都不放心。最后还是叫来一顶小轿，让樾寿上轿。樾寿见了，直往后退，心想：这不是女人坐的吗？自己怎能上去呢？渡江时，只是沙滩一小段，也就罢了。这回看来是要走长路，怎么行呢？要自己走。

阮标见樾寿犹豫，央求道："小少爷，上轿吧！路长着呢，你走不动。"

樾寿不得已，只好上了轿，行李也塞进轿里。小轿被轿夫抬起来，往前走。阮标在轿后跟着。樾寿在轿子里觉得一颠一颠的，慢慢也习惯了。掀开侧面窗帘朝外看，见仍是一片绿海，轿子像小船似的在绿浪中行驶，仿佛先是由西往东走，然后北拐，又由东往西去了。

好一阵子，到了一座城门下面，人开始多了。小轿在人群中行驶，进了城门，出现了街市，沿街是檐角上翘的苍黑色的木楼商铺，比东昌坊口热闹多了。渐渐的，进入一条繁华闹市，卖炊饼的，玩杂耍的，商店一个接着一个，饭馆一家连着一家。再往前，是一座座茶庄，飘来龙井茶的清香。然后又是一家接一家的药铺，散来浓郁的中药味，樾寿歪出头去看，见一家最大的药铺的招牌上写着几个大字：胡庆余堂。他鼻翼翕动，深吸一口药味，觉得好闻。

过了"药铺"长廊，人少了。街面上有衙役佩着腰刀四下察看，街旁的房子也高大威严。小轿像畏惧似的，拐进一条小巷。

这是一条普通的小巷，名叫"花牌楼"，却并无什么牌楼；往北走一点路，有一条十字街，名叫"塔儿头"，虽是小街，却颇有些店铺，由此往西，走不远就是一所银元局，附近都能看见它的大烟囱。

阮标让小轿在小巷里一座院墙门口停下，把樾寿从轿里接出，取出行李，付给轿夫工钱，打发他们抬轿去了，就拍院子的墙门，喊道："阿樾少爷来啦！"

不一会儿，门开了，迎面是一位四十几岁的女仆，人很精干和善，见了樾寿，一把搂过来说："呦，这就是阿槛少爷吧？"

阮标应道："就是的。"又对槛寿说："这是宋妈，台州人。往后由她照顾你。"

三个人走进去，槛寿进到这陌生的地方，不禁有些紧张，四下看看，见这是一个狭长的两家公用的院子。院内是一楼一底的房屋，双扇的宅门，有两扇向外开的半截板门，半掩着。门内传来一个年轻女人清脆的声音：

"阿槛来啦？"

说着，飘出潘庶祖母亮俏的身姿。她穿着一身鲜亮的女衫，上蓝下粉，戴着玉镯的雪白手腕朝上仰起，好像一支白莲花。

槛寿连忙向她鞠躬，叫声"祖母"，要跪下叩头。潘庶祖母伸过玉臂搀住他说："免了吧！"拉着他，进了宅门。

这是杭州那时候标准的市房，里边一间是堂屋，用板壁隔开，作为两间，后面一间稍小，用作厨房。北头装着楼梯，底下有一副板床，像是仆人阮标住宿的床位。潘庶祖母拉着槛寿上了楼，楼梯很简陋，咯吱咯吱地响。走上楼梯去，半间屋子是女仆宋妈的宿所，前边一间大些，摆着一张干净、舒适的大床，东边南窗有一张小床。

潘庶祖母指指小床说："这是伯升睡的，他走了，你就住这儿吧！"

槛寿点点头，阮标把他的行李提上去，打开来，宋妈帮着拿出槛寿自己带来的被褥，铺在小床上。

阮标领槛寿到楼下一角洗漱、歇息了一会儿，宋妈就做好了晚饭，请槛寿和潘庶祖母一起吃。

堂屋右首北向有两扇板窗，东边窗下有一顶板桌，吃罢晚饭，潘庶祖母回房休息了，阮标便陪槛寿坐在桌边聊了起来。

阮标指指板桌说："伯升白天在这里看书，现在归你用。晚上让给我用。"

槛寿点点头。看到桌上有文房四宝，还摆着几卷书，倒也惬意。

阮标便跟他讲起这清波门来："西边的城门原来叫涵水门，后来改名叫清波门，因为在西湖东南边，有一座流水福桥，桥下有水通西湖，水波清清，所以称清波门。"

樬寿一听,眼中放出光彩,说:"明天带我去看看。"

阮标说:"先别看门,先拜你爷爷吧!"

樬寿想起了牢房里的爷爷,忙点头称是。

阮标又说:"别看这清波门名叫清波,其实并不是什么好去处。每年处决犯人就在这里。官府衙门和关你爷爷的牢狱也在这里。杭州人讲话,活不下去,被领到'清波门头',就是到清波门坐牢、杀头,什么困难都算解决了。着实让人不愿多待。"

樬寿听了,不禁毛骨悚然,对这清波门,打一开始就感到惨淡了。

祖 父

翌日,天阴沉沉的,布满了乌黑的沉云。一早,阮标就带着樬寿去不远的司狱司拜望祖父去了。

离清波门不远的地方,就是杭州府。府署朝南,署门大堂威严庄重,富丽堂皇。司狱司在其右边,是西向的,一片阴森气象。

樬寿吓得几乎不敢抬头向周围看,更不敢朝那黑森森的清波门张望,一路上低着头,随阮标来到司狱司门口,见是一重铁栅门,推门进去,门内坐着几个禁卒。阮标冲他们点了点头,禁卒们笑笑,任他带樬寿进来。

樬寿见爷爷正垂头坐在榻状的厚板上,身材还是那样高大魁梧、雄健结实,穿着藏青色绸缎官服,顶戴已被摘去,脑后垂着一根又粗又长的花白辫子。"同"字形脸,更加显得富贵、威严,但是却像天气一样沉闷,满脸的"沉云黑",不住把自己右手大拇指的长指甲放在嘴里,咬得嘎嘎作响。

樬寿一进屋,就忙跪下,给爷爷叩头。阮标躬下腰,低声说道:"老爷,阿樬小少爷来了。"

爷爷周福清这才怔了一下,醒过蒙儿来,抬起头,看到了樬寿,不禁两眼闪出泪花,猛上前一步,叫一声"阿樬",拉起孙子的手,吓了樬寿一跳。

周福清拉着孙子,扶他到榻板上坐下,不禁老泪横流,问道:"阿樬,路途遥远,路上劳累了吧?"说毕,低下头,为自己的案子给儿孙带来灾祸,感到愧疚。停了会儿，又问道："你爹爹可安葬妥了？"

樾寿点头道："妥了。"他觉得爷爷不像当初回家掀起风暴时那么可怕，忧虑的眼神里带着愧色，对他很温暖，显得很是亲切平和，一颗提着的心总算落了地。朝周围看看，见祖父的房间里，对着门口放了一张板桌和椅子，板床上靠北安置棕棚，上挂蚊帐，旁边放着衣箱。中间板桌对过的地方是几叠书和零用什物，板桌上满都是书，有《四史》《明季南略》《明季北略》《明季稗史汇编》，还有精印的《唐宋诗醇》，木板的《纲鉴易知录》，铅印的《徐灵胎四种》，其中只有一卷《道情》曾经听小寿先生讲过，自己也可以懂得。樾寿跟大哥一样自小爱看书，见到这么多的好书，两眼立时有了神采。

周福清看到孙子见书就高兴，也很喜欢，指着书说："这些书，你随意看。到爷爷这里来，就是要好好读书！"

樾寿连连称是，快乐得什么似的。

此后，樾寿每隔三四天就去司狱司看爷爷一回，认得路径了，不用阮标领路，自己独自去。

樾寿的坐处就在台上书堆与南窗之间，遇见廊下炭炉上烧着的水开了，就拿来给祖父冲茶，便壶满了，就提出去往小天井的尽头倒在地上，别的时候，就总是坐着翻翻书看。听祖父讲书，有时自己自由自在地翻书。陪祖父坐到下午方才回来。

祖父给他上另外的新课，至于读经作文的，由樾寿自己去读在三味书屋没有读完的《诗经》以及《书经》，学做八股文和试帖诗，抄过《诗韵》两三遍。每次去，讲新课之前，必查阅他的作业。樾寿也不辜负祖父的教诲，用功读书、写作，学问大长，祖父很高兴，夸奖他既聪明又用功，比伯升强得多。阮标回家时，把这夸奖话传给了鲁瑞和祖母，两位老人都乐滋滋的。

周福清虽然发起怒来还是仍旧咬手指，畜生虫豸的咒骂，却并不对樾寿生气。他的日课，是上午默念《金刚经》若干遍，随后写日记，吃过午饭，到各处去串门，在狱神祠和禁卒等聊天。他平时常苛于论人，从"呆皇帝""昏太后"起，下至本家子弟，几乎没有一个好人，但是他对那些禁子犯人，却绝少听见贬词。

一回,听见外面传来很响亮的镣声,又有人高声念佛,声音渐渐远了。不一会儿,老狱卒邹玉进来说:"是台州大盗提出去处决。人很仗义,威武呢!"

周福清听了,低头长长叹息一声,很是感伤和寂寞。他想到自己虽然免勾了,但不知什么时候才能出去。说不定,皇帝什么时候不高兴,又不免勾,要斩杀了。想到这里,连连摇头,叹道:"嗨,这世道……"

樟寿见祖父低头长叹,不住摇头,觉得祖父骂旁人而不骂强盗和禁卒,虽然有些怪僻,却并不是没有道理的。

樟寿见祖父最常读的书,是那精印的《唐宋诗醇》,不觉感了兴趣,拿过来翻读。祖父见孙子喜读此书,兴奋起来,跟樟寿说道:"这是学诗的必读书。"又问,"你大哥爱诗吗?"

樟寿抬头道:"爱。"

祖父更欢快了,说:"那就把这部《唐宋诗醇》送给他读吧!"

于是坐到板桌前,铺开一张漂亮的信笺,握起毛笔,沾了沾墨,在信笺上写道:

初学先诵白居易诗,取其明白易晓,味淡而永。再诵陆游诗,志高词壮,且多越事。再诵苏诗,笔力雄健,辞足达意。再诵李白诗,思致清逸。如杜之艰深,韩之奇崛,不能学亦不必学也。

示樟寿诸孙

写毕,把便笺夹在《唐宋诗醇》中。樟寿看见爷爷随笔写出的便笺,这般秀挺、雄健,有如名人书帖一样,打心底里佩服。

阮标再来送饭时,周福清令他把夹便笺的《唐宋诗醇》寄回绍兴家里。

可怜的人间

樟寿刚住进花牌楼,就感受到了人间的可怜。第一觉得苦恼的是被臭虫咬。有些人被咬了,出现大块的肿痛,好几天不能消,有的甚至变成疮毒。櫆寿虽然起初也很觉得痛痒,但是幸亏体质特殊,据说这是"免疫"了,以后便什么也不知道。虽是如此,被臭虫白吃了血去,也不甘心,所以还是要捉。在帐子的四角,以及两扇的合缝处,只要一两天没有看,便生聚了一大堆,用一个脸盆盛上冷水,往下一泼,就都浮在水面,只消撩出来把它们消灭。这实在是一件很讨厌的工作。

对櫆寿来说,更加苦恼的,乃是饥饿。其实吃饭倒并不限制,一天的饭食,是早上吃汤泡饭,这是浙西的习惯,因为早上起得晚,只将隔日的剩饭开水泡了来吃,若是在绍兴则一日三餐,必须从头来煮的。寓中只煮两顿饭,菜由仆人阮标做了送来,供中午及晚餐用。櫆寿才十二岁多,正是生长的时期,这一顿稀饭和两餐干饭的定时食,实在不够,说到点心也不是没有,定例每天下午,一回一条糕干,这在櫆寿也是不够的。何况櫆寿小时候因为姆娘没有奶,雇了一个奶妈,而这奶妈原来也是没有什么奶的,为的骗得小孩不闹,便在门口买种种东西给他吃,结果自然是消化不良,瘦弱得要死,好像害了馋痨病似的,看见什么东西都要吃。为的对症服药,大人便什么都不给吃,只准吃饭和腌鸭蛋——这是法定的养病的唯一副食品。这在馋痨病的小孩是很苦痛的,子传奶奶就形容过櫆寿当时的模样:"二阿官那时的吃饭是很可怜相的,每回一茶盅饭,一小牙的腌鸭蛋,到我们窗口来吃。"说得櫆寿很不爱听。自小得过馋痨病,这会儿又饿得肚子咕咕叫,没有别的办法,他就偷冷饭吃,独自到灶头,从挂着的饭篮内拣大块的饭直往嘴里送;櫆寿觉得这淡饭的滋味简直无物可比,可以说是他一生所吃过的东西里最美味的吧?

但这事不久就暴露出来了,主妇潘姨太看出冷饭减少,心里猜想一定是櫆寿偷吃了,却不说穿,故意对女仆宋妈说道:

"这也是奇怪的,怎么饭篮悬挂空中,猫儿会来偷吃去了的呢?!"

这俏皮的挖苦话,引起櫆寿反感,心想在必要的时候就决心偷吃下去,不管你说什么。但是平心一想,又觉得潘姨太本人还并不是怎么坏的,有些事情也只是她的地位所造成的,不好怪得本人。所以当潘姨太需要櫆寿帮着做事时,櫆寿也去做。潘姨太是北京人,爱好京戏,不知从哪里借来了两册戏本,有一本是《二进宫》，心想抄存，却又不会写字，就用薄纸蒙在戏本上面，照样描下来，而原本是石印小册，大约只有二寸多长，便只得依照那么的细字描了。潘姨太要樾寿帮她抄一本，樾寿也照抄了。樾寿从来没有讲过她的坏话。

女仆宋妈给樾寿的印象更好一些。她是浙东台州的黄岩县人，却在杭州做工，四十几岁，嫁了个轿夫，也是穷得可以的绍兴乡下人。但宋妈却很乐观，对丈夫照料得很是周到，还拿些家乡土产的"六谷糊"来。樾寿饿了，就讨了来吃，觉得十分香甜，后来一直爱喝。其实就是玉米面加白薯块煮成的，并不是什么好东西。宋妈有点台州人的侠气，大概看到樾寿孤苦无依，所以特意加以照顾。因此，樾寿一直对她心存感激。

饥饿之外，是单调。在家里住惯了，虽是个破落的"台门"，到底房屋是不少，况且更有"百草园"的园地，十足有地方玩耍，如今拘在小楼里边，前档的窗只能看见一个狭长的小院子，与东邻隔篱相对，没有意思。东窗可以望得很远，偶然有一二行人走过去。这地方有一个小土堆，本地人把它当作山看，叫作"狗儿山"，日夕相望，看来看去也还只是一个土堆。不过，花牌楼也因此得名"仰山楼"。明明晓得清波门外就是名扬四海的西子湖，东边不远是有名的城隍山和城隍阁，却不敢去，也无心去。是啊，爷爷在牢狱里等杀头。即便免勾了，也不知道什么时候能出来。更难预测，说不定什么时候，皇帝不高兴，又不免勾，要斩杀了。怎么有心去逛西湖、城隍山呢？

生活气闷，邻居也无聊。门外东边住着一家姓石的邻居，男人名叫石泉新，是在"塔儿头"开羊肉店的。他的妻子余氏是绍兴人，和潘姨太是好朋友，时常过来谈心，那余氏人颇聪明，学的杭州话很不错。据她自说，她的半生也是够悲惨的。起初她是正式嫁在山乡，照例是母家要行一笔"财礼"。有时要的太多了，便似乎是变相的"身价"，结果就很不好了。过去之后，不中那老姑的意，生生地把他们分离了，夫家因为要收回那一笔钱，遂将她转卖给人，便是那羊肉"店倌"。幸而羊肉店倌是独身的，没有父母兄弟，而且夫妻感情很好，但是"活切头"的境遇到底不是很好受的。民间称妇人再醮者为"二婚头"，其有夫尚存在者为"活切头"，尤其不是出于合意离婚，不免有"藕断丝连"之恨。所以总是戚戚惨惨的。

幻　想

唯一给櫆寿带来慰藉的是东邻贴隔壁姚家的干女儿三姑娘。姚老太太五十余岁，看去也还和善，却不知道什么缘故与潘姨太处得不很好，到后来几乎见面也不打招呼了。姚家有一个干女儿，本姓杨，家住清波门头，因为行三，人家都称她为三姑娘，姚老太太便叫作"阿三"。她不管大人们的纠葛，常来这边串门，大抵先到楼上去，同潘姨太搭讪一回，随后走下楼来，站在櫆寿同阮标共用的那张板桌旁边，看櫆寿影写陆润庠①的木刻字帖。櫆寿不曾和她谈过一句话，也不曾仔细看过她的面貌和姿态。大致觉得是一个尖面庞，乌眼睛，瘦小身材，年近十二三岁的少女，并没有什么殊胜的地方，但却引起櫆寿对女性的幻想，甚至一度自以为三姑娘是爱慕他的第一个女性了。

潘姨太正当盛年，过去又一向风流，如今守活寡，难免烦躁，常常骂詈他人以出火气。有一天晚上，忽然又发泄对姚姓的憎恨，末了说道：

"阿三那小东西，也不是好货，将来总落到拱辰桥去做婊子的。"

櫆寿不很明白做婊子是些什么事情，但听了心里想道：

"她如果真流落做了婊子，我必定去救她出来。"

---

① 陆润庠（1841—1915）：元和（今江苏苏州）人，同治十三年（1874）状元，官至都察院左都御史。能书法，擅行草，方正光洁，清华朗润，意近欧阳询、虞世南笔法。

第十六章　世相百态

夜　梦

自父亲去世、二弟去杭州陪侍祖父之后，樟寿陷入无边无际的孤独和寂寞中，更加沉默寡言了。

他总愿意独自一人待着，不愿与人来往，即便自己的姆娘，也不愿在一屋居住，一直在楼上描图抄书的桌子旁边独居，默默地读书、抄书，累了就躺在旁边的竹床上休息。

他越来越爱黑夜，爱穿黑衣，或在桌案上一盏油灯下，披着黑衣抄书，或躺在桌边的竹床上，将黑衣盖在胸前，呆呆地看着一晃晃的油灯火苗在黑暗中闪动。仿佛夜永远不会结束，而且越来越沉黑，只有火苗和书像有生命似的，成为自己的唯一伴侣，和自己不时悄悄低语。他在灯火的幽光下，斜倚床头，手卷着一册书细品。看得累了，歪头休息，书散落在胸前黑衣上，也不去管，痴痴地想着什么。

常常想起幼时听过的"老鼠数铜钱"的故事。想着，忽然真地听得隔壁空屋里有着这种"数钱"的声音，不禁毛骨悚然。莫不是幼时护养过的隐鼠在叫？这使樟寿有些惊喜了！但是左顾右盼，在暗夜里摸索个遍，也没有看到隐鼠的影子。

第十六章 世相百态

他怏怏地回到房里，又躺在床上，感到恐怖而又无聊。觉得自己待在家里，却像病羁异乡的客子独宿在陌生的客舍，也像那隐鼠一般可怜，由此也怜悯这世上所有像隐鼠和自己一般可怜的弱者。他凝望着黑暗中微弱的灯火的变幻，又听见"咋！咋咋咋咋！"的声响，刚要惊起，才发觉原来是老屋里木器家具的纤维格格的开裂声。只好又躺下了，昏沉沉地睡去，进入梦界……

在梦中，樟寿又见到了临终前的父亲，按在自己胸前的那只手，轻轻地抬起来，又轻轻地落下，这样重复了几次，嘴里喃喃地说："呆子孙！呆子孙！"声音很是微弱，他似乎在责备谁……

在梦界还听到那时自己叫爹爹的这声音，一听到，就觉得对于父亲的最大的错处，不觉惊醒了。父亲的死，才使樟寿明白了什么是死。小姑母的死，他没有看到，只是到长庆寺看过水陆道场，虽然想念小姑母，知道以后再也见不到了，不禁怅然，却并不彻骨地心痛。高叫"老牛落水哉！"跳河的子京公公，是亲眼看到了尸体：样子真可怕，衣服是湿的，衣襟被拉开，露出胸口，喉头和胸脯全是伤。伤口的肉翻了出来，已泡成白色。一条灰白色的辫子像死蛇一样缠在颈上，脸色灰白，不省人事。两手的指甲里满是河泥。但到底不是至亲，感到震撼却并不十分伤痛。而至爱的父亲的死，却是眼睁睁地看着的，一个活生生的父亲就这样去了，再怎么叫也不应了，再也回不来了。又操办了父亲的葬仪，才更加明白人都是要死的，每个人的前面都有一个终点，这就是"坟"。

"呆子孙"，是指谁呢？樟寿此时懂了，父亲是指他自己和周家的后代。在走向"坟"之前，一定不能做父亲临终时诅咒的"呆子孙"！

那么，应该怎么做呢？读书吗？可是，读书又有什么用呢？

沉思中，他又进入梦界……

他梦见茫茫无际的荒原，自己孤身一人在大荒原上奋然疾走，总觉得前面的声音在催促他，叫他走，使他息不下，明知前面是坟，却毅然前行，向野地里跟跄地闯进去，夜色跟在他后面。

黑云压原原欲摧，风吹草低见荒坟。

梦，像大块黑絮似的团团乌云，在苍穹间舒卷翻涌，樟寿梦见自己的黑色身影在乌云下、荒草中向前疾行……

台门内

早晨，樟寿被一个人的哭喊声惊醒了。只听得子传奶奶和儿子凤岐居住的东边两间房子和兰花间里，传来子传奶奶的一声尖叫："不好了，救命哪！"

樟寿赶紧飞奔下楼，见姆娘、长妈妈和三弟松寿也奔过来了。原来是凤岐服毒自杀了，瘫在床上。

人们都围拢来，不知是谁请来了南街教堂的美国医生，赶紧急救，灌了什么药下去，凤岐的眼睛睁开了，大家七手八脚把他扶到明堂里，突然"哇"地一声，把胃里的东西统统吐了出来。

"好了，好了！"大家宽慰地说，又扶他回到屋里，躺在床上。

子传奶奶松了一口气，好像一块石头落了地。

人们陆续离去了，凤岐似乎睡着了，呼吸均匀。子传奶奶替他放下帐子。

然而，事情并没有结束。凤岐身体恢复以后，就大哭大叫："我不要活呀！我不要活呀！你让我死了吧！我没有脸见人呀！"

子传奶奶似乎在劝他，听不清说些什么。

樟寿和三弟莫明其妙，但祖母和姆娘、长妈妈是知道缘由的，她们并不感到奇怪，祖母深深叹了一口气："唉！……"回到她的房里去了。

凤岐在大喊大吵大叫大闹中，文绉绉地说了一句："不及黄泉，无相见也！"

樟寿已经读了不少古书，知道这句话是《左传》上郑庄公对他姆娘说的，凤岐说这话，是因为发觉他姆娘有面首①，是指子传奶奶与周五十有暧昧关系。三弟睁大眼睛，不知岐叔说的是什么，但也似乎记得在什么古文上见过这句话。

子传奶奶也真有本事，不知用什么办法使儿子安顿下来。这一场大闹之后，凤岐也并没有寻死觅活，而子传奶奶却没有收敛，她和周五十的关系，反而

---

① 面首：旧时有地位女子的情夫、男宠或男妾。

公开了。

樟寿和三弟到老台门去时,见十五曾叔祖已经很老了,行动不便,眼睛也看不见什么东西了,专门雇了个名叫恭慎的工人服侍他。他对台门的事,好像还很明白,常常对樟寿和三弟叹息道:"你曾祖母真是死不得呀!她在,三个台门毕毕静,太太平平,她一故世,台门里的事情就接连不断!唉!这样的老太太真是不可多得呀!"

祖父下狱,父亲去世,家道中落,在一些势利者看来,这家低人三分,可以随意欺侮了。一次三弟松寿回家,周伯文正在大发神经,双手叉腰,站在神堂前白板门门槛上,一只手还横了支长旱烟管。松寿从他腋下轻轻擦过,想不到他抡起长旱烟管朝松寿头上"啯"地一下打了过去。还问:"见了长辈为什么不叫?"松寿还小,不敢还嘴,回来告诉了姆娘和祖母。祖母听后一言不发,下午走到神堂下,与子传奶奶闲谈,凑巧得很,周伯文正从神堂后出来,祖母一看是他,一声不响地抡起长旱烟管,猛向周伯文头上也是一烟管,说道:"见了长辈为什么不叫?你会教训阿侄,我也会教训阿侄!"周伯文只得连声说:"八妈,阿侄错哉,阿侄错哉!"

樟寿恰好放学回家经过这里,将这场面全看在眼里,很是佩服祖母的骨气,而对这周家台门则越来越讨厌了。白天不愿待在台门里,酷暑过去,秋凉的时候,一有空闲,就到东昌坊口的街上闲逛。

台门外

屠家小店失去了昔日的风光,门口的糖果摊已经没有了,只从屋里时时传来悲凉楚怆的宣卷音调和佛号,还夹着宝林太娘嘶哑的哭声。

迎面走来了一个两眼发直的女人,好像是连四嫂子,她已经疯了很久了,衣衫更加褴褛不堪,趿着双烂鞋,嘴里"唻唻"地叫着"宝儿""阿宝",四处寻找她死去两三年的儿子。

刚给一个乡下女人做荞头回来的单妈妈,看着连四嫂子,怜悯地摇了摇头,

"嗨"地叹口气，跑回家里，和已正式成为儿媳的阿运一起，端出碗稀粥，给连四嫂子喝。连四嫂子狼吞虎咽喝完了粥，又把碗舔了舔，阿运忙要过了碗。连四嫂子又眼睛直直地往前走了。

单妈妈长叹一声，对儿媳说："像她这样，还不如阿祥嫂呢！阿祥嫂让娘家人抢走，卖到深山里。开始不从，还往案角撞破了头，流了好多血，后来却好了，听说还生了个大胖小子。"

正要往前走，忽听后面过桥台门那边吹吹打打，好不热闹，街旁有人说是寿恒娶妻呢。樟寿已经很久没有见到这位聪明过人的寿恒了，不觉想去看看。

刚转身，迎面碰上过桥台门的家人，急匆匆地四下张望，看见樟寿，问道："你知道寿恒在哪里？"

樟寿道："自打他退学，我就没见过，怎么知道他在哪里。"

家人也不应，连忙到别处去找。

樟寿往过桥台门看去，见一顶花轿正停在桥头。原来花轿已到，就要拜堂，新郎却不知到哪里去了。旧式婚仪最重时辰，耽误了可了不得，寿恒的父亲周慰农在大厅里急得直打转，派家人四处寻找。

待了会儿，一顶轿子急匆匆地来了，停下，久违了的寿恒从轿子里下来。他父亲周慰农迎上去问："你到哪里去了？"

寿恒气喘吁吁地说："在观音桥宁家'游大湖'①。"这是绍兴一种地方赌博游戏，令很多人着迷。

老头子问："牌局散了没有？"

寿恒说："没有散。"

他这老爹便说："好！你赶紧拜堂，时辰已到了，我去接你！"于是老头子钻进送儿子拜堂的轿子，去接"游大湖"的班了。

樟寿见此情景，不禁摇了摇头。心想：泰兄本比自己聪明，同样的书，自己读几遍能背出四十行，他却能背出八十行。凭泰兄的聪明，本可很有出息，然而他读书不用功，也不喜欢读书，从来没有看见他写过字。他喜欢骑马，家里没有马，便到外面去租马骑。一次要四角钱，这是很大的数目，可他花

---

① 游大湖：绍兴的一种地方赌博游戏。

这钱一点也不心痛。他还喜欢唱戏拉二胡，和戏班子熟悉，临时缺什么角色，找不到人，他都能凑凑，样样搭配得上，演得一点也不逊色。可是，戏曲艺人地位很低，为社会所轻视，台门里的少爷是万万不能做戏子的，所以演戏终于没有成为他的职业，而他自己是喜欢的。家里人希望他学钱业，曾送他到一家钱庄学生意，结果是学不进去。不喜欢的他不想做，喜欢的又不让做，也就成了无事可做的嬉客大少爷，到了结婚的时辰，还在别人家参赌。而他之所以如此，全是受他老爹周慰农的影响。这不，长子去拜堂，老子接着去赌，真是天下少有！

樟寿摇着头，感慨了一番，转身要走，又听有人在呼喊他，扭头一看，见是寿恒的弟弟寿升。他被老寿先生从三味书屋推出后，曾到衣庄店学过生意，但没有多久，就不去了。从此在家里嬉客做做，平调唱唱，和哥哥寿恒一样，喜欢玩弄丝竹，而且颇有成就，但始终没有正业，也成了嬉客大少爷。

寿升拉住樟寿说："阿张兄，好久没见了。到家吃喜酒去！"

樟寿摆摆手，头也不回，径直走了。经过西邻老台门的沈家，头大身矮的沈老八，又牵着家中养的那只厌禳火灾的山羊，用超自然的口气对人说："有它！就可高枕无忧，不患失慎了。"见樟寿来了，还以为是寿恒势利，不让樟寿吃喜酒，他的院落是从寿恒那里典的，本就因典价过高有气，就冲老台门努努嘴说："别看他这会儿吃喜糖，喝喜酒，将来总会吃辣茄呢！"

樟寿只当没听见，走自己的路。

没走多远，就看见街中间站着一个女人，两手叉腰，摆出圆规式的姿势，怒站街心。原来这是住在张马桥南沿河一间小屋里的常林他娘，丈夫早死，遗一子名常林，以打草鞋维持母子生活。她脚缠得特别小，喜修饰，常涂脂抹粉，年纪已大，照样如此。邻近多锡箔作坊，午夜歇工，锡箔工人辄至其家，相与闲谈，遂誉之为"草鞋美女"。不知是何缘故，她与王咬脐锡箔店的咬脐太娘有了摩擦。这咬脐太娘也不是好惹的，高兴时，大放厥词和人聊天；不高兴时，就含讥带刺地呶呶不休，与"草鞋美女"对阵。

她俩一开始就两脚分开，两手叉腰，做"剪刀"状，只是三言两语地对骂，然后就双手高举狂拍，掌声之密赛过祝福时的燃放鞭炮，拍完一阵子又迅速翻转到后面拍屁股,拍得密而且响,如是周番频仍巡回不已,此外还把双脚并起往上猛弹,嘴里不住地尽所有的乱骂。"草鞋美女"骂咬脐太娘找野男人"咬自己个儿的肚脐眼儿",咬脐太娘骂"草鞋美女"老不要脸,涂脂抹粉招"野汉子"。双方功力悉敌、经久不衰者叫作"剪刀阵"。这两位都在"剪刀阵"上摆过擂台,自诩健将,各不相让。摆过"剪刀阵",两人转换姿势,左手叉腰,右臂向右前上方伸直,用食指指向对方开骂,无非还是"咬脐眼""偷汉子"那老一套。人称之为"一壶骂"。众人早已数见不鲜,习以为常,只是在旁边观阵嬉笑,没有拆劝者。

樟寿在一旁看见,啼笑皆非,连连摇头,赶快躲开。

路过摇船头脑丁六十的小屋,"六十头脑"和他的儿子幼堂,及一个小助手,正从小乌篷船上搬回整坛老酒,还有孔雀毛编制成的"贡花"①。他们是用小乌篷船,也叫"放纸船"的,满载锡箔到乡村发给农妇去褙箔,然后又带回整坛的老酒和"贡花"来卖。

南边是老胡子文具杂货店,樟寿是最常去的。"老胡子"的老婆人蛮好,总叫他樟官。可今天是不想去了,就回转头去。

一转脸,又看见圆脸短胡的"六十头脑"在河岸边冲他扬手,笑了笑,樟寿也冲他点点头。

经过荣生轿行,"做不杀的荣生"正忙得浑身冒汗,一边擦汗,一边冲樟寿点头打招呼,樟寿也朝他笑笑。

到了东昌坊口古街中间,只听得人声嘈杂,卖菜、贩鱼的早市业已散去了,只有"矮癞胡"站在街中神侃,无非又是什么"远远望去,东方有一片紫气"之类,一群无所事事的闲汉围着听。樟寿很讨厌"矮癞胡",紧赶几步越过去了。

经过西头四一剃头店,听见店里吵吵嚷嚷,原来是"剃头四一"又割破了客人的头皮。他为人老实厚道,但戆得不可开交,技术非常差,还不如他新雇的不到十六岁的小学徒。这个小理发匠,虽是新学,却聪明伶俐,从未把客人的头割破过。所以客人来了,总要找小理发匠剃头,不找师傅。"剃

---

① 贡花:做祭礼或菩萨"五事"中的花瓶里所插之物,因为松针与孔雀尾毛相似,用松针扎成的柴也有点像贡花,所以也称松毛柴。

头四一"觉得丢了自己师傅的面子，不由分说，总抢过来由他剃。他占手时，小理发匠才能上工。而"剃头四一"每次给人剃头总要割破几刀不可。逢着一般客人，不过埋怨几句算了，可是这回遇上的是专门惹是生非的"破脚骨"，非要让他赔头，不然就要赔钱，还让他算算该赔多少。"破脚骨"这会儿正大声吼道："照你的规矩，大头十六文，小头十二文，我是大头，你给割破了三刀，应当倒赔多少钱？""剃头四一"本来懦弱，这当口更是不知所措，面红耳赤、蔑蔑缩缩地说："小讨饭不会算。"他向来不称"我"，谦称"小讨饭"。"破脚骨"哪里罢休，扇了"剃头四一"一个大耳光子说："我替你算！"不由分说把小柜里的钱全掏走了，"剃头四一"看坏了自己的生计，哭求着，追上讨要。小理发匠也跟着师傅追出门口，见街上还有几个游手好闲的"破脚骨"，正找机会寻事造孽，恶作剧，打群架，霎时吓白了脸，师徒俩连忙缩回。

街中"水果连生"夫妻俩也赶紧收拾摊位，护住自己的水果。王锦昌扎肉店跟着收起了喷香的扎肉，连卖炸臭豆腐的阿六，也匆忙挑担儿逃跑。乌黑的油锅里，还滋滋冒着烟泡，飘出股子炸臭豆腐香味儿。

那几个"破脚骨"又跟一个单身走过的陌生孩子挑衅，殴打取乐。那孩子赶忙哭着跑了，一个很像周四七、肋棚骨一根根地显露出来、活像腊鸭的"破脚骨"，追上去打，被一位高大壮实的汉子拦腰挡住。

"腊鸭"跳起脚骂道："关你甚事？他欠我钱！"

汉子知道，"破脚骨"都是如此敲诈勒索，无理取闹的，故意反斥道："你也欠我钱！"

"腊鸭"见汉子不是好惹的，就要起赖来，一拍腊鸭般的瘦胸脯说道："老子屁股也打过，大枷也戴过。向来是打翻又爬起，爬起又打翻。怕你个屁！"

汉子不信邪，挥起铁锤似的拳头在"腊鸭"脸面前晃了晃，"腊鸭"刹那间没了威风，一溜烟跑了。别的"破脚骨"也跟着逃得无影无踪。

樟寿很钦佩这汉子，竖起大拇指赞扬。汉子也冲他笑笑，走了。樟寿不愿多停，一直走到街口，向右拐进长庆寺街里，竟又见一场面。

饿得精瘦的阿桂从土谷祠里懒洋洋地走出，看来已经很久没有人找他做短工，他偷鸡也很少得手了。一出祠，恰好遇到一更加精瘦的小个子。

"腊鸭"见汉子不是好惹的,就要起赖来,一拍腊鸭般的瘦胸脯说道:"老子屁股也打过,大枷也戴过。向来是打翻又爬起,爬起又打翻。怕你个屄!"

他俩不知什么缘故,"仇人相见分外眼明",阿桂迎上去,小个子也站住了。

"畜生!"阿桂怒目而视地说,嘴角上飞出唾沫来。

"我是虫豸,好么?……"小个子说。

这谦逊反使阿桂更加愤怒起来,本来要唱"我手执钢鞭将你打!……"但手里没有钢鞭,于是只得扑上去,伸手去拔小个子的辫子。小个子一手护住了自己的辫根,一手也来拔阿桂的辫子,阿桂便也将空着的一只手护住了自己的辫根。看来先前的阿桂,是不把小个子放在眼里的,但近来挨了饿,又瘦又乏已经不下于小个子,所以便成了势均力敌,四只手拔着两颗头,都弯了腰,在粉墙上映出一个蓝色的虹形。

"好了,好了!"看的人们说,大约是解劝的。

"好,好!"看的人们说,不知道是解劝,是颂扬,还是煽动。

俩人都不听。阿桂进三步,小个子便退三步,都站着;小个子进三步,阿桂便退三步,又都站着。大约半点钟,他们的头发里都冒烟,额上便都流汗,阿桂的手放松了,在同一瞬间,小个子的手也放松了,同时站起,同时退开,都挤出人丛去。

"记着罢,妈妈的……"阿桂回过头去说。

"妈妈的,记着罢……"小个子也回过头去说。

这一场"龙虎斗"似乎并无胜败,也不知道看的人可满足,都没有发什么议论,而阿桂却仍然没有人来叫他做短工,他也偷不到东西,依然挨着饿。

樟寿看着这场人间闹剧,简直不知所以,就返回东昌坊口街头了。

刚到街头,就见打老台门方向来了顶轿子,下来一个人,穿一身崭新的棕色绸缎马褂,后面跟着一个当差,耀武扬威地走进谢德兴酒店。

樟寿定睛一看,方知是周六四的儿子利宾,周四七给他起的绰号是"雨濯鬼王"。因为他是个"蒸笼头",整天地热气腾腾向上冒蒸气,越是严冬越冒得多,两道倒垂浓且阔的眉毛,整天不住地左上右下、左下右上地循环动弹,说是鬼王倒是很像,加上"蒸笼头"上的热气不断蒸发,真的像是"雨濯鬼王"。他平时没有脾气,官僚气却很重,最喜欢骂"王八蛋"。但只会这一句,该骂不该骂,用得着用不着,一概不管,往往因为骂了一句"王八蛋",被人家反驳穷诘，他也不还嘴，直立一边，一声不响听人训斥，似乎与他毫不相干。他穷得要死，却好要架子，时常邀几个人来家打牌给他抽头。又拿今天抽头的收入，去做明天的赌资，常常入不敷出。有时家族中共有产业变卖，当然有他应得的一份，他一经拿到手，就立刻上街买料子，叫成衣铺当晚动手赶做衣服，情愿多出工钱，愈快愈好地给他赶制出来，第二天一早，穿上新衣，坐着轿子，后面还跟一个临时当差，上茶馆或菜馆摆阔。这回又是显富来了。

樟寿倒不爱热闹，但越来越喜好冷观这人世，就跟了进来。只见利宾进了里面的雅座，泡一碗茶呷一口，又点几样菜，微微撩一点，马上付账就走。掌柜要找他钱，他一挥手，不屑地说："不用找了！"好像有万贯家业，不在乎这点儿钱，扬长而去，身后的临时当差对掌柜和客人嬉笑一声，跟着去了。

樟寿看着，不觉好笑，知道他不消两三天钱就会花得精光，又和赌友们厮混在一起了。摇了摇头，要出酒店。冷不丁，却被人在肩头拍了一下，回头一看，见是常在谢德兴酒店聊天的白胡子老头。

老头冲他笑笑，说道："豫才，坐下一块儿喝一杯。"

樟寿从来没有下过酒店，连忙推脱，可是正在桌案对面坐着的惠叔也招手让他，只得在桌边坐下，听这二位长者和店里酒客海阔天空地瞎聊……

酒店逸闻

这时，谢德兴酒店里，孟夫子恰好正在，众人又拿他开玩笑，闹得笑声一片。孟夫子自己知道不能和酒店的人们谈天，便只好向孩子说话。正对小伙计说道："你读过书么？"小伙计略略点一点头。他说："读过书……我便考你一考。茴香豆的茴字，怎样写的？"小伙计斜过蔑视的眼光，回过脸去，不再理会。孟夫子等了许久，很恳切地说道："不能写罢？……我教给你，记着！这些字应该记着。将来做掌柜的时候，写账要用。"小伙计不耐烦了，懒懒地答他道："谁要你教，不是草头底下一个来回的回字么？"孟夫子显出极高兴的样子，将两个指头的长指甲敲着柜台，点头说："对呀！对呀！……回字有四样写法，你知道么？"小伙计愈不耐烦了，努着嘴走远。孟夫子刚用指甲蘸了酒，想在柜上写字，见小伙计毫不热心，便又叹一口气，显出极惋惜的样子。

这时，邻居孩子也赶热闹，围住了孟夫子。他便给他们茴香豆，一人一颗。孩子吃完豆，仍然不散，眼睛都望着碟子。孟夫子着了慌，伸开五指将碟子罩住，弯腰下去说道："不多了，我已经不多了。"直起身又看一看豆，自己摇头说，"不多不多！多乎哉？不多也。"于是这一群孩子都在笑声里走散了。

白胡子老头不管这些，扯过一条长凳，和樟寿一起，坐到衡廷、马褂老头儿对面，捋捋袖子，给樟寿斟上一杯老酒，又叫伙计摆上一副筷子，用手指点点桌上的茴香豆，让他吃，就像说书人似的开始"说人"了：

"要说这人啊，真个是这世上最难琢磨的了！就拿这东昌坊口街上说罢，什么人没有？确确是行行皆有，色色俱全，薰莸同器，良莠互见，无奇不有。有官绅胥幕，地主奸商，衙役地保，乞丐小偷，也有媚富傲贫的钱猢狲，剥蚀贫民的钁夜壶，执行死刑的剑子手，局赌渔利的牧猪奴，玩弄女性的假道学，巧取豪夺的伪君子，颠倒是非的恶讼师，代撰书状的'官代书'，坐拥皋比的村学究，酸气扑鼻的穷秀才，屡试不第的老童生，还有种菜翻地的园艺人，挑葱卖菜的行贩人，小本经纪的商业人，雕琢篆刻的手艺人，擅长丝竹管弦兼唱词调的曲艺人，专事游荡不务正业、迷信宿命坐以待毙的没落人，胁肩谄笑卑鄙龌龊的无聊人，遇事生风借端敲诈的白相人，也有迎神赛会演戏施食首事敛钱的人，游山玩水迷惑风鉴寻求来龙去脉的人，诵经拜忏勉持升斗的人，念佛宣卷借作鬼混的人，看相卖卜测字算命浪迹江湖的人，纵情逸乐不问生计唯声色犬马是务的人，好吃懒做自趋绝境的人，傲世玩物目空一切的人，再有忍饥挨饿不屑人怜的人，依人作嫁的店伙栈司，帮工打短的苦力轿夫，依赖手艺的百作老司，凡此种种，都是这条古街的写景。"

樟寿听白胡子老头一口气说了这么多的世相人态，不觉钦佩，不眨眼地看着他，洗耳恭听，顾不上喝酒吃豆。

衡廷品了口老酒，感慨地说："我们这周家台门也尽是大烟鬼兼酒鬼，完啦！"

白胡子老头摇摇头说："三台门中当然也有上面说的各种人物，不过像地保、衙役、乞丐、小偷、刽子手、代书之类是没有的。"

衡廷点点头说："到底是大户人家，不会出这流人物。只是不善营生，坐吃山空，日渐没落罢了。不光没有三教九流，像广思堂东首陈家三兄弟那样，狼心狗肺，乘危打劫，踏田成契，放高利贷，杀得穷人透不过气来者，也是绝对没有的。"

白胡子老头赞成道："都是一副软心肠，没有蛇蝎之心。绝不会出老台门西首吴藕舲那三个妾似的'卖婆'，败落大人家妇女，为撑场面，冒充富有，遇事须戴珠花，自己又没有，只能从'卖婆'那里出资贳来。戴后，为经济所迫不及归还，暂付当铺当钱济急，贳资租金按日照付，结果是'雨落拖被絮'，越拖越重。'卖婆'们从中盘剥，利中滚利。老牛太娘、小牛太娘、小脚阿张、廿九太娘、兰生太娘和一个专做珠宝生意的朱三二也来参加，为猛兽效忠，吮穷人膏血，真不知逼死了多少穷人，其毒辣行径，周家台门人谁能做得出呢？！"

樟寿听了一惊，这是他生来第一次知晓世间还有这般狠毒之人，怪不得父亲只能落得将田地卖尽，穷病而死呢！就禁不住惊叹道："人世间还有这般毒蝎？"

衡廷叹道："比这些歹毒的，还有的是呢？"

白胡子老头冲他一笑，说起了"破靴党"的事情——

一般流氓称"破脚骨"，高等流氓称"破靴党"，一位毛姓秀才就是东昌坊口继承父业的"破靴党"首领，一边舞文弄墨，以讼师为生涯，一边称霸一方，从私窠子①捞钱，因而又有一个绰号："窑口总办"。所谓"窑口"，就是绍兴对"私窠子"、私娼的称谓。当时，私娼为官府所严禁，做此营生者最怕的是被捉将官里去，受不起牢狱的凌虐，差役的需索，所以被迫给称作"道长"的府役和称作"头脑"的县役按月贿赂"规费"，有此孝敬，官府也就不去干涉了。于是地痞、流氓则与私娼勾结，狼狈为奸，择嫖客之有钱而无势力者，伺其光顾时暗打招呼，由流氓聚集三五人破扉而入，声势汹汹，冒充本夫来捉奸。这些恶人拉住嫖客找剪刀要剪辫子或剪耳朵，吓得嫖客跪地求

---

① 私窠子：旧时人们对私娼住处的称呼。

饶，恶人便迫使其写凭票，立"伏辨"，表示悔过，身上所有的银钱或怀表以及身穿的衣服全被掳去，这是一种手法。还有另一种手法，是以伤风败俗为理由，将私娼、嫖客赤条条捆在一起，送到官衙请官府发落，以此表明他们是"整顿风化"，不是来敲竹杠。其实，归根结蒂还是嫖客再三求饶恳请，从而大敲一笔而去。毛氏秀才恰恰是这种流氓营生的总头，所以号称"窑口总办"。凡私窠子里有新妓女到来，先得向他报告，因为他享有"首夜权"，妓女纯粹尽义务，不收钱的。不然的话，他就雇一批烂手烂脚、遍身疮毒的叫花子手捧雪白的银子，拥进私窠子嫖妓。妓女当然拒绝，他就说：你们是做生意的，我们是顾客，为什么拒绝？事后他还到处散话，说某窑口真下作，连叫花子的生意都不放松，使得一般嫖客不敢问津。所以每有新妓女来到，必赶先向他挂号，让他享受"首夜权"，还得拜他为干爹，唯他之命是听。

一日，这位"总办"获知有位叫徐衍生的纨绔子弟，很有些资产，而且喜赌好嫖，挥金如土，又性情软弱易受人愚弄，就拉关系与徐衍生相识，常常到家来和他扯淡聊天。有一天，衍生在"总办"家里吃中饭，饭后下雨了。衍生觉得有点儿气闷，"总办"马上招来两人叉麻将遣闷，叉到半夜终场，衍生肚子疼要回家，雨却下得更大了。"总办"赶忙叫轿子送衍生，自己也准备去送，怕路上不放心，但轿子只叫到一顶。衍生叫他不必送了，他却坚持要送，让衍生坐轿，自己打着伞提着灯笼在轿后跑，轿抬到门口，又赶紧掀开轿帘，打着伞把衍生护送到家。他自己此时已满头大汗，衣履全湿，衍生大为感动，觉得此人确是热心的好朋友。以前轻信传言，对他有所防备，现在看来非人所言，心中甚是不安。

自此以后，和"总办"日益亲密，每日都在一起。慢慢地也到私窠子走走。起先不过打打"茶会""开开盘"，后来也渐渐地住夜了。但每次都是和"总办"一道去，私窠子对衍生极尽奉承之能事，始终相安无事，衍生心满意足。一天"总办"没来，衍生觉得每天都去，从来没有发生过任何事情，就自己单独去了。可是这次却大事不妙，刚一上床，就人声鼎沸，有壮汉冲入房内，动手把衍生捆绑起来，拿出一把小刀要割耳朵。另一人说："这不好，还是送官究治来得妥当，我们只请大老爷究治他一个强占有夫之妇罪，何必割耳朵，弄得满脸血污的，好像还是我们的不是。"衍生直吓得簌簌地抖，上牙和下牙捉对厮打，一句话也说不出来。正闹得不可开交时，忽然有人叫大家赶紧放手，说"总办"来了。一听这消息，仿佛天上响起惊雷，刚才耀武扬威、气冲斗牛的"好汉"们顿时肃静无声了。只见"总办"歪戴着帽子，大模大样地走进房来，四下一望，说："好！好！犯了我的老朋友了！"举起手来，对这些呆站着的不速之客，左一个巴掌，右一个嘴巴，一个不落空地打了个满堂红。打完之后，高声喝问："谁叫你们来的，徐大少爷和你们有什么仇？还不把徐大少爷放开！"于是，这伙"好汉"连忙七手八脚地给衍生松了绑，把衣服给他穿好扣好，和先前的凶恶相比，判若两人。"总办"回过头来，埋怨衍生说："你怎么不等我，就独自一人来了呢？我到你府上，说你出去了，就连忙赶来，想不到已经出了事了！"一脸伤心模样。说着又回过头来，问这伙"好汉"："现在你们打算怎么办？"这些人哪里还敢开口，半晌，才勉勉强强地说："求大少爷开恩，从轻发落。"转过脸又求衍生替他们讨情。"总办"叫他们先给徐大少爷服礼认错消气，再看徐大少爷肯不肯饶放！这些人听了，"扑通"跪下向衍生叩头如捣蒜，弄得衍生受宠若惊，忙叫他们起来，对他们说了句风凉话："下次如果我们再碰到了，须请你们原谅一点。"这些人连声说："不敢，不敢。"衍生又转头对"总办"说："算我晦气，饶了他们吧。""总办"这才算买了衍生的面子，一百个不情愿地答应下来，吩咐他们明天买一对斤通和一千鞭炮，到徐大少爷府上燃放服礼。这些人当然诺诺连声。衍生赶忙阻止说："不要！不要！这样一来岂不通天了吗？"因为他怕岳母和夫人知道。"总办"笑了笑说："便宜了这班王八蛋，滚！"这班人"是、是、是"地退了出去。

此后衍生对"总办"真是感激涕零，每天总非在一起不可。过了一段，衍生到毛家去，看"总办"的神态举动和往常大不相同，一味沉默寡言，处处敷衍勉强，好像有重大心事，问他怎么回事，他又强作欢容，说："没有什么事情。"衍生深为怀疑，私下向"总办"的佣人询问，都说"不知道"，但又说可能确是有点事情，因为他已经不安好几天了，夜深人静时，独自在房内踱来踱去，一会儿又坐在椅子上仰头呆望，和他说话，应答得也牛头不对马嘴，老爷着急得了不得。衍生听到这里，估计老头子肯定是晓得的，他在毛家已经厮混得和自家人一样，穿房入户，绝无拘束，于是直闯到老头子房里，追问缘由。"总办"的老子也是秀才兼"破靴党"首领，是绍兴著名"破靴党""六兰三竹一梅花"中的"兰"。听见衍生来问，老头子一面让他坐，一面叹口气说："事情是有一件，完全是这'畜生'自己找出来的。我常常同他说，'黄牛钻狗洞'，要量身份。但他是'春风吹马耳'，一睬也不睬。整天整晚地闹阔，绷场面，自己力量不足，东拖西借来凑，一弄两弄，弄得满身是债，到期无法还，再借债还债，维持信用。八个油瓶七个盖，盖来盖去盖不转。这畜生闹到四面逼牢，再也没法周转了，索性瞒着我把整所住宅抵给人家，现在期头到了，钱是两手空空。和朋友商量吧，又是一笔大款子，怎么能和别人开口呢！开口，也未必有效，不听老人言，吃亏在眼前。自作自受，让他自己去想办法。现在人家要叫他限期出屋，我承受上代的遗产，是一天不死，一天不出屋的，我不做败家子倒祖宗的楣。"衍生问："抵了多少？"老头子说："这要问他自己，他是瞒着我的，我也不清楚底细。听说好像是三撇。"绍俗一千叫一撇，因为千字头上有一"撇"。万就叫一"草"，因为万字头上是草字头。衍生听了，回头去看"总办"，"总办"正背着身子呆呆地站在屋中央。衍生跑过去把肩胛一拍，说："我们出去走走吧！""总办"说："时候不早了，明天去吧。"衍生不由分说，拉住手往外拖，说："天下没有大不了的事，走走走。"拉到一家菜馆，边吃酒边问这事。"总办"知道他老子已经和盘托出，也就毫不隐讳地说了出来。衍生说："不用愁，这好办。明天我会给你'挑华车'"，就是说要给"总办"解围还债。"总办"装腔作势地感谢了一番。

以后，衍生不仅代他还了债，还和他一起到杭州读书，一切费用都由衍生包管。毕业后，"总办"回绍兴继续挂牌做讼师，勾结官府，上下联手，玩弄当事人于股掌之中，大发其财……

故事讲到这里，樟寿明白了大半，但又沉默不语。

白胡子老头晓得这孩子绝顶聪明，悟性极高，一定悟出来了。但也不直说，故意卖关子，问樟寿道："这两位大少爷可谓交情深厚？"

樟寿笑笑说："这还不全是圈套，徐大少爷被'总办'骗得好苦，但始终蒙在鼓里。"

衡廷猛拍一掌道："好聪明的令侄！这故事里，先前总办的淋着雨跟着轿子跑，后来的'扣窑'、'好汉'对徐大少爷先绑后放，再磕头求饶，其实都是串通好的。一个巴掌多少钱，磕一次头多少钱，预先都有价目。"①

白胡子老头一拍桌子道："这就是人！就是这般世道！"

马褂老头儿半天没吭声，这时也叹道："人变鬼，鬼变人，人鬼不分啊！"

樟寿恍然对这世道上的人们，多了一分了解，也多了一分警惕和疑惑……

---

① 以上几段采自周冠五（观鱼）著《樟寿家庭家族和当年绍兴民俗》第8页和第71—75页，倪墨炎编，上海文化出版社2006年10月版。其他采自文献处，均见书后参考文献，不一一注明。

第十七章　故家败相

周四七死了

　　这一年绍兴的冬天格外冷，尤其是寒夜，即使盖着棉被也会冻得人瑟瑟缩缩。周四七从后面百草园的三间头搬到前面的大书房来了。

　　他仍旧每天傍晚从外面回来，一手捏着尺把长的潮烟管，一手拿了一猫砦碗的酒，只是身上的衣衫更加龌龊破旧，脸色更青，嘴里还是有气无力地唱着小调："我有一把苗叶刀，能水战，能火战，也能夜战……"只是声音更颤抖了。

　　他已经把所有的东西都卖尽当光。到冬天，赎出棉被，当进破竹布长衫；夏天，赎出竹布长衫，又当进破棉被。可是到了这个冬天，手中实在没钱，棉被赎不出，到夜里，冻得没有办法睡觉，就盘膝坐在床上，破棉袍披在身上，把手脚都包进去，把衣领拉到头顶，这样坐到天亮。天将明时，冷入骨髓，实在受不住，就直着喉咙大喊："冻杀哉！冻杀哉！"把附近的人都吵醒。大家赶忙起来进他房里，只见他像刺猬似的在棉袍里缩成一团，在床上冻得发抖，便问他："你这是怎么睡的呢？"

　　他冻得牙齿格格地响，一边还回答："我这样子叫作'神仙睏'。"

　　别人好心送给他棉花褥子，他不多几天又送进了当铺，因为鸦片烟瘾发作，比冻杀更难过。以后,也没有人再理会他的"神仙眠"了。

在这个冬天,周四七好久没有出来,人们进他的屋里去看,发现他已死在床上。是在所谓"神仙眠"中死去的,蜷曲着,人已经僵了,皮包骨头,就像一架骷髅。

看见的人,没有一个不伤心惨目,无不慨叹:难道周家台门的子孙,竟弄到这步田地?

周四七冻死了!但有人说,他不是冻死的,而是死于鸦片烟。凡是抽大烟的,没有一个人能长寿,即使不挨冻,也是要死的。有一句俗语:"穿,威风;吃,受用;赌,对冲①;嫖,脱空;烟,送终。"

台门里抽鸦片的人很多,见了周四七的惨相,也都流了几滴伤心的眼泪。但过后,抽的还是抽,不抽的人也想学着抽,无可奈何地向着地狱的大门走去。

樟寿和三弟松寿一大早就看见周四七的死相了,也很悲凉。樟寿对三弟说:"四七叔年轻时漂亮,没有临过帖,也没有认真用功,却写得一手好字。爷爷的'翰林'匾,就是他写的。爷爷还带他去过江西任上,可惜不自重,酗酒、抽大烟,不务正业,闹得这般凄惨。"

松寿点点头,觉得大哥说得对,自己可要争气,不能跟这种人学。

周桐生回来了

周家台门越来越多事了。周桐生在外十多年,忽然又回到周家台门来了。

周桐生,谱名凤桐,是诚房大排行二十二的周子玲的儿子。他姆娘临盆的时候,事先没有准备,临时仓猝,生产又特别快,手忙脚乱,把他生在便桶中,所以就取了一个"桐"字。后来索性就拿"桐"做了他的名字,前面加一个"凤",称"凤桐",是他的书名。后面加一个"生",叫"桐生",成为号名。他姆娘早逝,父亲飘然往河南,找做官的亲戚做生意,就把他送往道墟外婆家抚养。外婆很爱他,家里也很富有,专雇一个妈妈负责看护他。于是他自小在外婆家穿绸吃油,极尽享受。偶然回周家拜忌日,也由专责的妈妈领来,饭后领去。

---

① 对冲:意思是赌博双方都破财。

第十七章　故家败相

他显得有些迟钝，据说是因为姆娘子玲太太精神上不健全，遗传下的。也有说是生时落在马桶里，迷信他晦气大。其实还是因为小时候没有受教育、娇生惯养造成的。尽管如此，衣冠楚楚，穿得很整齐，台门内各房族的孩子们无不对他眼红，说："他的福气到底比我们好！"但是到了十七岁，外婆去世，从此他失去靠山，就倒了楣。舅父们不肯管，打发他归宗，厄运就此开始。

回到新台门后，周子玲的胞弟周子传，即二十五老爷已经去世。子传奶奶，也就是二十五太太，是他的亲婶母，义不容辞，不得不收。况且也有他父亲遗留的几间房屋，他还可能有希望轮到当年的祭田收入。随身带回来的衣物以及他父母遗留久寄在外家的东西什物，虽然不多也不见得好，到底也值几文。这样，初回家时，在衣食方面，子传奶奶也算供给过一段。但时间不长，他头发蓬起寸把长，大衫破得满身都是窟窿，因为"龙"与"窿"谐音，绍兴人富有幽默感，称之为"龙袍"。尽管如此，到底是"台门货"，人家轻易不敢侵犯。因为周家在此居住了百余年，先前曾经置过几千亩田，开过当，中房十一世的一斋大老太爷做过地方上首席缙绅，就是吆五喝六的地保见了他，也得恭恭敬敬地垂手而立，叫一声"桐少爷"，等他走过，才开步。这使他忘乎所以，觉得自己真的了不起，虽然常挨饿，却只要一有钱，就到酒店喝酒。喝醉了，就一反羞涩的常态，变得非常活跃，爱发议论，爱开玩笑，但又讲不出什么风趣话，只是喊"偌爹①，偌爹"，讨人便宜。人家不和他计较，他越说越高兴，一定要弄得人家恼了，当起真来，他又赶紧赔笑脸认不是。有时也和人相打，打过之后，胜利者走了，他站在原地拍手拍脚地还在骂。别人以为他打胜了，但是他面上一块青，一块肿，就说明了问题。他从来不把被打吃亏的事情告诉别人，也不图报复，除非下次再喝醉之后，才又大骂山门，并且大言道："偌爹，不怕。"

桐生有个义务保镖，是住在台门门房、单妈妈的儿子单阿和。阿和是个孔武有力、精通拳术的莽汉，粗识几个字，也常常看些武侠小说。他认为，和姆娘、媳妇一起住在新台门门房里，不出一个钱的房租，自己又是个粗坯，周家的人，应该都是自己的主人，自己既具有一身本领，岂可不尽保护之责。

---

① 偌爹：意思是"我是你爹"。

"桐少爷"虽然没落,也是周家的少爷,而且憨厚老实,不像周四七那般讨嫌,必须竭尽他的职责。有些人见"桐少爷"醉后憨态可玩,都找他开开心,欺侮欺侮。阿和一见"桐少爷"受人欺负,总要出头。只要他一站出来,看到他那结实的身子、粗大的拳头,闲人们就识相地走开了。阿和鼓励"桐少爷"道:"常山赵子龙在,怕什么呢!"这样,"桐少爷"的醉话就说得更起劲了。尼姑经过,赶忙"呸"地吐一口唾沫,说声"晦气"。这时,如果身边有人,一定拉着这人左右分立,把尼姑夹在中间,说:"夹一夹,脱脱晦!"如果只有他一人,就跑过去,把尼姑猛力一撞,骂道:"娘煞,天还没有黑呢,要去寻和尚哉?"后来绍兴成立警察局,单阿和当了警察,没有工夫保护"桐少爷"了,闲人看有机可乘,就跑来把他当玩具耍弄。"桐少爷"经常被人欺凌而磕头讨饶。

"桐少爷",是台门外对他的称呼,台门内都叫他"桐店王"。也是因为绍兴人多具幽默性,"店王"是"点王"的另一写法,王上加"点"成为"主","店王"即"点""王"为"主"的意思,戏言沿成习惯,变成社会上流行的称谓。也有叫"桐菩萨"的,反正称呼上听起来都挺尊重,实际上全非如此。渐渐地仅有的一点东西卖光了,又从陕西传来了桐生父亲去世的噩耗,知道桐生奥援①已绝,只余下一个光人。二十五太太精于计算,她和丈夫、儿子、媳妇、孙儿,以及绰号"陈年灶司"的次子、后继媳妇"红鼻头"等,生肖都属"鼠",族房中人戏呼她家为"老鼠窠",哪里肯做蚀本生意,就当机立断,毫不犹豫地改变方针,抱定"闭门推出窗前月"的态度,只掌握桐生父亲遗留下的一点房屋,把桐生推出不管,任他自作主张。这下子"桐菩萨"就可怜兮兮,连住的地方都没有了。

义房的仲翔、伯执等人打抱不平,集合起来向二十五太太责问,二十五太太若无其事地说:"问问他自己就行,他愿意怎样,我都依他,何劳你们伯叔们担心。"说着就将桐生叫来,当着大家的面问他,还叫他不要怕,有话尽管讲。这位桐生呢,冷笑两声,把肩胛向上耸两耸,面对二十五太太叫一声"二妈",回转头对替他抱不平的族房兄长们说:"二妈待我漫漫好,房屋是我不愿住,请她代我照管的。饭,她常常也叫我去吃,不去吃,是我自己放

---

① 奥援:指暗中支持和资助。

弃，不能怪二妈。这是我们诚房内部的事。外房头不清楚，有事我会向二妈说，二妈一定会答应我。"说完，再把肩胛耸两耸，笑着对二十五太太说："二妈！没有事了吧，我出去哉。"去给他抱不平的人满满碰了一鼻子灰，最后还听二十五太太一番风凉话："阿桐说的话，大家都听见了吗？要不是三见六面，又当是我捏造出来的，诸位叔伯却也是好意，到底是自家人。这就是阿桐说的诚房内部的事情，外房头是不会清楚的。我是妇道人家不会讲话，胡说乱道的，诸位叔伯不要见气，请放心好啦！阿桐这畜生着实坏，他会吃亏吗！"

第二天，仲翔和伯扬遇见这位"桐菩萨"，问他："昨天在你二妈面前，为什么要那样说呢？"

"桐菩萨"答复得很妙："反正不会听你们的，君子落得为君子，二妈的心思我知道，我的心思她也知道，这叫作知己知彼，棋逢对手，仲翔兄，伯扬弟，你们说是吗？"又是冷笑两声完事。

仲翔、伯扬哭笑不得，但出于软心肠，还是设法给他找了个职业，到东昌坊泰山堂药店当伙计，总算有了吃住的地方。

桐生这药铺伙计也不知道是怎么当的，他不认识什么字，更不必说那些名医龙蛇飞舞的大笔了，他替人家"撮药"不会弄错么？大人常有这样的担心。孩子们却不管这些，药店里一种叫"玉竹"的药，一种黑色长条形的东西，嚼起来有甜味，孩子当作零食吃。松寿这些孩子到泰山堂买时，桐生倒不曾拿错，反而因为本家，往往多给一些。这是他的好意，但大人知道了，不免担忧，假如药方里有麻黄，他也多给了，这岂不糟么？而孩子们却很感谢这位桐叔，觉得他是个羞涩、软弱、讲话说不出口的人，心地善良厚道，希望他在药店长做下去，工钱虽然少，至少吃在店里，住在店里，又不费力，生活不发愁了。像住在老台门勇房的心梅叔，在元泰纸店做伙计，巴巴结结地干活，家里给他送长衫去，他说："你们快拿回去，我不要穿长衫。我在这里不光是站柜台卖卖纸，还要进货，要扛纸，怎么能穿长衫？"纸店老板说他好，不像个少爷，人说要这么干，饭碗才能保得牢。桐叔没有父母，也要像心梅叔这么干才好呢！可是这位桐叔却很懒，一次，松寿去买玉竹，桐叔拉开药抽斗，只见一条条又长又胖的虫子在蠕动，松寿吓了一跳，桐叔却好像视而不见似的，从不肯收拾。哪个老板愿意用这样偷懒的伙计？

然而，他在药店里并没有弄出什么麻烦，只是药铺自身出了事。一天，药店主人申屠正在家门口坐着，忽然从外边飞来一块砖头，把他脑袋打破，死了。主人既死，这家小药店也就只好关门了。

药店关门，桐生又没有生路了。还是仲翔、伯挩等好心肠的本家设法，让他住进门厅左边、婚丧寿庆厨师作场用的门斗房里，东南西三面是墙，北面空出一面。

有地方住了，还得找谋生的职业。仲翔给他募集一点钱，买了一套卖麻花烧饼的家伙，又替他向东昌坊口西北角的麻花摊担保，每天付给若干货色，至晚清算，如有短欠，由保人归还。祠堂里饮胙①有座位的长辈中，有一个便是卖麻花烧饼的，所以这种行业虽小，却也是有名誉的。桐生卖了几时，倒也规规矩矩，但是他有一个小毛病，爱喝老酒，做买卖得来的利润只够糊口，哪里有买酒的钱？喉咙太干，酒瘾难耐，就只好将付麻花摊的钱挪去给了酒家，结果要保人赔一天的钱，有时竟把竹篮也卖掉了。这种事情有过二三次之后，大家觉得不是办法，只好终止。

营生没有了，只得由仁房义系各小房轮流供应，叫他每天按餐依次到各房支流里，在灶间和长工、忙月、打短、妈妈等一道同吃。

食宿问题解决了，桐生又翘了起来。一早起来，立刻到仪门里往"管门老伻"专用的阔且长的大凳上一坐，起得虽然不算早，但总好说"一早"。而且还念一句戏剧上的唱词："昨夜晚，喝酒醉，和衣而卧。"他虽没有天天喝醉，但和衣而卧却是经常的。下床既无穿衣系裤之烦，且无须洗涤手脸，一跳下来即行。新台门的老伻，是有时有，有时没有的。说没有嘛，有时却实实在在有一个老头儿俨乎其然坐在那里，对进进出出的陌生人问长问短地克尽厥职。说有吧，却又经常光着凳子阒无其人。这是由于各房族经济不稳定，各自对自己的经济能力没有把握，又想支撑旧家族的门面，一致想雇老伻，雇没几天又因为经济能力不许可摧折了，所以老伻才忽而有忽而无。有老伻的时候，桐生就坐在大凳上和老伻胡扯瞎缠地谈天说地。老伻多是年高有德，嘴里含

---

① 饮胙：祭祀的一个阶段，指祭祀礼毕，在祠堂设宴，族人会餐。

第十七章 故家败相

着长旱烟管,一双眼睛似开似闭地一句一"嗯"地应着,到底听没听到只有他自己知道。没有老伴的时候,他也不作一声地坐在那里,高兴时,碰到长辈经过,忙即站起,耸一耸肩胛,笑容可掬地喊一声"某某";不高兴时,他身子一扭,屁股朝着你,等你过去,他才转过来。你要是"阿桐"喊他一声,他还是背着你应一声:"做啥罗!又没有事体!"要是平辈喊他,那就恶狠狠地应一声:"啥!叫我吃老酒!空佬佬①!"要是小一辈,更是报以白眼,有时还绷起面孔厉声应一个"嗯"。

这位对小一辈常报以白眼的周桐生,自己却出了个大笑话。一日,他在义房的灶头间同长工们一起吃饭,吃完之后,突然朝烧饭妈妈跪下,说:"你给我做老婆,你给我做老婆!"结果,"砰"的一声,头上被狠狠地揍了一下,回转身一看,见是周伯文拿了一支大竹杠,对他怒目而视,他便一溜烟逃走了。

后来,仲翔跟樟寿说起这事,樟寿仔细听着,陷入沉思。

族人看着这样的本家,真觉得毫无办法。但桐生也有好的一面,就是决不偷窃,有时也很懂情理,并不一味胡来。他没有周四七、周五十那样的谋生手段,轮不上各房派饭时,常要挨饿,等到饥渴难耐的时候,只好向人借钱。一角两角可以过一天了,但是他的渴比饥还要紧,往往把借来的钱都喝了酒,肚子还照样饿着。有一次向樟寿的姆娘借钱,鲁瑞对他说:"钱可以借两角,但是你要拿去吃饭,不可以买酒呢!"他正色道:"宜嫂嫂给我的钱,我决不买酒吃。"他说了果然做到,孩子们看到他量了一升米,买柴买菜,回到门斗房做饭去了。

这样,族人对他还是很同情的。一年年终,祝福祀神之后,长辈们说:"好多天没有看到阿桐出来,怕不会饿死了吧?"各自叫仲翔等人,拿了二十块年糕和两串粽子,照着灯,到他那没有门窗的住房里去。见他面壁躺着,呼呼大睡,不知是否正做黄粱美梦,娶了那个烧饭老妈做媳妇了?亮光照进来,醒了,他抬头看了看,仍旧躺下。仲翔就叫:"桐店王,你怎么不出来?"别人也说:"这是给你过年的,你慢慢吃,一下子吃得太多要吃坏的。"

---

① 意思是:"平白无事叫我做嘛?"

285

桐生依然高卧不起,说:"安咚好哉①!"

仲翔等人也只好走了。后来向别人转述此事,觉得"桐店王"这股硬气还蛮有意思。

读李贺

樟寿对这台门故家烦得无可奈何,就只好埋头读自己的书。

祖父让仆人阮标送来的《唐宋诗醇》,翻读多遍了。这套书因为是"御选",所以依例套色印行。初刻本是清乾隆十五年武英殿朱墨套印本,祖父送来的是清光绪七年浙江书局翻刻殿本,二十册,第一册封面及封底都有介孚公的墨笔题识,中间夹着他嘱孙儿读此书的信笺。樟寿读过之后,对所选的唐李白、杜甫、白居易、韩愈、宋苏轼、陆游六大家的二千五百二十余首诗都很欣赏,觉得李白超妙,杜甫真挚,白居易平易,韩愈雄奇,苏轼豪放,陆游情真,令人叹赏。但樟寿对这些大诗人纵然赞赏有余,却都不大喜欢。恰好三味书屋正在学八股文和试帖诗,老寿先生不喜欢八股,于是用新刊行的俞樾《曲园课孙草》作课本,内容清新浅显,比较易学。后来老寿先生谦称自己文笔古旧,由小寿先生担任命题和批改,并一起讲解《古唐诗合解》,使樟寿系统读到了李贺的诗,一时间竟把他吸引住了。其他诗人的诗都撇在一边,唯独爱读李贺的诗。小寿先生就把《李长吉歌诗汇解》借给他,任他散漫地涵咏细品。

这本《汇解》是清人钱塘王琦所编,前面有杜牧的《李长吉歌诗叙》和李商隐的《李长吉小传》等,还编有历代记述李贺身世的《事纪十二则》和《诗评三十二则》。共分四卷和一个外集,合计收李贺诗二百四十一首。

樟寿一拿到书,就被李长吉那瑰丽奇谲的丰富想象惊住了!

当他在《李凭箜篌引》中读到,"女娲炼石补天处,石破天惊逗秋雨"一句时,不禁联想起在皇甫庄避难时读过的《红楼梦》开头,想起女娲补天、大荒山无稽崖青埂峰下独遗下的那块鲜莹明洁的石头,那位悲天悯人、才情

---

① 意思是:"搁下在那里吧,你们还怕我会饿死么?"

横溢的贾宝玉,和他一起随着李长吉上天入地,古往今来,进入了诡丽惝恍、奇丽变幻的境界。忽而在《梦天》中看到"玉轮轧露湿团光";忽而在《秦王饮酒》中,听见"羲和敲日玻璃声";忽而又在《杨生青花紫石砚歌》中"踏天磨刀割紫云"。真个是天马行空!樟寿不禁惊呼道:"作诗当有此大精神!"

他手卷着《李长吉歌诗汇解》,倚在床上读,靠在椅上读,在明堂桂花树下读,在百草园泥墙根下读,随着李长吉的感情变化而变化。在李长吉歌诗里,天地间一切事物都随着诗人强烈的情感而歌舞、而哭泣,樟寿便和李长吉一道欢乐和悲戚,李长吉诗句中的一切无知的景物在他眼前都变得多情善感,和他一道诉说悲伤和忧戚……

杜牧说李贺乃"骚之苗裔"。李贺也在《赠陈商》中自述道:"长安有男儿,二十心已朽,楞伽堆案前,楚辞系肘后。"在《伤心行》中说:"咽咽学楚吟,病骨伤幽素。"樟寿读着李长吉的诗,就像当初读《楚辞》那样,感到奇诡变幻、愤怨激越;也如读六朝乐府和齐梁体诗歌那样,觉得设色绮丽,绚烂而又凄婉。他从心底深处赞叹:美哉斯诗!

夜里,樟寿读着李贺的诗和关于他的纪事,仿佛见到了李长吉:"细瘦,通眉,长指爪,能苦吟疾书",童年即能词章,十几岁时,已以工乐府诗与先辈李益齐名。号称"东京才子""文章巨公"的韩愈、皇甫湜,曾因惊奇他的才华而亲访他。但因父名晋肃,"晋""进"同音,与李贺争名的人,就说他应避父讳不举进士,韩愈作《讳辨》鼓励李贺应试,但李贺终不得登第。后来只做了三年奉礼郎这种情同仆役的小官,心中郁郁不平,在《马诗》其九中向蹭蹬的遭遇发出了悲愤的呼声:"夜来霜压栈,骏骨折西风。"在《开愁歌》中叹道:"我当二十不得意,一心愁谢如枯兰。衣如飞鹑马如狗,临岐击剑生铜吼。"在《致酒行》中唱道:"我有迷魂招不得,雄鸡一声天下白。"而为生活所迫,又不得不忍气吞声,继续当这卑微的小官。自己在《题归梦》曾说:"家门厚重意,望我饱饥腹。"

樟寿联想到自己,祖父科场案后,家道中落,父亲故去,受尽世人白眼,不觉与李贺同病相怜,醒来又读李长吉的诗卷,更加挚爱他的诗。

读着读着,昏昏睡去。在梦中与李长吉重逢,见他在茫茫荒原上,团团黑云下，带一小奴，骑驴相随，背一破锦囊。得有诗句，即写投囊中，归家后足成完篇。姆娘郑夫人常说"是儿要当呕出心乃已尔"。

猛然又醒来，再读李长吉诗，仿佛是看到李贺那赤红的心，在纸上跳动，涌出滴滴鲜血。不禁感到这书上字字都是心，都是血，"有崩云涌雪之惊""雁荡龙门之怪"，须细细品味。

清晨读到《秦王饮酒》中的"羲和敲日玻璃声"时，樟寿不禁跑到外边仰头望日，奇怪怎么会有羲和那样的神仙去敲太阳，发出玻璃声？真是匪夷所思。

读到《马诗》其四，看到李贺用"向前敲瘦骨，犹自带铜声"形容骏马。又是一个"敲"字，使人似乎听到了声响。"犹自带铜声"那个"铜"字，更是惟妙惟肖，让人如临其境，如听真音。

樟寿觉得李长吉的歌诗，真非常人可以比得！原来文字会造就出如此的奇迹！

樟寿在自己做诗时，也苦心炼字。这时，他已经离开三味书屋，在家自修，但所做诗文仍请"小寿先生"批阅。一次诗的题目是"'百花生日'，得'花'字"；"'红杏枝头春意闹'，得'枝'字"，都经寿洙邻批改。还有一次，是"'苔痕上阶绿'，得'苔'字"；"'满地梨花昨夜风'，得'风'字"。他自己很是满意，写信给正在杭州的祖父和二弟，告知这得意之笔。樟寿不仅注意提炼和润饰字词的含意、色泽、华丽和对偶，为了充分表达感情，还刻意追求字句的声调之美，使之激昂慷慨、奋扬响亮。

杜牧序中批评李长吉诗"理虽不及，辞或过之"。樟寿不以为然，因为他一读到《老夫采玉歌》中的"老夫饥寒龙为愁，蓝溪水气无清白。夜雨冈头食蓁子，杜鹃口血老夫泪"，就被深深打动了。痛感供富人享乐的宝玉原来是以采玉老夫的死亡作代价的。读到《感讽五首》其一中的"县官骑马来，狞色虬紫须""越妇拜县官，桑牙今尚小""县官踏飧去，簿吏复登堂"，联想起绍兴镇上的所见，痛感劳动者被官吏压于水火之中。读了《宫娃歌》，似乎听到宫女的幽怨，"愿君光明如太阳，放妾骑鱼撇波去。"禁不住和李贺一起悲天悯人、同情弱者。

同情百姓苦痛,愤恨官吏残暴,让他拍案而起。樟寿从《汇解》所收"诗评"中,看到姚文燮在《昌谷集注》序中说:"故贺之诗,其命辞命意命题,皆深刺当世之弊,切中当世之隐。倘不深自弢晦,则必至焚身。斯愈推愈远,愈入愈曲,愈微愈减。藏哀愤孤激之思于片章短什。"又想起清人王夫之独具只眼,评价:"长吉长于讽刺,直以声情动古今。"由此想到《秦王饮酒》《金铜仙人辞汉歌》,托古寓今,焕然有新意。不觉顿生同感。

樟寿想到自己所处的现实,不禁也想用自己的笔直刺时弊。

樟寿对李贺诗倍感迷恋,不禁与李长吉一样,由现实而历史,从地下到天上,痛感光阴之速,年命之短,世变无涯,人生有尽。他手握着书,到府山上信自漫步,心中默吟着长吉的《天上谣》:"东指羲和能走马,海尘新生石山下。"《浩歌》:"南风吹山作平地,帝遣天吴移海水。王母桃花千遍红,彭祖巫咸几回死。"《秦王饮酒》:"劫灰飞尽古今平";《凿井》:"一日作千年,不须流下去。"《梦天》:"黄尘清水三山下,更变千年如走马。"不禁心生日月逾迈、沧桑改换、千年倏忽之感,而这种感受偏出自昙花朝云、生命短促的李长吉。樟寿不禁恍然觉得每个人都不过是走向"坟墓"的过客。

对于死亡,樟寿又赞同李贺用神话予以消解和诗化,以慰藉人心。从李商隐《李长吉小传》中知道了李贺临死的故事,令他久久难忘:李贺困顿了一世,而他临死的时候,却对他的姆娘说,"阿妈,上帝造成了白玉楼,叫我做文章落成去了。"樟寿读后心中念道:这岂非明明是一个诳,一个梦?然而一个小的和一个老的,一个死的和一个活的,死的高兴地死去,活的放心地活着。说诳和做梦,在这些时候便见得伟大。他想,假使寻不出路,所要的倒是梦。

樟寿又觉得长吉追求秾丽、奇峭,但有时过于华美、雕琢;追求含蓄蕴藉,但有时也过于晦涩难懂。读到《恼公》时,他反复品味之后,不觉对王琦等"狭邪游戏之作"说起了怀疑,感到另有深意。读到《昌谷诗》中"攒虫锼古柳"一句,联想起总放在枕边的《嵇康集》,觉得与嵇康庭中有巨柳、康常锻于树下的典故有关。"草发垂恨鬓,光露泣幽泪。"似乎是对竹林七贤中的嵇康被杀,深表哀悼,但把握不准。去向"小寿先生"请教,"小寿先生"觉得有些道理,但又坚持不可牵强附会。樟寿虽然同意先生的看法,但这些难解之谜却使他更加爱读李贺的诗了。回去后一个字一个字、一个典故一个典故地细究，纵然还是没有完全弄懂，却增长了不少知识。"小寿先生"也觉得樟寿这位学生，有一股追根究底、不搞清楚不罢休的犟劲，心中很是满意。

分房会议

人世的烦恼是躲不过去的，樟寿正钻到李贺歌诗中忘乎所以，却有人叫他晚上到大书房参加家族会议。

吃罢晚饭，樟寿去了。一进门就惊呆了，新台门的所有长者都已经到齐了。除了居无定所、被人蔑视的周桐生之外，叔伯辈的伯文、仲翔、衡廷、六四、衍生、伯挐都来了，连已经过继给信房周吉生的仲阳也来了，围着唯一在家的祖父辈玉田公公，严严实实、虎视眈眈地坐满了一屋子。屋中间八仙桌上点着三支大蜡烛，照得光亮亮的。正中间梁上，廿八公公写的"志伊学颜"匾看得清清楚楚。桌边放着一张纸，樟寿扫了一眼，见是什么协议书。

胖胖的玉田公公过去总是和颜悦色，笑容可掬，这会儿不知为什么横眉立目，气鼓鼓的。他让樟寿坐在桌边的凳子上，然后捋一捋唇上的八字胡，慢慢悠悠地叫道："豫才。"

樟寿不觉一惊，因为玉田公公一向只叫他的小名"阿张"，甚至呼他为"小友"，从来没有叫过字。这一叫，就表明要谈的事情非同小可，很是郑重。

玉田公公清了清嗓子，说道："你祖父因事入狱，父亲又故去，我们都很同情。现在你家人丁稀少，只有祖母、姆娘、你和两个弟弟，一共五口人，住房却还照旧，楼上楼下六间。可是别的家却人丁渐多，房屋不够住。这你也知道的，我家住台门四进，与你家相对，中间是一个不大的明堂，用曲尺形的高墙隔开，南面只剩了一条狭长的天井，北面的小明堂也就不宽大。西边后房花媵死后，由你椒生叔祖住，后房是我所居，将廊下隔断，改造为小书房，南窗下放着书桌。你也见过摆满了各种书籍，早已盛不下了。伯挐，你谦叔早已成家，眼看就要生子，房屋也不够住。仲阳虽说已过继给信房，但还时常回家，房子更不够了。这样，族人商量重新分房，把你家空闲的两间房子让出来，给房少的居住。你看如何？"

樟寿一听才知是为房子的事情，他也知道玉田公公住房很狭窄，但祖父尚在狱中，不知什么时候回来，他如回来，房子已让给别人，他住哪里呢？族人趁祖父入狱不在家，就如此强行逼自己就范，是断不能接受的。不觉摇摇头，表示不同意。

玉田公公见他摇头，刹那间气得满脸通红，青筋凸起。

周伯文两眼又凸起得像一对金鱼，霍地跳起来吼道："这是你玉田公公祖父辈的意思，跟你商量是抬举你，你不同意也得同意！"

樟寿咬紧牙关不说话，就是不点头。

跟子传奶奶有一腿的周五十，眼睛眨一眨，诡计有一百，笑眯眯对樟寿说："玉田公公是好意，你答应了，准有好报。过后你家若有难处，族人自会再想办法。"

樟寿本就厌恶这个周衍生，知道他又在讲骗人的鬼话，狠狠瞪了他一眼。衍生往后退了一步，仿佛感到这两只眼射出了利剑，要将自己戳杀了，吓得不再说话。

玉田公公见樟寿软硬不吃，顿时恼怒，猛然立起，点着桌上的分房协议，指着樟寿声色俱厉地吼道："签字！不签也得签！"

樟寿惊了，抬眼望望玉田公公，不敢相信自己从小的开蒙塾师、历来尊称"蓝爷爷"的叔祖，会这样蛮横无理。他往后退了一步，强压住怒火，慢慢地细声说："祖父是一家之长，这事需要通过祖父，没有他的许可，侄孙是断不敢做主的。"

玉田公公听后，跳将起来叫道："哪里管得了那许多！别人没有房住，你家却空着，像话吗？签、签、签！签字画押！"

周伯文也上前催促，金鱼眼睛更加凸起，仿佛要突射出来。

樟寿仍不发火，只是低着头小声说："等我禀告狱中祖父，再做商议。"

玉田公公面对这个软硬不吃的侄孙，一时间进不是，退也不是，失了方寸。

伯挚忙扶住父亲，让他坐下。仲阳也过去劝父亲不必跟个孩子动气。

衡廷看着樟寿，倒觉得这孩子有主意，不简单。

眼看着双方僵持着没有结果，三株大蜡烛也快燃尽了，大书房里暗了下来，衡廷过来说："玉田叔，今天先到这里，等樟寿回禀介孚公再说吧！"

六四也说："先这样吧！以后再从长计议。"

玉田公公见事已如此，别无办法，只好点点头，不欢而散。

待所有的人都走了，樟寿才一步步挪出了大书房。来到黑暗中，他不觉鼻子一酸，要大哭一场。是啊，长到十七岁，什么时候经过这样的场面，受过这样的呵斥啊！而且是自己过去尊敬的"蓝爷爷"，开蒙塾师，一直呵护自己，称自己为"小友"，今天竟然这般厉害！嗨，这就是世人的面目！

他刚要放声大哭，忽然想到了连遭不幸的可怜的姆娘，年迈的祖母，两个未成年的弟弟，立刻强忍住眼泪，把泪水咽进肚子里，默默地走回自己家。见了姆娘也一声不吭，径直上了自己的阁楼。

郁　闷

上了楼，樟寿一头倒在床上，蒙起被子，在被窝里不出声地流泪。过了好一会儿，又起身拨亮桌上的油灯，铺开日记本，搽搽"金不换"毛笔，写起了日记。他似乎已经养成了习惯，把自己的喜怒哀乐完全倾注在文字中。

他把满腔愤怒都化作了文字，像当初画画，写上"射死八斤"那样，将燃烧着怒火的文字射向玉田公公，射向这面目突变的世人。文字是那样令人心酸，让人怒火中烧，以至半年后回家的二弟櫆寿偶然看见这日记时，也不禁泪流满面，方知大哥居然受过这样大的委屈。

写完日记，樟寿心里倒平静了许多，熄了灯睡去。一时又睡不着，想到这个家族实在是败落了，同是一个家族，各房之间还有利害冲突，没有别的进益时，只能在族内互相挤轧，恃强凌弱，以大欺小，怎能不发生这种事情呢？

第二天起来，心中依然郁闷，总觉得有一股闷气撒不出来，忽然想起似乎多日不很看见三弟了，好生纳闷。

这时正是春二月，放风筝的时节，倘听到沙沙的风轮声，仰头便能看见一个淡墨色的蟹风筝或嫩蓝色的蜈蚣风筝。还有寂寞的瓦片风筝，没有风轮，又放得很低,伶仃地显出憔悴可怜模样。但此时地上的杨柳已经发芽,早的山桃也多吐蕾,和孩子们的天上的点缀相照应,打成一片春日的温和。

樟寿向来不爱放风筝,不但不爱,并且嫌恶,因为他以为这是没出息孩子所做的玩意儿。和他相反的是三弟松寿,十岁内外,多病,瘦得不堪,然而最喜欢风筝,自己买不起,大哥又不许放,只得张着小嘴,呆看着空中出神,有时至于小半日。远处的蟹风筝突然落下来了,他惊呼;两个瓦片风筝的缠绕解开了,他高兴得跳跃。他的这些,在樟寿看来都是笑柄,可鄙的。

樟寿忽然想起了,记得曾见三弟在后园拾枯竹。他恍然大悟,便跑向后园少有人去的一间堆积杂物的小屋去,推开门,果然就在尘封的什物堆中发现了三弟。他向着大方凳,坐在小凳上;看见大哥进来,很惊惶地站了起来,失了色瑟缩着。大方凳旁靠着一个蝴蝶风筝的竹骨,还没有糊上纸,凳上是一对做眼睛用的小风轮,正用红纸条装饰着,将要完工了。樟寿在破获秘密的满足中,又很愤怒三弟瞒了他的眼睛,家道中落,祖父入狱,父亲去世,家里任人欺凌,不说争口气,多读书,反倒这样苦心孤诣地来偷做没出息孩子的玩意儿。真是可气!他即刻伸手折断了蝴蝶的一支翅骨,又将风轮掷在地下,踏扁了。论长幼,论力气,三弟都是敌不过他的,他当然得到完全的胜利,于是傲然走出,留三弟绝望地站在小屋里。后来三弟怎样,他不知道,也没有留心。

三弟松寿直愣愣在小屋中傻站着,风筝折断的翅骨围在他脚下,像小狗小猫似的仰脸瞅着他,暗泣着。他开始一声不吭,好一阵子,忽然大哭起来,边哭边喊着"琴姐姐"。他想起两年前琴姑给他糊风筝,带他放风筝的事来了……

第十八章　绍兴乱了

饥　民

　　一八九八年早春,樟寿家的生活水准已经压缩到了最低点。每天掀开锅盖,饭架上只有腌鱼和咸菜,但还能吃饱饭,全家就很满足,因为很多人家已经快断粮了。县城里涌来越来越多的饥民,像马蜂一样从四面八方嗡嗡地涌拢来,聚集在米店门口。

　　一早,樟寿上街时,看到东昌坊口小船埠头与张马桥之间的傅澄记米店门前,聚集了好多面黄肌瘦、衣衫褴褛的饥民,一动不动地往里面看,鸦雀无声。

　　米店老板一看形势不对,赶快让伙计上排门。

　　饥民中间一位高大英武的黑瘦汉子,对老板说:"伢(我们)末饿煞,偌落把米放起来卖好价钿①……"

　　老板不听,命伙计加快上门。

　　领头的黑瘦汉子,两眼炯炯有神,只是连日挨饿,面色黧黑,瘦得只剩一把骨头,但依然从容镇定,心中有数。

　　他周围的饥民气不过了,连声骂起老板:"伢(我们)末饿煞,偌落把米放起来卖好价钿……"

---

① 意为:我们饿坏了,你们却把米存起来不卖,等待价格抬高了再卖好价钱。

一个瘦小的饥民耐不住了,大叫一声:"搡①!"

大家齐声喊道:"搡!搡他个鸟!"

饥民们冲进米店,把店门、木栅、招牌搡掉,出一口气,有人要冲上去抢米。领头的黑瘦汉子连忙挥手制止,那人立即退回来了。但有气没处撒,就狠命地踩踏已经倒地的招牌,众人也跟着踩。边踩边骂道:"这世道,让老百姓没法活了!"

米店老板见大势不好,早就一溜烟逃走,跑到衙门找知县告急去了。

这时,樟寿听见路边的人在纷纷议论:"测水牌、瓦窑头的米店,全被饥民搡坏了,最热闹的是五云门、昌安门,搡得特别凶。"

谢德兴酒店里的那位白胡子老头,也在一边旁观,摇头叹气道:"天下要大乱了!太平天国要重演哉!"

流 言

樟寿看到街上太乱,匆忙回家,刚到台门口,就见长妈妈和单妈妈跟一群找活儿的穿蓝印花衫的乡下妇女在指手画脚地议论着什么。

长妈妈跟单妈妈切切察察,低声絮说着。说到兴头上,竖起第二个手指,在空中上下摇动,一会儿点着对方的鼻尖,一会儿又点着自己的鼻尖,最后扭头冲南街的洋教堂指着,渐渐大起声来:

"一个女人,原在洋鬼子家里做佣工的,后来出来了。她说,在那家亲见一坛盐渍的眼睛,小鲫鱼似的一层一层积叠着,快要和坛沿齐平了。为远避危险,赶紧走了。"

"是啊,我也听说,洋鬼子专爱挖人的眼睛,腌起来。"单妈妈点着头,补充说。

旁边的乡下妇女侧耳听着,脸都吓白了。一个冒问:"洋鬼子腌人的眼睛做嘛哉?"

长妈妈像权威似的解释道:"用来照相呢!"说着,与那妇女眼睛相对,

---

① 搡:推搞之意。

问道,"看见不?我瞳子里不是有个你吗?这就是小照相。街上照相馆里的相是怎么照出来的?不就是用人的眼睛照的吗?"

那妇女将信将疑,摇了摇头。

另一个乡下妇女抢过来说:"不是吧?我们乡下说用作电线。怎么用,他没说。洋鬼子的用意,他却说过,就是每年加添铁丝,将来鬼子兵到时,让中国人无处逃走。"

长妈妈觉得自己解释不清洋鬼子腌眼睛的用途,别人也说不清楚,就放出了更吓人的消息:"我听说啊,洋鬼子不光腌眼睛,还挖心肝呢!"

单妈妈和乡下妇女们都吓了一跳,纷纷吐了舌头问:"啊呀!太吓人了!挖心肝做嘛哉?"

长妈妈这回真可以做权威了,竖起第二个手指,按在噘起的嘴唇边,"嘘"了一声说:"我听一位念佛的老太太说的,他们挖了去,熬成油,点了灯,向地下各处照去。人心总是贪财的,所以照到埋着宝贝的地方,火头便弯下去了。他们当即掘开来,取了宝贝去,难怪洋鬼子这么有钱哉!"

单妈妈和乡下妇女们面面相觑,连大声都不敢出,生怕洋鬼子跑来挖她们的眼睛和心肝。

樟寿无心听这群女人的瞎议论,但也听别的人说过,不能去照相,因为精神,也就是威光和元气,要被照去的,所以运气正好的时候,尤不宜照。特别不能照半身相,照了,就像被腰斩,不吉利的。他想,绍兴忌讳也真多,这个城人心浮动,到处惶惶不安,南街教堂的修女已经不敢上街了,据说有的逃回国了,这个世界似乎要出大事。

"大阿官!"长妈妈见樟寿过来,赶紧停下议论,叫小主人。

樟寿冲她点点头,也不说话,径直进台门,往家里走。只听背后长妈妈在对人说:"我家大阿官,读书可好了!懂事,现在家里的事情全靠他了!"

樟寿对长妈妈的说长道短很反感,但又觉得她一心一意帮助姆娘维持这个家,也真不容易。

第十八章 绍兴乱了

骚 乱

　　流言像早春的狂风，吹在熬过一个冬天的干草上，燃着了草场的大火，而且流言越传越盛，干风越吹越大，火焰越烧越旺，势不可当，整个绍兴都骚乱起来了。

　　先是传言，诸暨县有武童刺死洋人四名。樟寿写信告诉在杭州的祖父和二弟，不几天又传诸暨等地民众拆毁了教堂，绍兴也有一群群的人，气势汹汹地冲向南街的教堂，声言要予拆毁。吓得牧师、修女躲在教堂里，不敢出门。

　　前些天包围米店的饥民，更是饥不可耐了，开始操大户。大户人家自己都有米仓，从不上米店买米，正吃饭的时候，忽然有一群饥民冲进屋，抢饭抢米。他们把辫子盘起，挽着扭纠头，赤着膊，光着脚，穿一条破裤子，像饿兽一样不管不顾。领头的还是那位高大英武的黑瘦汉子，他说操厅堂里的，大家就操厅堂里的；他说操后堂前，大家就操后堂前。有人要往内房冲，他马上大喊："内房不要进去！"那人就立即止步了。

　　绍兴府衙门前又出现了农民的跪香①，四乡的农民进城来，每人手里拿着一支香，跪在绍兴府衙门两旁，申诉生活的苦况，请求官府减免租粮。知府程赞清不仅不听，还派散兵游勇把跪香的农民打散。农民们被打得头破血流，呼天抢地，号啕痛哭，惨不忍睹。

　　樟寿正在台门里，听见里里外外的人都在议论：

　　有的说："农民不种田，哪里来的饭吃，眼看就要天下大乱了！"

　　有的说："这真叫作'官气入进，人气走出。'农民老老实实跪香，向你请愿，求你做主，犯什么法？不减免也还罢了，把人打成这样！"

　　有"街楦"之称的衡廷，知道的消息最多，他站到中间，大声宣讲："不光绍兴乱了，整个浙江也乱了，温州饥民毁官衙土局，拒兵劫米，宁波民变，殴打鄞县、慈溪县令。不光浙江乱，全国都乱了，治河经费被官吏侵吞，黄河大溃决，直隶的东南部，山东沿运河的西部都决毁，淹死十六七万人，损失田地房屋不可数计。官府不但不救济，还不承认有灾，依然加紧搜刮。官

---

① 跪香：旧时请愿者手捧香炷跪在衙门前提要求。

逼民反，不得不反，听人说直隶大名府'土匪'起，山东沂州乱。广东刘毅募勇五千，鼓噪索粮。潮州又乱，知府被戕。"

白胡子老头不知什么时候也来了，他愤愤地说："慈禧太后和光绪皇帝好像不知道这些灾荒、饥饿、民变。报上说，德亲王亨利送上礼物四抬，内有珊瑚，长八尺余，回送以十六抬，内珍珠朝珠一串，每粒重钱余云。送回礼是对方的四倍，这才显得自己是天朝大国的气派。倘若知道，能这样不顾百姓的死活吗？嗨，天下大乱了，太平天国要重演哉！"

老年人都摇头叹气，像白胡子老头那样叹道："天下大乱了，太平天国要重演哉！"

镇 压

第二天，绍兴城里一片肃杀，空气中弥漫着血腥味儿。

早晨，樟寿走出台门，惊住了，东昌坊口失去了往日的热闹，墙上贴着杀人示威的布告，沿街十步一岗，五步一哨，站着持刀的官兵，杀气腾腾。

身后有个童声喊"大哥！"回头一看，见是四弟椿寿跑来了，后面跟着三弟松寿。四弟已经四岁了，长得精实，个头儿快赶上三弟了。三弟生得又瘦又矮又小，像只病弱的小鸡。

四弟天真烂漫，总是很高兴。樟寿一见街上情况，连忙冲他摆摆手，示意三弟带四弟回家。

三弟松寿一向害怕大哥，自那次毁他风筝之后，更加畏惧了。大哥发的话，只能服从，赶忙拉着四弟的小手，转回家去。

樟寿却对外面的情状很好奇，慢慢地一步步挪到台门外。

见街上有人在走，还有人往西边大街跑，像是赶去看什么热闹，就跟着去了。

樟寿跟着路人沿东昌坊口往西走，沿街的商铺全打烊了，连"水果连生"也将门板闭得紧紧的。

到了十字路口，樟寿更吃惊了！南北向的大街上密密地站满了穿红衣的官兵，兵后面是拥挤的人群。人群像一团团的马蜂，嗡嗡嗡地骚动着，忽然看见阿桂正跳起来喊："看杀头哉！好看，好看！"

樟寿心里一惊，忍不住走过去，又猛然惊住了！

原来人群后面，靠墙一排，用各式枷锁铐着示众的犯人，全是揉大户和跪香的农民。那个首先揉米店的瘦小饥民，头被锁在一面长枷中间，两手夹在长枷的下面，两只黑瘦枯干的光脚又被一块横枷固锁住，黑污的脚底板仰伸在横枷上。枷比人大，大枷几乎盖住了黑瘦细小的人，只像一堆枯草黑柴，摊在地上。两边的人，或者被长枷锁住了头和手，或者被横枷铐牢了脚，有些是三四个人被一件大枷锁在一起，一个个都黑干枯瘦，奄奄一息。

最北头，是一个站笼，里面立着那位高大英武的黑瘦汉子。他的个子比站笼还高，头卡在笼上，身子在笼里，两腿只能蜷曲着，更是难受。但他毫不屈服，两颗黑亮的眼睛，燃烧着炽热的怒火，瞪视着这个世界，两手抓住站笼的木栏，青筋凸起，像要将栏杆掰碎。

不少人围在站笼旁边，有的看稀奇，嘴角挂着一丝傻笑；有的痴呆呆地瞅着，毫无表情；更多的人默默地同情又无奈地注视着汉子。

街南头骚动起来，行刑的队伍开来了，人们朝街边涌去。最前面的是身穿红衣的刽子手，高大魁梧，敞怀露着毛茸茸的胸毛，扛着雪亮的大刀，凶神恶煞一般。然后是骑大马的刑吏，威风凛凛的。再后是囚车，里面锁着一个被反绑着的少年，跪在车上，后背插着一根标签，名字上画着红叉。少年上衣满是破洞，露出黑瘦的脊背，背上有道道鞭伤，滴着鲜红的血，被鞭子抽伤的血痕还没有结痂呢！最后是监斩官的轿子和护卫的衙役。

樟寿认出来了，这个少年正是四一剃头店的学徒，刚刚十六岁的小理发匠。他怎么会被杀头？！樟寿惊讶得快晕过去了。

忽听站笼里发出一声雄狮似的怒吼："放开孩子！我去替他！"

人们不约而同地回转头，见站笼里那位高大英武的黑瘦汉子，正在声嘶力竭地大吼，将站笼摇得山响，恨不能将站笼挣碎。

头脚戴双枷的瘦小饥民，原来气息奄奄，这时霍地惊醒，也挣扎着，欲立起来大喊："放了孩子，我来替他！"

忽听站笼里发出一声雄狮似的怒吼:"放开孩子!我去替他!"

第十八章 绍兴乱了

旁边同在示众的饥民，跟着大呼："放了孩子，我们替他！"

跪在刑车上的小理发匠，闻听跳起来，大叫三声："冤枉！冤枉！！冤枉！！！"

一个五旬左右的妇女呼天抢地，从街边扑到行刑队伍前面大哭："我的儿啊！放了我的儿吧！"

小理发匠看见姆娘，大叫："姆娘，我冤枉哉！冤枉哉！！"

街边，"剃头四一"跪在地上叩头，大哭着乞求："放了'小讨饭'的徒弟吧！他没有搡大户，没有偷东西啊！"

樟寿听旁边的人议论，说是小理发匠并没有搡大户，只是看着好奇，跟着去看热闹。官兵来抓人，饥民纷纷逃走，他觉得自己又没有搡，心安理得地慢慢往外走，结果被官兵第一个抓住，拿去邀功，说抓住了土匪，还诬他乘势偷了一个铜脚炉，狠抽一顿鞭子，屈打成招，知府程赞清当夜判令首先拉到轩亭口杀头。

行刑队伍被挡住了，监斩官大怒，从轿子侧窗"呸"地啐了口痰，命令痛打闹事者。官兵、衙役一起上，连拖带拉，把小理发匠的姆娘搡到街边，又挥鞭猛抽黑瘦汉子和被示众的饥民，行刑队伍继续往轩亭口行进。人们也跟着去看杀头。"剃头四一"连哭带喊逃回剃头店了。

一位秀才模样的瘦高男子，将发辫往头上一盘，大呼道："中国要亡了！中国人还这样残杀中国人！"

说完，捶胸跺脚，号啕大哭。

白胡子老头和衡廷也过来了，不禁跟着号啕大哭。

樟寿也禁不住痛哭起来。

周围传来了恸哭声……

此刻，一位高大壮实的汉子，雄赳赳地大步走过来说："哭有孬用！还不如一介武夫哩！"

樟寿抬头一看，正是那次在东昌坊口遇上的镇住"破脚骨"的汉子，不禁钦佩，以至仰视。要上去攀谈，汉子大踏步走了。

"救中国！"

汉子攀谈不上，樟寿就走到秀才模样的瘦高男子身边。秀才见这少年有心志，就拉他躲到街后长庆寺的墙角，白胡子老头和衡廷也随着去了。到了没人的背静处，秀才从长衫内衿掏出一叠报纸，见是一册《知新报》，秀才翻开来，指着内页一张图说："这就是瓜分中国图，列强要瓜分中国喽！"

樟寿定睛看去，见一页上有从日本《时事新报》翻译转载的《法国照会瓜分中国事》一文，下面占大半版篇幅，登着一幅据说是法国政府草拟的瓜分中国图：中国各省都标明了被外国列强占据的国名。《知新报》编者在这篇译文后面附有"本馆谨注"，言道：

瓜分之说，倡自德人，已十余年。中国每一创败，辄复起议。今祸机益酷，势将下手。日本竟公然刊图登报；且闻其作《讨清国檄》，译英、俄、德、法文布告海内，以图我事，成否未敢决然。火及衽席，主者犹鼾睡未觉，其谓之何？爰亟译刊报内，以当当头之棒，凡我同类，其能无恫欤？

白胡子老头看了说："这真是当头之棒！列强正在瓜分中国，我们岂能鼾睡，仍不警醒？"

衡廷也说："这是给国人敲响警钟哉！"

樟寿没有说话，但将"火及衽席，主者犹鼾睡未觉"之语深记心中。

说着，秀才又从内衿掏出一张图片，让三人看。

这图上写"时局图"三字，右书"不言而喻"，左书"一目了然"。中间是中国地图，东北被一黑熊所占，东边有裂为两半的日头，正朝华北射出毒光，江南有一猛虎横行，云南爬着一只青蛙，台湾正被一只老鹰叮啄，等等，在众禽兽包围中，一个清廷的老官斜躺在地上抽大烟，一个年轻官吏正和一女子饮酒，一个站立的中年官员手中正抛掷着金钱，上方两个武将似的男人一个赤膊搬着箱子，一个坐在椅子上算账，一匹马卸鞍闲站。

秀才指着图说:"图中以熊代俄国,犬代英国,蛙代法国,鹰代美国,日代日本,肠代德国,其旁题词曰:'沉沉酣睡我中华,哪知爱国即爱家!国民知醒宜今醒,莫待土分裂似瓜!'"

白胡子老头拍一下大腿慨叹道:"沉沉酣睡我中华,哪知爱国即爱家!"

衡廷接着叹道:"国民知醒宜今醒,莫待土分裂似瓜!"

秀才又流泪哭啼,哽咽道:"救中国哉!中国要亡了!"

白胡子老头和衡廷同声哀叹。

樟寿不动声色,心中却如汤煮。

衡廷这"街楦"又神秘兮兮地说道:"听说有苗兵三千入杭城守镇海关。"

白胡子老头摇摇头说:"怕不会吧!"

秀才皱了皱眉头道:"很难确说。"

樟寿望着三个大人,不知说什么好。

四人正在忧患中,忽听街头有人跑来嚷叫:"好看!好看!杀头真好看!一刀下来了,头颅滚到地上,血喷得老高!"

四人转头看去,见阿桂和小个子、"癞疮疤"、"络腮胡"几个浮浪汉正冲长庆寺跑来。

阿桂来到土谷祠门口,一屁股坐下,不住地用手掌扇着汗,说道:"明天还有好看的呢!"

小个子也跟着坐下,问道:"嘛好看哉?"

阿桂故作神秘地小声道:"你猜?"

小个子道:"听说今晚那几个示众的,也都要杀头。"

阿桂笑道:"杀头已经看过了。没啥好看的了。"

"癞疮疤"不示弱,仿佛他才是天下第一知情人,打了个哈哈说:"我晓得!"

阿桂和小个子一块蹲在地上问:"偌知道个鸟儿?"

"络腮胡"看着"癞疮疤"这个曾经的手下败将,不屑地哼了一声。

"癞疮疤"打起了"官腔":"晓得也不告诉偌!"

阿桂站起身,两手叉腰道:"偌还能比老子晓得的多?告诉偌吧,明天一早,要给那站笼里的汉子施'八刀刑'。"

樟寿侧耳听见,心里一咯噔,他第一次听说"八刀刑"这词。

小个子惊问:"什么'八刀刑'?'八刀刑'是怎么回事?"

阿桂语噎,他也说不清"八刀刑"是怎么回事。

"络腮胡"搔搔脑袋,他虽力气大些,但闯的世面还少。

"癞疮疤"知多识广,闯过江湖,站起身,清清嗓子说道:"八刀刑,就是施行的人,将犯人绑在木柱上,用一篓编上号的快刀。"说着,将小个子一把揪起,用手掌作刀,往小个子左胸一切,说道:"第一刀,切胸口,一律从左切,下列也如此。"又用手掌为刀切小个子右胸说,"第二刀,切二头肌;第三刀,大腿;第四刀和第五刀,切手臂至肘部;第六刀和第七刀,切小腿至膝盖。"一一做了切样,然后往小个子后颈一砍道:"第八刀,枭首。切下的肉放入箩筐里,头颅公开示众。"

"癞疮疤"无所谓地说着,好像在讲怎么杀猪宰羊。但吓得阿桂和小个子、"络腮胡"等都吐长了舌头,樟寿和秀才、白胡子老头、衡廷也都脸色煞白。

"癞疮疤"嘿嘿笑一下道:"嘿,有嘛大惊小怪的。我亲眼看过!在杭州清波门刑场常有的呢!一刀一刀地割,不让他立马就死,眼看着他的肉一块一块'卸'下来,血流成河,人疼得像鸡一样抖,苦苦叫疼,不住求死。那才叫好看哉!"

小个子半张着嘴道:"活活一个人,就这么一刀刀地给'卸'了?"说完,像沙堆倒塌一般,蹲下了。

阿桂捂着头道:"吓死人哉!"也蹲了下来。

"络腮胡"捋捋胡子,脸也吓得煞白。

"癞疮疤"坦然道:"有什么吓人的。人,到头来,不过是这么一小箩筐肉!"

小个子重复道:"一小箩筐肉?要这肉做嘛哉?"

"癞疮疤"不以为意地说:"吃呗。"

阿桂瞪大了眼睛,惊讶地说:"吃?吃人肉?"

"癞疮疤"神秘地说:"人肉好吃。俗话说:人肉不能尝,尝了吃了娘。"

阿桂摇摇头说:"我不吃。"

小个子也说:"我也不吃。"

"络腮胡"苦笑着,摇摇头。

"癞疮疤"嘴一撇,不屑地说:"要不偌没出息呢!人肉不光好吃,还能做药,是配制疥疮药的药引。"

说着,拉起阿桂、小个子道:"走,喝酒耍牌去!"

阿桂、小个子、"络腮胡"还有两三个浮浪汉子,嘻嘻地跟他往小酒店去了。

秀才、白胡子老头、衡廷和樟寿,见这情景面面相觑,说不出话来。

好一会儿,白胡子老头才叹道:"救中国!先救救中国人吧!"

秀才也跺脚大呼:"会稽乃报仇雪耻之乡,非藏污纳垢之所。岂容这般污垢!"

樟寿愣愣地呆望着前方,不禁想起两年前读过的《蜀碧》,想起张献忠"杀!杀!杀!杀!杀!杀!"的"七杀碑",以及各种杀法和称谓:割手足,谓之"匏奴";分夹脊,谓之"边地";枪其背于空中,谓之"雪鳅";以火城围炙小儿,谓之"贯戏"。抽善走者之筋,斫妇人之足,碎人肝以饲马,又创生人剥皮法,从头至尾,一缕裂之。张于前,如大鸟展翅,逾日始绝。有即死者,行刑之人坐死。兵书龚完敬以为无道。被剥皮后实于藁草,衣冠以徇市。更想起永乐皇帝比流贼更粗狠残酷的御旨:景清剥皮,铁铉油炸,妻女发付教坊,流转兵营,任人凌辱,死了以后"着狗吃了"。而民间也互相仇恨,有恨不能"食肉寝皮"之说。皇帝"剥皮",造反的头头也"剥皮","剥皮"成了一朝又一朝的惯例。

人与人之间,为什么要这般残忍呢?为什么要相互吃杀呢?樟寿脑际中烙下"吃人"二字。

"戛剑生"

樟寿中午回到家里,没吃午饭,也不跟姆娘打招呼,就上楼蒙头躺下,昏昏入睡,在梦中总看见那站笼里高大英武的黑瘦汉子,梦见他眼中燃烧的怒火,梦见他被施残酷的"八刀刑",梦见他至死不吭一声,最后放在箩筐里的血肉还在抖抖地要复仇，他为汉子痛惜，几次在梦中哭醒。心中不断地问这苍天：同是人，人对人为什么要这般狠呢？为什么要吃人？

一觉睡到黄昏，感觉有些肚饿，起来要到灶间用饭，忽然听得后面蓝门传来一片喊声，连忙过去看。

原来子京公公去世以后，他姆娘，樟寿的十二曾叔祖母一个人孤零零地住在那荒凉破败的蓝门里，过着寂寞的生活，她很少出门，出来也只是和樟寿的祖母谈谈，诉说自己的苦命。幸而她雇的烧饭妈妈，人很老实勤快，替她把所有的家务事都包下来了，一点不用她操心，她精神上虽然痛苦，生活上还算过得去。

但是日子还是不太平，烧饭妈妈的丈夫是个又馋又懒又恶的家伙，每到黄昏，常常来向老婆讨钱喝酒，鲁瑞让庆叔跟那男人说过几次，叫他不要来了，可那男人不听，不给还要打，打得烧饭妈妈大哭大叫，十二曾叔祖母吓得躲在自己的房里，不敢出来相劝。

这天晚上，那男人又来了，樟寿家正要吃晚饭，忽然听得十二曾叔祖母大喊："眠床要塌了，眠床要塌了！"

樟寿和三弟松寿飞奔过去，只见烧饭妈妈钻在十二曾叔祖母的床底下，双手抱住床脚，那男人拉住她的脚，想把她从床底下拖出来。一个拼命拉人的脚，一个死命抱住床脚不放，眠床就剧烈地晃动起来。十二曾叔祖母在旁边束手无策，只好高叫。

这时，庆叔赶来了。他问："什么事，什么事？"

那男人放开他老婆的脚，答道："她逃到床底下去了，我要拉她出来！"

"你拉她出来做什么？"庆叔问。

"这不用你管！"那男人气势汹汹地回答，他站立起来的时候，比庆叔还高大魁梧。

"你又来打老婆了。"

"打老婆又怎么样？天下通行。"

"她赚几个辛苦钿，不容易！你来逼她，说了又不听，你是个人吗？"

"我不是人？"那男人仗着自己身强力壮，一边说着就一拳打过来。

第十八章 绍兴乱了

庆叔让开,说:"我是好心相劝,你还是把酒戒了吧!"

"谁要你多管闲事?"那男人仗着自己是蒋门神一样的身材,又是一拳打来。

这回庆叔可不客气了,他闪开,还了一拳。这一拳竟如此有力,使那男人弹出房门,跌到明堂去了。

庆叔跨出房门,走到明堂里,把那男人的前胸衣领一把揪住,啪啪打了两巴掌,那两巴掌也如此有力,竟使那男人踉跄几步,站不稳了。

庆叔抓着他衣领,像老鹰捉小鸡一样,拎出桂花明堂,又是两巴掌一拳头,再打出黄门、白板门、大堂前、大厅、仪门,每拎出一段,就给他两巴掌一拳头,一直打到大门外,那男人跌倒在街心,再也不敢来了,庆叔才回转进来。樟寿和三弟一路跟着他出去,又跟着他回来。只见他脸不红,气不喘,好像没花什么力气。樟寿看着看着,不禁大大地佩服,恐怕上来十个八个人,也不在庆叔话下。

晚饭后,樟寿回到自己屋里,情不自禁把庆叔的这次壮举写进了日记。他想到,人还是要有强健的体魄和像庆叔那样的武艺,如果是个文弱书生,就对付不了那男人。

他由此更加敬佩庆叔,也想起庆叔的儿子运水。想起那个大祭祀的值年,运水来管祭器,和他一起捕鸟,听他讲夏天到海边捡贝壳去,管西瓜去,用胡叉刺猹,那些樟寿素不知道的许多新鲜事……

由运水而想起了安桥头的农村孩子。那是在随姆娘回外婆老家的时候,每天的事情大概是掘蚯蚓,掘来穿在铜丝做的小钩上,伏在河沿上去钓虾;与双喜、阿发等一帮小朋友乘白篷船到包公殿看社戏,有说笑的,有嚷的,夹着潺潺的船头激水的声音,在左右都是碧绿的豆麦田地的河流中,飞一般向前进……呵,永远忘不了两岸的豆麦和河底的水草所发散出来的清香;忘不了扑面吹来的月色朦胧的水气,淡黑的起伏的连山,仿佛是踊跃的铁的兽脊似的,都远远地向船尾跑去了;还有那宛转、悠扬的笛声,那屹立在庄外临河的空地上的一座戏台,在台上显出人物来,红红绿绿的动;那能连翻八十四个筋斗的铁头老生,咿咿呀呀地唱的小旦,那蒙了白布、两手在头上捧着一支棒似的蛇头的蛇精，还有套了黄布衣跳老虎，那被绑在台柱子上，给一个花白胡子的用马鞭打的红衫小丑，而最忘不了在回家船上孩子们自己采、自己煮的罗汉豆，以后他再也没有吃过那么好的豆了，也不再看到那夜似的好戏了。

越是憎恶这败落的故家，就越是想念农村的孩子，安桥头的双喜怎样了？皇甫庄的友泉、阿发又如何呢？

想着，再读《李长吉歌诗汇解》，见到李长吉一边写着辉煌的歌诗，一边又对文人墨客不屑地吟道："请君暂上凌烟阁，若个书生万户侯？""寻章摘句老雕虫"，"文章何处哭秋风？""见买若耶溪水剑，明朝归去事猿公。""男儿何不带吴钩，收取关山五十州？"充满渴望建功立业、报效国家的慷慨激昂之气。樟寿看到国家危难时的悲惨景象，想到还是那位高大壮实的汉子说得对，如果有一身武艺，一把利剑，再有强大的武力，何苦像那秀才似的，只能号啕大哭？岂不当场就把小理发匠和被示众的农民解救出来了？反被那些滥杀无辜的贪官污吏抓起来杀了？他当即去找廿八公公给自己刻了三块新章："戎马书生""文章误我"和"戛剑生"。取名"戛剑生"，意思是要挥剑斩妖，报仇雪恨，拯救祖国，去打那些卖国求荣、残杀百姓的万恶坏人！把要瓜分中国的外国列强赶出国门！

然后，他坐到书案前，郑重地铺开信笺，给在杭州的祖父、二弟写信：余见《知新报》内有一瓜分中国图，"言英、日、俄、法、德五国，谋由扬子江先取白门（南京），瓜分其地，得浙英也。"又说，绍兴传"有苗兵三千入杭城守镇海关，未知果否？"

夜已深了，樟寿仍然"心事如波涛"，勉强躺下，也难以入眠……

大清音

一边是饥民骚乱、残酷镇压，一边还是照样婚丧嫁娶、歌舞升平，不几天，樟寿的一个表兄家举办婚礼，请他陪姆娘参加，樟寿虽然心情不好，可是又不便违拗，只得和姆娘一起去了。

婚礼很热闹，吃了一天酒，又演了几天戏。戏的种类很多，有一场大清音。

这是一个音乐班子，坐在像床一样的扶栏里，有弹，有吹，有敲，有唱，有合演的，也有独奏独唱的，很好听。有一场大木偶戏，戏台比大眠床还要高大，木偶在台上演出，人在台下布幔里弹唱，演得活龙活现，很好看。又有一场隔壁戏，在大厅里张开一张很大的布幔，把观众的视线挡住，一个人在布幔后面演口技，一个人可以发出十几种声音。还有一场扇子戏，一个人手里拿把白油纸扇，另一个人手里拿把乌油纸扇，又各拿一个尺把长的纸人，蜡烛火打暗后，两人把手里的纸人放在空中，用油纸扇对扇起来，一对纸人就在空中翩翩起舞，纸人舞姿美妙，大家都看呆了。最后，是一场小调，这在绍兴，种田的、摇船的、砍柴的、放牛的都会唱。小调班子上来，唱了一支又一支，大家听得很开心。突然，一个嘹亮的声音，吐出这样的词句：

> 清朝世界啊……大也大不同……
> 顾了东来失了西，
> 顾了西来失了东，
> ……

这显然和这喜庆的场面不协调，大家听了一愣。樟寿心里明白，这些不得温饱、受人歧视的穷艺人，是在热血沸腾地唱出自己心头的悲愤，把自己和绍兴刚发生的悲剧与国家危亡连在了一起。艺人不顾一切地唱着，唱完以后已经热泪盈眶，听的人一个个像泥塑木雕，坐在位子上动弹不得；本来心如古井的，也激起波澜来了。贪官污吏又如此残杀百姓，谁能无动于衷？

樟寿不禁陷入了沉思……

第十九章　走异路，逃异地

阿如死了

　　动乱后的绍兴又恢复了平静，像死了一样寂静。

　　樟寿除了看书，就是漫无目的地逛街，看世界。他对这个俗界越来越厌恶，越是厌恶，越是冷眼观察。

　　东昌坊口的商铺照样开着，人们照样做着各种营生，可都像被打了麻药一样，半死不活。

　　他忽然看见离开三年的阿祥嫂了。她不是被娘家抢走，卖到山里去了吗？怎么又回来了？

　　她右臂挎着一个荸荠式的淘米篮，头上扎着白头绳，乌裙，蓝夹袄，月白背心，脸色青黄，依旧原来的样子，只是两颊上已经消失了血色，顺着眼，眼角上带些泪痕，眼光也没有先前那样精神了。只是直着眼睛，和大家讲她自己日夜不忘的故事……

　　原来她被迫嫁到山里后，开始抗争，但后来见丈夫是个老实人，也就过起了日子。可是丈夫害伤寒死了，三岁的儿子阿毛又被狼叼吃了，大伯占屋把她轰了出来，只得又回来做女佣。

　　几个人，有男人，也有女人，围着她，听她喃喃地讲着什么……

好一阵子，阿祥嫂突然想起自己还没有淘米，赶紧闪开，到河边淘米去了。

单妈妈也转身要回家，忽见儿媳阿运疯了似的跑出来喊："姆娘，快回来……"

单妈妈问："做啥西？"

阿运结结巴巴地说："爹，他、他，没气啦！"

单妈妈惊了一跳，连忙跟着阿运跑回家。不一会儿，新台门门洞右边门斗房里传来单妈妈凄厉的哭嚎："我的天哎……"

人们纷纷跑来，子传奶奶也来了，进屋去问。

樟寿站在门口，关心地看着。

不一会儿，子传奶奶和阿运扶着单妈妈出来了。

单妈妈边哭边诉说道："这是怎么回事啊，壮壮实实的人，刚才还好好的，就说心口有点儿疼，躺下歇歇，一炷香工夫，人就没了。他是个好人啊！杀小理发匠那天，他给监斩官抬轿，回来后就气不过，说小理发匠是冤枉的，身上被鞭子打伤的血痕还没凝痂呢！打那天起，就总说胸闷。"

说完，一屁股坐在地上，呼天抢地，号啕大哭。

子传奶奶蹲在一旁劝道："阿如既已走了，哭也哭不回来，还是保重自己的身子要紧。"

单妈妈哭诉道："我知道是哭不回来，可阿和他爹走得早，我想和阿如能白头偕老，过一辈子，谁想到他突然就走了，连个话都没留下。"说完，又大哭起来。

阿和闻听阿如猝死的消息，从外面赶回来了。虽说与阿如经常打架，但终归是姆娘的亲人，一起生活了好几年，还是有感情的，就一边劝慰姆娘，一边同阿运和几个帮手到屋里处理丧事。住在对面门斗房的周桐生也过来，帮他的"保镖"料理，但站在一边，急得直搓手，不知做什么好。

单妈妈还坐在地上大哭，不起来，子传奶奶和两位来找活的乡下妇女一起，扶她到长凳上一同坐下。

单妈妈哭泣稍停，凑到子传奶奶耳朵边说悄悄话。虽然将声音压得很低，但刚刚大哭过的嗓音，还是沉沉地将意思泄露出来："有人说，将来我到了阴司，阿和的亲爹和阿如这两个死鬼男人还要争,给了谁好呢?阎罗大王只好把我用锯解作两爿,分给他们。我一想这下场,就吓得不行……"说完,禁不住浑身哆嗦。

子传奶奶倒开通,不信这邪,摇摇头说:"哪会呀!甭听人瞎说。"

听了这话,单妈妈安静了一些,樟寿忽然觉得子传奶奶还是有可敬的一面。

子传奶奶见场面消停了,事情由人家自己处理,外人不必多管,就回转身往家里走,见樟寿在旁边,招呼道:"阿张,到我屋里坐会儿。"

樟寿也觉得无人说话,就随子传奶奶去了她家。

周五十正在家里,见樟寿来了,眨眨眼,笑眯眯,又是让座,又是倒茶,怪亲切的。

樟寿本来很讨厌周五十,但父亲去世以后,饱尝世态炎凉,受尽世人白眼,所以一时间对这般的亲切顿生感激之情。坐下闲聊,不禁把心里藏着的话都倒了出来,说自己觉得许多东西要买,看的和吃的,尤其是书,只是没有钱。

子传奶奶同情地说:"姆娘的钱,你拿来用就是了,还不就是你的么?"

周五十也眨眨眼说:"就是啊!姆娘的不就是你的么?现在家里是你掌柜哉!"

樟寿赶紧说:"姆娘没有钱的。"

子传奶奶悄悄说:"你可以拿首饰去变卖啊!"

周五十是妇唱夫随,跟着说:"是啊!首饰不就可以变成钱哉!"

樟寿低下头说:"也没有首饰。早在父亲生病时,就卖光了。"

子传奶奶凑到樟寿身边,神秘兮兮地说:"不会都卖光的,也许你没有留心。到大厨的抽屉里,角角落落去寻去,总可以寻出一点珠子一类东西……"

周五十也神秘兮兮地眨着眼,奸笑道:"是哉!去角角落落细细寻去,一定会有的。"

樟寿百思不得其解地摇了摇头……

人言可畏

樟寿觉得子传奶奶和周五十的这些话很异样,便不到她那里去了,有时也真想打开家里的大厨,细细地寻一寻,但一想到姆娘那愁苦的面容,就戛然止住。

然而,他外出时,忽然发现人们都在用别样的眼光看着自己。

这眼光不像"矮癞胡"那种异样的目光,而是带着种种疑惑、可怜和同情、惋惜,又掺和着某种蔑视,像是在说:"阿张,你这个孩子,好好的,怎么会做这种事呢?"樟寿感到这种眼光比"矮癞胡"式的狠毒目光可怕多了,"矮癞胡"的目光,樟寿以特有的少年的神勇回了他一眼,就如一剑击碎了那阴毒的眼睛,那毒眼就刹时无光了。而对于这种眼光,樟寿却不敢正视,连自己也仿佛觉得真是犯了罪,怕遇见人们的眼睛。祖母过来叫:"阿张啊!"他以为是询问他拿没拿家里的东西,赶紧躲开。姆娘过来抚他的头,他也紧忙跑到别处,怕受到姆娘的爱抚。

"舌头底下压煞人"。他只好逃走,逃离人们别样的眼光,逃离亲人的抚爱。然而,逃是逃不了的,一次经过兰花间,李家那穿得又脏又破的孩子,竟拿了一片芦叶指着他道:"杀!"小孩子还不很能走路,而自己竟然被"天真"的孩子所仇视了,樟寿仰着头,心里自语道:"想起来真觉得有些奇怪。这很小的小孩,怎么也会听到流言,对我如此仇恨呢?"一天上午,他听见长妈妈站在子传奶奶的门前吵嚷:"你怎么能这么说哉?我家大阿官是从来不会做这等事的,他现是我家的顶梁柱,站得稳,立得正。绝不会做见不得人的勾当!"

子传奶奶自觉理亏,不敢大声回应,只跟长妈妈赔着笑脸道:"我没有说啊!这话不是我讲的。"指指前面的兰花间说,"是那边李家传出来的。"似乎周五十也要出来澄清,子传奶奶挡住他,赶紧关上门。

长妈妈"呸"地往子传奶奶门前啐了一口痰。

樟寿一时间有如掉入冷水里,浑身打颤。流言的来源,樟寿是明白的,恨不能写篇文章,找地方发表,总要骂出流言家的狐狸尾巴来,但此时的他除了憎恶子传奶奶和她的姘夫周五十、又感谢长妈妈之外,还能做什么呢?他想起小时候,一次到子传奶奶家去,她正在和她的男人看书。走近去,她便将书塞在自己的眼前道:"你看,你知道这是什么?"小樟寿看那书上画着房屋,有两个人光着身子仿佛在打架,但又不很像。正迟疑间,他们便大笑起来了。这使樟寿很不高兴,似乎受了一个极大的侮辱,不到那里去大约有十多天。现在大了,隐约明白了那画书上的意思,就从心底知道这个子传奶奶不是好人。还记得冬天,水缸里结了薄冰,孩子们大清早起一看见,便吃冰。兰花间的沈四太太看到了,大声说道:"莫吃呀,要肚子疼的呢!"这声音给孩子们的姆娘听到了,跑出来把孩子骂了一顿,大半天不准玩。孩子们把沈四太太当作祸首,给她起了个绰号,叫作"肚子疼"。子传奶奶绝不如此,假如她看见孩子们吃冰,一定和蔼地笑着说:"好,再吃一块。我记着,看谁吃得多。"倘若正好被孩子的姆娘看到,一定又改口说:"看,我不让你们吃,你们偏要吃!"十多岁时,和几个孩子比赛打旋子,看谁旋得多。她就从旁边计着数,说道,"好,八十二个了!再旋一个,八十三!好!八十四!……"正在旋着的阿祥,忽然跌倒了,阿祥的婶母恰恰走进来。她便接着说道:"你看,不是跌了么?不听我的话,我叫你不要旋,不要旋……"想到这一连串事,又想起她姓陈,她的原配媳妇和她一式,也姓陈。她和丈夫、儿子、媳妇,以及一位姑奶奶"红鼻头",所有这一堆人的"生肖"都属"鼠",族房中人对她家都戏称之为"老鼠窠",怪不得这么坏呢!樟寿对这个子传奶奶恨透了,心里骂道:"再不叫她子传奶奶了!她的丈夫子传爷爷倒是好人,在族里排行二十五,人们叫他这老婆为二十五太太,但她与丈夫并不好,相好的是那妍夫周五十。此人大名不是叫周衍生吗?就唤她'衍太太'吧!"

是呵,他在这从小康到没落的途路中,经过这一番刻骨铭心的遭遇,才真正体验了世态的炎凉,越来越看清了世人的真面目。那个百草园里的小阿张,三味书屋中的豫才,离他越来越远了,他变成了另一个成熟而深刻的人,铸就一颗忧愤而痛苦的灵魂……

被迫逃离

樟寿回到自己的阁楼上,坐在桌案边,铺开日记,搦好"金不换",工工整整地写日记,把"衍太太"和周衍生狠狠地痛骂了一顿。写完心里倒舒服了一些,只是感到累,就往小床上一倒,盖上被子,蒙头睡去。

第十九章　走异路，逃异地

翌日，日头升得老高，樟寿才懒懒地起来，胡乱擦了把脸，漱了口，往嘴里扒了两口水泡饭，就又上街闲逛去了。

又看见阿祥嫂愣愣地站在街上，过来几个人，她又开始讲她的故事……刚讲了一个开首，一位妇女就厌烦地打断她的话，走开去了。阿祥嫂张着口怔怔地站着，直着眼睛看他们，接着也就走了，似乎自己也觉得没趣。但她还妄想，希图从别的事，如小篮，豆，别人的孩子上，引出她的阿毛的故事来。看见街旁站着一个两三岁的小孩子，她就说："唉唉，我们的阿毛如果还在，也就有这么大了……"孩子看见她的眼光就吃惊，牵着姆娘的衣襟催她走，于是又只剩下她一个。大家都知道了她的脾气，她经过一个孩子身边，孩子的姆娘便似笑非笑地问她："阿祥嫂，你们的阿毛如果还在，不是也就有这么大了么？"

樟寿无言地看着阿祥嫂，觉得她未必知道她的悲哀经大家咀嚼赏鉴了许多天，早已成为渣滓，只值得烦厌和唾弃；但从人们的笑影上，她也仿佛觉得这又冷又尖，自己再没有开口的必要了。她单是一瞥他们，并不回答一句话，默默地去淘米了。

樟寿也默默地无目的地在街上闲走。

走到谢德兴酒店门口，忽然间听得一个声音，"温一碗酒。"这声音虽然极低，却很耳熟。看时又全没有人，樟寿向酒店门口望去，见孟夫子在门槛边坐着。他脸黑而且瘦，已经不成样子；穿一件破夹袄，盘着两腿，下面垫一个蒲包，用草绳在肩上挂住；见伙计来了，又说道，"温一碗酒。"掌柜也伸出头去，一面说，"孟夫子么？你还欠十九个钱呢！"孟夫子很颓唐地仰面答道，"这……下回还清罢。这一回是现钱，酒要好。"掌柜仍然同平常一样，笑着对他说，"孟夫子，你又偷了东西了！"但他这回却不十分分辩，单说了一句："不要取笑！""取笑？要是不偷，怎么会打断腿？"孟夫子低声说道："跌断，跌，跌……"他的眼色，很像恳求掌柜，不要再提。此时已经聚集了几个人，便和掌柜都笑了。伙计温了酒，端出去，放在门槛上。他从破衣袋里摸出四文大钱，放在伙计手里，见他满手是泥，原来他便用这手走来的。不一会儿，他喝完酒，便又在旁人的说笑声中，坐着用这手慢慢走去了……

315

酒店里的人在议论着：

一个酒客说："他总仍旧是偷。这一回，是自己发昏，竟偷到丁举人家里去了。他家的东西，偷得的么？"

掌柜问："后来怎么样？"

"怎么样？先写服辩，后来是打，打了大半夜，再打折了腿。"

"后来呢？"

"这不，刚看见的，打折了腿了。"

"打折了怎样呢？"

"怎样？……谁晓得？只能等死呗。你看他这样，还能活几天？"

掌柜也不再问，仍然慢慢地算他的账。

樟寿望着孟夫子远去的背影，禁不住热泪盈眶，差点儿哭出声来。自打看过瓜分中国图以后，衡廷叔不再泡酒店、当"街楦"，而准备成家，正经过日子。白胡子老头也不大来了。樟寿再也无心逛闹市，回转身拐进土谷祠的小巷，见阿桂、小个子和"癞疮疤"、"络腮胡"四个人，正在押牌宝，一堆人蹲在地面上看，阿桂汗流满面地夹在这中间，声音他最响："青龙四百！""咳～～开～～啦！"庄家揭开盒子盖，也是汗流满面地唱。"天门啦～～角回啦～～！人和穿堂空在那里啦～～！阿桂的铜钱拿过来～～！""穿堂一百———百五十！"阿桂的钱便在这样的歌吟之下，渐渐地输入别个汗流满面的人物的腰间。他终于只好挤出堆外，站在后面看，替别人着急。一会儿，"癞疮疤"借给阿桂一叠铜钱，让他接着赌。阿桂高兴得嘴都合不拢了，蹲下就要。

听得庄家的歌唱了。他赢而又赢，铜钱变成角洋，角洋变成大洋，大洋又成了叠。他兴高采烈得非常："天门两块！"阿桂想到那一堆洋钱，白花花的，全是自己的，自己马上会成为富翁，可以随便喝酒，找女人，真是迷狂了，忘乎所以。忽然间，他不知道谁和谁为什么打起架来了。骂声打声脚步声，昏头昏脑的一大阵，他才爬起来，赌摊不见了，人们也不见了，身上有几处有些痛，似乎也挨了几拳几脚似的，小个子和"络腮胡"诧异地对着他看，"癞疮疤"却不知哪里去了。莫不是他故意设的圈套？先借钱给他，待他赢了，

第十九章 走异路，逃异地

又挑起打斗，趁乱将钱抢走？很白很亮的一堆洋钱！而且是阿桂的——现在不见了！

阿桂懊丧地骂道:"娘的,算被儿子拿去了！"却总还是忽忽不乐;又说:"我他娘的是虫豸！"也还是忽忽不乐。过了一会儿，他擎起右手，用力地在自己脸上连打了两个嘴巴，打完之后，便心平气和起来，似乎打的是自己，被打的是别一个自己，不久也就仿佛是自己打了别个一般,心满意足地和小个子、"络腮胡"摆摆手，回土谷祠睡大觉去了。

樟寿在一旁看了个一清二楚，觉得既可笑，又可悲，还无聊，径直往南走，又往西拐，来到塔子桥，忽然看见连四嫂子两眼直愣愣地朝天呆看着，污黑的双脚拖着一双破烂不堪的脏鞋，在街上走。她已经完全疯了……

樟寿赶紧北转，不知不觉到了轩亭口，霍然惊呆了，只见轩亭上悬挂着几颗人头。啊！骇死人了！正中间挂的那颗，他一眼就认出了，是饥民的领头，那位高大英武的黑瘦汉子——怒目圆睁，闭不上眼睛。头颅被割下了，依然高昂着，永不屈服，眼中喷射出的复仇怒火要烧化整个世界！

樟寿听见有人小声说:"死得壮烈！被施'八刀刑'，至死不讨饶。从来没有见过这样铁打的硬汉！"

围观的其他人都沉默着，一语不发，樟寿感到人们从心中怀着对这头颅的无限敬意，有地火在地下运行，奔突……

"民不畏死，奈何以死惧之？"镇压越厉，反抗越强！复仇的烈火是扑不灭的！樟寿的心中似乎也燃起了熊熊大火。

提刀、穿红衣的差役正在四围巡视，樟寿唯恐自己会哭出声来、大声呐喊，招来杀身之祸，赶紧转身回家，径直回到自己的房子里。此时，他感到唯有这个小屋才是自己的避风港，就好像惊恐的小鸟缩进自己的窝里，而那颗高昂的永不屈服的头颅，那喷射出复仇怒火的眼睛，却永远印刻在脑海中，怎么也消失不了。

怎么办？这个家乡是不能再待下去了，到哪里去呢？

衰落的读书人家子弟常走的是两条路——学做幕友和商人。樟寿是绝对不愿意的。

那么,在绍兴进中西学堂吧?要"救中国",光读那些中国的古书是无济于事的。

不行。为全城所笑骂的就是这个开得不久的学校,汉文之外,又教些洋文和算学。然而已经成为众矢之的了;熟读圣贤书的秀才们,还集了《四书》的句子,做一篇八股来嘲诮它,这名文便即传遍了全城,人人当作有趣的话柄。只记得那"起讲"的开头是:

徐子以告夷子曰:吾闻用夏变夷者,未闻变于夷者也。今也不然:鴃舌之音,闻其声,皆雅言也……。

而且樟寿对于这中西学堂,也不满意,因为那里面只教汉文、算学、英文和法文,没有更有用的救国之道,何况也不能离开这讨人厌的老城。

但是,哪里去呢?绍兴城人的脸早经看熟,如此而已,连心肝也似乎有些了然。总得寻别一类人们去,去寻为绍兴城人所诟病的人们,无论其为畜生或魔鬼。功课较为别致的,还有杭州的求是书院,然而学费贵。无须学费的学校在南京,自然只好往南京去。十八叔祖周庆蕃"庆爷爷"在南京水师学堂教汉文兼管轮堂监督,伯升叔就是通过他进的那个学堂。那么,走吧!走异路,逃异地吧!离开这个令人气闷的地方!

杭州行

一经下定决心离开绍兴、去南京,就立即想念起在杭州的祖父和二弟,一定要去看看狱中的祖父,探探他的意见。二月十八日,樟寿就由庆叔陪同,到杭州去了。

庆叔跟鲁瑞说不用家人送了,由他一路照顾樟寿,尽管放心。家里人也就没有送,庆叔带着樟寿从东昌坊口的小船埠头,上了脚划船,又到了绍兴西郭门外北海桥,登上夜航船,花二百钱买了"开铺",让樟寿入舱卧在铺板上，自己蜷缩在一边。樟寿过意不去，一定让庆叔也睡在铺板上。自那次亲眼目睹庆叔赶走捣乱男人的壮举以后，就更是敬重他了。看着庆叔的长方脸，直而削的鼻子，浓黑的眉毛和炯炯有神的目光，樟寿总觉得他不仅是工人中的班长，而且如果上战场，也会有大将风度，打起仗来，将临阵不惧，从容自如地指挥他的军队，出奇制胜地把敌人打败，可惜他没有这样的机会去施展自己的才能。在他身边，无论出现什么情况，都感到踏实，可靠。樟寿一再让庆叔上铺。

庆叔推托不过，才勉强在铺边躺下。

渐渐安静下来了，水声、橹声、人声在耳边响起来，樟寿对这水声倒不在意，却趴在棚窗边，掀开帘子，瞭望河边的会稽山，见它在黄昏中有如漆黑的兽脊，静静地向天尽头伸延着。有时峰脊凸起，昂然直插云天，凛然不可侵犯。使樟寿突然想起了那在站笼中挺立的黑瘦汉子，觉得他就像这山一样，峻拔英武……家乡的山山水水，他都爱，但是更爱的，还是这山，这会稽山！

哦，那高昂的永不屈服的头颅！那喷射出复仇怒火的眼睛！

好一会儿，才躺下昏昏睡去。一觉醒来，天已大亮。庆叔扶他到船舱外透气。只见今年的春二月，景色格外好，柳枝、小草都透出一股新绿，淡绿中泛着嫩黄，可人喜爱。进入钱塘江之前，支流的水，也绿得清澄，行在"山阴道"上，船、桨和岸边绿柳、村姑、游人……都倒影在澄碧的江水中，随着每一打桨，各个夹带了闪烁的日光，并水里的萍藻游鱼，一同荡漾，在波浪中翻动，仿佛在逗人欢喜。然而，樟寿总是高兴不起来，心里还是想着那会稽山乌黑兽脊似的山峰……。

到了西兴，在"过塘行"吃了便饭，渡过江去，来到从未见过的杭州。天气开始阴沉，景色却很美，樟寿仍无心欣赏。庆叔要找小轿让他坐，他坚决不坐，和庆叔一起步行。庆叔挑着行李，樟寿挎着包袱，那里面装着他给祖父和二弟带的书。

进了杭州城，商铺琳琅满目，行人拥挤不堪，樟寿也无心多看，随着庆叔来到清波门小巷深处的花牌楼。阮标牵着二弟早在门口等待了，阮标见他们来了，一个箭步跑过来，叫着"庆叔"，接过了行李挑；二弟櫆寿跟着跑过来，扑到樟寿身边，连声叫着"大哥"，热泪奔涌。樟寿抚着二弟的头，泪流满面。又想起小时候，兄弟俩在小床上模仿演戏，两个人在床上来回行走，演出兄弟失散，一面沿路寻找着，一面叫着"大哥呀！""贤弟呀！"后来渐渐叫得凄苦了，这才停止。不禁和二弟紧紧搂抱在一起，一阵心酸，再也克制不住了，也号啕大哭起来。

庆叔看着这兄弟俩，大滴大滴的眼泪顺着直而削的鼻子流淌下来。

阮标忙放下担挑，过来劝慰道："阿张、阿樾少爷，莫哭，这不，哥俩儿见面了嘛！"

兄弟俩刚止住哭泣，门内传来一个年轻女人清脆的声音：

"阿张来啦？"

说着，飘出潘庶祖母亮俏的身姿。她穿着粉红的仿绸丝棉小袄，戴着玉镯的粉白纤手还习惯地向上扬着，像支莲花。她身后跟着恭顺的宋妈。

樟寿连忙向她鞠躬，叫声"祖母"，要跪下叩头。潘庶祖母伸过玉臂搀住他说："免了吧！"拉起他，又朝庆叔招呼道："老庆，别来可好？"

庆叔冲她鞠躬，说："谢潘婶关照。"

几个人一同进了宅门。

进了房门，宋妈忙服侍樟寿洗脸，樟寿也请庆叔一起洗，庆叔摆摆手，先帮阮标撂下行李，阮标把樟寿手里的包袱解下放在桌案上。

洗漱完毕，宋妈请樟寿、樾寿和潘庶祖母到早已准备好的饭桌上午餐，又与阮标、庆叔一起在灶间小桌上用饭。

午饭后休息了一会儿，樟寿就急着要去看望祖父。阮标背起包袱，带着他和樾寿前往，庆叔留在家里拾掇已经破旧的家什。

到了司狱司门口，阮标推开铁栅门进去，门内几个禁卒冲他们笑笑，任他们进来。樟寿不像樾寿初进时那样吓得几乎不敢抬头，而是向周围沉着地观看，从容得很。

一进狱门，樟寿见爷爷正从榻状的厚板上站起迎接他们，可能已经知道消息了，专意等候。爷爷的身材还是那样高大魁梧，藏青色绸缎官服，已经半旧，没有戴帽，光着头，脑后垂着的又粗又长的辫子，几乎全白。"同"字形脸，布满皱纹，爷爷老了！不禁落下泪来，忙跪下，和二弟一起给爷爷叩头。

爷爷上前一步，叫声："阿张！"扶长孙起来，扶他和櫆寿到榻板上坐下，不禁老泪纵横，叹道："阿张，这段日子可苦了你了！"说毕，低下头，为自己的案子给儿孙带来灾祸，愧疚万分。停了会儿，又问道："你姆娘可好？"

樟寿答道："好。"不觉哽咽得说不出话来，热泪夺眶而出。

櫆寿不住地饮泣。

阮标把包袱放在桌案上，站在一边听着，也禁不住流下泪来。

好一阵子，四人才平静下来。祖父清清嗓子，慢慢地说："是爷爷不好，连累了全家。可还是那'呆皇帝''昏太后'做的孽，将世道搞得不公，多少人为所欲为，飞黄腾达，爷爷的事并没有实做，就遭如此重罪……"

又停顿了，狱室里静极了，似乎听得见四人的呼吸声。

爷爷又开始说："我想写一篇文章，题目叫《恒训》，归理周家败落的教训，给你们留下，代代都须记住：有恒心，有恒业，有恒产。有恒心得以见有恒善，此乃圣之基也。"

爷爷接着讲了一个故事："兄弟三人，长为官，次开大店铺，大概是绸缎店之类，三只开一爿豆腐作坊。后长次二家官败店关，后人无所依赖，被招至豆腐店工作，始得成立。故业不在大，而在恒。"

爷爷望望两个孙子，见都瞪大眼睛听着，又接着说："我们家明万历时，已经小康，累世耕读。至乾隆年分老七房小七房，合有田万余亩，当铺十余所，俨然大族。到嘉道年间，族中多效奢侈，遂失其产。复遭十七爷房争继，讼至京师，各房中落者多，而我高祖派下小康如昔。自我昆季辈不事生计，侄辈继之卖田典屋，产业尽矣。"

清清嗓子，手抚着樟寿肩头嘱道："但愿你们兄弟力戒昏惰，力戒烟酒，力戒损友，用功读书，俭朴持家，振兴周室！"

樟寿和櫆寿兄弟连忙答道："我们一定遵爷爷叮嘱！"

爷爷笑了，说道："櫆寿这一年，学问大长，比你们伯升叔强得多！"

櫆寿听到爷爷夸奖，有些不好意思。

樟寿听见爷爷夸奖二弟，十分高兴。

爷爷又拿出自己几大册日记说："去昏之法，在事事认真。看书写字，用静细功夫。心不二用，神气自清。次日应做诸事，立一日记簿，预先写出。所闻所见，关学问者，关家务者，一一记簿，时时细看，切勿怠惰。"

樟寿、櫆寿过来看爷爷日记，见字迹秀雅、劲挺，无一笔草字，无一处涂抹，甚是钦佩。

樟寿说道："我也开始写日记，记了一厚本了。"

櫆寿闻听说道："我也要写日记，从今天开始！"

樟寿从桌案上的包袱里拿出书来，说道："这是给爷爷和二弟带来的书。"

爷爷和二弟见书就喜，忙过来看，见是《壶天录》四本、《读史探骊录》五本、《淞隐漫录》四本、《阅微草堂笔记》六本，不禁大喜过望。

爷爷说："先让櫆寿读吧，读后告我心得。"

櫆寿喜不胜收，将书收进包袱里。

樟寿又对爷爷说了欲和伯升叔一样上南京水师学堂一事，爷爷沉思片刻，微微点头。樟寿知道爷爷同意了。

天近黄昏，樟寿、櫆寿兄弟才离开爷爷回家，阮标拎着包袱，爷爷送至门口，看着兄弟俩的背影，朦朦胧胧地感到这两个孙子，凭着二人的文字，将来没准会成就一番大事业，不禁喜上心来……

晚上回到家里，见破旧的家什或加钉，或重绑，或修理，知是庆叔的功劳，十分感激。櫆寿看到桌案整治一新，擦得干干净净，更是欣慰，顾不上洗脸，就坐在桌前，细心钉一册日记簿，端端正正地写起日记：

光绪二十有四年岁次戊戌孟春二十八日东䑳若耶周櫆寿订于浙江武林仰山楼之东窗下

正月大

廿八日阴^去下午豫亭兄偕章庆至坐谈片刻偕归收到壶天录四本……

晚上，兄弟俩同寝一床，同盖一被，合衿而眠……

一大早起来，兄弟俩又冒雨同往申报馆派报售书处，购得《徐霞客游记》六本、《春融堂笔记》二本、《唐人合集》十本及画报二本。

把书带回家，兄弟俩急不可耐地翻读，一时间竟被这些笔记、小品的清词丽句迷住了。樟寿拿出"戎马书生"的新章，在《徐霞客游记》第一册上，郑重地盖上印。

下午，雨稍停，又同往离清波门不远的城隍阁一游，见到阁顶横幅：气吞六合。上到二层，见东侧两旁抱柱悬明代徐渭名联：

八百里湖山知是何年图画
十万家烟火尽归此处楼台

及至上到四层，鸟瞰杭州全景，西湖、环山尽收眼底，满眼绿色，更觉气宇超凡。又仰视东侧两旁的抱柱悬清人名联：

横批：高耸而风
上联：大好湖山正宜画阁留云琼台邀月
下联：无边风景还待雄文纪胜绝唱传神

樟寿忽然又觉出文章的力量，原来"雄文"可以"纪胜绝唱传神"，这"无边风景"还在期待着雄文的出现！

第三天，樟寿独自冒雨出游，在小饭铺尝食水芹紫油菜，茎紫如茄树，耳花色黄，觉得与油菜味同。饭后回来，给二弟带回建历一本，口香饼二十五枚等。樾寿尽记入日记。

第四天，上午又有雨，樟寿和庆叔回绍兴，带回《历下志游》二本、《淮军平捻记》二本、《梅岭百鸟画谱》三本、锦套《虎口余生记》一本、画报一本、

《紫气东来图》一张、著色戊戌中西月份牌一张，全装入包袱里，由庆叔提着。樾寿和阮标送樟寿和庆叔到门外，忽然大雨倾盆，天黑如墨。庆叔急撑伞护住樟寿，让樾寿留步，樾寿则不顾自己淋雨，忙护住盛书的包袱。阮标连忙跑到街上，叫来一辆马车，推庆叔、樟寿二人急上马车，匆匆往钱塘江埠头去了。

"穷出山"

回家以后，樟寿立即拜托"庆爷爷"的次子仲翔叔给他父亲写信，求办去南京水师学堂读书之事，又给已在此上学的伯升叔写信，恳求协办。

转眼工夫，已到清明，周家无力再办家族祭祀，各小家各去上坟。樟寿和三弟松寿一起，陪姆娘去龟山给父亲扫墓。祖母和长妈妈在家看护四弟椿寿。

只能到丁六十那里雇小划船，"六十头脑"特派他的儿子幼堂划船，嘱咐道："定要经心哉！"扶三人上了船。小划船里，没有了往年的热闹，却有小家的亲近。一路上，樟寿紧靠着姆娘，见姆娘又多了几根白发，不禁暗自落泪。就要与姆娘离别了，但又不愿意早告诉她，怕她伤心。能拖就拖，越迟告诉越好，只是默默体贴，趁在姆娘身边时多尽些孝心吧！

今年春冷，四月了，还春寒料峭，小风嗖嗖。河边的春花却开得烂漫，尤其那映山红，火红火红的，旺得喜人。樟寿心事重重，无心赏花，只觉得山和花都往脑后游过，一个时辰就到了龟山。

扶姆娘和三弟下船，谢过幼堂，让他在山边等候，就和姆娘、三弟沿着花草丛生的山径向山上爬去。一路上，搀着姆娘，护着三弟，好不辛苦。

山很低矮，只是个丘陵罢了。不大会儿就到了停放父亲棺材的殡屋，一看见樟寿用朱漆写的那个篆文的"寿"字，母子三人就忍不住号哭起来。

樟寿边哭，边扶姆娘走到棺材前方，摆上带来的几份水果、点心，在地上铺一张草垫，和姆娘、三弟一起跪在上面叩拜。

姆娘哭得更惨厉了，哭声仿佛一支响箭，要冲开棺材，和死去的夫君相拥在一起。

第十九章 走异路，逃异地

樟寿深知姆娘心中的悲哀，她和父亲恩爱一世，相知相亲，生下五个儿女，刚到中年，父亲就驾鹤西去，撇下她和四个未成年的儿子，家境日渐困顿，祖父又身陷囹圄，怎能不伤心呢？

三弟见姆娘大哭，也偎在姆娘身边痛哭流涕。樟寿强忍悲痛，好言抚慰姆娘和三弟。好一阵子，才算平静下来。

祭过夫君，鲁瑞又惦记早逝的小女儿端姑，和两个儿子一起走出殡屋，来到不远的一座小坟前。小坟前立着片石，上题"亡女端姑之墓"，下款是"伯宜"。一看到小坟，端姑那可爱的小圆脸恍然浮现在眼前，鲁瑞禁不住又大哭起来。樟寿和三弟一起伏下身，细细拔去坟上的小草，抚平坟上的泥土，就像是抚慰姆娘的心……

怕姆娘哭伤身体，樟寿扶姆娘离开小坟，到坟邻的屋里休息。

坟邻的妻子脸上还带着抹不去的悲伤，但在山里不停地干活，身子骨还算硬朗，精神比两年前好多了，见鲁瑞和两个儿子进来，连忙让座，倒水。

鲁瑞的喉咙哭哑了，眼睛也肿了，嘶哑着嗓子道谢。

坟邻的妻子劝慰道："死去的人，都是升天享福去了，不受这人间苦了。别再伤心难过了！"

鲁瑞点点头，苦笑着说："是哉！是要这般想哉。"两个妇人一见面，就唠叨个没完，越说越起劲。樟寿任她们去说，自己悄悄出了屋，在坟山上信步乱走。

来到一片平民的坟场，中间歪歪斜斜一条细路，是贪走便道的人，用鞋底走出的，但却成了自然的界限。路的左边，都埋着死刑和瘐毙的人，右边是穷人的丛冢。左边，填了十几尊新的土堆。

杨柳才吐出半粒米大的新芽，柳枝下面，一位老妇人在右边的一座新坟前面，排出四碟菜，一碗饭，哭泣，化纸，呆呆地坐在地上，仿佛等候什么。樟寿一惊，认出她来了，就是小理发匠的姆娘，拦截行刑队被拖走的妇人，不到两个月，头发已经全白了。

小路上，映山红烘托出一朵红云，飘来一个年轻女子，衣裙虽然褴褛，却显得很是秀美，提一个破旧的朱漆圆篮，外挂一串纸锭，来到旁边一座高高的新坟前，放下圆篮，摆出四碟小菜，化过纸锭，默默地饮泣。从后面望去，看见她的背部在不停地抽搐。

小理发匠的姆娘徘徊观望着她，忍不住问："这坟里的是谁？"

"谁？"美女子转头反问道。

老妇人默默无言，感激又敬重地望着美女子。

美女子突然站起，指着远处的会稽山高声说道："是谁？是我那夫君！"

樟寿霍然明白了，坟中掩埋的就是那饥民的领头，那高大英武的黑瘦汉子。这般好看的美女子，怎会不爱那真正的男子汉？……

樟寿呆想着，恍然如在梦中，似乎看见那高高的坟上开满了火红火红的映山红……

山风绕着山脊奔跑，远处树林子喧哗起来，半山腰传来女人哭坟的声音。一只乌鸦，站在一株树上，周围便都是死一般静。

忽听得"哑——"的一声大叫，只见那乌鸦张开两翅，一挫身，直向着远处的天空，箭也似的飞去了。

樟寿到杭州时，明显地感到祖父经济越来越拮据，回来后就请伯㧑叔代为借钱。清明后十天，伯㧑叔告知，钱已借到。他赶忙写信给祖父，说已借到银元二十元，可派阮标来取。

离家的事情料理清楚之后，樟寿特意去拜谒了大禹陵①。他一直对这位栉风沐雨、奔波劳碌、三过家门而不入的治水英雄充满敬意，觉得要救中国，还得靠这种实干硬干的人，靠满脚底都是栗子一般老茧的实干家，那种只知空发议论的文人，是靠不住的。

又过了七天，仲翔叔来家告知：到南京水师学堂读书的事，"庆爷爷"已来信说办妥，可来。伯升叔也来信说毫无问题。樟寿当即写信给祖父，告知此事。

看来是肯定要走了，不能不告诉姆娘了，吃过晚饭，樟寿悄悄来到姆娘房里请安，说了要去南京水师学堂一事，并说祖父业已同意。

---

① 大禹陵：位于绍兴城东南稽山门外会稽山麓，距城三公里，相传是我国古代治水英雄大禹的葬地。

姆娘先是一愣，半天说不出话来。因为读书应试是正路，所谓学洋务，社会上便以为是一种走投无路的人，只得将灵魂卖给鬼子，要加倍的奚落而且排斥的，而况伊又看不见自己的儿子了。

但姆娘没有法，儿子决定了，公公又点了头，只好服从。她走到衣柜前，从襟间掏出锁匙，打开柜子，拿出一个小包裹，翻开一层又一层，最后从最里面排出八块银元，交给樟寿，说道："这是川资，由你自便。"

说完，伊背朝墙角，哭了。樟寿又看见姆娘的脊背一阵阵地抽搐，心如刀绞，泪流满面。

姆娘忽然转过身，流着泪对儿子一字一板地说："'穷出山'①，你要争气！"

别诸弟

就要走了，离开这厌恶的地方了。不能走时，盼着离去；要走时，又舍不得了，尤其是舍不得年幼的弟弟。

第二天上午，看到三弟和四弟在桂花明堂玩，樟寿就把他俩叫到自己住的阁楼上，看自己的画册。

两个弟弟都知道大哥爱书成癖，最怕弄脏他的书，所以都反背了两手，只看不动手摸，连五岁的椿寿也反背着手，侧着小脸看，樟寿见了不禁笑起来。想起四弟两岁多，就爱在一旁看自己读书，奶声奶气地说："我长大也看书。"逗得樟寿弯过身，抱起椿寿，在小脸蛋儿上亲了一口。觉得椿寿长大读书一定强过三个哥哥。

于是，樟寿从红皮箱里拿出《于越先贤像传》，一页一页地翻着，给两个弟弟讲："这都是我们绍兴的先贤，他们有才有德，给家乡做了很多好事。"

两个弟弟不住地嗯着，听得很有味儿。

樟寿又坐到桌案前，准备好墨笔，铺开平时舍不得用的上好宣纸，给三弟画了一个扇面，是一块大石头，旁边生着天荷草和一些杂草，有一只蜗牛

---

① 穷出山：绍兴当地的遗训，即"穷出山、富还乡"。是指百姓家庭期待子女出门游学，学成后衣锦还乡。这里的意思是姆娘要樟寿为已经穷落的家里争气。

姆娘忽然转过身,流着泪对儿子一字一板地说:"'穷出山',你要争气!"

在石头上爬,是用墨画的,虽然构图简单,却风致生动,三弟看了很喜欢。

四弟看了,也想要。樟寿对他说:"你还小,等长大了,大哥给你画一张更好看的。"

画毕,樟寿靠在椅背上,两个弟弟坐在床上,兄弟三人聊起天来。

樟寿深深叹息一声,对三弟松寿说:"不管压力有多大,要顶得住;不管冤屈有多深,要受得了,千万不能自暴自弃,要奋发和自爱。一旦自暴自弃,就没有出头之日,只能沉沦苦海了。"

三弟点点头说:"大哥说的,我牢记在心。"沉吟一会儿,又说,"玉田公公好几天没出门,听说病了,得了牙瘘。"

樟寿听了一惊,虽说那次分房会议上玉田公公对他声色俱厉,但"蓝爷爷"还是位好人,小时候在他那里读过三个月书。记得"蓝爷爷"给自己出三字课对,课题是"汤婆子",也就是绍兴冬天睡觉时取暖的容器,相当于热水袋;自己马上对"竹夫人",这是绍兴用竹篾编制的空心长枕形器物,夏天抱在身边感到凉爽。"蓝爷爷"很高兴,夸自己才思敏捷,称他为"小友"。而自己从"蓝爷爷"那里也得到不少教益,把他家的书都看得差不多了。

等两个弟弟走了,樟寿拿出玉田公公作的《鉴湖竹枝词》,恭恭敬敬地抄写起来。抄毕,在篇末写了"侄孙樟寿谨录",就开始收拾行装,衣物倒随便,对珍爱的书籍却格外仔细。从红皮箱里取出那三册《花镜》来,细细翻读,见第二本"地"册中还夹着那片广玉兰的花瓣,虽然枯干了,却依然喜人,就把这心爱的《花镜》郑重地放进行囊,准备到南京再读……

一八九八年五月一日,樟寿要和仲翔叔一同离家去南京了,行李收拾好了,告别饭也吃过了,樟寿还特意去看自己前年从龟山移来的映山红,嘱托三弟注意浇水。一切都办妥了,还是舍不得走,姆娘、祖母、长妈妈和两个弟弟围拢着他,也不愿他离开。一家人在小堂前,无言地坐着,四弟一声不吭地靠在大哥膝前,睁大了眼睛望着大哥,愿意在大哥身边多待会儿。

樟寿见姆娘坐卧不安,不住地往外看着什么,像是在等人,心中好生奇怪,问姆娘还有什么事。姆娘凑到他耳边小声说:"我托人把你要去南京的事通知琴姑了,让她来送你。她传话说要来送,怎么还没有来?"

一句话惹起了樟寿的万般思念:父亲去世后就再没有见过她,她怎样了?好吗?

但是左等不来,右等还是不见影儿,天近黄昏了,仲翔叔提着行李来叫,不好再拖了。樟寿只好拎起行李,向家人告辞。姆娘看时辰不早,再晚就赶不上南门外的夜航船了,只得放他走。

这时,下起了绵绵春雨,长妈妈给樟寿撑起了油纸伞。走到台门口,樟寿让姆娘、祖母和弟弟不要送了,长妈妈也让女主人留步,由她送大阿官到小船埠头。姆娘、祖母只好止步,四弟伸出两只小手,樟寿把他抱起来亲,两行热泪直流下来,四弟用小手给他擦眼泪,奶声奶气地说:"大哥哭了,莫哭,莫哭……"

姆娘一把抱过了阿椿,拉着松寿,和祖母一起扭头进门去,忍不住哭出了声。

樟寿咬咬牙,和仲翔叔、长妈妈冒着淅沥的春雨,往小船埠头走去。到了埠头,长妈妈先请仲翔上船,又扶樟寿上,小声说:"大阿官,放心,家里的事有我呢!"

樟寿心里一热,对这位从小把自己看护大的长妈妈感激不尽。小船划动了,朝着长妈妈不住地招手,直到看不见她在岸边的身影了。

来到南门外,樟寿下意识地不愿上船,仿佛要等候什么。仲翔叔再三催促,才不得不上去了。上船以后,又掀开舱窗帘往外看着,恍然间,似乎看见岸上绿柳丛中有一个绿色的倩影向船奔来,樟寿怦然心动,恨不能向那倩影迎去,正要招呼,船启动了……

第二天,五月二日,细雨刚晴,下午到了杭州清波门,见到了二弟櫆寿。兄弟俩先去见了潘庶祖母和宋妈、阮标,然后二弟拿出自己的日记簿给大哥看。大哥见二弟的日记,是从他上次来杭州那天开始的,已从正月廿八写到闰三月十一日,字迹工整,无一草笔,文字也清丽、简劲,十分喜爱,不住夸奖二弟大有长进。并说自己的日记也写了一大册了,二弟回家时,可以看看。二弟得了大哥表扬,心花怒放,用自己的零花钱请客,和仲翔叔一同去河坊街吃松花团团。

有仲翔叔在,不便住在花牌楼,樟寿就和仲翔叔合住在附近一家小旅舍里,第二天晴日当空,上午到花牌楼与二弟告别,见枇杷上市,澄黄喜人,就买了一大把,送给二弟和潘庶祖母。潘氏也乐得合不上嘴,称赞:"阿张懂事。"

为了不惊扰爷爷,决定不再去探视。临走,兄弟俩依依不舍。二弟一定要送大哥上船,大哥恐二弟回去时天色太晚,遭遇不测,一再劝阻。

阮标找来一辆马车,催樟寿和仲翔叔上车。两人一上去,马车就跑起来,樟寿在后面追了几步,见追不上,只得停下,望着马车后影,"大哥、大哥"地叫,号啕大哭。樟寿从车后窗看见,也忍不住哭泣,欲下车去安慰二弟,仲翔叔连忙拦住。马车到巷口拐弯,看不见二弟了,樟寿只好作罢,但仍痛哭不止,心中酝酿起一首诗:

别诸弟

谋生无奈日奔驰,有弟偏教各别离。
最是令人凄绝处,孤檠长夜雨来时。

周树人

马车到了杭沪运河尽头的拱辰桥,樟寿和仲翔叔下来,付过车钱,向埠头走去。只见河水浑浊污黑,天空烟雾昏沉,人声喧嚣杂乱,樟寿第一次离开那山清水秀的家乡,来到如此脏乱地方,只觉得天昏地暗,难以适应。

好不容易才买到船票,登上破旧的小火轮,更觉拥挤气闷,经一夜颠簸,到了上海。在青莲阁耽搁三天,见客栈楼上满是"野鸡"[①]和售卖鸦片的各色店铺,令人烦闷。

---

① 野鸡:指流窜在街头的妓女。

五月五日方乘上长江轮船，七日才到达南京。下船后，已近黄昏，望着四围景象，樟寿心中默想起一篇《戛剑生杂记》：

行人于斜日将堕之时，暝色逼人，四顾满目非故乡之人，细聆满耳皆异乡之语，一念及家乡万里，老亲弱弟必时时相语，谓今当至某处矣，此时真觉柔肠欲断，涕不可仰。故予有句云：日暮客愁集，烟深人语喧。皆所身历，非托诸空言也。

仲翔叔雇了辆马车，樟寿随他上了车，来到十八叔祖周椒生"庆爷爷"的住处。

"庆爷爷"五十五岁，脸圆微胖，唇上留着两撇小胡子，因为常年练"八段锦"，健身有方，身板很是硬朗，见儿子带侄孙来了，喜不胜收，特地备饭款待，还一同喝了坛绍兴老酒。酒饭之后，坐在太师椅上，捋捋两撇小胡子，对樟寿言道：

"本族子弟进学堂'当兵'，不大好，不宜用本名，给你改个名吧？"

樟寿点头同意，问："改什么名？"

周椒生沉吟片刻，说出一个响亮的名字：

周——树——人

尾　声

　　周树人考取了江南水师学堂试习生。经过三个月的试读，补为三班正式生。但不到半年，发现这学校"乌烟瘴气"，决意退学，改入矿路学堂。因外国教员没有到校，开学推迟，从南京回到绍兴。此时，二弟櫆寿也自杭州回到绍兴，两人在姆娘和族中亲戚的竭力怂恿下，参加了会稽县考。一八九八年十二月二十日，四弟椿寿因患急性肺炎死在姆娘鲁瑞怀里，树人不再参加复试，回到南京。继续在矿路学堂学习。这时，戊戌变法失败不久，谭嗣同菜市口问斩，光绪被幽禁，康有为、梁启超出逃日本，章太炎的《訄书》、严复的《天演论》和主张革新的《时务报》出版，树人苦读《天演论》和《时务报》，接受了新思潮。他不甘心做奴隶，常常骑着马，从旗人住区疾驰而过，大声疾呼，和旗人的小孩儿对骂。有一次因为驰得太快，从马上摔下来，仍不服气，起身再上马奔驰。

　　小儿子的死给姆娘鲁瑞沉重打击，和次子櫆寿、三子松寿一起回到小皋埠"娱园"和安桥头娘家散心，琴姑给她以极大安慰。鲁瑞有意两家结亲，但回家商量，长妈妈认为两人属相"犯冲"。因为琴姑属羊，绍兴有俗语说："男子属羊闹堂堂，女子属羊守空房。"说是属羊的女子克夫，只能嫁给两种人：一是算命先生，因为这种男人命硬，不怕克；另一种是结过婚的男人，女的只能做"填房",也因为这种男人命硬,已经克死了原配,再婚也不怕克了。阿张不但不属于这两种男人,而且生下时就是"蓑衣包",命弱,最怕克的。这样,亲事就搁下了。琴姑久候周家提亲,不至,家里只能把她嫁给别人,心中一百个不愿意,抑郁而终。临终时对服侍她的贴心妈妈说:"我有一桩心事,在我死前非说出来不可,就是以前周家来提过亲,后来忽然不提了,这一件事,是我的终身恨事,我到死都忘不了。"小舅父鲁寄湘因女儿琴姑的死,对姐姐鲁瑞也有意见,对她气恼哄哄地说:"难道周家的门槛那么高吗?我的女儿就进不了周家的门吗?"鲁瑞只能低头听着,半天没有作声。她对琴姑的死也极伤心,又无可奈何。后院的谦婶因为幼子早夭,与鲁瑞同病相怜,走得很近。谦婶的婆婆、玉田公公的夫人"蓝太太"来自绍兴城丁家弄朱家,她的内孙侄女朱安常到周家来,引起鲁瑞注意,于是托谦婶做媒,与朱家定了亲。树人虽在外求学,但一直惦念姆娘,一九〇〇年三月托同学捎回家信,并附从微薄的津贴中节省下的四块银元。一九〇一年冬天有机会回绍兴,才知道了琴表妹去世的消息和死前的话,心痛欲碎,对姆娘和长妈妈的悖谬愤愤不已,几乎要发作,但是一看到姆娘那愁苦的面容和长妈妈虔诚的表情,什么都没有说,只是夜里又一个人躲到府山树丛中大哭了一场。在感情问题上,女人往往比男人细心、痴情。男人,特别是树人这样的一心报国的男子在男女私情上却常常是粗心的,表达方式也有所不同。他悔恨当初太不在意琴表妹的情谊了,深感内疚和悲痛。而悲痛越切,埋藏越深,不愿再提起,只是更加专注于事业。但是一直感慨死于慈母或爱人误进的毒药才是最悲苦的!后来又得知姆娘给自己找了朱家姑娘,很不满意,一再推托。

一九〇二年一月二十七日,树人以一等第三名的优秀成绩从矿路学堂毕业,决心到日本留学。二月二十日,回绍兴做出国准备。三月十七日返抵南京,二十一日往水师学堂,看望已经在此上学并改名周作人的二弟,告知于本日集中,三日后动身。二十三日晚,十八叔祖周椒生设饯行便宴。当夜,树人和作人、伯升叔同到水师学堂同窗好友胡韵仙处话别,韵仙作诗曰:

英雄大志总难侔,夸向东瀛作远游。

尾　声

极目中原深暮色，回天责任在君流。

三月二十四日，周树人深怀国仇家恨乘日轮"大贞丸"号赴日留学。

二〇一一年七月初稿

二〇一二年二月出试水版

二〇一四年九月修订

二〇一五年七月十二日再润色

二〇一六年六月再修订

参考书目

1. 鲁迅著:《鲁迅全集》(十八卷),人民文学出版社2005年11月版。
2. 舒汉编:《鲁迅生平自述辑要》,山东人民出版社1979年5月版。
3. 北京鲁迅博物馆鲁迅研究室编:《鲁迅年谱》第一卷,人民文学出版社1983年4月版。
4. 薛绥之主编:《鲁迅生平史料汇编》第一辑,天津人民出版社1981年7月版。
5. 鲁迅著,何信恩撰文:《与鲁迅看社戏》,浙江文艺出版社2004年8月版。
6. 周建人口述、周晔整理:《鲁迅故家的败落》:福建教育出版社2001年8月版。
7. 周作人著,止庵编:《关于鲁迅》(《鲁迅的故家》《鲁迅小说里的人物》《鲁迅的青年时代》),新疆人民出版社1997年3月版。
8. 周作人著:《苦茶——知堂回想录》,敦煌文艺出版社1995年3月版。
9. 周作人著:《周作人日记》(上),大象出版社1996年12月版。
10. 张菊香、张铁荣编著:《周作人年谱》,天津人民出版社2000年4月版。
11. 周作人著,何恩信撰文:《与周作人乘乌篷船》,浙江文艺出版社2004年8月版。
12. 周冠五(观鱼)著,倪墨炎编:《鲁迅家庭家族和当年绍兴民俗》,上海文化出版社2006年10月版。
13. 裘士雄等著:《鲁迅笔下的绍兴风情》,浙江教育出版社1985年5月版。

14. 裘士雄著:《鲁迅避难过的皇甫庄旗杆台门及其主人范啸风》,载《鲁迅研究月刊》2008年第4期。

15. 周芾棠著:《乡土忆录——鲁迅亲友忆鲁迅》,陕西人民出版社1983年4月版。

16. 张能耿、张欤著:《鲁迅家世》,党建读物出版社2000年6月版。

17. 张能耿著:《鲁迅亲友寻访录》,党建读物出版社2005年7月版。

18. 何启治著:《百草园·社戏·三味书屋——少年鲁迅的故事》,湖北少年儿童出版社1998年9月版。

19. 车文耀编著:《绍兴方言词汇》,大众文艺出版社2005年1月版。

20. 王敏红著:《"越谚"与绍兴方俗语汇研究》,中国社会科学出版社2009年5月版。

21. 寿永明主编:《绍兴方言研究》,上海三联书店2005年10月版。

22. 侯友兰等点注:《〈越谚〉点注》,人民出版社2006年4月版。

23. 王建华主编、陈望衡执行主编:《浙学、秋瑾、绍兴师爷研究》,人民出版社2008年4月版。

24. 俞婉君著:《绍兴堕民》,人民出版社2008年5月版。

25. 章玉安著:《绍兴文化杂识》,中华书局2003年5月版。

26. 朱志勇、李永鑫著:《绍兴师爷与中国幕府文化》,人民出版社2007年6月版。

27. 顾琅川著:《周氏兄弟与浙东文化》,人民出版社2008年3月版。

28. 马元泉主编:《绍兴掌故与风情》,西泠印社出版社2006年9月版。

29. 吴传来著:《绍兴的老街、弄堂、台门……》,西泠印社出版社2006年9月版。

30. 鲁锡堂等编著:《鲁迅故乡——鉴湖风情》,九州出版社2004年11月版。

31. 傅建祥、颜越虎主编:《绍兴历史文化丛书》(《绍兴师爷》《绍兴堕民》《绍兴越窑》《绍兴文物》《绍兴名产》《绍兴戏曲史》《绍兴绘画史》《绍兴书法史》《绍兴文学史》《绍兴教育史》《绍兴思想史》《绍兴纺织史》《绍兴灾异史》《绍兴农业史》《绍兴简史》),中华书局2004年9月版。

32. 潘承玉著:《中华文化格局中的越文化》,人民出版社2010年10月版。

33. 董建成摄影,王锡荣、乔丽华选编:《鲁迅和他的绍兴》,上海文化出版社2007年1月版。

34. 北京鲁迅博物馆编:《鲁迅(1881—1936)生平事迹图集》,中原出版传媒集团河南文艺出版社 2008 年 4 月版。

35. 王锡荣著:《捡漏记》,载 2011 年 2 月 25 日《文汇读书周报》"书人茶话"。

36. (清)曹雪芹、高鹗著:《红楼梦》,中国艺术研究院红楼梦研究所校注,人民文学出版社 1996 年 12 月第 2 版。

37. 刘再复著:《红楼梦悟》,生活·读书·新知三联书店 2006 年 10 月版。

38. 《御选唐宋诗醇》:吉林出版集团有限公司 2005 年 5 月版。

39. (唐)李贺著,(清)王琦等评注:《三家评注李长吉歌诗》,上海古籍出版社 1998 年 12 月版。

40. (清)彭遵泗撰:《蜀碧》(乾隆初刻本)四卷。

41. (明)宋端仪著:《立斋闲录》四卷。